DIE ENTDECKUNG DER

BISMARCK

DIE ENTDECKUNG DER
BISMARCK

DEUTSCHLANDS GRÖSSTES SCHLACHTSCHIFF GIBT SEIN GEHEIMNIS PREIS

ROBERT D. BALLARD
MIT RICK ARCHBOLD

Vorwort: Burkard Freiherr von Müllenheim-Rechberg

Illustrationen des Bismarck-*Wracks:*
Ken Marschall
Historische und technische Beratung:
William H. Garzke jr. und Robert O. Dulin jr.

ULLSTEIN

Titel der Originalausgabe: *The Discovery of the Bismarck,* erschienen bei Warner Books Limited, New York.
Deutsche Übersetzung: Karl-Otto von Czernicki und Ralf Friese
Übersetzung von Bildtexten und Anhang: Jutta Wannenmacher
Umschlagentwurf: Theodor Bayer-Eynck
Umschlagillustration: Ken Marschall

ISBN 3 550 06443 8

Printed in Germany 1990

Gesamtherstellung: Mohndruck Graphische Betriebe GmbH, Gütersloh

Das Buch erscheint gleichzeitig in elf Ländern und acht Sprachen

1. Auflage Oktober 1990
2. Auflage November 1990

CIP-Titelaufnahme der Deutschen Bibliothek
Die Entdeckung der Bismarck : Deutschlands größtes Schlachtschiff gibt sein Geheimnis preis / Robert D. Ballard. [Dt. Übers.: Karl-Otto von Czernicki und Ralf Friese : Übers. von Bildtexten und Anh.: Jutta Wannemacher]. – 2. Aufl., Berlin : Frankfurt/Main : Ullstein, 1990
Einheitssacht.: The discovery of the Bismarck <dt.>
ISBN 3-550-06443-8
NE: Ballard, Robert D.; Bismarck; EST

Abb. Seite 1: Die Kampfgruppe *Bismarck* und *Prinz Eugen* (links) auf dem Marsch in die Dänemarkstraße im Mai 1941

Abb. Seite 3: Die *Bismarck* kurz vor dem Auslaufen zur ersten Erprobungsfahrt

Abb. Seite 5: Robert Ballard und sein Sohn Todd bei der Arbeit an Deck während der ersten *Bismarck*-Expedition 1988

Gewidmet meinem verstorbenen Sohn Todd Alan Ballard und all den anderen jungen Männern, die der Tod – im Krieg wie im Frieden – vor ihrer Zeit ereilte.

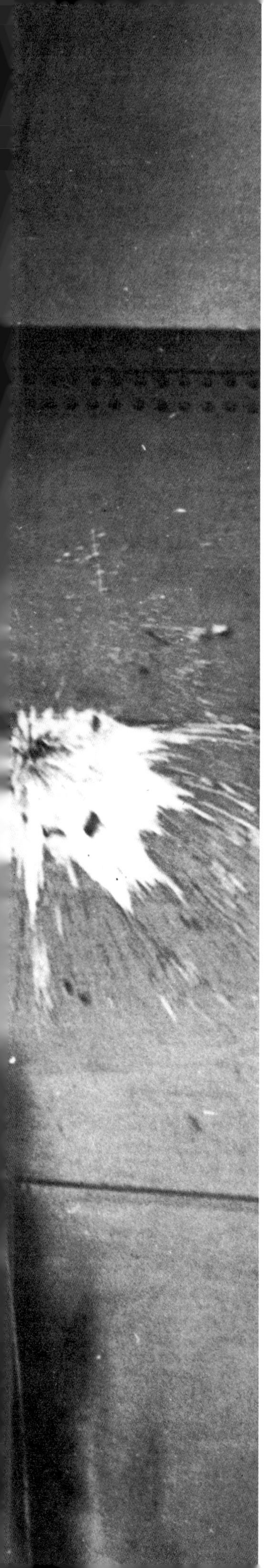

Inhalt

Beobachtet von Hitler, Himmler und anderen prominenten Nationalsozialisten tauft Bismarcks Enkeltochter am 14. Februar 1939 das neueste Schlachtschiff des Dritten Reiches.

Vorwort

von Burkard Freiherr von Müllenheim-Rechberg

Am Abend des 12. Juni 1989 läutete das Telefon in meiner Wohnung. Durch eine charmante weibliche Stimme ließ mich das New Yorker Büro der National Geographic Society wissen, daß Dr. Robert Ballard soeben das Wrack des deutschen Schlachtschiffes *Bismarck* gefunden habe und wünsche, daß ich als dienstältester Überlebender dieses Schiffes von seiner Entdeckung als erster in der Bundesrepublik erfahre. Für mich war das eine sehr erregende Nachricht, und sie traf mich wie ein Schock, den es, streng genommen, eigentlich gar nicht hätte geben dürfen. Denn ich hatte gewußt, daß der Entdecker des Wracks der *Titanic* auf die Suche nach dem Wrack des deutschen Schlachtschiffes gehen würde. Er selber hatte mir die erste Andeutung seines *Bismarck*-Planes gemacht, als wir uns bei einem festlichen Mittagessen des Verlags Ullstein trafen, das unser gemeinsamer Verleger seinen Autoren während der Frankfurter Buchmesse 1987 gab.

Ballards Andeutung war die Frage nach dem möglichst genauen Ort gefolgt, an dem das Schlachtschiff wohl gefunden werden könne. Selbstverständlich hatte ich sofort die Größe, ja die Faszination eines solchen Projektes begriffen, aber gleichzeitig waren in mir, wohl unvermeidlich, ganz eigene Vorstellungen dazu hochgeschossen. Die Verwirklichung dieses neuen Ballard-Planes, wenn es denn zu ihr kommen sollte, mochte für die Gesamtheit der *Bismarck*-Überlebenden ein Aufreißen alter Wunden bedeuten, ein schmerzhaftes Bloßlegen der Szene, auf der sich am 27. Mai 1941 jenes grauenhafte Gemetzel abgespielt hatte, bei dem unsere Männer zu Hunderten gefallen waren. Sie hätte einer Störung der Grabstätte (die die *Bismarck* ja ist) gleichkommen können, der doch der nunmehr über 40jährige Friede zu erhalten war. Auch kehrte die Erinnerung an die seinerzeit bis an die Fernsehschirme heranreichende Sensationshascherei zurück, die der Entdeckung des *Titanic*-Wracks im Jahre 1985 gefolgt war, wenn ich auch wußte, daß Dr. Ballard nicht persönlich dafür verantwortlich war. All dies ging mir durch den Kopf, bevor ich Dr. Ballard antwortete – in der Erkenntnis, daß dieses Thema nur in Gemessenheit würde angegangen werden können.

Ich erklärte ihm, daß in der zuletzt auf der *Bismarck* benutzten Seekarte, die ich selbst noch gegen 08.00 Uhr am Tage des Endgefechts auf dem Tisch eines von seinem Stab anscheinend vorübergehend verlassenen Kartenhauses hatte liegen sehen, kein genauer Schiffsort mehr eingetragen gewesen sei. Und wäre es doch der Fall gewesen, dann hätte ihn niemand mehr überliefern können. Doch nähme ich an, daß die damals beteiligten britischen Schiffe bis zuletzt eine verläßliche Navigation betrieben hätten und die gewünschte Auskunft vermutlich am besten aus britischer Quelle zu erlangen sei. Aus unserem damaligen Gesprächsverlauf hatte sich für mich nicht eindeutig ergeben, ob Ballard das *Bismarck*-Projekt wirklich weiterverfolgen werde, aber ich lebte danach doch in dieser Vorstellung. Und dies bedeutete für mich, daß ein so kompetenter und zielstrebiger Mann wie Ballard sein Ziel auch erreichen würde, wenn er es erst energisch ansteuerte.

Der spätere Fehlschlag seiner 1988er Suchaktion konnte dieser Überzeugung nichts anhaben, im Gegenteil, ich wußte, daß er seinen Plan jetzt um so hartnäckiger wieder aufnehmen und dann Erfolg haben würde. Und die Bestätigung sollte nicht lange auf sich warten lassen. Für die zweite Maihälfte 1989 erhielt ich eine Einladung zur Mitfahrt auf Ballards neuem Expeditionsschiff *Star Hercules.* Leider mußte ich sie aus persönlichen Gründen absagen. So begann sie dann ohne mich, die erneute Jagd auf die *Bismarck.* Da ich den Erfolg also erwartet hatte, sollte mir dessen Eintreten wirklich keinen Schock versetzen.

Und doch hatte er mich nun getroffen, an diesem 12. Juni. Während der seit dem Verlust des Schiffes im Mai 1941 verstrichenen Jahrzehnte war die Jagd auf die *Bismarck* in fast unzähligen Büchern und Presseveröffentlichungen behandelt, ihr Schicksal in Filmen gezeigt worden. Ich selbst hatte zwei Bücher zum Thema verfaßt, von denen das zweite eine erweiterte Fassung des ersten und seit 1987 unter dem Titel »Schlachtschiff *Bismarck* – Ein Überlebender in seiner Zeit« am Markt ist. Es war mir darauf angekommen, mit Hilfe des eigenen Erlebnisses, der Befragung anderer Überlebender und des Studiums der Archive die Operation des Schlachtschiffes so ausführlich wie möglich darzustellen. Hierbei war ich mir freilich wegen des seinerzeit mit dem Schiff versunkenen Flottenkriegstagebuches von vornherein darüber klar gewesen, daß die Gründe für einige der taktischen Entscheidungen des deutschen Flottenchefs nicht mehr würden aufgeklärt werden können. Nachdem schließlich eine Reihe deutscher und ausländischer Autoren das Mögliche zur Schilderung des Operationsverlaufes auf deutscher Seite beigetragen hatte und eine weitere Aufklärung unklarer Details kaum noch erwartet werden konnte, hatte ich die *Bismarck* als eine in die Ewigkeit entrückte, die Fixierung von Lütjens taktischen Entscheidungen im Kriegstagebuch niemals mehr freigebende Gedenkstätte empfunden, ein Grab für unsere gefallenen Seeleute, das kein menschliches Auge je wieder erblicken würde – ein unerreichbarer Ort respektvollen Gedenkens.

Die Ballardsche Entdeckung holte nun alte Erinnerungen aus ferner Vergangenheit heran. Sie gewannen wieder Gestalt, die dramatischen Einzelheiten dieser längst weltberühmt gewordenen Schlachtschiffsoperation, der sogenannten »Rheinübung«, und ich durchlebte sie erneut im Geist, vom Auslaufen aus Gotenhafen am 19. Mai 1941 bis hin zum Ende am 27. Mai in der Biskaya. 2876 schwerste und mittelkalibrige Artilleriegeschosse hatten an jenem letzten Tage die versammelten britischen Schiffe insgesamt auf uns abgefeuert. Nach etwa 45 Minuten waren fast alle Geschütze auf *Bismarck* zum Schweigen gebracht, waren unsere Personal- und Materialverluste unermeßlich geworden, hatte sich die Bordszenerie im Inferno der Schlacht jeglicher kühl registrierenden Beobachtung und Beschreibung entzogen. Was würde die Ballardsche Fotografie über das hinaus erbringen, was an Erinnerungen einzelner in meinem Buch festgehalten ist?

Nun, seine großartigen Bilder vom Wrack sind mittlerweile in weltberühmten Publikationen wie »National Geographic« (USA) und dem deutschen »Geo« erschienen. In den USA ist ein Videofilm der National Geographic Society im Fernsehen ausgestrahlt worden, an dessen Zustandekommen von deutscher Seite die *Bismarck*-Überlebenden Otto Höntzsch, Heinrich Kuhnt, Hans Zimmermann und ich mitgewirkt haben. Uns vier hatte bei der ersten Betrachtung des Ballardschen Filmmaterials in meinem Privathaus im Juni 1989 der anscheinend hervorragende Gesamterhaltungszustand des Schiffskörpers nach über 40 Jahren und seine aufrechte Lage auf dem Meeresboden besonders beeindruckt.

In Anbetracht der in der Vergangenheit verschiedentlich aufgetauchten und zumal von britischer Seite mit Verve vorgetragenen Zweifel daran, daß sich *Bismarck*, wie von ihren Überlebenden mehrfach bezeugt, selbst versenkt habe, sehe ich als wesentlichstes Ergebnis der Ballard-Expedition den Umstand an, daß der Schiffskörper keinerlei Anzeichen von Implosionen aufweist. Implosionen, wie am Wrack der *Titanic* beobachtet, treten dann auf, wenn der Wasserdruck außenbords erheblich größer als der Druck der im Inneren des Schiffskörpers eingeschlossenen Luft ist. Auf der *Bismarck* sind solche Implosionen deswegen nicht aufgetreten, weil Außen- und Innenwasserdruck einander entsprachen – und der auf *Bismarck* obwaltende Innenwasserdruck ist eben auf das zur Selbstversenkung eingeleitete Fluten des Schiffsinneren zurückzuführen. Wie ich selbst in meinem Buch ist nun auch Dr. Ballard zu dem Ergebnis gekommen, daß die nach 10.00 Uhr am 27. Mai an Bord getroffenen Selbstversenkungsmaßnahmen ganz wesentlich zum Sinken des Schiffes mit beigetragen haben und überwiegend dazu, daß dies so schnell geschah.

Sonst aber erkannten Höntzsch, Kuhnt, Zimmermann und ich Schäden, die erheblich über unsere persönlichen Erinnerungen und das bisher in der Literatur Festgehaltene hinausgingen. Die vier schweren Geschütztürme, der Schornstein, die Masten und wesentliche Teile der vorderen Aufbauten fehlten. Die vorderen Flakleitstände fehlten ebenfalls oder schienen schwer beschädigt. Nur die Türme der Mittelartillerie, soweit sichtbar, machten den Eindruck, als ob sie noch intakt seien. Es wurde uns klar, daß die Aufbauten nahezu unvorstellbar gelitten haben mußten – kein Wunder, wenn wir an die seinerzeitige 90minütige Beschießung der *Bismarck* mit schwerstem Kaliber auf kürzeste Entfernung zurückdachten. Die künftige genaue Auswertung des Ballardschen Materials wird gewiß noch sehr interessante Einzelaufschlüsse über den damaligen Gefechtsverlauf erbringen.

Die Ballardsche Expedition und dieses von ihr Zeugnis ablegende Buch haben einen wesentlichen Beitrag zu unserer Kenntnis vom Schicksal geleistet, welches das Schlachtschiff *Bismarck* am 27. Mai 1941 ereilte. Und Dr. Ballard hat seine selbstgestellte Mission in einer Weise erfüllt, die meine anfänglichen Befürchtungen vollends überflüssig machte. Dafür gebührt ihm unser hoher Respekt.

Prolog

Ostatlantik – 18. Juli 1988

1988, in der Navigationszentrale des Forschungsschiffes *Starella*: Ich studiere am Monitor ein Bild aus der Tiefe, das uns während der ersten Phase unserer Suche vom Meeresgrund übermittelt wurde.

In der Leitzentrale der *Starella* warfen die gedämpften roten Lampen einen fast gespenstischen Schimmer auf die Gesichter der fünf Männer, die regungslos eine Wand aus Bildschirmen und Bedienungspulten anstarrten. Gelegentlich sagte der Nautiker unsere Position an, oder der Mann am Sonargerät wies auf ein Ziel hin, das die Videokameras von *Argo* nicht mehr erreichen konnten. Der beruhigende Klang eines Flötenkonzerts aus der Stereoanlage vermischte sich mit dem Hintergrundrauschen der Ventilatoren. Wäre da nicht das ständige Heben und Senken des Schiffes gewesen, hätten wir uns genausogut in einer Raumkapsel auf einem Flug um den Mond befinden können. Doch die Szene spielte nicht in einem Science-fiction-Film, sondern am Nachmittag des siebten Tages unserer Suche nach dem Wrack der *Bismarck*, des deutschen Schlachtschiffs aus dem Zweiten Weltkrieg.

»Die vordere Kamera zeigt Trümmer«, rief mein neunzehnjähriger Sohn Todd, der *Argo* dirigierte. Es war Todds dritte Expedition mit mir zusammen; er hatte sich zu einem wahren Künstler in der Bedienung unseres ferngesteuerten Schlittens mit den Unterwasserkameras entwickelt.

Lustlos schaute ich zu den Bildschirmen hinauf. Die Schwarzweiß-Bilder zeigten die Landschaft, an der *Argo* fünf Kilometer unter uns über dem Meeresboden vorbeizog. Die unverwechselbare Form einer Drahtschlinge auf dem weichen, schlammigen Meeresboden kam ins Bild. Solche kleinen Trümmerstücke hatten wir schon tagelang gesehen.

»Sie könnte von der Takelage des Großmasts stammen«, meinte Hagen Schempf mit gequälter Munterkeit. Hagen, auf dieser Wache Datenerfasser, war der einzige Deutsche an Bord.

»Sie könnte von der Takelage für alles Mögliche stammen«, gab ich mürrisch zurück.

Verzweifelt griff ich mir das nächstliegende Buch und blätterte es nach einem Foto der *Bismarck* durch, auf dem der Großmast mit der stolzen Kriegsflagge zu sehen war. Als ich es endlich gefunden hatte, sah ich es lange aufmerksam an, konnte jedoch beim besten Willen nicht feststellen, ob das Stück, das wir eben erblickt hatten, von der *Bismarck* stammte oder nicht. Ich nahm einen Schluck aus meiner Coladose. Wenn jemand zu diesem Zeitpunkt unserer Expedition kurz vor dem Ausflippen war, dann ich. Ich war müde, mutlos und in höchstem Maße frustriert.

Was war mit dem Wrack der *Bismarck*, des stärksten Schlachtschiffs in Hitlers Kriegsmarine, geschehen? Nach allen Augenzeugenberichten war das Schiff in einem Stück gesunken. War es vielleicht

nach dem Untergang explodiert? Oder war es durch den Tiefseedruck implodiert und dann in zahllose kleine Bruchstücke zerfallen? Waren die kleinen Wracktrümmer, auf die wir immer wieder stießen, die einzigen Überreste eines so mächtigen Kriegsgeräts? Diese Möglichkeit war gar nicht auszudenken, aber auch nicht auszuschließen. Das Schiff war hier in dieser Gegend gesunken. Die Fetzchen von Draht, Metall, Zahnrädern und Holzplanken, die wir auf unseren Bildschirmen sahen, mußten von der *Bismarck* stammen.

Gebannt starren Hagen Schempf und ich auf die Videomonitore und suchen einen Hinweis dafür, daß die Trümmer, die wir sehen, zur *Bismarck* gehören.

Ich blickte noch einmal auf das Buch in meiner Hand. Ein junger deutscher Offizier sah mich an; er salutierte gemessen. Burkard Freiherr von Müllenheim-Rechberg, der ranghöchste Offizier, der den Untergang überlebt hatte. Sein Buch »Schlachtschiff *Bismarck* – ein Überlebender in seiner Zeit« war ein Bericht über den ersten und gleichzeitig letzten operativen Einsatz seines Schiffes, Pflichtlektüre für jeden an diesem Thema Interessierten und auf unserer Expedition eine Art Kursbuch, das wir immer wieder zu Rate zogen.

Wenn ich den Freiherrn nicht kennengelernt hätte, säße ich jetzt vielleicht nicht hier, ging es mir durch den Kopf. Wir waren uns knapp ein Jahr zuvor auf der Internationalen Frankfurter Buchmesse begegnet, als ich auf Promotionstour für die deutsche Ausgabe meines Buches über die Entdekkung der *Titanic* gewesen war. An einem langen Vormittag auf dem Stand meines Verlags – Ullstein – hatte ich den Bericht des Freiherrn in die Hände bekommen. Obwohl mein Deutsch höchst lückenhaft ist, verstand ich doch so viel vom Text, daß ich fasziniert war.

Bei einem Mittagessen, zu dem der Verleger eingeladen hatte, saß ich später neben einem distinguierten Herrn von Ende Siebzig, der durch seine betont gerade Haltung und seinen kahlen Kopf auffiel. Er begrüßte mich freundlich in ausgezeichnetem, wenn auch nicht akzentfreiem Englisch. Es war der Freiherr. Damals kam er mir äußerst korrekt und ziemlich distanziert vor, vielleicht weil er Europäer war und einer älteren Generation angehörte. Wir unterhielten uns eine Zeitlang höflich, und dann war ich endlich bei dem Thema, das mich immer stärker beschäftigt hatte, seitdem ich das Buch des Freiherrn gesehen hatte.

»Vielleicht wäre es ganz interessant, nach der *Bismarck* zu suchen«, meinte ich.

An seine Antwort kann ich mich nicht mehr genau erinnern; sie war auf jeden Fall reserviert. Vielleicht konnte er mit mir noch nichts Rechtes anfangen. Ich gab aber nicht auf.

»Wo könnte man denn am besten erfahren, wo das Schiff liegt?«

»Am besten«, erwiderte er zurückhaltend, »sollten das die Engländer wissen. Auf *Bismarck* ist gegen Ende der letzten Nacht keine verläßliche Navigation mehr betrieben worden. Aber die Navigation auf den beteiligten britischen Schiffen sollte doch in Ordnung gewesen sein.«

Danach sprachen wir über andere Dinge, doch ich konnte mir die

Bismarck nicht mehr aus dem Kopf schlagen. Die folgenden Tage und Wochen wuchs meine Entschlossenheit, nach dem verlorenen Riesen zu suchen. Die Geschichte hatte sich im Frühjahr 1941 abgespielt, ein Jahr vor meiner Geburt. Damals entwickelte sich der Krieg für die Engländer gar nicht gut, denn Großbritannien und das Empire standen allein gegen Hitler. Die deutsche Marine bedrohte die Verbindungen, die England am Leben hielten: die Geleitzüge, die Nachschub und Vorräte über den Atlantik beförderten und verhinderten, daß England durch Hunger und Mangel zur Übergabe gezwungen wurde. Der erste operative Einsatz der *Bismarck* hatte nur acht Tage gedauert; wie bei der *Titanic*, so war auch bei ihr die erste Fahrt gleichzeitig die letzte gewesen.

Doch welche Empfindlichkeiten waren hierbei zu beachten? Ich hatte die gemessene Reaktion des Freiherrn für angeborene Zurückhaltung angesehen. Sie hätte aber genausogut dem Wunsch entspringen können, alte Wunden nicht wieder aufzureißen. Andererseits hatte er über seine Erlebnisse ein Buch geschrieben, konnte also eigentlich nichts dagegen haben ... Die letzten Stunden der *Bismarck* mußten allerdings ein Alptraum gewesen sein, und ich wußte aus Erfahrung, daß es für die Überlebenden schlimm sein konnte, wenn das Wrack gefunden wurde.

Die *Titanic* war nicht vor 50 Jahren wie die *Bismarck*, sondern schon vor über 75 Jahren gesunken; von den Überlebenden jener Katastrophe hatte ich nur noch diejenigen kennengelernt, die damals kleine Kinder gewesen waren. Dennoch waren sie erschüttert gewesen, als wir das untergegangene Passagierschiff aufgespürt hatten. Um wieviel schwieriger mußte es für Menschen sein, die jetzt um die 60 oder 70 Jahre alt waren, die Schrecken des Kriegs erlebt und enge Freunde oder Angehörige verloren hatten, als ihr Schiff versenkt worden war.

Und was meinte wohl die Welt dazu? Würde man behaupten, daß ich ein nationalsozialistisches Kriegsschiff und damit vielleicht sinngemäß den Nationalsozialismus verherrlichte? Auf jeden Fall mußte es ein einmaliges Erlebnis sein, wenn man dieses gefürchtete Kriegsgerät noch einmal sehen und feststellen konnte, wie gut oder schlecht es in seinem letzten Gefecht das gnadenlose britische Feuer überstanden hatte. Wenn man das Schiff fände, hätte man aus dem riesigen Museum der Tiefsee, dessen historische Anschauungsstücke mittlerweile technisch erreichbar geworden sind, ein weiteres Objekt ans Licht befördert. Außerdem wäre es eine Gelegenheit, eine packende, entscheidende Wendung in der Geschichte des Zweiten Weltkriegs noch einmal zu erleben, eine Operation, die den Gang der Dinge wahrscheinlich stark beeinflußt hat.

Nach diesem Rückblick kehrte ich in die Gegenwart und die frustrierende Wirklichkeit unserer ergebnislosen Suche zurück und fragte mich, worauf ich mich eigentlich eingelassen hatte. Die *Bismarck* war 1941 der gesamten britischen Heimatflotte, der Home Fleet, tagelang entkommen. Eine Woche hatten wir systematisch das Gebiet um die Positionen abgesucht, die die britischen Kriegsschiffe in ihren Logbüchern festgehalten hatten. Der einzige Lohn unserer Mühe waren bisher ein paar rätselhafte, nicht zu identifizierende Wrackteile gewesen. Wollte die *Bismarck* ihren Verfolgern erneut entwischen?

Der Vierte Artillerieoffizier der *Bismarck*, Freiherr Burkard von Müllenheim-Rechberg, als Oberleutnant zur See 1936 (oben) und 1989, einer der wenigen Überlebenden.

Freiwillig zur
KRIEGSMARINE
EINSATZ
DER DEUTSCHEN KRIEGSMARIN

Der Stolz des Dritten Reiches

Hamburg – 24. August 1940

Das Hakenkreuz mit vertikalen und horizontalen Streifen beherrschte die Kriegsflagge auf den Werbeplakaten der Deutschen Kriegsmarine (links); über der *Bismarck* wehte diese Flagge zum erstenmal bei ihrer Indienststellung am 24. August 1940.

Kapitän zur See Ernst Lindemann vor der Front seiner Männer (oben) und beim Abschreiten der Ehrenwache (darunter). Hinter ihm sein Erster Offizier, Fregattenkapitän Hans Oels, und sein damaliger Adjutant (mit Schnur), Kapitänleutnant von Müllenheim-Rechberg.

Der Himmel war grau, und ein kühler Ostwind blies über die Elbe; er drohte, den jungen deutschen Seeleuten, die an Deck der *Bismarck* angetreten waren, die Mützen vom Kopf zu reißen. In Nordeuropa kommt der Herbst eben früh. Auf dem Achterdeck versuchten die Mitglieder des Flottenmusikzugs ihre Hände und Instrumente warm zu halten; sie wollten sich richtig einstimmen, wenn das neueste Schlachtschiff der deutschen Kriegsmarine in Dienst gestellt wurde. Die Kriegsflagge war bereits an Bord geholt und am Heckflaggenstock vorgeheißt worden. Zwei Signalmaate hielten die Leine und warteten auf den Befehl, die Flagge zu hissen.

Der Kommandant, Kapitän zur See Ernst Lindemann, sprach zu seiner Besatzung von einem erhöhten Platz auf dem Achterdeck. Aber viele der rund zweitausend Mann hörten nur Bruchstücke seiner Ansprache, da der Wind seine Worte forttrug. Die Offiziere, die in der Nähe des Kommandanten standen, konnten ihn besser verstehen. Einer von ihnen war der damalige Kapitänleutnant Burkard Freiherr von Müllenheim-Rechberg, ein dreißig Jahre alter Berufsoffizier aus einer elsässischen Adelsfamilie mit langer Militärtradition. Er hörte aufmerksam zu, als Kapitän Lindemann Otto von Bismarck zitierte, der Deutschland im 19. Jahrhundert geeint und das Land zu einer europäischen Großmacht entwickelt hatte: »Politik wird nicht mit Reden, Liedern oder Schützenfesten gemacht, sondern nur durch Blut und Eisen.« Aufgrund solcher Worte und seiner entsprechenden Handlungen wurde Bismarck als der Eiserne Kanzler bekannt. Jetzt trug ein eisernes Schiff seinen Namen.

Der Kommandant gab den Befehl. Die blutrote Kriegsflagge schoß am Mast hinauf und wurde von der steifen Brise entfaltet. In der oberen linken Ecke der Flagge befand sich ein schwarzes Eisernes Kreuz, im Zentrum, eingeschlossen von einem weißen Kreis, ein Hakenkreuz. Wie die stark kaiserlich geprägte deutsche Kriegsmarine selbst stand auch ihr Emblem für einen instabilen Kompromiß zwischen Tradition und politischer Wirklichkeit. Unter Großadmiral Erich Raeder hatte die Kriegsmarine ihre traditionelle Grußform beibehalten, außer für offizielle Anlässe wie diesen hier; sie hatte ihren Offizieren auch untersagt, sich in die Politik einzumischen. Aber es handelte sich schließlich um Hitlers Kriegsmarine, und ob sie damit einverstanden war oder nicht, sie befand sich jetzt im Kriegszustand mit England. Während die Flagge stolz im Wind auswehte, spielte der Musikzug auf bewegende Weise die Nationalhymne »Deutschland, Deutschland über alles«.

Abgesehen von einigen wenigen Vertretern der Hamburger Schiffswerft Blohm & Voss, die die *Bismarck* gebaut hatte und an deren Ausrüstungskai das mächtige, noch nicht ganz fertiggestellte Schiff jetzt lag, waren bei dieser Zeremonie keine Zivilisten anwesend; kein Reporter berichtete darüber. Vielmehr wurde jede Anstrengung unternommen, den Stand der Einsatzbereitschaft der *Bismarck* vor den Briten geheimzuhalten.

Ganz anders war alles anderthalb Jahre zuvor gewesen, am 14. Februar 1939, bevor der Krieg begonnen hatte. Damals hatte eine große Menschenmenge zugesehen, als Dorothea von Loewenfeld, die Enkelin des Fürsten Otto von Bismarck, das Schiff getauft hatte. Sie hatten den Führer eine uncharakteristisch kurze, aber trotzdem bewegende Rede halten hören – nur fünfzehn Minuten lang. Das Ereignis war in deutschen Wochenschauen und auf den Titelseiten der Zeitungen ausposaunt und von der Londoner »Times« mit selbstgefälliger Überlegenheit vermerkt worden: »Es liegt vielleicht eine gewisse Bedeutung in dem Namen, der dem ersten von Deutschlands neuen großen Schlachtschiffen gegeben wurde. Die *Bismarck* und ihr Schwesterschiff (*Tirpitz*), das in Kürze von Stapel laufen soll, sind unter den Bestimmungen des Deutsch-Englischen Flottenabkommens gebaut worden, das die Tonnage der deutschen Kriegsmarine auf fünfunddreißig Prozent der britischen Tonnage beschränkt. Diese Grenze würde, soweit es um Kriegsschiffe geht, kaum erreicht werden, auch wenn Deutschlands gegenwärtige, bestehende oder im Bau befindliche Kriegsflotte verdoppelt werden sollte. Man mag es deshalb für symbolisch halten, daß das neue Schiff nach dem Reichskanzler benannt wurde, der sich gegen eine Rivalität zur See mit Großbritannien ausgesprochen hat.«

Stapellauf der *Bismarck* am 14. Februar 1939: Unter dem Jubel vieler hundert Zuschauer gleitet der gewaltige Rumpf die Helling hinunter in sein Element (unten links und rechts).

Das Bismarcksche Wappen schmückte den Bug des Schlachtschiffs beim Stapellauf. Das gleiche Eichenlaubmotiv mit eingesticktem Namen zierte den Aufnäher in Wappenform, den manche Überlebende der *Bismarck* später trugen.

Als die *Bismarck* im August 1940 in Dienst gestellt wurde, spielte niemand mehr in Großbritannien die Bedrohung durch die deutsche Marine herunter, am wenigsten von allen Premierminister Winston Churchill. Der Seekrieg setzte den Briten hart zu. Deutsche U-Boote brachten der ungeschützten Schiffahrt auf dem Atlantik schwere Verluste bei, während sich die britische Admiralität mit der durchaus realen Möglichkeit einer deutschen Invasion befaßte. Inzwischen waren aller Augen gen Himmel gerichtet, wo die Schlacht um England tobte und die Aufmerksamkeit von dem verheerenden Verlust an Handelsschiffen ablenkte, der zunehmend drohte, Großbritanniens Überlebenschancen in Frage zu stellen. Die im Januar 1940 begonnene Lebensmittelrationierung wurde zunehmend strenger. Frachter gingen zwei- oder dreimal schneller verloren, als sie ersetzt werden konnten. Allein im August wurden 268 000 Tonnen von U-Booten versenkt, die jetzt von den Atlantikhäfen des besetzten Frankreichs aus operieren konnten, 450 Meilen näher an Großbritanniens lebenswichtigen Zufahrtswegen.

Churchill hatte im Krieg als Erster Lord der Admiralität begonnen, in derselben Stellung, die er schon im Ersten Weltkrieg bekleidet hatte. Er war in Fragen der Seekriegführung bewandert und packte in Marineangelegenheiten sofort kräftig zu. Er machte sich große Sorgen über die Bedrohung, die von den neuen deutschen Kriegsschiffen ausging. Neben der *Bismarck* und ihrem Schwesterschiff, der *Tirpitz*, gab es die Schlachtschiffe *Scharnhorst* und *Gneisenau*, die im April an der erfolgreichen deutschen Invasion Norwegens teilgenommen hatten. Und schließlich gab es noch den Schweren Kreuzer *Prinz Eugen*, dessen Bau auf der Germania-Werft in Kiel sich dem Ende näherte. Die Aussicht auf eine Kampfgruppe, die auch nur aus einem dieser mächtigen Schlachtschiffe, einem oder zwei Schlachtkreuzern und eventuell einem oder zwei Schweren Kreuzern bestand, ließ dem britischen Premierminister keine Ruhe.

Während Churchill das britische Volk mit seinen Ansprachen bei der Stange hielt und der Luftkrieg über England tobte, traf die Besatzung der *Bismarck* Vorbereitungen für die ersten Einsatzübungen. Sie bestand hauptsächlich aus nur kurz ausgebildeten Rekruten von Anfang Zwanzig. Sie kamen direkt von einer achtwöchigen Grundausbildung, wo sie nicht viel mehr gelernt hatten, als mit einem Gewehr umzugehen, richtig zu grüßen und stehend zu schlafen. Es waren Freiwillige, keine Wehrpflichtigen – selbstbewußte Deutsche, die von der gewaltigen Kriegswoge mitgerissen wurden. Sie kamen aus allen möglichen Ecken des Dritten Reiches, aus Bauernhöfen, Bergwerken und Fabriken, aus Dörfern, Marktflecken und Großstädten. Viele von ihnen hatten noch nie ein Schiff im Hafen betreten, und schon gar nicht kannten sie den schweren Seegang weit von Land entfernt. Die meisten hatten keine Ahnung von der ruhmreichen Geschichte der deutschen Marine und hatten noch nie etwas von der Skagerrakschlacht gehört, bei der die kaiserliche Flotte mehr Schiffe versenkte als die Briten.

Das technische und artilleristische Personal der *Bismarck* traf im April ein, als die Arbeiter noch in den Aufbauten herumkletterten und von morgens bis abends hämmerten und schweißten. Die Arbeit ging auch dann noch weiter, als im August der größte Teil der Besatzung schon eingetroffen war. Bis ihre Unterkünfte fertiggestellt waren, wohnte sie auf Begleitschiffen in der Nähe, aber ihre Ausbildung begann unverzüglich. Praktisch jeder, der die *Bismarck* sah, war allein schon von ihrer Größe, ihren schnittigen Linien und dem Ausmaß ihrer Bewaffnung beeindruckt. Von den überlebenden Besatzungsmitgliedern konnten sich später noch viele daran erinnern, daß sie ihr neues Schiff für unsinkbar gehalten hatten, für »eine schwimmende Lebensversicherung« und den sichersten Ort, um den Krieg zu überstehen. Fast keiner vermochte sich vorzustellen, daß solch ein gepanzertes Ungetüm vernichtet werden konnte.

Der damals zwanzig Jahre alte Hans Zimmermann sah die *Bismarck* zum erstenmal in der Dämmerung, »einen großen, grauen Koloß«, der sich gegen den Himmel abhob. Er dachte, wie beeindruckt wohl sein Vater – ein Stahlarbeiter, der während des Ersten Weltkriegs in der Marine gedient hatte – von diesem wunderbaren Schiff gewesen wäre; er beglückwünschte sich selbst wegen des glücklichen Umstands, als Heizer einem so mächtigen Schiff zugeteilt worden zu sein, und das gleich am Anfang seiner Dienstzeit in der Kriegsmarine. Heinrich Kuhnt, ein Maschinenmaat, der sich um die großen Turbinen kümmerte, betrachtete sein neues Schiff als technisches Wunderwerk und war sicher, hier besser aufgehoben zu sein als auf dem Leichten Kreuzer *Karlsruhe*, auf dem er während der Invasion Norwegens gedient hatte. Otto Höntzsch, Matrosengefreiter, war über die

Sechs Mitglieder der *Bismarck*-Crew an Deck ihres neuen Schiffes. Ganz rechts stehend Otto Höntzsch.

Heizer Hans Zimmermann in der Uniform der Kriegsmarine.

gewaltige Größe des Schiffs erstaunt. Der neunzehn Jahre alte Matrosengefreite Franz Halke, der an den Feuersignalgebern für die schweren Geschütze ausgebildet wurde, war ebenfalls beeindruckt. Er war in die Marine eingetreten, weil er die schneidige Uniform liebte und weil er dachte, sie könnte ihm dabei helfen, die Mädchen zu beeindrucken, mit denen er es aus angeborener Schüchternheit sonst schwer hatte. Als er aber die scheinbar endlosen Katakomben des Schiffs erkundete, muß er sich wohl gefragt haben, ob dies tatsächlich ein so großer Unterschied zu den Kohlegruben war, in denen sein Vater arbeitete.

In den Pausen während des strengen militärischen Dienstes fand die junge Besatzung Zeit, Freundschaften zu schließen, Witze zu erzählen, Briefe an Eltern oder Freundinnen zu schreiben oder sich über allzu strenge Vorgesetzte zu beklagen. Sie sprachen über den Fortgang des Krieges und fragten sich, ob schon alles vorbei sein würde, bevor sie in See gingen, was nach Meinung aller Anfang des nächsten Jahres, 1941, der Fall sein würde. An jeder Front schien das Reich vorwärts zu stürmen. Frankreich war im Juni gefallen, dann Norwegen; es schien, daß Großbritannien als nächstes kapitulieren würde. Bald, spekulierten sie, würde ganz Westeuropa Teil des Großdeutschen Reiches sein.

Vor dem Auslaufen der *Bismarck* ließen sich Matrosengefreiter Franz Halke (oben) und sein Freund Heinz Jucknat (rechts) in Ausgehuniform fotografieren. Während des Weihnachtsurlaubs in Hamburg posierte Alois Haberditz (unten) mit seiner Freundin vor der Kamera.

Franz Halke hatte bereits mit zwei Kameraden, die der achteren Rechenstelle zugeteilt waren, Freundschaft geschlossen: Heinz Jucknat und Adolf (Adi) Eich. Während der Freizeit, wenn sie sich nicht auf Landurlaub befanden, spielten sie Skat und tranken Bier in der Mannschaftsmesse; dabei machte ein großer Zweiliterkrug die Runde, und manchmal gab es Musik. Adi spielte auf der Gitarre, und gewöhnlich schlossen sich ihm mehrere Akkordeons an.

Zu den drei Kameraden gesellte sich oft Alois Haberditz, ein lustiger Österreicher, der zur Flakmannschaft gehörte. Er war ein begabter Schauspieler, der in Haltung und steifem Gang ihren kettenrauchenden Kommandanten imitieren konnte. Gut machte er auch Fregattenkapitän Hans Oels nach, den Ersten Offizier, dem Vorschriften und Regeln alles bedeuteten.

Die Männer mögen sich gelegentlich über ihren Kommandanten mit seinem straff nach hinten gekämmten blonden Haar lustig gemacht haben, aber er war dennoch sehr beliebt. Alle waren sich einig, daß er der perfekte Kommandant sei – streng, aber menschlich. Viele bezeichneten ihn als »unseren Vater«, und nur wenige zögerten, mit ihren privaten Problemen zu ihm zu gehen. Andere erzählten, wie sie Haltung annahmen, wenn er vorbeiging; dann wurden sie immer mit einem freundlichen Wort zum Rühren aufgefordert. Noch Jahre später sprachen Überlebende in herzlichem Ton von diesem Mann, den sie kaum persönlich kennengelernt hatten.

Im Alter von 45 Jahren näherte sich Kapitän zur See Ernst Lindemann dem Höhepunkt einer Laufbahn, die bereits alle Erwartungen übertroffen hatte. Wegen seiner schwächlichen Konstitution hatten manche geglaubt, er würde schon im ersten Jahr seine Kadettenausbildung abbrechen müssen. Aber sein schlanker Körper beherbergte

einen eisernen Willen und einen scharfen Verstand, die ihn an die Spitze seines Jahrgangs brachten. Er hatte im Ersten Weltkrieg als Leutnant zur See gekämpft, sich früh auf die Schiffsartillerie spezialisiert und war bekannt für seine Selbstdisziplin und seinen harten Einsatz. Seine beachtlichen menschlichen Qualitäten machten ihn, zusätzlich zu seinem beruflichen Können, zu einem natürlichen Anwärter für den Kommandantenposten auf Deutschlands neuestem und mächtigstem Kriegsschiff.

In der *Bismarck* erfüllte sich für manchen Berufsoffizier der Kriegsmarine ein Traum. Sie war schnell und elegant, mit einer schnittigen Silhouette und einem schön geschwungenen Bug. Bei einer Länge von 251 Metern, einer Breite von 36 Metern und bei einer Verdrängung von 50956 metrischen Tonnen (53546 bei voller Ausrüstung) überschritt sie erheblich die 35000-Tonnen-Grenze für Einzelbauten, die im Deutsch-Englischen Flottenabkommen festgelegt war, unter dessen Bestimmungen sie angeblich erbaut wurde. Ihre acht 38-cm-Kanonen, in vier Zwillingstürmen installiert, waren die größten, die jemals auf einem deutschen Kriegsschiff montiert worden waren, und machten sie hinsichtlich ihrer Feuerkraft zu einem gleichwertigen Gegner jedes Schlachtschiffs oder Schlachtkreuzers in der gesamten britischen Flotte.

Aber die Verteidigung ist mindestens ebenso wichtig wie die Angriffskraft eines Schlachtschiffs, und die *Bismarck* stellte da keine Ausnahme dar. 44 Prozent ihres Gesamtgewichts machte die Panzerung verschiedener Stärke aus. Es ist nicht überraschend, daß zu den am stärksten gepanzerten Stationen die vier großen Geschütztürme gehörten, von vorn nach achtern als Turm Anton, Bruno, Caesar und Dora bezeichnet. Hier variierte die Panzerung zwischen 12 und 36 cm. Auch anderswo hing die Stärke der Panzerung von der Bedeutung des Schiffsteils ab, das geschützt werden sollte. Die Kommandostände und die Verbindungsschächte, die zwischen ihnen und den dazugehörenden Rechenzentralen unter dem Panzerdeck verliefen, waren fast

Im Herbst 1940 liegt die *Bismarck* am Ausrüstungskai der Hamburger Bauwerft Blohm & Voss (oben).

Der Kommandant der *Bismarck*, Kapitän zur See Ernst Lindemann

Die *Bismarck* bei einer Erprobungsfahrt im November 1940

ebenso stark geschützt wie die großen Geschütztürme. Das lebenswichtige Innere – einschließlich der drei Turbinensätze, der zwölf Höchstdruckkessel und der Munitionskammern – befand sich innerhalb des 8 bis 12 cm starken Panzerdecks, das etwa 50 Prozent des Schiffsraumes unter Deck umfaßte und noch durch einen darüberliegenden Zitadellpanzer geschützt war; 11 bis 22 cm dicke Querschotts verstärkten es vorn und achtern und der bis zu 32 cm starke Gürtelpanzer an den Seiten. Der überwiegend geschweißte, doppelwandige Rumpf war so angelegt, daß die Bordwand die Wucht eines Torpedotreffers absorbieren und verteilen konnte, wodurch sich der Schaden in Grenzen hielt. Außerdem war das Schiff unter Deck in 22 wasserdichte Abteilungen gegliedert, die abgeschottet werden konnten, falls eine davon durch Granat- oder Torpedotreffer vollief. Anders als die

DIE *BISMARCK* WIRD AUSGERÜSTET

Als das Auslaufdatum näherrückt, werden Unmengen von Vorräten übernommen. Schließlich ist eine Besatzung von über 2000 Mann zu versorgen. Die *Bismarck* glich in vielem einer schwimmenden Stadt, sie konnte mehrere Monate lang autark und ohne Nachschub auf See operieren.

In der Schusterwerkstatt (oben) und in einer der Kombüsen (darunter). Hier wurden die Mahlzeiten zubereitet und in Töpfen und Schüsseln zu den verschiedenen Messen gebracht.

Beim Aufbringen des Tarnanstrichs an der Bordwand (rechts oben): Die falsche Bugwelle sollte die Silhouette des Schlachtschiffes optisch verkürzen und auf See seine Identifizierung durch den Feind erschweren.

Lieferwagen bringen Proviant zum Ausrüstungskai in Hamburg (links).

Frischfleisch wird in die Kombüse gehievt (unten). Die Kühlräume des Schlachtschiffs konnten 300 Rinderviertel und 500 Schweinehälften aufnehmen.

Rechts: Während der Erprobung übt die Besatzung die Ausschiffung eines Verwundeten mit Bahre.

ähnlichen Abteilungen der *Titanic* waren diese wirklich wasserdicht. Kurz gesagt, der Bauplan der *Bismarck* war darauf abgestellt, den Traum des deutschen Admirals Tirpitz Wirklichkeit werden zu lassen, der das ideale Schlachtschiff als eine »unsinkbare Geschützplattform« bezeichnet hatte.

Auf einem Kriegsschiff ist kein Platz für Luxus, und die Ausstattung der *Bismarck* war spartanisch, jeder Quadratzentimeter wurde zweckdienlich genutzt. Wie in der britischen Marine schliefen und aßen die Männer in denselben Unterkünften; morgens stauten sie nur ihre Hängematten weg. Die *Bismarck* war zugleich auch ein schwimmendes Militärlager, wo Köche, Friseure, Schneider und Schuhmacher die Besatzung ernährten und kleideten, während die Ingenieure und Techniker das Schiff optimal einsatzbereit hielten. Alle Anstren-

15. September 1940, bei Hamburg: Die *Bismarck* wird nach dem Auslaufen von Schleppern und anderen Schiffen elbabwärts begleitet.

Von oben nach unten: Heißmangel und Schleuder in der Waschküche des Schiffes. Die Flugzeug-Abwehrkanonen (Flak) an Backbord werden gefechtsklar gemacht. In der Schneiderwerkstatt. Köche, Schneider oder Schuster hatten sich im Alarmfall wie alle anderen auf ihre Gefechtsstationen zu begeben.

gungen waren auf ein einziges, vorrangiges Ziel abgestellt: das Schlachtschiff zur wirkungsvollsten schwimmenden Geschützplattform der Welt zu machen. Bald wuchs es mit seinen neuen Rekruten und erfahreneren Seeleuten zu einer komplexen, gut geölten Kriegsmaschinerie zusammen.

Am 15. September 1940, drei Wochen nach der Indienststellung, lief das fast fertiggestellte Schlachtschiff mit Ziel östliche Ostsee aus Hamburg aus, um der Reichweite britischer Bomber zu entgehen. Dazu mußte die *Bismarck* den Nord-Ostsee-Kanal passieren. Dieser flache und schmale Engpaß durch Schleswig-Holstein hatte für die Konstrukteure der *Bismarck* eine Herausforderung bedeutet. Seinetwegen bekam das Schiff nur einen Tiefgang von knapp elf Metern und mußte infolgedessen breiter angelegt werden als britische Schlachtschiffe vergleichbarer Größe. Wie sich zeigte, stellte diese enorme Breite der *Bismarck* im Kampfeinsatz einen Vorteil dar. Sie brachte ruhigere Bewegungen bei schwerem Seegang und zusätzliche Stabilität, wenn die großen Geschütze feuerten. Aber es verlangte erhebliches seemännisches Können, den schmalen Kanal zu passieren, ohne das Schiff zu beschädigen.

Die Schwere Artillerie der *Bismarck* feuerte ihre erste Vollsalve während des Einschießens im November 1940. Die geringe Erschütterung an Deck beim Rückstoß der großen Geschütze (hier Turm Caesar und Dora) wies das breite Schiff als ideale Geschützplattform aus.

In den nächsten zwei Monaten war die *Bismarck* in Gotenhafen (Gdynia) im besetzten Polen stationiert, einige Meilen westlich von Danzig (Gdansk). Die meiste Zeit jedoch befand sie sich in See, testete ihre Bordsysteme und lief in der Danziger Bucht zu Höchstfahrt auf. Auch bei voller Kraft voraus schnitt das gewaltige Schiff mit nur geringfügiger Bugwelle glatt durch die See. Lindemann war hocherfreut, als Korvettenkapitän (Ing.) Walter Lehmann, sein Leitender Ingenieur, meldete, daß die Spitzengeschwindigkeit 30,8 Knoten betrug, etwas mehr als die ursprünglich angestrebte Geschwindigkeit von 30 Knoten. Dadurch würde es den Briten sehr schwerfallen, die *Bismarck* abzufangen, wenn sie erst einmal in den Atlantik durchgebrochen war.

Schließlich war der Tag gekommen, die Schwere Artillerie der vier großen Türme zu testen – ein Augenblick, auf den die Besatzung lange gewartet hatte. Die großkalibrigen Granaten wurden durch Aufzüge aus den Kammern im mittleren Plattformdeck in die Türme geschafft und in die Rohre gerammt. Über Bordtelefon kam der Feuerbefehl von Korvettenkapitän Adalbert Schneider, dem Ersten Artillerieoffizier des Schiffes. Die Geschützbedienungen trugen Ohrenschützer, aber der Krach war trotzdem betäubend, als die schweren Zwillingstürme feuerten; das Schiff erzitterte nur leicht unter dem Rückstoß. Hoch oben im vorderen Artilleriestand registrierten die Beobachter jedes ferne Aufspritzen des Wassers, das den Einschlag eines Geschosses bezeichnete.

Die Tests verliefen ausgezeichnet. Nur auf einem einzigen Gebiet zeigte das neue Schlachtschiff eine Schwäche. Es war bei simuliertem Ruderausfall, nur durch die drei Schrauben gesteuert, nicht in der Lage, Kurs zu halten. Wenn also die Ruderanlage im Gefecht beschädigt wurde, mußte die *Bismarck* ein leichtes Ziel werden. Viel ist über diesen ihren angeblich »entscheidenden Mangel« geschrieben worden, aber die Ruder sind bei allen Kriegsschiffen ein Schwachpunkt, und daß ausgerechnet sie Treffer erhalten, ist sehr unwahrscheinlich.

Anfang Dezember kehrten Schiff und Besatzung durch den Nord-Ostsee-Kanal nach Hamburg zurück, wo die Werftarbeiter bei Blohm

& Voss letzte Hand anlegen sollten, einschließlich der Fertigstellung der Leitstände für die Mittlere Artillerie. So lange wurde der größte Teil der Besatzung auf Weihnachtsurlaub geschickt, das letzte Mal, daß die Männer Freunde und Verwandte sehen konnten, bevor die *Bismarck* zu ihrem ersten operativen Einsatz auslief. Kapitänleutnant von Müllenheim-Rechberg verbrachte zwei Urlaubswochen mit Skifahren in den bayerischen Bergen. Alois Haberditz feierte das Weihnachtsfest in Hamburg bei seiner Freundin und deren Familie. Seine zwei Kameraden fuhren nach Hause, Adolf Eich nach Düsseldorf und Franz Halke nach Bochum. Heinz Jucknat machte sich auf den langen Weg heim nach Ebenrode in Ostpreußen, einem fruchtbaren Landstrich, wo er als amtlicher Milchinspektor gearbeitet hatte.

Der Heizer Hans Zimmermann gehörte zu der weniger glücklichen Rumpfbesatzung, die während der Feiertage an Bord blieb. Er erhielt am Weihnachtsfeiertag nicht einmal Landurlaub, obwohl er von einem der Werftarbeiter bei Blohm & Voss, mit dem er Freundschaft geschlossen hatte, nach Hause eingeladen worden war. Schließlich, kurz vor Neujahr, erhielt er ein paar Tage Urlaub und fünf Reichsmark. Als er in seine Heimatstadt am Niederrhein zurückkehrte, stieß er auf seinen alten Schulkameraden Hermann Emmerich, der ihm mitteilte, auch er sei auf der *Bismarck*. Das Schiff war so riesig, daß Hans nie Emmerichs Namen gehört oder ihn an Bord gesehen hatte.

Ende Januar 1941 war das Schiff zum Auslaufen bereit, aber ein gesunkener Erzfrachter blockierte den Kanal. Also wartete die *Bismarck*, und die Besatzung wurde unruhig. Gelegentlich entlud sich die Spannung bei einem nächtlichen Luftangriff. Alarmsirenen ertönten, und die Flakmannschaften rannten an ihre Geschütze. Aber keine Bombe fiel in der Nähe des Schiffes, und an den Feindmaschinen wurden keine Treffer beobachtet.

Im Februar unterbrach ein amüsanter Vorfall die Langeweile. Dieser betraf U-556, das seine endgültige Ausrüstung in der Nähe erhielt. Der U-Boot-Kommandant, Kapitänleutnant Herbert Wohlfahrt, wollte Kapitän zur See Lindemann überreden, die Schiffskapelle der *Bismarck* zur Indienststellung seines Bootes aufspielen zu lassen. In Deutschland und England war es üblich, daß Städte Schiffe oder Regimenter in Patenschaft übernahmen; analog dazu beschloß Wohlfahrt, der mit Spitznamen Parsifal hieß, Pate der *Bismarck* zu werden. Er zeichnete und verfaßte eine humorvolle, antik aussehende Patenschaftsurkunde mit der Zusage, daß sein kleines U-Boot die riesige *Bismarck* vor allen Gefahren schützen werde. Das Dokument war mit zwei Zeichnungen geschmückt: die eine stellte den Ritter Parsifal dar, der in der rechten Hand ein Schwert hielt und mit dem linken Daumen auf die *Bismarck* gerichtete Torpedos abwehrte; die andere zeigte Wohlfahrts winziges U-Boot mit dem großen Schlachtschiff im Schlepp. Lindemann lachte herzlich, als Wohlfahrt ihm das Dokument übergab, und war sofort bereit, ihm die Schiffskapelle auszuleihen. Keiner der beiden Männer konnte wissen, wie nahe diese Karikatur der tragischen Wirklichkeit kommen würde.

Anfang März war der Kanal schließlich wieder offen, und die *Bismarck* kehrte in die Danziger Bucht zurück, um weitere Übungen abzuhalten und Gefechtspraxis zu gewinnen. Wieder dröhnten ihre großen Geschütze über die leere Ostsee. Wieder wurden die vier Wasserflugzeuge vom Typ Arado 196 von dem mittschiffs gelegenen Katapult gestartet; sie brausten über die Köpfe davon und beobachteten die Einschläge der weitreichenden Artillerie. Während der Gefechtsübung wurde alles getan, um realistische Bedingungen zu simulieren. Sobald Alarm ausgelöst wurde, stürzten die Männer auf festgelegten Wegen zu ihren Stationen – Pech für jeden, der sich zu langsam be-

In einer Urkunde erklärte die Besatzung von U-556 »vor Neptun, dem Herrscher über Ozeane«, daß sie ihrem großen Bruder in jeder Lage zu Wasser, zu Lande wie in der Luft beistehen wolle.

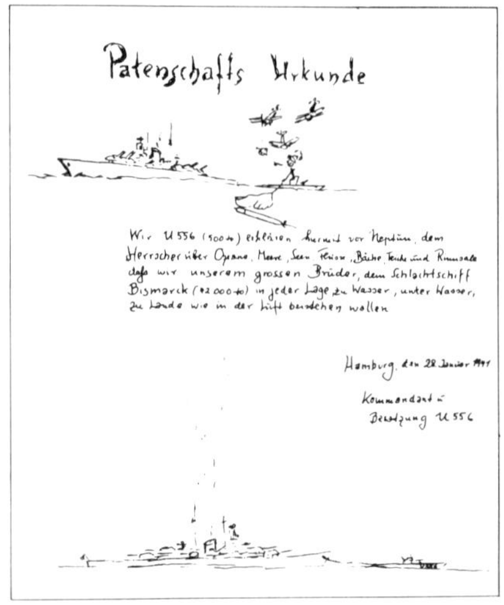

Wie der »kleine Bruder« U-556 aussah, zeigt das Foto eines typgleichen U-Boots auf Seite 119.

8

4

12

18

9

1

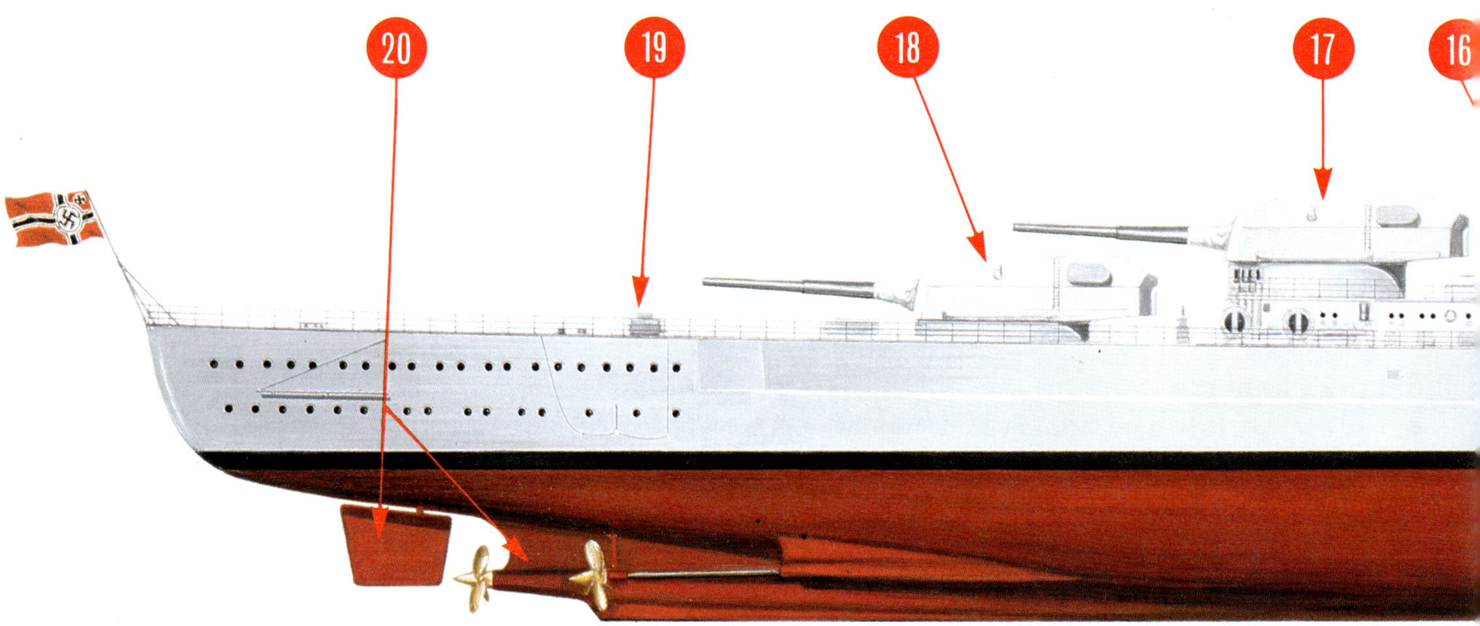
20
19
18
17
16

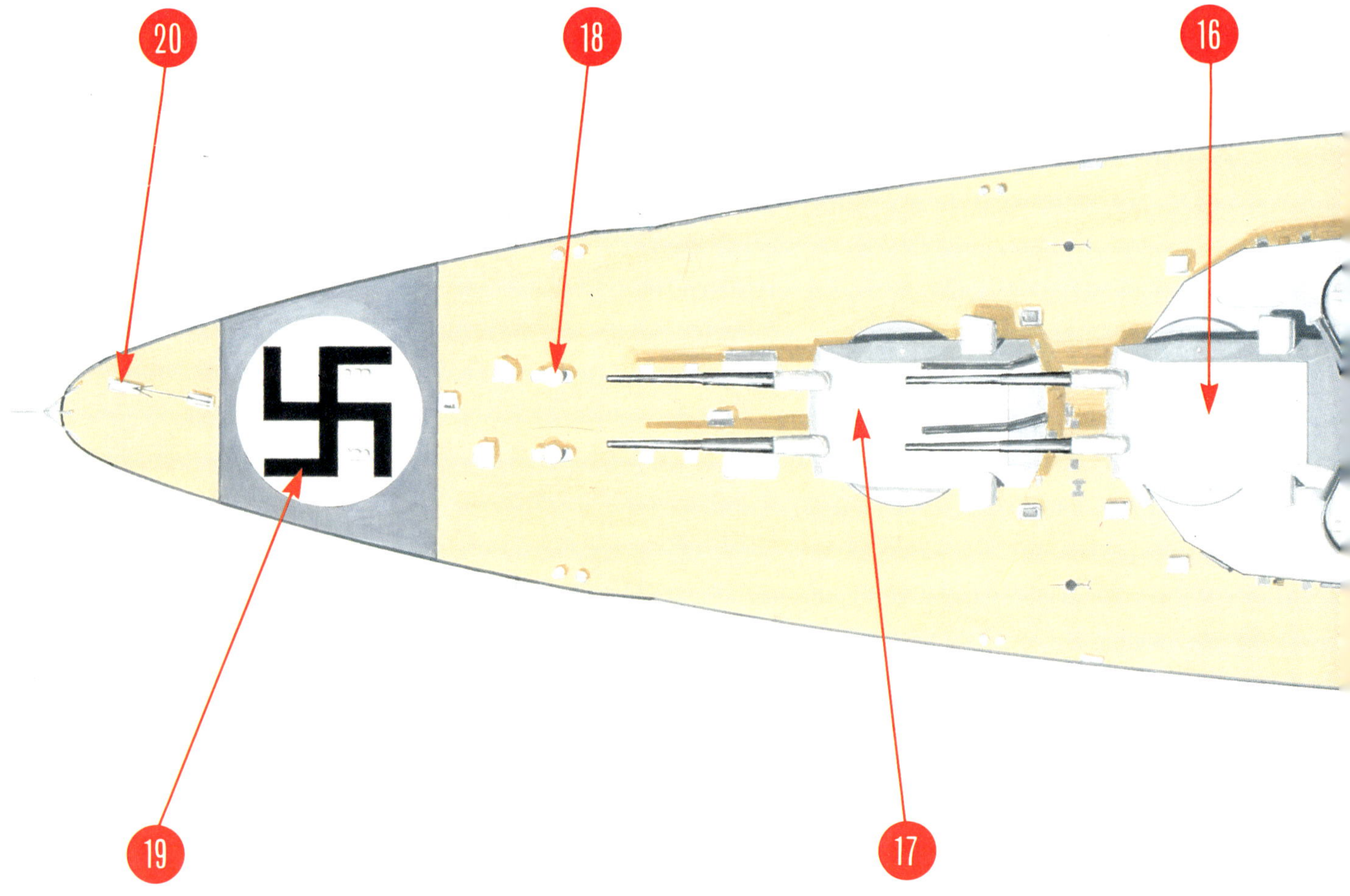

Schlachtschiff *Bismarck* – von oben gesehen

1. Buganker
2. Hakenkreuz zur Identifikation aus der Luft
3. Vorderes Ankerspill
4. Vorderer Wellenbrecher
5. Turm Anton (Kaliber 38 cm)
6. Turm Bruno (38 cm)
7. Zweiter Wellenbrecher
8. Mittlere Flak (3,7 cm)
9. Doppellafetten der Mittleren Artillerie (15 cm)
10. Schwere Flak (10,5 cm)
11. Entfernungsmeßgerät des Artillerieleitstandes
12. Backbordkran (u. a. für Bordflugzeuge und Beiboote)
13. Ausgefahrener Katapult
14. Admirals- und Kommandantenbarkassen auf dem Hangardach
15. Achterer Artillerieleitstand
16. Turm Caesar (38 cm)
17. Turm Dora (38 cm)
18. Achteres Ankerspill
19. Achteres Hakenkreuz
20. Ankerkette

Längsschnitt

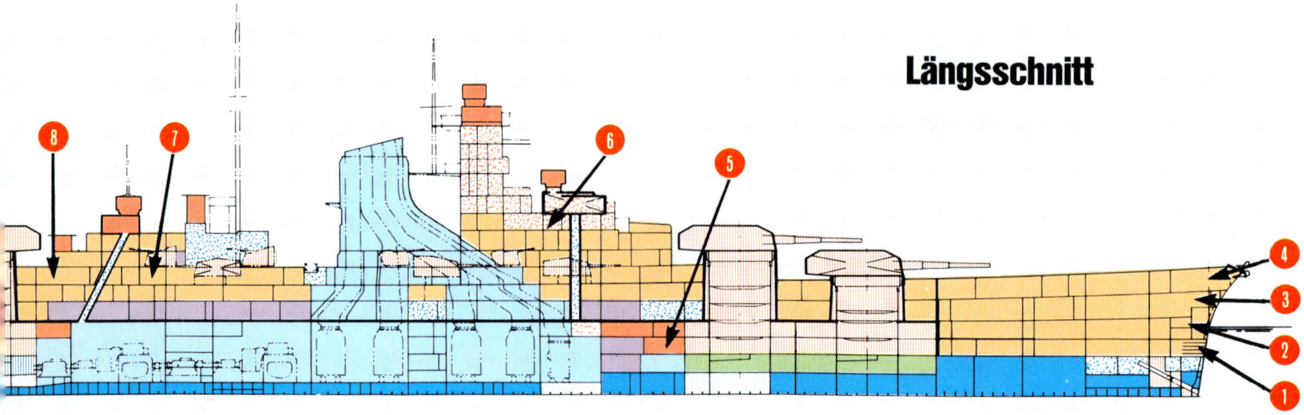

Panzerung

Proviant

Turbinen, Kessel, Pumpen und Lüfter

Wohnräume der Offiziere und Mannschaften

Schwere Artillerie und Munitionskammern

Treibstofftanks

Artillerieleitstände und Rechenzentralen

Ruderanlage und Wellentunnel

Wassertanks

Schiffsführung und Navigation

Werkstätten

Durchgänge, Verbindungsschächte, Verschiedenes

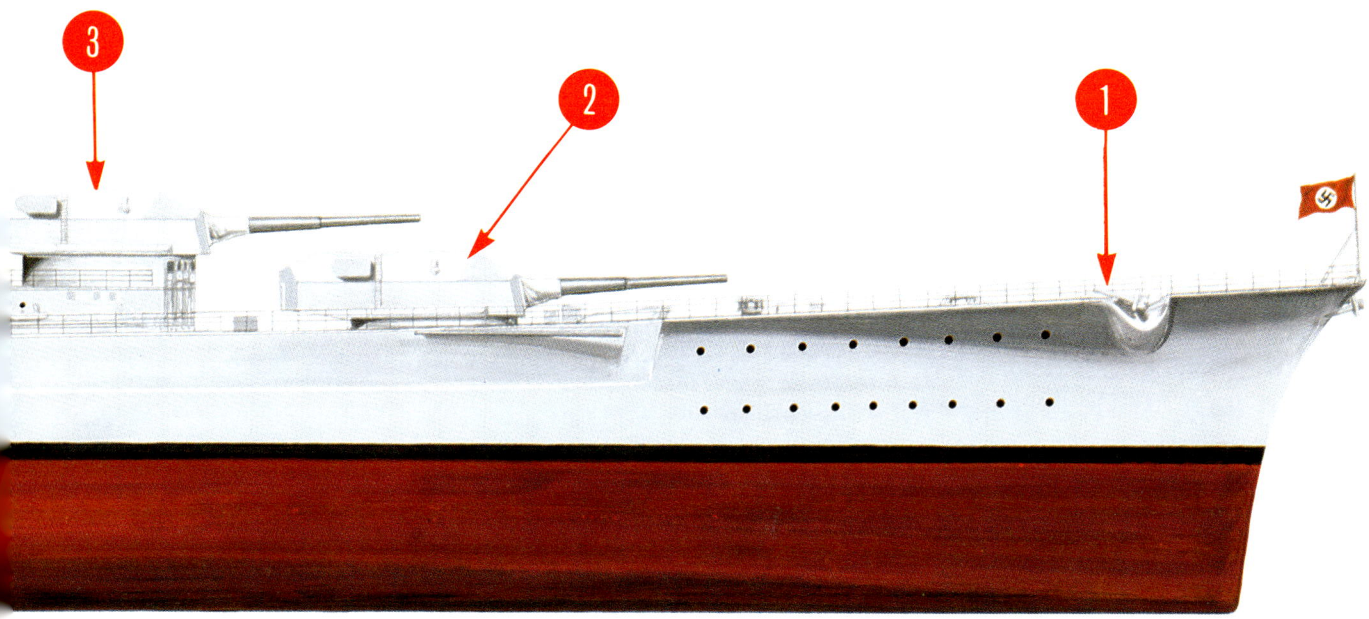

Seitenansicht der *Bismarck*

1. Steuerbordanker
2. Turm Anton (mit 38-cm-Zwillingsgeschütz)
3. Turm Bruno (s. o.)
4. Offene Brücke
5. Vorderer Kommandostand
6. Vorderer Artillerieleitstand
7. Admiralsbrücke
8. Hauptartillerieleitstand
9. Steuerbordkran
10. Schornstein
11. Wasserflugzeug Arado auf Katapult
12. Admirals- und Kommandantenbarkassen
13. Großmast
14. Flak-Leitgerät
15. Achterer Artillerieleitstand
16. Achteres Flak-Leitgerät
17. Turm Caesar (s. o.)
18. Turm Dora (s. o.)
19. Achteres Ankerspill
20. Ruder und Schrauben

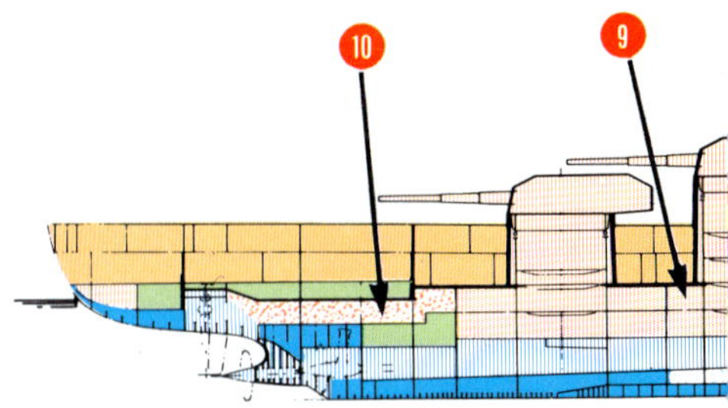

1. Mittleres Plattformdeck
2. Oberes Plattformdeck
3. Panzerdeck
4. Batteriedeck
5. Vordere Artillerie-Rechenstelle
6. Kartenraum
7. Offiziersmesse
8. Admiralskajüte (Stb.) bzw. Kommandantenkajüte (Bb.)
9. Achtere Artillerie-Rechenstelle
10. Ruderzentrale

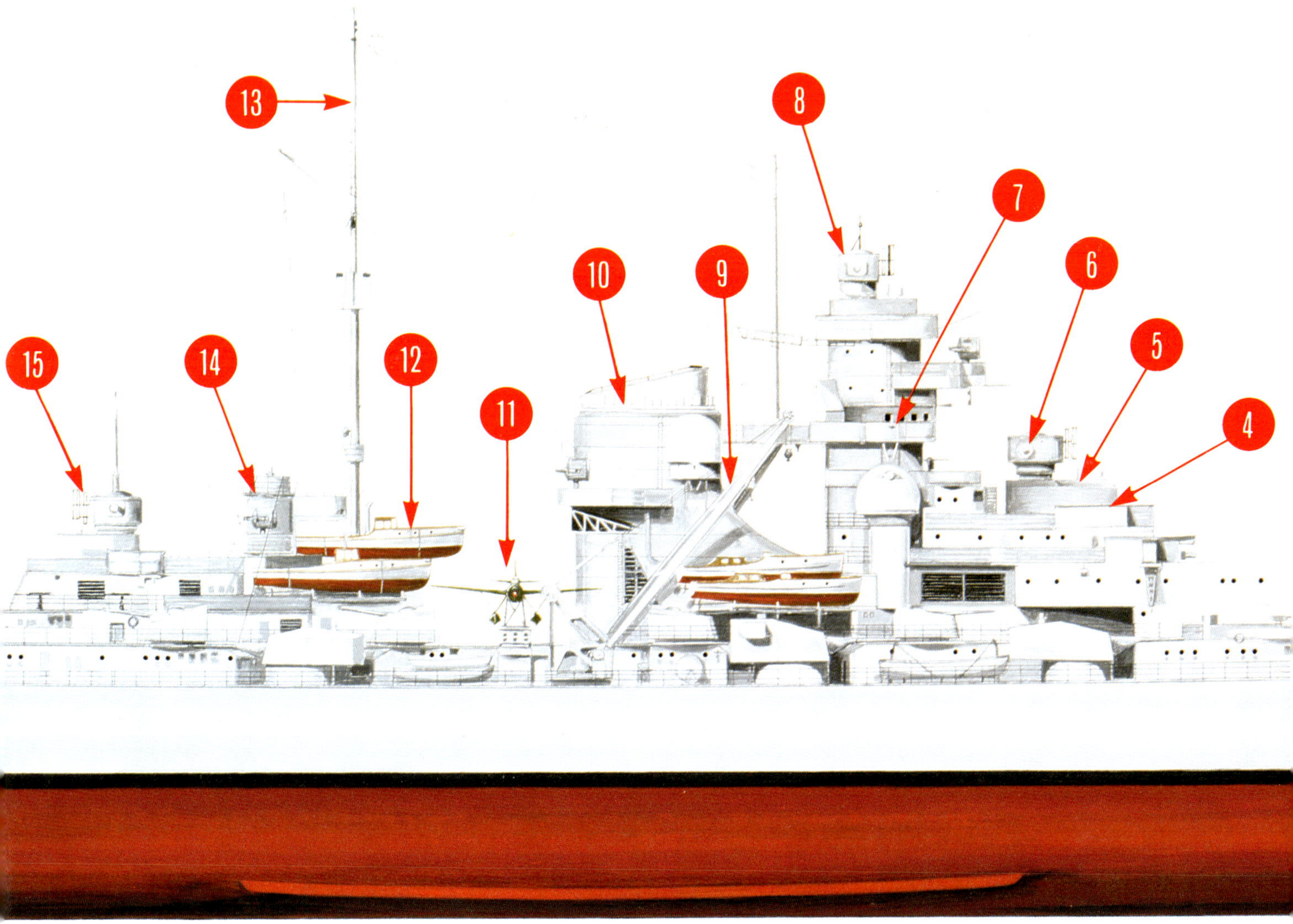

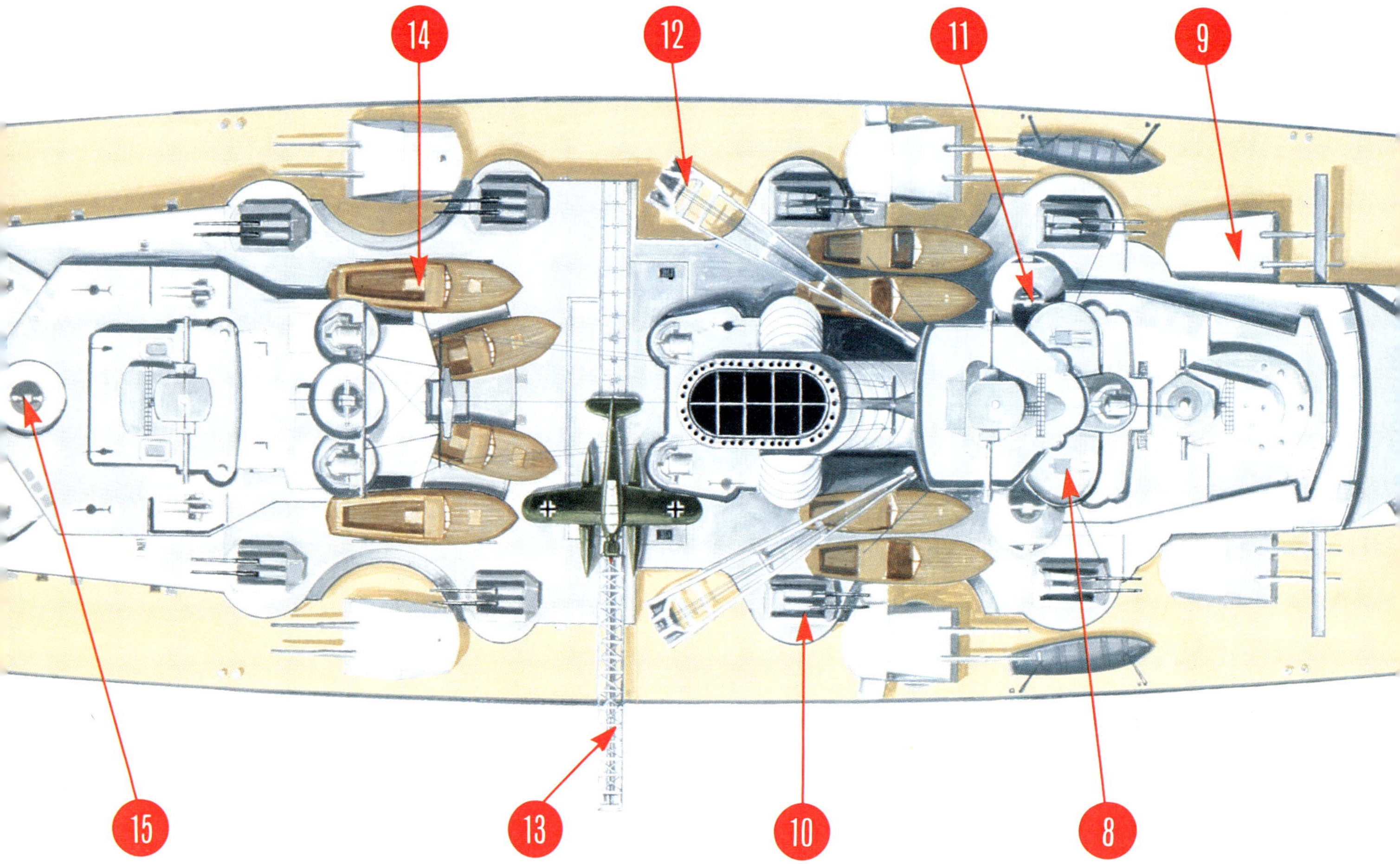
14
12
11
9
15
13
10
8

14

20

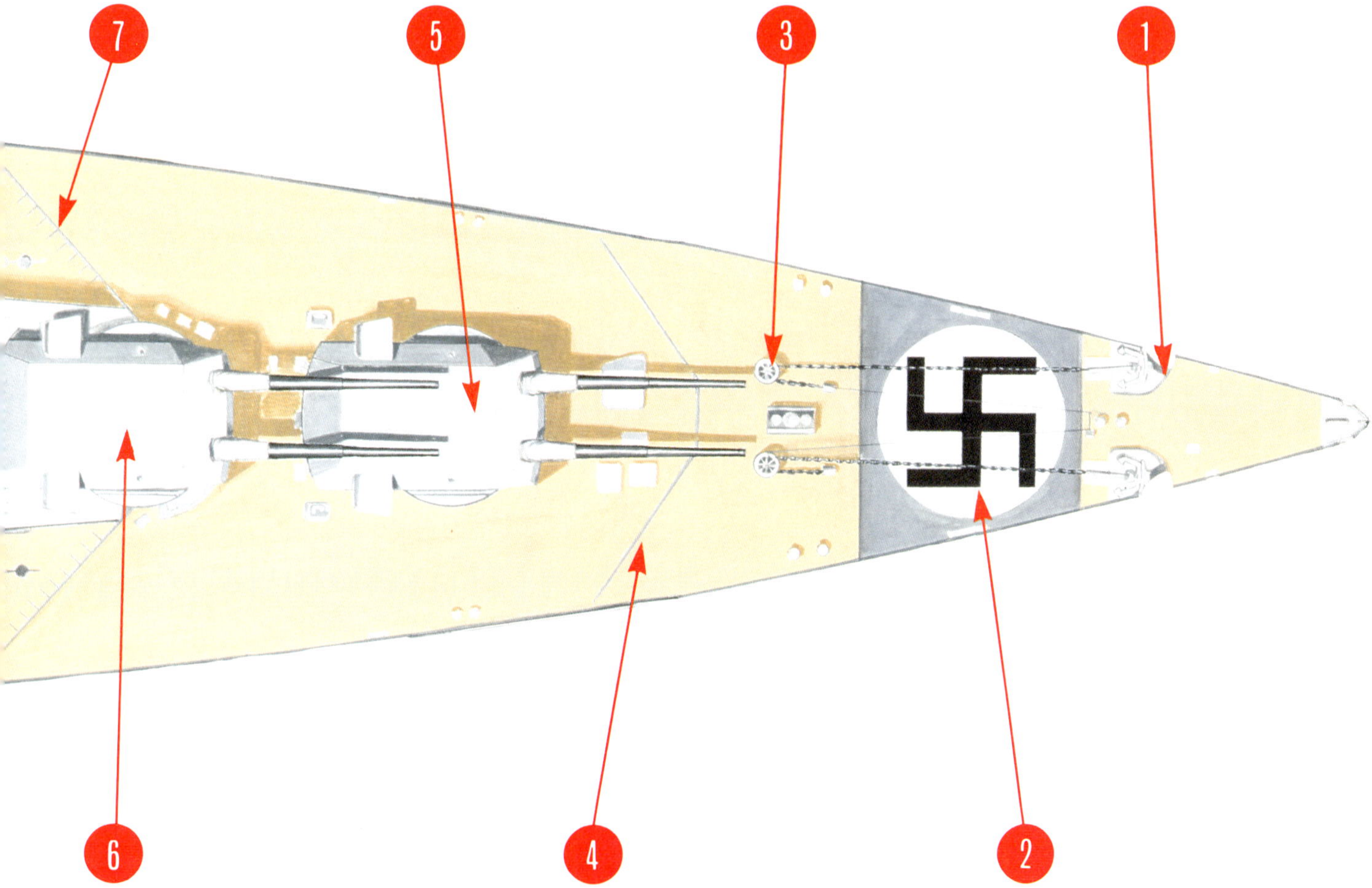
7
5
3
1
6
4
2

16

4

1

Ein Aufklärungsflugzeug vom Typ Arado 196 wird samt seinem Piloten nach einem Übungsflug an Bord zurückgeholt (oben). Dazu wird der Bordkran weit ausgeschwungen (unten). Die *Bismarck* besaß vier solcher Wasserflugzeuge.

wegte oder zufällig im Wege stand. Während Flugzeuge mit Zielscheiben im Schlepp vorbeibrummten, veranstalteten die Flak-Batterien ein gewaltiges Feuerwerk. Falls der imaginäre Feind in Sicht kam, wurde er unweigerlich nach dem berühmten Schlachtkreuzer *Hood* benannt, dem Inbegriff britischer Seemacht. Teile des deutschen Schiffs wurden angeblich getroffen und beschädigt, Männer verwundet und getötet und immer die imaginäre *Hood* versenkt. Während die Tage vergingen und ein Drill dem anderen folgte, prägte sich den Männern der *Bismarck* dieser Name unauslöschlich ein.

Während der letzten Übungen schloß sich der *Bismarck* der Schwere Kreuzer *Prinz Eugen* an, der sie auf ihrem ersten Vorstoß in den Atlantik begleiten sollte. Dort sollten die beiden Schiffe Fühlung zu dem Schlachtkreuzer *Gneisenau* herstellen, der zur Zeit noch im Dock von Brest lag und dann ebenfalls Jagd vor allem auf die britischen Versorgungskonvois machen sollte. (Die *Scharnhorst* würde wegen Reparaturen an ihren Kesseln nicht vor Juli einsatzbereit sein.) Deshalb führten die *Bismarck* und die ebenfalls neue *Prinz Eugen* gemeinsam Manöver durch, während Kapitän zur See Lindemann auf seine endgültigen Befehle wartete. Falls alles nach Plan verlief, sollte der Einsatz in der letzten Aprilwoche beginnen. Am 6. April jedoch mußte die *Gneisenau* erneut in Reparatur gehen, weil sie bei britischen Luftangriffen von einem Torpedo und Bomben getroffen worden war. Dadurch reduzierte sich die Zahl der Einsatzschiffe. Dann, am 23. April, wurde die *Prinz Eugen* von einer Magnetmine beschädigt, die ihre Schraubenwellen verbog und Schotts in einigen Treibstofftanks aufriß. Infolgedessen mußte sie zur Reparatur bis zum 2. Mai ins Trockendock.

Kapitän zur See Lindemann konnte den ersten Einsatz der *Bismarck* kaum erwarten, aber er sah mit gemischten Gefühlen dem

Stabsoffizier entgegen, dem er unterstellt sein würde. Obwohl die Kampfgruppe jetzt nur noch aus zwei Schiffen bestand, hatte sich das Oberkommando der Marine entschlossen, den Flottenchef, Admiral Günther Lütjens, mit der Führung der Kampfgruppe zu beauftragen. Lütjens und sein 65 Mann starker Stab sollten auf der *Bismarck* einsteigen, und Lindemann würde sich seinen Befehlen beugen müssen.

Lindemann und Lütjens hätten nicht unterschiedlicher sein können, außer in der Hingabe an ihren Dienst. Mit seinen 51 Jahren war Lütjens hochgewachsen, mager, aristokratisch und streng. Er faßte einsame Entschlüsse. Viele hielten ihn für einen kalten Fisch; andere sagten, er sei einfach gehemmt und daß seine reservierte Art einen ausgeprägten Sinn für Humor verdecke. Was auch die Wahrheit gewesen sein mag, Lütjens zeigte jedenfalls nur selten Gefühle und lachte fast nie. Und während er ein guter Taktiker war, fehlten ihm die menschlichen Qualitäten, die eine Besatzung inspirieren und ihren Kampfgeist auch unter schwierigen Bedingungen aufrechterhalten können. Lindemann war natürlich ein viel zu guter Offizier, um seine Unzufriedenheit zu zeigen, aber er hätte zweifellos einen weniger griesgrämigen Vorgesetzten vorgezogen.

Admiral Günther Lütjens war ein wegen seiner Erfolge respektierter, aber verschlossener Flottenchef.

Der Kommandant tröstete sich wahrscheinlich mit dem Gedanken, daß Lütjens sich im Seekrieg schon bewährt hatte. Er hatte Anfang des Jahres einen sehr erfolgreichen Einsatz gegen die Briten geführt, indem er mit *Scharnhorst* und *Gneisenau* durch das Skagerrak und in den Atlantik ausgebrochen war, dort zwei Monate lang Handelstonnage versenkt hatte und allen britischen Versuchen, ihn in die Falle zu locken, entgangen war. Als seine beiden Schlachtschiffe am 22. März nach Brest entkamen, hatten sie dreißig Frachter versenkt, drei weitere in Besitz genommen und zahlreiche britische Kriegsschiffe bei dem Versuch, sie zu finden, abgelenkt. Es bestand guter Grund zu der Annahme, daß die mächtige *Bismarck*, die jedem britischen Großkampfschiff überlegen war, diese Vernichtungsbilanz noch übertreffen würde.

Anfang Mai, als der erste operative Einsatz der *Bismarck* nur noch Tage entfernt war und die Gerüchteküche brodelte, stieg die Erregung noch, als bekannt wurde, daß Adolf Hitler für den 5. Mai einen Bordbesuch plante. Die Decks wurden geschrubbt, Uniformen gebügelt, und die Friseure des Schiffs machten Überstunden, um sicherzugehen, daß auch der letzte Mann für den »Führer« präsentabel war. Franz Halke, ursprünglich gelernter Friseur, mußte dabei aushelfen.

Das kurze Übersetzen von Gotenhafen bis zum Ankerplatz der *Bismarck* hatte Hitler offenbar nicht behagt. Er wirkte blaß, als er an Bord kam, begleitet von Generalfeldmarschall Wilhelm Keitel, dem Chef des Generalstabs, und anderen Offizieren. »An Land bin ich ein Held, aber auf See bin ich ein Feigling«, hatte Hitler einmal zu Großadmiral Erich Raeder gesagt. Er verstand nichts von Seekriegsstrategie und stand der Kriegsmarine nicht nahe. Aber er liebte den Gedanken an die Schlachtschiffe und zeigte Raeder voll Stolz Skizzenbücher mit eigenen Entwürfen für schwimmende Ungetüme, einige mit 70-cm-Geschützen bestückt (diese hätten ein Schiff erfordert, das viel größer war, als es irgendeine deutsche Werft hätte bauen können). Es fiel auf, daß Großadmiral Raeder in Hitlers Umgebung fehlte. Der Grund für seine Abwesenheit war nicht klar, aber die meisten Zeitgeschichtler führen sie auf seinen politischen Instinkt zurück. Er wußte, daß der »Führer« nur ungern deutsche Schiffe im Atlantik aufs Spiel setzte, da er den Prestigeverlust fürchtete, falls irgendeines dieser Schiffe von den Briten versenkt werden sollte. Raeder hatte Hitler nicht darüber informiert, daß die *Bismarck* am 18. Mai auslaufen sollte. Und er hatte Lütjens geraten, Unkenntnis zu heucheln, falls er nach dem Auslaufdatum gefragt wurde.

Die Besatzung war an Deck angetreten, als der oberste Führer des Reiches die Männer inspizierte. Alois Haberditz von der Flakartillerie stand stramm, als Hitler, Keitel, Lindemann und Lütjens die Front abschritten. Obwohl er gehalten war, geradeaus zu blicken, erhaschte Haberditz einen kurzen Eindruck vom Gesicht des »Führers«. Fast fünfzig Jahre später erinnerte er sich noch an seine kalten Augen, die durch ihn hindurchzusehen schienen.

Nach der Inspektion unternahm Hitler einen Rundgang durch das Schiff. Er wirkte aufmerksam und interessiert, sagte aber fast nichts. In der Achteren Artillerierechenstelle erklärte Oberleutnant zur See Friedrich Cardinal, wie Informationen von der Feuerleitstelle – Geschwindigkeit, Kurs, Windrichtung, Position von feindlichen Schiffen, Zeitdifferenz zwischen Abfeuern und Granateinschlag etc. – in die Rechner eingegeben wurden und die Resultate sofort an die Artillerieoffiziere zurückgingen, so daß sie auch in der Hitze des Gefechts die Zieleinstellung korrigieren konnten. Dieses Zusammentreffen mit dem »Führer« war ein großer Augenblick für Heinz Jucknat und seine Kameraden Adolf Eich und Franz Halke, die steif vor ihren Instrumenten saßen, während Cardinal erklärte und Hitler und Keitel zuhörten. Einmal beugte sich Hitler vor, um ein Peilgerät besser zu sehen; dabei legte er seine linke Hand auf Eichs Schulter und seine rechte auf die Jucknats. Keiner von beiden wagte zu atmen. Als die offiziellen Gäste gegangen waren, machten Heinz und seine Freunde zwar Witze über das Erlebnis, trotzdem waren sie sehr stolz, daß ihre Gefechtsstation Hitlers Aufmerksamkeit erregt hatte.

Admiral Lütjens begrüßt Hitler mit der Hand am Mützenschirm, während andere Offiziere im Hintergrund den Arm zum »deutschen Gruß« erheben, der in der Marine lange umstritten war.

Als Vierter Artillerieoffizier gehörte von Müllenheim-Rechberg zu denjenigen, die zum Mittagessen in die Offiziersmesse eingeladen wurden. Das Essen war Hitlers wegen vegetarisch, und er aß schweigend. Müllenheim-Rechberg saß zu weit entfernt vom Kopf der Tafel, um Hitlers ausschweifenden Monolog nach dem Essen ganz verstehen zu können, aber er bezog sich auf eine Vielzahl von Themen, von der unterdrückten deutschen Minderheit in Rumänien bis zu der Unwahrscheinlichkeit, daß die Vereinigten Staaten in den Krieg eintreten würden.

In diesem Augenblick ergriff Kapitän zur See Lindemann das Wort, der bisher wie alle anderen in höflichem Schweigen Hitlers Ausführungen zugehört hatte. Er warnte davor, die Möglichkeit außer acht zu lassen, daß die Vereinigten Staaten England zu Hilfe kommen würden. Sie hätten es auch im Ersten Weltkrieg getan, zu einer Zeit, als die Amerikaner mindestens ebenso isolationistisch eingestellt gewesen seien wie jetzt. Es trat ein nervöses Schweigen ein, während die versammelten Offiziere auf die Erwiderung des »Führers« warteten. Fregattenkapitän Oels, Erster Offizier der *Bismarck*, lief angesichts von Lindemanns Affront vor Verlegenheit rot an. Doch dann stand Lütjens auf und gab ein Resümee über den Fortgang des Seekriegs.

Vier Stunden, nachdem er an Bord der *Bismarck* gekommen war, fuhr Hitler mit seiner Begleitung wieder ab. Jetzt konnten Lütjens und Lindemann mit ihren abschließenden Vorbereitungen für den Einsatz fortfahren, der unter dem Decknamen »Rheinübung« lief. Ihr Auftrag lautete, zwischen den dänischen Inseln hindurchzugehen und über das Skagerrak die norwegischen Gewässer zu erreichen. Sie sollten dann mit Nordkurs an der norwegischen Küste entlang in die Nordsee eintreten und unbemerkt in den Atlantik durchbrechen, etwa über die Passage zwischen Island und den Faröern. Öltanker und Versorgungsschiffe waren bereits zu festen Positionen im Atlantik und im Nordmeer unterwegs; so sollte die Kampfgruppe in der Lage sein, für einen dreimonatigen Aufenthalt in See Treibstoff und Verpflegung zu ergänzen.

Falls der Durchbruch erfolgreich verlief, waren für England große Rückschläge zu befürchten, wie schon der Erfolg des jüngsten Handelskrieges erwarten ließ. Anders als frühere Schiffe hatten *Bismarck* und *Prinz Eugen* Erlaubnis, auch eskortierte Konvois anzugreifen. Während *Bismarck* die Begleitschiffe in Gefechte verwickelte, sollte *Prinz Eugen* die Frachter des Konvois vernichten. Falls die *Bismarck* in diesen maritimen Guerillakrieg eintreten konnte, war kein britisches Handelsschiff mehr sicher. Außerdem mußten große Teile der britischen Home Fleet von der Heimatfront abgezogen werden, um sie und *Prinz Eugen* ausfindig zu machen – eine fast unmögliche Aufgabe in der Zeit vor Einführung des weitreichenden Radars und der Satellitenüberwachung.

Die *Bismarck* vor ihrem Einsatz im Nordatlantik: ein Schiff mit schnittigen Linien, die am Bug besonders zur Geltung kamen.

Am 19. Mai legte die *Bismarck* von der Pier in Gotenhafen ab. An Bord befanden sich 2206 Mann; dazu zählten Admiral Lütjens' Stab, Luftwaffenpersonal für die vier Arados, Offiziere und Matrosen der Handelsmarine als Prisenbesatzungen für eroberte Schiffe sowie mehrere Kriegsberichterstatter, die *Bismarcks* Erfolge festhalten und sie patriotisch gefärbt dem Publikum zu Hause schildern sollten. Noch eine Nacht ankerte sie auf Reede, um letzte Vorräte an Bord zu nehmen und aufzutanken. Den ganzen nächsten Tag hindurch wurde Heizöl gebunkert. Einmal riß ein Ölschlauch, und als die Panne behoben und das ausgelaufene Öl beseitigt war, war es zu spät fürs Weiterbunkern. Deshalb hatte das Schlachtschiff am Vorabend seines ersten operativen Einsatzes 200 Tonnen Treibstoff zu wenig an Bord. Bei einer Tankkapazität von 8000 Tonnen schien dieser Mangel zunächst ohne Bedeutung.

Der britischen Admiralität war die von *Bismarck* ausgehende Bedrohung nicht unbekannt. Aber Churchill glaubte weiterhin, daß sie nicht auslaufen würde, bevor nicht auch *Tirpitz* einsatzbereit war. Dennoch hatte der britische Nachrichtendienst die Erprobung des Schlachtschiffes auf der Fahrt von der Werft bis zur Ostsee mit großem Interesse verfolgt. Die Briten wußten, daß es einsatzbereit war. Aber der Ozean war riesig, und obwohl sie eine Zunahme der deutschen Aufklärungsflüge über der Dänemarkstraße festgestellt hatten, was darauf deutete, daß die *Bismarck* etwa auf dieser Route in den Atlantik durchbrechen wollte, hatten die Briten noch immer keine klare Vorstellung davon, wohin sie sich wenden würde – oder wann.

Hitler besichtigt die *Bismarck*

Der »Führerbesuch« am 5. Mai 1941 war ein großes Ereignis im kurzen Leben des Schlachtschiffs. Bei dieser Gelegenheit sahen viele Männer an Bord ihren Obersten Befehlshaber zum ersten Mal aus nächster Nähe.

Links: Mit »deutschem Gruß« erwidert Hitler die Ehrenbezeigung der Besatzung. Neben ihm Admiral Lütjens (Mitte) und sein Stab.

Oben rechts: Während der Besichtigung läßt sich Hitler vor dem offenen Hangar fotografieren, umgeben von Lütjens (links), Lindemann (rechts) und anderen hohen Offizieren.

Oben Mitte: Hitler schreitet die Front der Besatzung ab.

Rechts: Auf dem Achterdeck verharrt Hitler unter Turm Dora, dessen Rohre nach achtern zeigen.

Die Lebensadern Englands

Nach der Kapitulation Frankreichs standen Großbritannien und sein Empire im Kampf gegen Hitlerdeutschland allein. Nur die Konvois, die Lebensmittel und Kriegsmaterial vor allem aus Nordamerika brachten, verhinderten Englands Zusammenbruch. Die Konvoirouten waren seine Lebensadern, die deutsche U-Boote und Kriegsschiffe um jeden Preis zu durchtrennen suchten. Mit Hilfe der Bismarck *wäre dies wahrscheinlich auch gelungen. Daher war die britische Seekriegführung nach dem Durchbruch des Schlachtschiffs in den Atlantik aufs äußerste alarmiert.*

Rechts: Im Hafen von St. John's auf Neufundland wird ein Konvoi für die gefährliche Überquerung des Nordatlantiks zusammengestellt.

Unten: Ein Verband britischer Kriegsschiffe patrouilliert in der Nordsee, um deutsche Handelsstörer abzufangen. Diese Konzentration der Kräfte erwies sich als wenig effektiv und wurde nur zu Anfang des Krieges praktiziert.

Der britische Hilfskreuzer *Rawalpindi* (rechts) wurde am 23. November 1939 in der Faröer-Shetland-Passage von den deutschen Schlachtkreuzern *Scharnhorst* und *Gneisenau* (unten) versenkt. An diesem Gefecht nahm auch Kapitänleutnant von Müllenheim-Rechberg teil, und zwar als Vierter Artillerieoffizier der *Scharnhorst*. Es bewies der britischen Admiralität schon früh die Gefährlichkeit deutscher Überwassereinheiten, von denen die *Bismarck* die gefürchtetste war.

Die Karte zeigt die ungefähren Versorgungsrouten von Kanada nach Schottland. Eingeklinkt ist eine typische Konvoiformation: Flankiert von je einem Geleiter als Schutz, fahren die Frachter in Reihen gestaffelt – eine Formation, die in der Praxis, vor allem bei schwerem Wetter, nur unter Schwierigkeiten eingehalten werden konnte.

Oben: Zerstörer als Geleitschutz im Nordatlantik

Unsere Suche beginnt (1988)

La Coruña, Spanien – 9. Juli 1988

Unsere *Bismarck*-Expedition 1988 hätte nicht ungünstiger anfangen können. Als das Schiff bei dichtem Morgennebel aus dem Hafen von La Coruña auslief, litt ein Teil der Mannschaft immer noch an den Folgen einer Lebensmittelvergiftung durch verdorbene Muscheln, die wir am Vorabend gegessen hatten. (Meinem neunzehnjährigen Sohn Todd, der sich als Techniker mit an Bord befand, ging es am schlechtesten.) Im Lauf des Vormittags wurde alles noch schlimmer. Im Golf von Biskaya löste sich zwar der Nebel auf, doch statt dessen gab es starken Wind und hohen Seegang. Wem bis dahin noch nicht übel gewesen war, den erwischte es jetzt. Unter solchen Verhältnissen ist eine Tiefseesuche nicht nur unangenehm, sondern besonders schwierig und sehr gefährlich. Zudem war unser Schiff, die schon ältliche *Starella* aus Hull in England, selbst unter den milderen Bedingungen des Mittelmeers nur noch knapp tauglich gewesen. Ich fragte mich, ob dieser umgebaute Tiefkühltrawler, der gar nicht für ein Schleppen bei so niedrigen Geschwindigkeiten ausgelegt war, wie es unsere Ausrüstung erforderte, seinen Zweck wirklich erfüllen konnte.

Ich hatte mir einiges aufgeladen: Meinen Geldgebern hatte ich versichert, im Vergleich zur Suche nach der *Titanic* werde das Auffinden der *Bismarck* geradezu ein Kinderspiel sein. Jetzt stand mein guter Ruf auf dem Spiel, und es ging gleichzeitig auch um alle meine künftigen Versuche, nach gesunkenen Wracks zu suchen. Als Wissenschaftler bei Woods Hole kann ich völlig frei alle Vorhaben aufgreifen, die mich interessieren, sofern ich die nötigen Mittel dafür beschaffe. Seit ich als Leiter des Center of Marine Exploration, eines Zentrums für Meereserkundung, für eine ganze Reihe von Mitarbeitern zu sorgen habe, war deshalb die Geldbeschaffung meine ständige Sorge. Woods Hole bietet mir eine Heimat und das Renommee, das mit der Zugehörigkeit zu einer bekannten wissenschaftlichen Institution verbunden ist. Doch Woods Hole finanziert mich nicht. Es hatte viele Jahre gedauert, bis ich die erste *Titanic*-Expedition zustande gebracht hatte. Mittlerweile habe ich gute Beziehungen zur National Geographic Society und zur amerikanischen Marine entwickelt; beide unterstützen meine Arbeit in unterschiedlichen Bereichen. Für die U.S. Navy erprobte ich bei der zweiten *Titanic*-Expedition, auf der wir das Wrack untersuchten, unseren *Jason*-Prototyp *Jason Junior.* Nach dem *Titanic*-Vorhaben traten andere Förderer auf den Plan. Die *Bismarck*-Expedition wurde vor allem von der Quest-Gruppe finanziert, einer von Don Koll und Marco Vitulli gegründeten Gesellschaft. Die beiden Geschäftsleute von der amerikanischen Westküste interessierten sich für die Unterwassererkundung. Auch National Geographic TV und Turner Broadcasting hatten Mittel zur Verfügung gestellt.

Dr. Ballard (oben) an Deck der *Starella* (rechts), dem Forschungsschiff bei der ersten Phase der *Bismarck*-Suche.

STARELLA

Von Entdeckern erwartet man allerdings, daß sie auch etwas finden. Während der Mittelmeerphase unserer diesjährigen Fahrt hatten wir tatsächlich vor der Westspitze Siziliens eine kleine Sammlung nordafrikanischer Amphoren entdeckt, die vielleicht von einem gesunkenen altrömischen Schiff stammten. Die Hinweise vor Ort waren jedoch nicht aussagekräftig genug. Genaueres konnten wir erst nächstes Jahr erfahren. Wenn wir jetzt auch noch die *Bismarck* entdeckten, wäre unsere diesjährige Fahrt ein einmaliger Erfolg.

Das Wetter blieb schlecht, und meinen Leuten ging es nicht besser, als wir in die Gegend hinausdampften, wo die *Bismarck* gesunken war – etwa 600 Seemeilen*) westlich der französischen Stadt Brest, mitten

Ein Transponder wird vom Heck der *Starella* zu Wasser gelassen.

im weiten Atlantik, wo er rund drei Meilen tief ist. Als wir am Morgen des 11. Juli unser Ziel erreichten und den ersten von drei Transpondern auszusetzen begannen, hatte sich die Lage noch immer nicht gebessert. Transponder sind akustische Baken und bilden ein Unterwassernetz, mit dessen Hilfe wir auf dem Meeresboden zentimetergenau navigieren können. Die Transponder stehen über einen Empfänger mit dem Schiff in Verbindung; wir haben ihn »Fisch« getauft, und er wird hinter dem Schiff hergezogen. Die eingegangenen Informationen werden vom Navigationsrechner sofort verarbeitet, und das Ergebnis – unsere Position innerhalb des Netzes – erscheint dann auf dem Computerbildschirm am Nautikerplatz in der Leitzentrale.

Der erste Transponder landete auf topfebenem Boden, einer sogenannten Tiefsee-Ebene, doch der zweite und der dritte gingen an einem Berghang nieder. Unterwasserberge stören die Transpondersignale und erschweren damit die akustische wie die optische Suche. Beim Suchen mit akustischen Hilfsmitteln bestreicht das Seitwärtsso-

*) 1 Seemeile (sm) = 1,85 Kilometer (km)

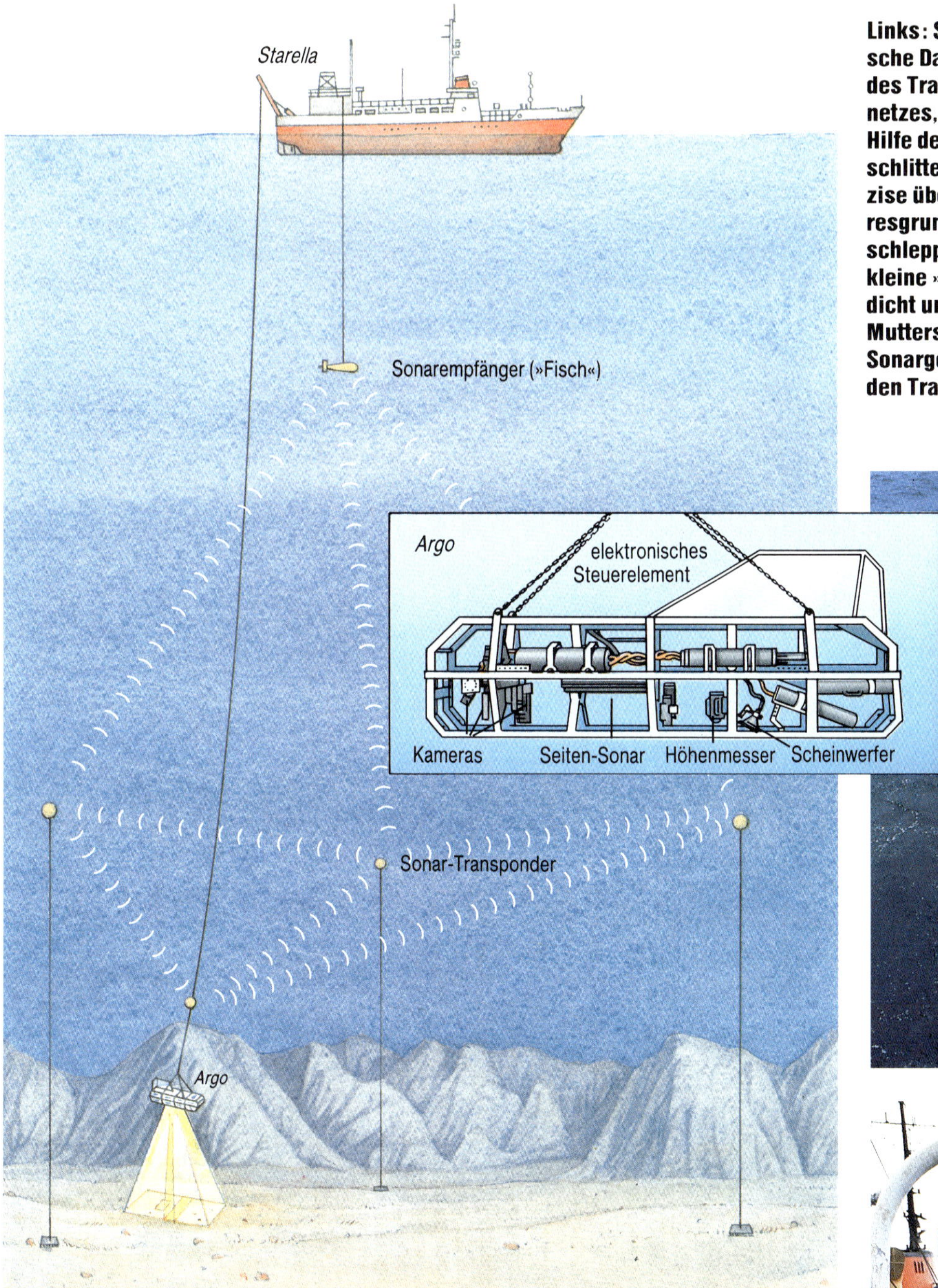

Links: Schematische Darstellung des Transpondernetzes, mit dessen Hilfe der Kameraschlitten *Argo* präzise über den Meeresgrund geschleppt wird. Der kleine »Fisch« dicht unter dem Mutterschiff ist ein Sonargerät, das mit den Transpondern auf dem Meeresgrund in Verbindung steht. Diese wiederum kommunizieren mit dem Transponder am Kabel dicht oberhalb des Schlittens. Der gelbe Kegel unter *Argo* bezeichnet den Bereich, den die drei Videokameras erfassen.

Oben Mitte: Ein Transponder geht auf die Reise zum Meeresgrund.

Darunter: Am Kran wird der Sonarfisch zu Wasser gelassen.

nar von *Argo* auf dem Meeresboden eine breite Bahn, auf der nach großen Wrackteilen oder größeren Bodenstörungen gefahndet wird. In unebenem Gelände kann sich aber selbst ein Gebilde von der Größe der *Bismarck* ohne weiteres im Sonar-»Schatten« eines Unterwasserbergs verstecken.

Bei der optischen Suche wird *Argo* so dicht über dem Meeresboden geschleppt, daß seine Videokameras auch das kleinste Stück von Menschenhand stammender Trümmer wahrnehmen (viele Schiffswracks in der Tiefsee ziehen eine kilometerlange Trümmerschleppe hinter sich her). Weil der Kameraschlitten so dicht über dem Boden »fliegt«, können plötzliche Änderungen in der Topographie den Piloten überfordern, der *Argo* steuern muß. Falls *Argo* abstürzte, wäre der Schaden beträchtlich. Noch schlimmer: Das Kabel könnte reißen, und *Argo* wäre verloren.

Der Berg hätte mich weniger gestört, wenn ich nicht an Frank Smith und seine defekte Winde hätte denken müssen. Diese hydraulische Winde war wohl das wichtigste Einzelstück unserer Ausrüstung an

Bord. Sie mußte das lange Koaxialkabel von *Argo* auf- und abwickeln. Wenn sie streikte, während sich das Fahrzeug gerade auf dem Meeresboden befand, zogen wir unseren zwei Tonnen schweren Schlitten an fast fünf Kilometer Kabel hinter uns her, ohne die Möglichkeit, ihn jemals wieder einzuholen. In diesem Fall mußten wir das Kabel kappen und Technik im Wert von über einer halben Million Dollar auf dem Meeresboden zurücklassen. Deshalb hörte ich mir aufmerksam an, was Frank zu sagen hatte.

Frank, ein vierschrötiger Texaner, handhabte selbst die widerspenstigste Winde, als sei sie ein gehorsamer Gaul. Er ist ein lieber, fleißiger Mensch, gibt sich aber auch gern als Schwarzseher. »Ich mache mir Sorgen um die Winde, Bob«, sagte er mir immer wieder. »Sie kann jeden Moment kaputtgehen.« Hier bestand sein Pessimismus leider zu Recht. Selbst der Chef meiner Decksmannschaft, Tom Dettweiler – eigentlich ein unerschütterlicher Veteran der *Titanic*-Expedition, der auch schon mit Jacques Cousteau gearbeitet hatte –, warnte mich vor dem Zustand der Winde. Einmal war sie schon ausgefallen, und mit dem nächsten Defekt war jederzeit zu rechnen. Je weniger wir sie beanspruchten, um so besser. Über einem gebirgigen Meeresboden, wenn der Mann am Bedienungspult die Höhe ständig je nach Gelände ändern mußte, war sie jedenfalls überfordert. Wenn es irgendwie ging, wollte ich deshalb einen weiten Bogen um jeden Berg machen.

Frank Smith (links) erläutert gestenreich, wie seine Kabelwinde funktioniert.

Tom und Frank hielten auch von dem alten Portalkran der *Starella* nicht viel. Ohne diese Hebevorrichtung auf dem Achterschiff konnten wir *Argo* weder zu Wasser lassen noch einholen. Auf unserer Mittelmeerfahrt war eine Dichtung an der Hubmechanik des Krans ausgefallen, und die Hydraulik hatte zu lecken angefangen. Sie war allerdings noch so lange betriebsfähig geblieben, bis wir sie im Hafen reparieren konnten. Doch höchstwahrscheinlich trat der Fehler bald wieder auf.

Während mir das alles durch den Kopf ging, studierte ich die Karte des Suchgebiets und überdachte meine Erfolgsaussichten. Vier britische Schiffe, die im Mai 1941 am Endkampf der *Bismarck* beteiligt gewesen waren, hatten drei unterschiedliche Sinkpositionen angegeben. Die Entfernung zwischen diesen Stellen betrug immerhin sechs Seemeilen. Die Diskrepanz war wohl darauf zurückzuführen, daß die Navigatoren ebenso mit den Kampfhandlungen beschäftigt gewesen waren wie alle anderen und daß das schon 24 Stunden anhaltende schlechte Wetter eine genaue astronomische Standortbestimmung fast unmöglich gemacht hatte. Die Positionen waren deshalb nur durch Koppeln ermittelt worden; dazu waren Kurs und Geschwindigkeit des Schiffes seit der letzten astronomischen Standortbestimmung zusammen mit geschätzter Wind- und Stromabdrift fortgeschrieben worden. Um die Gegend zu erreichen, in der wir das Wrack vermuteten, hatte ich eine Fehlergrenze von drei Seemeilen um jeden der drei Punkte eingerechnet. Als ich ein Rechteck zeichnete, das alle Sinkpositionen zuzüglich dieser Fehlertoleranz einschloß, bekam ich eine Fläche von fast 520 Quadratkilometern heraus.

Nur eine der drei Sinkpositionen lag westlich des Unterwasserberges in einem auf unseren Karten als Stachelschwein-Tiefsee-Ebene bezeichneten flachen Gebiet. Diese Position hatte der Navigationsoffizier an Bord des britischen Schiffes *Rodney*, eines der beiden in den Kampf mit *Bismarck* verwickelten Schlachtschiffe, ermittelt. Sie war von einem Zerstörer bestätigt worden, der das Gefecht beobachtet

hatte. Dagegen hatte die *Dorsetshire*, die der *Bismarck* bei deren Untergang am nächsten gewesen war, eine Position viel weiter östlich und etwas nördlich der Positionsbestimmung von *Rodney* angegeben. Das andere Schlachtschiff in diesem Endkampf, das Flaggschiff *King George V*, vergrößerte das Durcheinander noch mit einer Positionsangabe weit südlich der Daten von *Dorsetshire*.

Und ich hatte mir eingebildet, die britische Admiralität würde mich geradewegs zum Untergangsort geleiten.

Beim Zustand meiner Ausrüstung mußten mir die Koordinaten der *Rodney* am meisten zusagen; außerdem galten sie als die amtliche Sinkposition. Sie waren nicht nur von einem anderen Schiff bestätigt worden, sondern versetzten mich auch in die Lage, meine Suche über flachem Schlickboden zu beginnen. Wenn sich in dieser Gegend nichts fand, konnte ich immer noch das Risiko eingehen, mich dichter an den gefährlich aussehenden Berg heranzuarbeiten.

Große Aufregung herrschte am 12. Juli kurz nach Mitternacht, als unser Unterwasser-Roboter *Argo* ausgesetzt werden sollte und beängstigend am Kran schaukelte. Starts bei Nacht und schlechtem Wetter waren ein wahrer Alptraum und sehr gefährlich dazu; diesmal fiel es mir besonders auf, denn mein Sohn Todd hatte unbedingt mitmachen wollen. Grelle Scheinwerfer beleuchteten die Szene: Die Decksmannschaft in ihrem gelben Ölzeug hängte sich an die Führungsleinen von *Argo*, um sein gefährliches Schaukeln zu verhindern. Ein einziger Fehlgriff, und *Argo* wurde zu einer zwei Tonnen schweren Abbruchbirne, die einen Menschen im Nu erschlagen konnte. Langsam neigte sich der Kran kreischend nach achtern, bis *Argo* frei über dem Heck

Oben: Links neben Frank Smith (an der Windensteuerung) ist die große Trommel zu erkennen, auf der *Argos* drei Seemeilen langes Kabel auf- und abgespult wird.

Unten: *Argo* wird übers Heck der *Starella* zu Wasser gelassen, manchmal sogar bei Nacht.

hing. Tom gab das Signal, und der Schlitten wurde langsam in die hochgehende See abgesenkt. In diesem Moment gaben beide Dichtungen am hydraulischen Hubzeug den Geist auf. Öl trat aus. Tom, der mit der Reparatur dieser Dichtungen Stunden zugebracht hatte, stieß wilde Flüche aus. Der Kran funktionierte zwar noch, stellte aber eine Zeitbombe dar, die jeden Moment losgehen konnte. Meine Befürchtungen wegen unserer Ausrüstung verstärkten sich; fürs erste war *Argo* jedenfalls im Wasser, und alle Beteiligten waren noch heil und ganz.

Unser Unternehmen war Todds dritte Expedition mit mir zusammen; dank seiner sicheren Hand am Steuerknüppel hatte er sich zu einem meiner besten *Argo*-Piloten entwickelt. Ob er sein eigenes Leben

Oben links: Todd und ich helfen mit, *Argo* für das Aussetzen vorzubereiten.

Rechts: Tom Dettweiler weist den Kranführer mit Handzeichen ein.

auch so fest in der Hand hatte, wußte ich nicht genau. Als Halbwüchsiger war er ziemlich wild gewesen, und diesen ungebärdigen Charakterzug hatte er auch noch beibehalten, als er in sein erstes Collegejahr gegangen war. Wäre ich mehr zu Hause gewesen, hätte er es vielleicht einfacher gehabt. Wenn mich etwas an meiner selbstgewählten Laufbahn als Tiefseeforscher stört, dann ist es die Belastung für meine Familie. Die letzten zwanzig Jahre war ich so häufig von zu Hause weggewesen, daß mir meine beiden Söhne manchmal wie Fremde vorkamen. Seit wir jetzt häufiger zusammen waren, hatte ich Todd schon besser kennengelernt. Er hatte im vergangenen Sommer an einer Expedition der U. S.-Marine teilgenommen, und wir hatten im Anschluß daran gemeinsam Europa bereist. Jetzt freute ich mich schon darauf, die nächsten Wochen mit ihm zu verbringen.

Zweieinhalb Stunden nach dem Aussetzen war unser Meeresschlitten mit seinen Videokameras, Sonargeräten und Einzelbildkameras endlich unten angelangt. Die Suche konnte beginnen. Da wir über ebenem Gelände operierten, hatte ich mich für eine akustische Suche mit Sonar entschieden. Also stellten wir *Argo* auf Sonarhöhe rund 50 m über dem Boden ein. So konnten wir mit jedem Durchgang eine etwa 1 km breite Bahn erfassen. Da weder Berge noch Abhänge im Weg lagen, mußte ein so großer Gegenstand wie der Rumpf der *Bismarck* zwangsläufig deutlich zu erkennen sein.

Der vertraute Rhythmus unserer Suche mitten im Ozean spielte sich wieder ein, während wir *Argo* mühsam mit der Geschwindigkeit von einem Knoten*) über den Meeresboden schleppten. Meine Techniker arbeiteten in drei Wachen. Jede Wache tat vier Stunden Dienst und hatte danach acht Stunden frei. Wenn man von Mittag bis 16.00 Uhr Wachdienst hatte, war man automatisch auch für die »Friedhofsschicht« von Mitternacht bis 04.00 Uhr eingeteilt.

*) 1 Knoten (kn), Geschwindigkeitsangabe = 1 Seemeile pro Stunde (1 sm/h)

Die neue Wache fand sich im allgemeinen zehn Minuten oder eine Viertelstunde vor der Übergabe ein. Jeder wurde von seinem Vorgänger, dessen Aufgabe er übernahm, auf den laufenden Stand gebracht und machte sich dann an die Arbeit.

Eigentlich beginnt jede Wache mit einem Wortgeplänkel, manchmal auch mit einer Diskussion über die Musikwahl für die Stereoanlage. Doch bald verstummen die Gespräche, die Minuten verstreichen träge, und jeder konzentriert sich auf seine Arbeit. Der »Pilot« hält eine Hand auf *Argos* Steuerknüppel und beobachtet gleichzeitig die Höhenangaben und den Sonarausdruck. Der Navigationsoffizier gibt Kursänderungen an die Brücke durch und beobachtet die Computergraphik, die genau anzeigt, an welcher Stelle im Transpondernetz wir uns befinden. Der Ingenieur überwacht alle Systeme *Argos* und bedient die Kameras, sobald wir Sichthöhe erreicht haben. Der Datenerfasser zeichnet auf, was das Sonargerät »hört« oder die Kameras »sehen«. Der Wachführer behält alles im Auge und trifft die taktischen Entscheidungen, zum Beispiel: Sollen wir uns dieses verlockende Sonarziel näher ansehen oder lieber Kurs halten?

Unten links: Vor *Argos* erstem Zuwasserlassen ziehen drei Helfer den Kameraschlitten mit Ketten und Talje aus seiner Garage auf der Heckplattform.

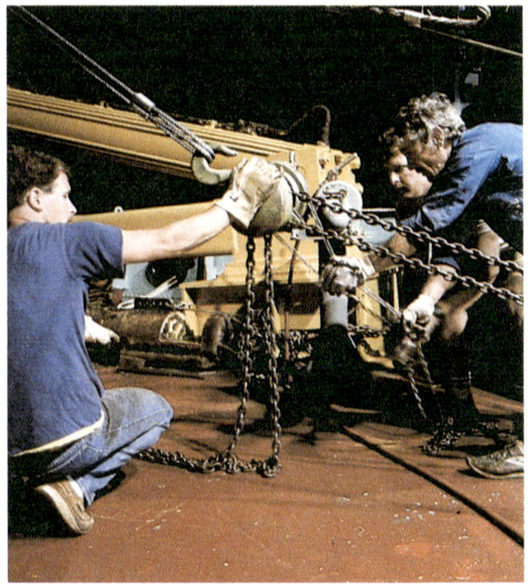

Oben: *Argo* kurz vorm Eintauchen

Die Leitzentrale in ihrer Baracke erinnert mich immer an eine Weltraumkapsel. Wenn man erst mal drin ist, könnte man sich genausogut auf einer Umlaufbahn um den Mond befinden, so abgeschnitten ist man von der Außenwelt. Die rote Beleuchtung, bei der sich die Pupillen nicht so weit öffnen und die Videobilder deshalb schärfer wirken, verleiht allem einen geisterhaften Anstrich. Der lange, schmale Raum ist mit technischem Gerät vollgestopft: Tastaturen, Computerbildschirme, Fernsehmonitoren, Datenaufzeichnungsgeräte, Sonarschreiber. Wenn ich es mir recht überlege, so hat der Aufenthalt auf einem winzigen Schiff mitten im Ozean viel mit einem Aufenthalt im Weltraum gemeinsam: Am Tag gibt es keine Bezugspunkte, nachts hat man nur den Mond und die Sterne.

Bei der Suche mit Sonar wird die Arbeit immer stumpfsinniger, wenn sich auf dem Ausdruck nichts Interessantes zeigt. Man kann die Schwarzweiß-Fernsehbilder der endlosen Schlickflächen gar nicht mehr sehen, die immer dann eingehen, wenn die drei Videokameras *Argos* Sichthöhe erreicht haben. Gelegentlich schwimmt ein Fisch vorbei und unterbricht die Langeweile. Manchmal stößt man auch auf einen Findling, einen von einem schmelzenden Eisberg hinterlassenen Felsblock.

Manche mögen die Wache von 08.00 bis 12.00 Uhr am liebsten, weil sie dann den von Land gewohnten Lebensrhythmus am ehesten beibehalten können: nachts schlafen, tagsüber wach sein. Die jüngeren Mitglieder der Mannschaft neigen allerdings eher zur Friedhofsschicht. Nach Mitternacht hängen weniger Zaungäste herum, und man kann sich auch ungestörter unterhalten. Außerdem passieren immer in dieser Schicht die aufregenden Dinge. Kinder scheinen mit Vorliebe in den frühen Morgenstunden zur Welt zu kommen, und um diese Zeit entdeckt man offenbar auch Schiffe am ehesten. Die *Titanic* hatten wir während der Friedhofsschicht gefunden. Unter anderem auch deshalb hatte ich Todd für die Wache von Mitternacht bis 04.00 Uhr früh eingeteilt. Er sollte auf jeden Fall dabei sein, wenn sich etwas tat. Außerdem wußte ich, daß es ihm nichts ausmachte, nachts aufzubleiben.

In Todds Wache tat auch der 27jährige Hagen Schempf Dienst, Absolvent eines Maschinenbaustudiums am Massachusetts Institute of Technology, der an seiner Doktorarbeit über Robotertechnik schrieb, während er für mich in Woods Hole arbeitete. Er war einer der Konstrukteure des Roboterarms von *Jason*, den wir im Mittelmeer bei der Untersuchung eines möglicherweise römischen Schiffswracks erproben wollten, das wir gerade vor Sizilien entdeckt hatten. Hagen war der einzige deutsche Staatsbürger auf unserer Expedition.

Wachführer Sam Nichols überprüft unsere Position auf der Seekarte.

Kapitän John Nichols (nicht verwandt mit Sam) am Ruder der *Starella*

An diesem Julimorgen 1988 wollte ich als erstes die Westseite des Unterwasserberges untersuchen. Wenn die *Bismarck* irgendwo auf seinem Hang gelandet war, war sie vermutlich hinabgerutscht und erst auf der Ebene zur Ruhe gekommen. Wenn ich also am Fuß dieser geologischen Formation suchte, hatte ich damit gleichzeitig den ganzen Hang abgehakt. Ich trug meine erste Linie auf der Karte ein: einen Nord-Süd-Gang am Rand der Erhebung.

Auf diesem langen Weg von Nord nach Süd wurde mir bald klar, daß uns der Berg wirklich Kummer bereiten würde. Auf dem Sonarbild sah er sehr steil aus. Nachdem ich ihn nun aus der Nähe gesehen hatte, wollte ich doch lieber auf flachem Gelände bleiben und arbeitete mich über eine Reihe von Nord-Süd-Bahnen im Abstand von einem Kilometer so nach Westen vor, daß sich die Sonarstreifen überlappten. Dieses Verfahren ist auch als »Rasenmähen« bekannt, und Meeresforscher wenden es an, wenn sie ein Wrack suchen. Ein Gebilde von der Größe der *Bismarck* konnte mir damit kaum entgehen, solange es nicht völlig im Sediment begraben lag oder in kleine Teile zerfallen war.

Später am Nachmittag bewegten wir uns allmählich vom Berg weg und in Nord-West-Richtung auf eine Stelle zu, von der aus wir unseren zweiten Nord-Süd-Durchgang unternehmen wollten. Da begann uns ein sporadisch auftretendes, technisches Problem zu behindern: Unser Schlitten trieb dwars weg. Bei unserer niedrigen Geschwindigkeit ließ die Unterwasserströmung zusammen mit den Bewegungen der *Starella* im Seegang *Argo* gelegentlich ganz schön schwojen. Für den Schlitten selbst war das nicht weiter gefährlich, doch wegen der Schaukelbewegung erfaßte unser Sonar ganz unberechenbare Bahnen; manchmal schaute das eigentlich nach rechts gerichtete Sonar nach links und umgekehrt. Die unregelmäßigen Bewegungen wären bei der optischen Suche nicht so schlimm gewesen, da die nach unten gerichteten Kameras von der Orientierung des Fahrzeugs nicht beeinflußt werden; bei einer akustischen Suche war das jedoch ganz anders. Wenn *Argo* dwars wegzutreiben begann, entgingen uns vielleicht sogar große Ziele. Doch wir mußten weitermachen und konnten nur hoffen, daß sich die Lage wieder beruhigen würde.

Es war dunkel geworden, als wir nach Süden drehten, um die nächste Bahn zu beginnen. Völlig unbeeinflußt von der verstrichenen Zeit arbeitete sich *Argo* Zentimeter um Zentimeter durch dieses Gebiet ewiger Nacht und unvorstellbaren Drucks vorwärts. Der Sonarschreiber blieb leer, der Tiefenanzeiger schlug nicht aus, also lag ein von Kriegswracks ungestörter Meeresboden unter uns. Einstweilen schien das Vehikel auch wieder eine gerade Bahn zu ziehen.

Später in der Nacht kam ein übler Sturm auf und machte das Leben an Bord noch unangenehmer, den Unterwasserkurs von *Argo* noch erratischer. Die Mannschaft der *Starella* zog an Deck Sicherheitsleinen, damit niemand ausrutschte oder über Bord geschleudert wurde. Die Leitzentrale zu erreichen, war ein Abenteuer, als erklettere man einen nassen Berg, der einem unter den Füßen wegrutschte. Wer noch nie zur See gefahren war, bekam jetzt seine Feuertaufe; dennoch war es wohl nicht entfernt mit dem zu vergleichen, was man an Bord eines Zerstörers im Zweiten Weltkrieg durchgemacht hatte, denn diese ranken Schiffe waren auf Geschwindigkeit, nicht auf Stabilität ausgelegt. Bei schwerem Wetter verschwand der Bug eines Zerstörers oft vollständig in den hohen Seen. Manchmal krängte so ein Schiff auch so weit, daß es fast zu kentern schien. Es war sicher kein Spaß, auf einem der Zerstörer zu dienen, die die *Bismarck* bei noch schlimmerem Wetter jagten. Vielleicht war unser Sturm auch ein Omen und bedeutete hoffentlich, daß wir uns dem Ziel näherten.

Durch Nacht und Sturm fuhren wir nach Süden. Wer schlafen konnte, schlief, aber viele lagen wach und horchten auf das laute Dröhnen der Maschinen, die mit voller Kraft versuchten, die *Starella*

Oben links: Bill Lange stellt *Argos* Kameras ein, während der Schlitten drei Meilen unter ihm langsam über den Meeresboden gleitet. Bei der optischen Suche »fliegt« *Argo* einige Meter über Grund dahin, wobei seine Kameras auch kleinste Trümmerstücke erkennen können. Falls solch ein Stück Teil des Trümmerfelds ist, das ein sinkendes Schiff auf seinem Weg zum Meeresgrund wie eine Schleppe hinter sich herzieht, führt es uns meist zum Wrack.

Unten rechts: Der Sonargast studiert die Transponderausdrucke. Bei einer akustischen Suche – wie 1988 – operiert *Argo* etwa 50 m über Grund. So kann sein Sonar einen Bereich von etwa einem Kilometer bestreichen (ebenen Meeresgrund vorausgesetzt) und jeden ungewöhnlichen Gegenstand erfassen.

wenigstens ungefähr auf Kurs zu halten. Das ganze Schiff zitterte unter ihren Schwingungen und erbebte, sooft wir in eine große See eintauchten. Wir suchten erst knapp 24 Stunden, doch es kam uns schon wie eine Ewigkeit vor.

Bei jeder Expedition auf See weichen gespannte Erwartung und Aufregung sehr schnell der Routine. Eine Suche mit dem Sonargerät ist besonders langweilig. Sonargeräte können kleinste Trümmer und verhältnismäßig geringfügige Änderungen in der Topographie des Meeresbodens erkennen; aber oft sind die Unterschiede zwischen geologischen Gegebenheiten und von Menschenhand bewirkten Veränderungen schwer zu bestimmen. Ganz kleine Stücke aus irgendeinem Werkstoff, besonders wenn sie flach liegen und den Schallwellen kein Echo bieten, gehen normalerweise im »Rauschen« unter, der in jedem Sonarsystem vorhandenen Fehlerspanne. Nach einiger Zeit fragt man sich, ob das Gerät überhaupt arbeitet; was da auf dem Papier herauskommt, sieht aus wie das Foto eines Schneesturms: nichts als akustisches Rauschen. Man sehnt sich direkt nach Schlick, nach irgend etwas.

Zwischen den Wachen kämpften unsere Leute mit der Langeweile. Alle hatten sich Stapel von Büchern mitgebracht. Bald aßen manche zu oft oder tranken zuviel Bier. Auf dieser Fahrt konnte man fast immer eine Gruppe in der Messe, dem Speisesaal des Schiffes, beim Cribbage finden, einem Kartenspiel; denn Frank Smith hatte ein Dauertournier ins Leben gerufen. Wenn er nicht gerade auf die Winde aufpaßte, war er oft in ein Spiel vertieft oder brachte einem Neuling dessen Regeln bei. Auf der anderen Seite des Korridors, im Aufenthaltsraum des Schiffes, sahen sich ein oder zwei Leute irgendeine Videokassette an, meist zum x-ten Male. Auch ganz unten im wissenschaftlichen Labor war fast immer Leben. Dort standen die Freizeitcomputer, die Filmcrew hob da ihre Kameraausrüstung auf, und es gab auch eine kleine Straße mit Videospielen. 1988 war Video-Golf der letzte Schrei, aber auch das »Glücksrad«. Todd und seine Freunde hielten sich dort stundenlang auf, wenn sie nicht Dienst hatten.

Fast alle hatten den Videofilm »Sink the *Bismarck*« gesehen. Jetzt lasen viele Teammitglieder das Buch des Freiherrn von Müllenheim-Rechberg, »Schlachtschiff Bismarck«, oder Ludovic Kennedys »Pursuit«, eine faszinierende Nachschöpfung der Ereignisse vom Mai 1941 aus englischer wie aus deutscher Sicht. Die Leute identifizierten sich allmählich mit einzelnen Personen der Handlung und stellten sich vor, wie es an Bord dieser spartanisch ausgerüsteten, überfüllten Kriegsschiffe zugegangen sein mußte. Die vorwiegend britische Mannschaft der *Starella* hatte besonderes Interesse an unserer Suche, denn die Geschichte der *Bismarck* war ja Teil ihres kulturellen Erbes. Einige hatten in der britischen Marine gedient und konnten die berühmten Seeschlachten vorwärts und rückwärts aufsagen: Armada, Kopenhagen, Kap St. Vincent, Trafalgar. Auch die *Bismarck* gehörte dazu.

Bei schönem Wetter trafen sich wachfreie Besatzungsmitglieder manchmal auf dem Vorschiff zu einer Runde Poker.

Ich fragte mich, welchen Eindruck unsere Suche nach der *Bismarck* wohl auf Hagen Schempf machte, unseren Datenerfasser in der Wache von Mitternacht bis 04.00 Uhr früh. Er hatte unbedingt mit auf diese Fahrt kommen wollen, aber durch nichts zu erkennen gegeben, daß unser Ziel für ihn irgendeine persönliche Bedeutung hatte. Ihm ging es wohl vor allem um die Gelegenheit, seine erste Forschungsexpedition zur See zu unternehmen. Er hatte von Anfang an gut in unser Team gepaßt, fast mit allen harmoniert, immer ein Lachen oder eine schlagfertige Bemerkung beigesteuert. Manchmal wirkte er älter als seine 27 Jahre, aber dann benahm er sich wieder wie ein Junge, eher wie Todd.

Hagen war zwar in Deutschland geboren, hatte jedoch kaum in seinem Heimatland gelebt, denn Schiffe und das Meer hatten ihn schon von Kindesbeinen an fasziniert. Als Junge hatte er sich sogar ein Modell der *Bismarck* gebaut, konnte sich aber an die Einzelheiten nicht mehr erinnern. Wie viele Deutsche seiner Generation kannte er zwar die Ereignisse des Zweiten Weltkriegs, hielt sich aber dabei nicht lange auf. Die *Bismarck* war für ihn ein berühmtes Schiff, das im Krieg versenkt worden war und auf dem viele Menschen den Tod gefunden hatten. Sie war Geschichte. Auf der Herfahrt hatte er sich mit mir über diese Ereignisse unterhalten – er hatte das Buch des Freiherrn verschlungen –, doch ob sie ihn irgendwie berührt hatten, war nicht zu erkennen.

Bei Tagesanbruch befanden wir uns auf dem nächsten Suchstreifen, knapp einen Kilometer weiter westlich. Während wir nach Norden fuhren, ließ der Sturm langsam nach, doch das Schiff rollte und stampfte immer noch so, daß *Argo* nur mit Mühe auf einer geraden

Bahn gezogen werden konnte. Obwohl es an der Oberfläche ruhiger geworden war, fing der Schlitten wieder an, dwars wegzutreiben. Was unserem Sonar da wohl alles entging?

Schließlich hatte ich genug. Um 08.30 Uhr befahl ich Kursänderung nach Osten zurück zum Berg, um der Strömung zu entgehen. Um 10.30 Uhr, als wir uns dem Berg näherten, ordnete ich eine weitere Kehre an, diesmal nach Westen zurück. Meine brillante Idee hatte nichts gebracht, die Kursänderung kaum einen Unterschied bewirkt.

Als ich etwa eine Stunde nach Mittag in die Messe gehen und mir etwas zu essen holen wollte, unterbrach Todds aufgeregte Stimme die Stille.

»Wir sehen etwas auf dem Sonar!«

Ich schaute auf den Sonarausdruck hinüber; da bildeten sich tatsächlich Schatten aus und unterbrachen die endlose Folge flachen Bodensediments.

»Sonarziel 150 m an Backbord«, meldete Hagen.

Ich ging auf die andere Seite und sah mir das dunkelbraune Bild an, das da auf Papier gebannt wurde.

»Das ist es! Das muß es sein! Es muß das Schiff sein.«

Todd war viel zuversichtlicher als ich. Für ein Schiff war das Signal nicht stark genug. Aber irgendeine Änderung auf dem Boden, eine Vertiefung, stellte es schon dar.

»Also, Todd, mir kommt das eher wie etwas Geologisches vor«, erwiderte ich. »Vielleicht fahren wir noch einmal zurück und sehen es uns später an. Jetzt möchte ich mit der nächsten Bahn anfangen.«

Todd sieht *Starellas* Leitendem Ingenieur John Brown über die Schulter, der an den Navigationsinstrumenten arbeitet.

Ein paar Minuten später war die Sonarkurve wieder auf ihre alte Monotonie zurückgefallen. Ich hatte schon weitaus eindrucksvollere Sonarziele gesehen als das, was wir eben gefunden hatten. So etwas konnte mich nicht aus der Ruhe bringen. Aber es war das erste Anzeichen einer Veränderung auf dem Meeresboden, also zumindest ermutigend.

Als wir die nächste westliche Bahn geschafft hatten, wurde ich ungeduldig. Bis jetzt hatte ich nicht einmal Aufnahmen vom Meeresboden gesehen. Das Sonarziel von vorhin wurde in meiner Erinnerung immer größer, immer interessanter. Ich spielte mit dem Gedanken, das Gebiet noch einmal optisch abzusuchen. Es wäre jedenfalls eine Abwechslung in dem öden Einerlei. Vielleicht sahen wir sogar was, etwa eine Seegurke in langsamer Bewegung, eine Krabbe, die durch unser Blickfeld zuckelte, vielleicht sogar eine Coladose, die von einem Frachter oben über Bord geworfen worden war. Schließlich war dies seit Jahrhunderten ein vielbefahrener Seeweg. Irgend etwas mußte es da unten doch zu sehen geben!

Bei Sonnenuntergang wies ich den Navigationsoffizier an, einen Kurs auf das Sonarziel zu berechnen, das wir kurz nach Mittag gesehen hatten. Wir drehten nach Nord. Stunden vergingen, noch mehr leerer Meeresboden wurde vom Sonar erfaßt.

Gegen Mitternacht drängte Todds Wache in die Zentrale, nur Todd selbst war nicht dabei. Wir hatten fünf vor zwölf, und von meinem Sohn war weit und breit nichts zu sehen. Wieder kam er zu spät! Während Hagen sich als guter Freund aufmachte, ihn aus seiner Koje zu holen, schimpfte ich vor mich hin. Ein paar Minuten später kam er mit einem ungewaschenen, ungekämmten Todd im Schlepp zurück. Ich warf meinem Sohn einen bösen Blick zu, aber er reagierte nicht, als er seinen Platz einnahm.

Todd wurde in diesem Sommer 1988 zwanzig, war aber immer noch dabei, seine Persönlichkeit zu entwickeln. Er wußte nicht so recht, wie er sich als Sohn des Mannes verhalten sollte, der die *Titanic* gefunden hatte. Das war nicht einfach für ihn. Schon ein paarmal war er zu spät auf Wache gekommen. Ich hatte ihn Hagens Team zugeteilt, weil ich hoffte, er komme da unter einen stabilisierenden Einfluß. Aber mein Sohn dachte gar nicht daran, dem älteren Kameraden nachzueifern. Zum Glück regte sich Hagen über das alles nicht auf. Sicher ärgerte ihn Todds Schlampigkeit, aber er wurde deswegen nicht wütend, sondern zog ihn nur erbarmungslos auf. Und Todd zahlte mit gleicher Münze zurück. Hagen schien Todd zu mögen, und zwischen den beiden entwickelte sich offenbar eine enge Freundschaft.

Hagen Schempf assistiert, während ich einen neuen Suchraster auf der Seekarte festlege.

Die Wache arbeitete sich ein, und bald herrschte im Leitstand Stille; nur leise Musik kam aus der Stereoanlage, während sich jeder auf seine Arbeit konzentrierte. Ich sah mir die Seekarte an, auf der ich unseren Kurs mit Bleistift eingetragen hatte. Wir dampften immer noch nach Norden, direkt auf das Sonarziel zu. Eigentlich hatten wir diese Gegend schon gründlich abgegrast, sagte ich mir. Etwas von der Größe der *Bismarck* konnte dort mindestens *auf* dem Schlamm kaum noch vorhanden sein; doch wer wußte, was darunter steckte?

»Sonarziel 135 m an Steuerbord«, meldete Hagen.

»Kursänderung auf 085 Grad«, antwortete ich. Jetzt mußten wir hinunter und die Landschaft etwas näher betrachten.

»Todd, geh auf 6,5 m runter.«

»Roger«, erwiderte Todd.

»Jetzt ganz sachte.« Eigentlich brauchte ich so etwas gar nicht zu sagen. Todd wußte, was er tat.

Gehorsam drückte er den Steuerknüppel sanft nach vorn, so daß die Winde an Deck automatisch mehr Kabel abspulte. Wenn er *Argo* steuerte, war Todd ganz auf seine Arbeit konzentriert und der konservativste Mann auf dem Pilotenplatz, am wenigsten geneigt, irgendwelche Risiken einzugehen. Jetzt senkte er *Argo* langsam ab und hielt genau 6,5 m über dem Meeresboden inne. Bei dieser Höhe konnte man kaum irgendwo anstoßen, höchstens an eine Klippe oder einen Schiffsrumpf, war aber doch so dicht am Boden, daß die *Argo*-Kameras alles scharf im Blick hatten. Außerdem würde *Argos* Vorwärtssonar große Hindernisse auf jeden Fall rechtzeitig anzeigen.

Die Kameras übermittelten uns Bilder von dem ebenen, konturlosen Schlick, den wir so gut kannten. Nur wenigen Menschen ist bewußt, daß unser Planet zum größten Teil aus Schlamm besteht. Wer sich Entdeckungsreisen unter Wasser als ruhmreiche, aufregende Tätigkeit vorstellt, sollte ein paar Tage in einem stickigen Container auf einem stampfenden Schiff mitten im grauen Atlantik sitzen und Kilometer um Kilometer weichen grauen Schlick betrachten müssen.

Die Minuten verstrichen. Dann verfärbte sich der Meeresboden allmählich, ein sicheres Zeichen für eine Störung. Was sie verursacht hatte, war auf keinen Fall geologisch bedingt.

Ich starrte auf das verschwommene Bild, das langsam vor die nach vorn gerichtete Kamera von *Argo* geriet.

»Auf Sicht von oben umschalten«, befahl ich. »Okay, zoomt näher ran.«

Die Finger des *Argo*-Ingenieurs huschten über die Tastatur und schickten über das Koaxialkabel elektronische Befehle an den bordeigenen Rechner von *Argo.* In Sekundenbruchteilen verwandelte sich mein Fernsehbild in eine Nahaufnahme.

»Das sieht eindeutig künstlich aus«, murmelte ich.

»Ich hab' dir doch gleich gesagt, es ist das Schiff«, sprudelte Todd aufgeregt hervor.

Hagen und ich zwinkerten einander zu. Todd hatte auf dieser Fahrt die *Bismarck* schon zweimal »gefunden«, obwohl wir noch keine zwei Tage unterwegs waren. Seine Entdeckerfreude war bereits zum Standardwitz an Bord geworden.

»Wenn's das Schiff ist, dann hast du's wenigstens nicht verschlafen«, frotzelte Hagen.

Das winzige Trümmerstück, wenn es denn eins war, ließ sich so nicht identifizieren; ein natürlicher Bestandteil des Meeresbodens war es aber auf keinen Fall. Es sah eher wie ein verdrehtes Band aus.

Argo kroch vorwärts. Wir starrten unverwandt auf die Bildschirme und warteten auf die nächste Spur. Jetzt war der Boden stärker gestört. Ein weiteres Stück Band kam langsam ins Bild. Dann noch eines.

»Das sieht nach Metall aus«, bemerkte Hagen.

»Schon, aber wo hat es so was im Schiff gegeben?« antwortete ich.

Ich versuchte, diese kleinen Bilder in das große Schlachtschiff einzupassen, das wir suchten. Vielleicht waren es Bruchstücke der leichten Bewaffnung. Ich erlebte im Geiste noch einmal die entsetzlichen letzten Stunden der *Bismarck*, die gnadenlose britische Kanonade, die Brände, die an und unter Deck wüteten. Waren diese abgesprengten Stückchen vielleicht eine Folge davon? Wenn sie wirklich Teile des verlorenen Schlachtschiffes waren, dann spielte die *Bismarck* jetzt die Spröde. Was wir hier an Trümmern sahen, war nicht zu identifizieren.

»Papa, das Kabel ist aus der Führung gesprungen!« brüllte Todd.

»Alles halt!« schrie ich automatisch. Störungen am Kabel von *Argo* konnten für uns eine Katastrophe bedeuten.

Als die *Starella* langsam zum Stehen kam, machte sich der Seegang wieder stärker bemerkbar.

Ich rannte aus der Zentrale auf das Achterschiff, wo Frank Smith die Lage begutachtete. Die Windentrommel war ein großes Rad mit vielen Führungsrillen, die das Kabel am Abrutschen hinderten. Wenn das Schiff mitunter zu schnell aus einer großen See auftauchte, konnte sich das Kabel lockern und aus der Führungsspur springen. Das war eben passiert.

Zum Glück hatte die Decksmannschaft so etwas schon oft erlebt. Schnell brachte sie Greifhaken am Kabel an, die die Spannung aufnahmen. Danach lag das volle Gewicht nicht mehr auf der Windentrommel, und *Argo* blieb auf seiner jetzigen Höhe, während die Mannschaft an Deck gefahrlos den Überläufer beseitigen konnte. Schnell überprüfte sie das Kabel auf Schäden, fand keine und legte es in die Führungsrillen zurück. Eine Stunde nach dem Alarm war alles wieder in Betrieb.

Die nächsten Stunden kreuzten wir im Zielgebiet. Wir fanden noch mehrere Trümmer, manche von quälender Mehrdeutigkeit, jedoch alle nicht schlüssig. Sooft wir an ein interessantes Objekt herankamen, befahl ich dem *Argo*-Ingenieur, eine Aufnahme mit der elektronischen Einzelbildkamera zu machen. Diese Neuerwerbung lieferte uns hochaufgelöste Schwarzweiß-Bilder, die unseren schlammigen Videobildern haushoch überlegen waren. (Die Farb-Einzelbildkamera war ebenfalls in Betrieb, aber der Film sollte erst an Land entwickelt werden.) Kurz vor fünf Uhr früh entdeckten wir etwas, das wie eine Reihe von Zahnrädern auf einer Welle aussah. War das vielleicht Teil irgendeiner Mechanik zum Drehen der Geschütztürme? Hagen

Gespannte Stimmung in der Zentrale: *Argos* Kabel ist aus seiner Führungsspur gesprungen!

Todd sprüht das Kabel auf der Windentrommel mit Rostschutzmittel ein.

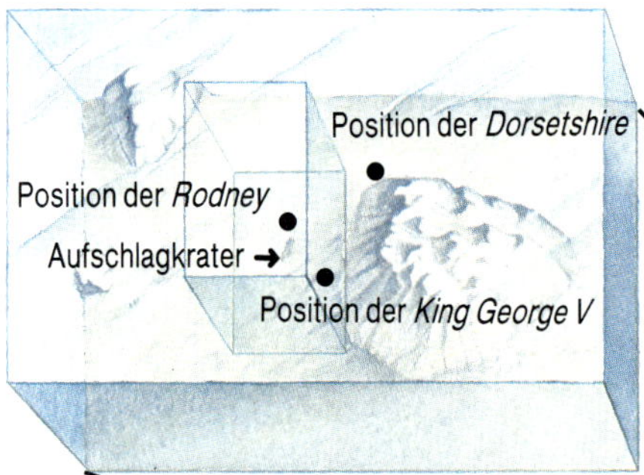

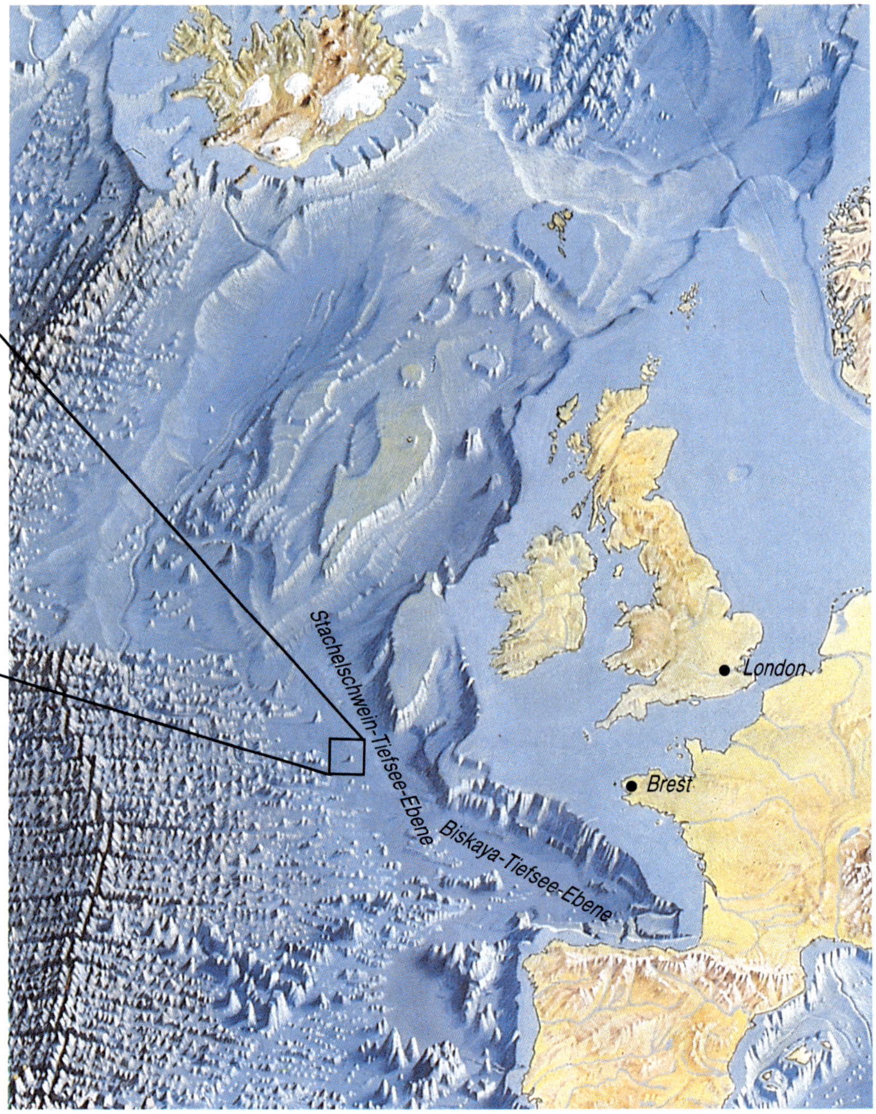

Meeresgrundkarte des Nordost-Atlantiks mit dem westeuropäischen Becken und dem Suchgebiet der *Bismarck*-Expedition im Ausschnitt. Der eingezeichnete Quader umfaßt das Gebiet, das wir 1988 absuchten. Der Vulkankomplex darin, an einen gigantischen Maulwurfshügel erinnernd, ist der Tiefseeberg, von dem wir uns fernhalten wollten.

war nach seiner Wache dageblieben und sah mit mir zusammen unsere Bücher über die *Bismarck* durch. Doch die Funde paßten zu nichts, was wir dort lasen.

Für mich stand nun außer Frage, daß unser jetziges Suchgebiet ein Aufschlagkrater war. Die Trümmer hingen auf jeden Fall mit etwas zusammen, das von oben heruntergekommen und mit so viel Gewalt unten aufgeschlagen war, daß es das Bodensediment gestört und noch genügend Spuren hinterlassen hatte.

Fieberhaft überdachte ich alle Möglichkeiten. Die Stelle, an der das Wrack der *Bismarck* lag, und ihre Umgebung mußte drei Charakteristika aufweisen: das eigentliche Hauptwrack; schwere Stücke, die schon an der Wasseroberfläche abgefallen waren; Trümmer, die im Verlauf des Gefechts weggesprengt worden waren.

Im Gegensatz zur *Titanic*, die bis auf die vom Eisberg geschlagene Wunde vor dem Untergang unbeschädigt gewesen war, hatte das deutsche Schlachtschiff ein fast anderthalbstündiges Gefecht hinter sich gehabt. Britische Granaten hatten seine Aufbauten zerrissen, während das Schlachtschiff weiter Nordwestkurs hielt. Ein Teil dieses Materials mußte über Bord gegangen sein. Wenn unsere jetzigen Fundstücke diese weggeschossenen Teile waren, dann mußten wir uns südöstlich vom Hauptwrack befinden, denn soweit wir wußten, machte das Schiff bis eine halbe Stunde vor seinem Untergang noch langsame Fahrt voraus. Die Entfernung zwischen den ersten Trümmerstücken aus dem Gefecht und der Sinkposition konnte durchaus neun Seemeilen betragen.

Vielleicht war der Aufschlagkrater auch von einem schweren Wrackstück verursacht worden, das herunterfiel, als das Schiff vor dem Untergang gekentert war. Der Kessel der *Titanic*, den wir 1985 entdeckt hatten, war schnurgerade gesunken, nachdem das Schiff an der Meeresoberfläche in zwei Teile zerbrochen war. Um einen solchen Abdruck im Sediment zu verursachen, hätte es allerdings etwas Schwereres als einen Kessel gebraucht. Vielleicht waren die kleinen Teile, die wir bisher gefunden hatten, von diesem großen Stück abgebrochen, während es sank oder als es aufprallte.

Die Kratergröße und auch das Fehlen großer Trümmerstücke machten es unwahrscheinlich, daß hier das Hauptwrack aufgetroffen war. Dafür war der Krater zu schmal; schließlich war er kaum größer als ein Fußballplatz. Die *Bismarck* aber war 251 m lang. Und unsere Suche mit Sonar hatte ja schon ergeben, daß sich in der Nähe nichts befand, das der Größe der *Bismarck* entsprochen hätte.

Und doch mußte dieser Krater irgendwie mit dem Schlachtschiff zusammenhängen. Er lag nur 1700 m von der gegißten Sinkposition entfernt, wie sie die *Rodney* ermittelt hatte. Vom Untergang anderer Schiffe in dieser Gegend war uns nichts bekannt. Im Endkampf war nur die *Bismarck* versenkt worden; sie selbst hatte den britischen Angreifern keinen einzigen Treffer verpassen können. Was in der Schlacht an Trümmern entstanden war, mußte mithin von der *Bismarck* stammen. Wenn wir die Fläche ausführlich genug abgrasten, mußten wir also das Wrack zwangsläufig finden.

Gegen acht Uhr früh hatten wir vom Krater genug. Ich vermutete, er war von einem schweren Trümmerstück verursacht worden, das im Verlauf des Gefechts weggeschossen worden war. Falls diese Annahme zutraf, mußte das Hauptwrack fast neun Seemeilen nordwestlich liegen. Wir erweiterten unser Transpondernetz entsprechend und nahmen die Suche weiter nördlich auf.

In den nächsten Tagen überprüfte ich diese Hypothese und alle anderen Ansatzpunkte, die mir einfielen. Wir forschten im Nordwesten, im Norden, im Süden, noch weiter im Westen. Dann suchten wir noch einmal in östlicher Richtung. Als einzige Spur fanden wir eine kurze Bahn aus Bruchstücken, die vom Aufschlagkrater nach Norden führte und immer dünner wurde, je weiter nördlich wir suchten. Das zeigte mir jedenfalls, daß das Haupttrümmerfeld, wenn wir es fanden, in Nord-Süd-Richtung verlaufen mußte, da Unterwasserströmungen normalerweise über große Räume hinweg konstant bleiben.

Nachdem wir schließlich bis auf das Gebirge im Osten alle Möglichkeiten erschöpft hatten, kehrte ich noch einmal zum Aufschlagkrater zurück und untersuchte ihn gründlicher. Nach tagelanger Suche auf einem etwa 48 Quadratkilometer großen Stück Meeresboden war das schließlich die einzige Trümmerfläche, die wir entdeckt hatten. Während wir jetzt Schleifen vorwärts und rückwärts zogen und unsere optische Untersuchung ergänzten, fanden wir immer mehr schlüssige Beweise. Hatten diese Ringe nicht etwas mit den optischen Entfernungsmessern an den Geschützen der *Bismarck* zu tun? Waren diese Draht- oder Tauschlingen nicht Teile ihrer Takelage? Von welchem Deck stammte dieses Rohrstück? Hagen und ich verbrachten Stunden mit dem Versuch, die Gegenstände im Geist auf dem Schlachtschiff unterzubringen. Wir grübelten bis zum Umfallen und fanden doch nichts Passendes. Wir hatten große Holzmengen entdeckt und wußten auch, daß die *Bismarck* ein Holzdeck gehabt hatte; doch zu mehr reichte es nicht.

Ich mühte mich ab, um die vorliegenden Spuren mit meinen Kennt-

Oben: Wir rätseln, welche Bedeutung der soeben entdeckte Aufschlagkrater haben könnte.

Darunter: Mit der Lupe studiere ich die Seekarten der britischen Admiralität mit den Kurslinien vom letzten Gefecht der *Bismarck*. Daraus läßt sich vielleicht berechnen, wo die ersten Trümmerstücke liegen.

nissen von der *Bismarck* und anderen untergegangenen Schiffen zur Deckung zu bringen. Nicht jedes Schiff sinkt bekanntlich unversehrt auf den Meeresboden. Ich habe schon Schiffe und Unterseeboote gesehen, die dort unten buchstäblich im Schlick verschwunden sind. War die *Bismarck* vielleicht hier niedergegangen und vollständig eingesunken? Ich legte mir eine Theorie zurecht, die unseren Funden entsprach.

Nehmen wir mal an, so schlug ich meinen skeptischen Kollegen vor, das Schiff sei wie eine Bombe mit der Nase voran gesunken, schnell in den Schlick eingetaucht und habe dabei unterwegs vielleicht ein paar Stücke aus seinen Aufbauten verloren. Das hätte lediglich einen Aufschlagkrater und ein paar verstreute Trümmer übriggelassen; sonst nichts. Hagen stellte komplizierte Berechnungen an und schätzte, daß das Schiff mit einer Sinkgeschwindigkeit von 25 Knoten und mit einer Abweichung von 20 Grad von der Vertikalen aufgeprallt sein mußte, wenn diese »Bombe« einen Krater von solcher Größe hinterlassen hatte. Es hätte so sein können. Also vertrat ich diese Theorie vor den Dokumentarfilm-Kameras. Am Ende hatte ich mich fast selbst überzeugt. »Ich bin sicher, daß es die *Bismarck* ist«, erklärte ich der Nachwelt. Aber war sie es wirklich? Erst zu Hause, wenn wir alle Farbdias der Einzelbildkameras von *Argo* entwickelt hatten, würden wir es wirklich wissen.

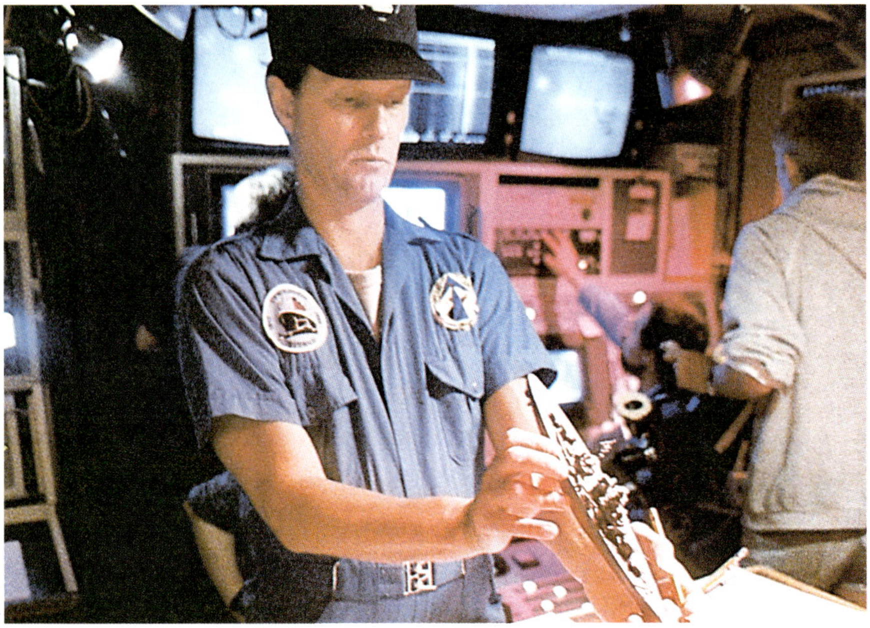

Mit einem Plastikmodell demonstriere ich die Theorie, daß die *Bismarck* auf dem Meeresgrund wie ein Stein einschlug und sich in den Schlamm grub.

Wir kämmten das Gebiet noch ein paar Tage durch und suchten nach dem fehlenden Schlüssel. Wir richteten die *Argo*-Kameras anders aus, so daß wir eine Seitenansicht mit einem verstärkt dreidimensionalen Eindruck bekamen, aber trotz der besseren Bilder ließen sich die Wracktrümmer nicht einordnen.

Es hatte keinen Sinn, noch woanders zu suchen, falls wir hier einem Phantom aufgesessen waren. Aus der Kranhydraulik trat nach wie vor Öl aus. Die Winde hatte bisher bei minimaler Beanspruchung über 100 Betriebsstunden lang durchgehalten. Daß ich mit dieser Ausrüstung den Unterwasserberg nicht absuchen konnte, war mir klar. Ich hatte am Anfang getönt, die *Bismarck* zu finden, werde ein Kinderspiel sein. Wenn das hier alle Überreste des mächtigen Schlachtschiffes waren, hatte ich mich gründlich geirrt.

An Bord der *Starella* breitete sich hörbar Unzufriedenheit aus. Selbsternannte Experten waren zu dem Schluß gekommen, daß sich Dr. Ballard etwas vormachte. Unter gar keinen Umständen konnte das hier die *Bismarck* sein. Ich ließ mir äußerlich nichts anmerken. Solange keine Gegenbeweise vorlagen, blieb sie es für mich.

Todd war natürlich voll und ganz auf meiner Seite. Seine Wache hatte schließlich die ersten Trümmer entdeckt. Er war überzeugt davon, daß wir die letzten Überreste des einst so stolzen Schlachtschiffs gefunden hatten.

Während der ganzen *Bismarck*-Expedition von 1988 hatte ich den Eindruck, als führten mich die Götter an der Nase herum. Als wir *Argo* zum letzten Mal bargen, spielten sie uns besonders übel mit:

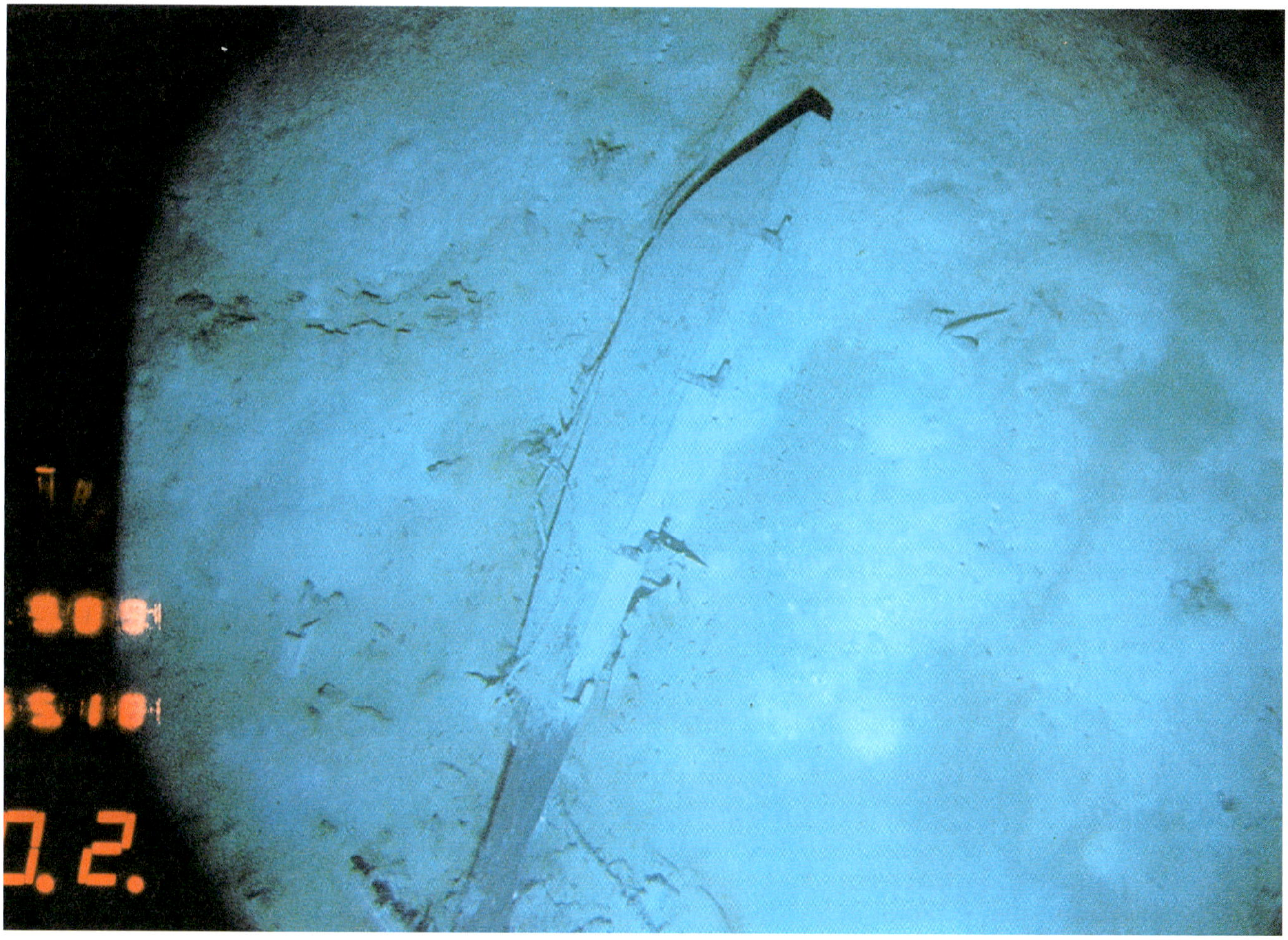

Beim Anblick des Schiffsruders aus Teakholz mußten wir jede Hoffnung begraben, daß das 1988 gefundene Wrack die *Bismarck* war. Deutlich erkennbar die Zapfen der vier Beschläge, mit denen es am Heck befestigt war.

Zehn Meter vor der Meeresoberfläche ging die Winde kaputt. Tom Dettweiler und seine Männer improvisierten etwas mit einem Flaschenzug und brachten es tatsächlich fertig, den Kameraschlitten ganz nach oben zu befördern. Als sein Heck in Sicht kam, beugte sich Tom über die Reling, um eine Leine am Rahmen festzumachen. Dabei brach er sich eine Rippe, die er sich Anfang des Jahres bei einer Routinebergung schon einmal verletzt hatte. Er legte sich mit Schmerzen in die Koje, und wir anderen trollten uns voll wachsender Skepsis.

Am 21. Juli, eine Woche, nachdem wir den Aufschlagkrater und die ersten Trümmerbruchstücke entdeckt hatten, gingen wir auf Kurs Heimat. Selten in meiner Laufbahn hatte ich mich so ausgelaugt gefühlt. Selbst wenn wir die *Bismarck* gefunden hatten, gab es dafür keine Beweise. Ich konnte nur hoffen, daß unsere vielen hundert Farbdias nach der Entwicklung die fehlenden Stücke dieses Puzzle liefern würden.

Ein paar Tage später saß ich allein in meinem Büro in Woods Hole. Ich hatte die Lampen ausgeschaltet, die Vorhänge zugezogen und sah mir die Farbdias der Einzelbildkamera an. Die Farben waren hervorragend, die Bilder scharf und kontrastreich. Klick: wieder ein nicht zu identifizierendes Trümmerstück. Klick: ein verbogenes Metallband, goldfarben; war das vielleicht Kupfer? Klick: ein Stück Holzdeck. Klick: ein prächtig erhaltenes Holzruder.

Ein Ruder! Verdammt!

Mir war, als hätte mir jemand einen Pfahl ins Herz gestoßen. Das Ruder mußte zu einem Segelschiff aus dem 19. Jahrhundert gehören. Der Aufschlagkrater, die Trümmer, die ich unbedingt der *Bismarck* zuschreiben wollte – das alles bekam plötzlich einen Sinn. Natürlich! Ein Segelschiff hätte einen Krater von genau passender Größe verursacht.

Was wir bisher gefunden hatten, paßte auf einmal zusammen. Auf anderen Dias waren Stücke aus dem Holzrumpf des Schiffes deutlich zu erkennen. Die Ringe, aus denen ich Teile eines Entfernungsmessers gemacht hatte, waren in Wirklichkeit die Stufenringe eines Holzmastes. Der Mast selbst war verfault. Die Metallstreifen waren Kupferverkleidungen und wahrscheinlich am Rumpf angebracht gewesen. Auf einem Dia erkannte ich ganz klar so etwas wie eine Bilgenpumpe. Ich sah mir die riesige Karte der Weltmeere an, die an einer Wand in meinem Büro hängt. Irgendwo im weiten Atlantik ruhte das Wrack der *Bismarck* immer noch unentdeckt.

Wie dieser Viermast-Schoner könnte das Segelschiff ausgesehen haben, dessen Wrack wir entdeckten.

Etwa um die Zeit, als ich benommen das Teakruder betrachtete, hielt sich Hagen Schempf in Süddeutschland auf und stattete dem Freiherrn von Müllenheim-Rechberg, dem ranghöchsten überlebenden Offizier der *Bismarck*, einen Besuch ab. Hagen hatte eine Mappe Schwarzweiß-Bilder mitgenommen, die wir mit der elektronischen Einzelbildkamera aufgenommen hatten – scharfe Digitalbilder, die dem Freiherrn hoffentlich etwas zeigten, das er wiedererkannte. Hagen war von dem alten Herrn und seiner Frau ganz begeistert und hörte gebannt zu, als der Freiherr von der *Bismarck* erzählte. Zum erstenmal war die Begebenheit keine trockene Geschichte mehr, gewann sie Konturen. Der Freiherr war auf diesem Schiff gefahren, und das Erlebnis hatte ihn für immer geprägt.

Müllenheim-Rechberg sah sich die Fotos, die Hagen mitgebracht hatte, sorgfältig an und schüttelte bedauernd den Kopf. Nein, dabei war nichts, was man als Teil der *Bismarck* identifizieren konnte. Im Lauf des Tages konnte ich Hagen in Deutschland erreichen und ihm von dem Teakruder erzählen. Es überraschte ihn nicht sonderlich.

So endete unsere *Bismarck*-Expedition von 1988 mit einem Mißerfolg. Nach Sichtung aller Beweise war ziemlich klar, daß wir einen Viermast-Schoner aus den Jahren um 1880 oder 1890 gefunden hatten, ein Handelsschiff aus der Zeit kurz vor Einführung des Dampfantriebs. Doch ich war nicht bereit, jetzt schon aufzugeben. Nächstes Frühjahr wollten wir für unsere Sendungen über das *Jason*-Projekt wieder ins Mittelmeer zurückkehren; das bot vielleicht noch einmal eine günstige Möglichkeit, nach der *Bismarck* zu suchen, die sich so rar machte. Außerdem, so sagte ich mir, wäre es auch zu einfach gewesen, wenn wir das Schiff so schnell gefunden hätten. Die *Titanic* hatte sich ja auch nicht beim erstenmal, sondern erst in den letzten Stunden einer fünfwöchigen aufreibenden Suche ergeben.

Auch damals war die *Bismarck* nur unter den allergrößten Schwierigkeiten aufzuspüren gewesen. Sie hatte ihr erstes Gefecht mit den Briten gewonnen und dabei bewiesen, daß sie dem Stolz Englands mehr als Paroli bieten konnte. Eine Zeitlang sah es so aus, als verfolge die ganze britische Marine das Schiff. Es war also nur recht und billig, daß sie auch uns zunächst entkommen war.

Jetzt wußten wir wenigstens, wo das Schlachtschiff *nicht* lag. Wie ich meinen Söhnen immer sage: »Wenn man nicht aufgibt, kann man nicht verlieren.« Ich gab nicht auf, wenigstens so lange nicht, wie ich meine Geldgeber dazu bringen konnte, einen weiteren Versuch zu finanzieren.

Doch die erste Runde war an die *Bismarck* gegangen.

Die Überreste der Ringe, mit denen ein Segel an einem der Holzmasten angeschlagen war (Ausschnitt unten).

Rechts und rechts außen: Unsere Scheinwerfer beleuchten den hölzernen Schonerrumpf, soweit er noch aus dem Schlamm ragt.

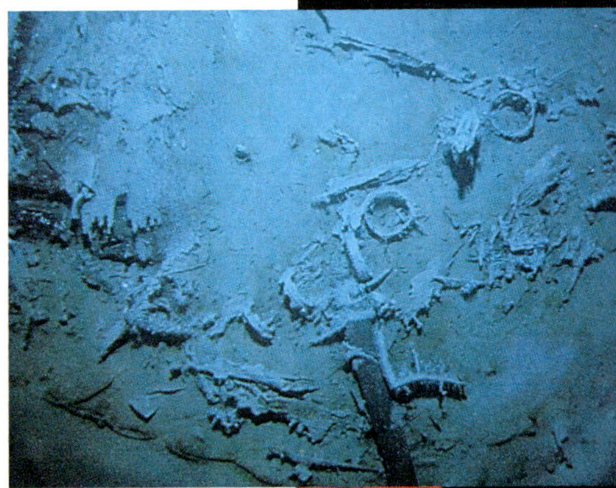

Unten Mitte: Dies war einmal eine Bilgenpumpe. Jungfern für die Segel rechts unten und in der Mitte des Fotos rechts.

Unten links: Dieses Getriebeteil ordneten wir der *Bismarck* zu, aber es gehörte wahrscheinlich zu einer Winsch des Schoners.

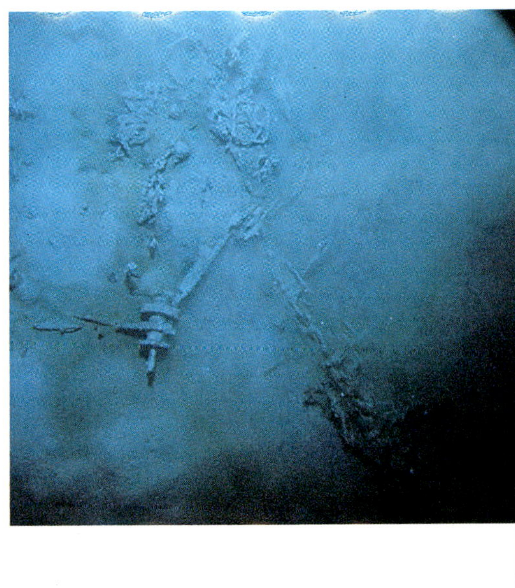

VIERTES KAPITEL

Operation Rheinübung

Gotenhafen, im besetzten Polen –
19. Mai 1941

Unter dem Schutz einer dunklen, sternenlosen Nacht lichtete *Bismarck* die Anker und nahm Kurs nach Westen. Es war am frühen Morgen des 19. Mai 1941. Die Monate der Erprobung waren endlich vorüber, Operation Rheinübung hatte begonnen.

Während die Männer der *Bismarck* auf ihren Stationen waren oder in ihren Hängematten vor sich hindösten, verkündete Kapitän zur See Lindemann über die Bordlautsprecher, daß es Zweck dieses Einsatzes sei, den Atlantik zu erreichen und binnen mehrerer Monate möglichst viele britische Schiffe zu versenken. Lindemanns Männer hatten keine Kenntnis von der ausgeklügelten Planung, die zu diesem Augenblick geführt hatte. Sie wußten lediglich, daß ein Einsatz bevorstand.

Damit dieses Unternehmen sein Ziel erreichte, war Geheimhaltung wesentlich. Die früheren Einsätze gegen die feindliche Handelsschiffahrt waren nur gelungen, weil die deutschen Angreifer unbemerkt in

Die *Bismarck* am 21. Mai 1941 im norwegischen Grimstadfjord, gesehen von Bord der *Prinz Eugen*. Ihre Tarnstreifen und die falsche Bugwelle sind noch nicht grau überstrichen.

den Atlantik durchbrechen konnten. Sobald die Briten erst wußten, daß sich die *Bismarck* auf See befand, konnten die weit überlegenen Einheiten der britischen Heimatflotte gegen sie zusammengezogen werden. Kein Wunder, daß Admiral Lütjens und seine Vorgesetzten bei der Gruppe Nord in Wilhelmshaven die gesamte Schiffahrt im Großen Belt und im Kattegat für den ganzen 19. Mai und die Hälfte des darauffolgenden Tages stillgelegt hatten. Dies waren die engsten und am meisten befahrenen Gebiete, die von der deutschen Kampfgruppe passiert werden mußten, wobei *Bismarck* und *Prinz Eugen* nur selten außer Sichtweite des Landes geraten würden. Es war der erste entscheidende Abschnitt der Fahrt, auf dem sie am wahrscheinlichsten vom Auge des Gegners entdeckt werden konnten.

Premierminister Winston Churchill wußte nicht, daß die *Bismarck* ausgelaufen war, aber er und seine Admirale waren sicher, daß die Deutschen neues Unheil planten. Während der zweiten Maiwoche hatte die Luftaufklärung des Gegners zwischen der Insel Jan Mayen, einem winzigen Eiland nördlich von Island, und Grönland ungewöhnlich stark zugenommen. Dies konnte auf einen Durchbruch hindeuten. Wenn das zutraf, war die Zeitwahl äußerst ungünstig. Deutsche Truppen standen im Mittelmeer zum Angriff auf Kreta bereit (der dann am 20. Mai stattfand). Im Nordatlantik konnte Großbritannien sich im Seekrieg mit deutschen U-Booten kaum noch behaupten. Die Luftschlacht über England war zwar gewonnen, würde aber nur ein schwacher Erfolg für Churchill sein, wenn sein Volk hungerte und seine Schiffe aus Mangel an Treibstoff im Hafen liegenbleiben mußten. Er hatte daran gedacht, Vizeadmiral Sir James Somerville und die in Gibraltar stationierte Force H zur Verteidigung Kretas abzustellen. Aber dies kam nun nicht mehr in Frage.

***Bismarck* und *Prinz Eugen* im Grimstadfjord vor ihrem Auslaufen in den Atlantik**

Die *Bismarck* glitt ungesehen durch die Dunkelheit zu ihrem morgendlichen Treffpunkt mit der *Prinz Eugen* vor Kap Arkona auf Rügen. Die *Prinz Eugen*, unter dem Kommando von Kapitän zur See Helmut Brinkmann, war schon am Vorabend aus Gotenhafen ausgelaufen. Bei Tagesanbruch war der Himmel bewölkt, was Luftaufklärung unwahrscheinlich machte – ein gutes Vorzeichen. Bei Arkona trafen sich die beiden Schiffe, zu denen sich noch eine Eskorte von zwei Zerstörern und eine Flottillc von Minenräumbooten gesellten. Sie fuhren mit West- und dann mit Nordkurs und passierten bei Nacht den Großen Belt. Am nächsten Morgen, dem 20. Mai, fuhren sie ins Kattegat ein. Nun herrschte bestes Wetter mit klarem Himmel, und helles Sonnenlicht spielte auf den dänischen und schwedischen Fischerbooten, die der Kampfgruppe überall im Weg lagen. Das gute Wetter bedeutete, daß sie von der neutralen schwedischen Küste aus gesichtet werden konnten, als sie mit Nordkurs Richtung Skagerrak fuhren.

Der weitere Marschverlauf brachte keine besonderen Ereignisse – bis 13.00 Uhr am nächsten Nachmittag, als sie im Begriff waren, in die Gewässer des besetzten Norwegens einzulaufen. Etwa eine Meile vor Marstrand, Schweden, kam der schwedische Flugzeugkreuzer *Gotland* in Sicht. Er fuhr parallel zu der deutschen Kampfgruppe und hielt sich in schwedischen Gewässern, setzte dann aber eine Sichtmel-

dung über Funk ab. – Genau dieses hatte Lütjens vermeiden wollen, denn das neutrale Schweden war ein Nest von Agenten und Informanten. Im Funkraum der *Bismarck* lauschte der Nachrichtenstab aufmerksam, ob von dem schwedischen Schiff ein Funkspruch abgesetzt wurde. Und tatsächlich, als die Routinemeldung der *Gotland* entschlüsselt war, entpuppte sie sich als Information an die schwedische Admiralität über die deutsche Präsenz. Sofort benachrichtigte Lütjens die Gruppe Nord, daß die Geheimhaltung durchbrochen war. Es dauerte in der Tat nur wenige Stunden, bevor Henry Denham, britischer Marineattaché in Stockholm, die Nachricht hörte und sofort nach London weitergab.

Lütjens mochte Grund zur Besorgnis haben, aber der größte Teil seiner Besatzung genoß einfach ihre erste Seereise. Wer nicht gerade Dienst hatte, konnte sich auf den Decks ergehen und die Gebirgslandschaft an der Südspitze Norwegens vorbeiziehen sehen. Kurz vor Sonnenuntergang passierten die Schiffe Kristiansand und begannen bald darauf nach Nordwesten zu schwenken. Sobald es dunkel wurde, sahen sich Müllenheim-Rechberg und einige der anderen Offiziere in der Messe einen Film an, »Spiel im Sommerwind«, eine ziemlich alberne Liebesgeschichte mit attraktiven jungen Männern und hübschen jungen Frauen, die sich in einer grünen, romantischen Landschaft vergnügten.

Währenddessen erreichte eine zweite Meldung über die Sichtung der *Bismarck* den Gegner. Quelle war Viggo Axelsen, Mitglied des norwegischen Untergrunds, der zufällig mit einigen Freunden an den Klippen bei Kristiansand spazierenging, als die deutsche Kampfgruppe vorbeifuhr. Er hatte sein Fernglas griffbereit, und bald sendete ein verborgenes Funkgerät die Nachricht nach London, daß zwei

Die Karte zeigt die Marschroute von *Bismarck* und *Prinz Eugen*, die Gotenhafen getrennt verließen, sich bei der Insel Rügen trafen und dann gemeinsam durch Großen Belt und Kattegat liefen. Dort wurde die Kampfgruppe vom schwedischen Flugzeugkreuzer *Gotland* gesichtet. Eine zweite Sichtmeldung erfolgte vom norwegischen Kristiansand aus, und schließlich wurden beide Schiffe bei Bergen noch von einer britischen Spitfire fotografiert.

So etwa sah Flying Officer Michael Suckling von der Bildaufklärungseinheit des britischen Küstenkommandos am Nachmittag des 21. Mai *Bismarck* und *Prinz Eugen* achttausend Meter unter sich im Grimstadfjord liegen. Die vom Piloten der Spitfire zu bedienende Kamera sitzt an der Rumpfunterseite.

deutsche Schlachtschiffe mit Eskorte auf Westkurs Richtung Nordsee vorbeigekommen waren. (Bis vor kurzem glaubten die meisten Experten, daß Axelsens Nachricht bei der britischen Admiralität am selben Tag einging wie die Denhams und dadurch dessen früheren Bericht bestätigte; aber neue, von norwegischen Fachleuten angestellte Ermittlungen haben keinerlei Beweise dafür erbracht, daß Axelsens Nachricht London überhaupt erreichte.)

Es mag überraschen, daß die Deutschen eine so gefährdete Route in die Nordsee einschlugen, eine, die sie mehrere Tage lang in Sichtweite des skandinavischen Festlands brachte. Doch die einzige Alternative war fast ebenso riskant. Die Route zur Nordsee über den Nord-Ostsee-Kanal und die Elbe hätte sie – auch wenn sie teilweise bei Nacht passiert wurden – regelmäßiger britischer Luftaufklärung und Bombenangriffen ausgesetzt. Außerdem bestand zusätzlich die Ge-

fahr einer Verminung der Marschroute, die auch noch länger gewesen wäre. Es war bereits Ende Mai, mit jedem Tag nahmen die Tageslichtstunden zu, und die Chancen für gutes Wetter erhöhten sich, wodurch ein erfolgreicher Durchbruch immer schwieriger wurde.

Gegen Mittag des nächsten Tages, am 21. Mai, liefen *Bismarck* und *Prinz Eugen* in die gesicherten Fjorde bei Bergen ein, so daß die *Prinz Eugen* Brennstoff ergänzen konnte. Dieser Zwischenaufenthalt gehörte nicht zu Lütjens' Operationsbefehlen. Beide Schiffe sollten Brennstoff von dem Tanker *Weißenburg* übernehmen, der im Nordmeer bereits auf sie wartete. Aber die *Prinz Eugen* hatte eine wesentlich begrenztere Reichweite als die *Bismarck*. Wenn sie jetzt aufgetankt wurde, erhielt Lütjens zusätzlich Bewegungsspielraum, sollte er sich entschließen, den Ausbruch sofort zu wagen.

Dennoch wirkt sein Entschluß schlecht überlegt. Beide Schiffe lagen den ganzen Tag unter klarem, blauem Himmel in den norwegischen Fjorden in Reichweite der britischen Flughäfen, als ob sie darauf warteten, von der britischen Luftaufklärung entdeckt zu werden, was auch tatsächlich geschah. Gegen 13.15 Uhr überflog eine Spitfire die Fjorde und fotografierte die ankernde Kampfgruppe. Kurz darauf wußte die britische Admiralität genau, wo sich die *Bismarck* befand, aber was sie vorhatte, war eine andere Frage.

Eine der Luftaufnahmen, die Suckling aus seiner Spitfire machte. Als sie entwickelt war, wußte die britische Admiralität, daß die *Bismarck* den Durchbruch in den Atlantik plante.

Während des warmen und sonnigen Nachmittags wurden die Tanks der *Prinz Eugen* aufgefüllt, während der Tarnanstrich der *Bismarck* – die verwirrenden schwarz-weißen Streifen sowie die falsche Bugwelle (sie sollte den Gegner über ihre Größe täuschen) – mit stumpfgrauer Farbe übermalt wurde, was ihr dabei helfen sollte, in den Atlantik zu verschwinden. Kapitänleutnant von Müllenheim-Rechberg, der an Deck das freundliche Wetter genoß, war verblüfft. Warum nutzte Lütjen die Zeit nicht aus, um auch die *Bismarck* aufzutanken? Die Kritik des jungen Offiziers ist inzwischen von vielen Experten wiederholt worden. In der Royal Navy war es üblich, Schiffe bei jeder sich bietenden Gelegenheit wiederaufzutanken, was bei der Unvorhersehbarkeit der Kampfhandlungen absolut vernünftig war. Die *Bismarck* war schon aus Gotenhafen wegen des gerissenen Ölschlauchs mit 200 Tonnen Brennstoff zuwenig ausgelaufen und hatte inzwischen allerhand Heizöl verbraucht. Was würde passieren, falls Lütjens nicht genug Zeit hatte, von dem Tanker, der im Nordmeer auf ihn wartete, Treibstoff zu übernehmen? Einmal im Atlantik, wurde jede Tonne Heizöl kostbar. Die Begründung, daß ein solches Nachbunkern nicht im Operationsbefehl vorgesehen war, verrät ein unglaublich starres Denken für einen erfahrenen Befehlshaber. So lief die *Bismarck* mit etwa 1100 Tonnen Heizöl zuwenig in ihren Tanks von Bergen aus.

Um 19.30 Uhr nahm die Kampfgruppe den Marsch nach Norden wieder auf. Lütjens hatte die Eröffnungszüge dieses maritimen Schachspiels schlecht plaziert. Ihm mußte inzwischen klar sein, daß die Briten alarmiert waren. An diesem Vormittag hatte der deutsche Nachrichtendienst einen britischen Funkspruch entziffert, mit dem Flugzeuge der Royal Air Force Befehl erhielten, vor Norwegen nach zwei deutschen Schlachtschiffen und drei Zerstörern Ausschau zu halten, die mit Nordkurs fuhren. (Inzwischen war ein dritter Begleitzerstörer bei der Kampfgruppe eingetroffen.) Der Gegner blieb den Deutschen also auf den Fersen. Es war jedoch Lütjens' Glück, daß die Briten über die Absichten der *Bismarck* noch immer im unklaren waren. Auch stellten sie erst nach geraumer Zeit fest, daß die Kampfgruppe Bergen verlassen hatte.

Lütjens' Gegenüber am Schachbrett war Admiral Sir John Tovey an Bord seines neuen Flaggschiffs *King George V*, Chef der britischen Heimatflotte, die in Scapa Flow auf den Orkney-Inseln, vor der Nordostspitze Schottlands, stationiert war. Natürlich hatte Tovey viel mehr Schachfiguren zur Verfügung als Lütjens, aber auch den Nachteil, von Anfang an in der Defensive zu sein und mit jedem Zug auf das Verhalten seines Gegners reagieren zu müssen. Dieses Match wurde erschwert durch die Tatsache, daß beide Spieler jeweils nur einen Teil des Schachbretts sehen konnten. Manchmal – besonders in Toveys Fall – konnte ein Kontrahent nicht einmal sicher sein, wo sich alle seine Figuren befanden. Schlechtes Wetter und Verbindungsprobleme waren damals im Seekrieg sehr wichtige Faktoren.

Mit *Prinz Eugen* (im Vordergrund) an der Spitze verließ die deutsche Kampfgruppe Bergen am frühen Abend des 21. Mai. Nachts bombardierten britische Maschinen vergeblich die nun leeren norwegischen Fjorde.

Admiral Tovey war 56 Jahre alt und im Alter von fünfzehn Jahren in die Marine eingetreten. Er hatte in der Skagerrakschlacht im Ersten Weltkrieg (1916) einen Zerstörer kommandiert und war seither die Karriereleiter stetig emporgestiegen. Von kleinem Wuchs, aber gesundem Selbstvertrauen, war er ein warmherziger und humorvoller Mann, der nur selten aufbrauste. Als beliebte Führerpersönlichkeit, die Untergebenen Vertrauen einflößte, fürchtete er sich nicht, Entscheidungen zu treffen und an ihnen festzuhalten. Auch bot er notfalls seinen Vorgesetzten die Stirn. Dies machte ihn bei Churchill nicht beliebt, der sich für einen Marinestrategen hielt und Admirale bevorzugte, die mit ihm einer Meinung waren. Einen solchen hatte er in Flottenadmiral Sir Dudley Pound gefunden, seinem alternden und kränkelnden Ersten Seelord.

Tovey wußte, daß die Aufgaben der Kampfgruppe *Bismarck* höchst unterschiedlich sein konnten, unter anderem mochte sie wichtiges militärisches Material nach Nordnorwegen transportieren. Aber es gab zwei Eventualitäten, gegen die er sich wappnen mußte: Die eine war ein Angriff auf Island; es war von erheblicher Bedeutung, daß diese strategisch wichtige Insel in britischer Hand blieb. Die andere und wahrscheinlichere Möglichkeit war der Versuch, in den offenen Atlantik auszubrechen, um Jagd auf Konvois zu machen.

Am frühen Abend des 21. Mai, sobald Tovey wußte, daß sich *Bis-*

marck und *Prinz Eugen* in den Fjorden bei Bergen befanden, ordnete er Luftaufklärung von Grönland bis zu den Orkneys an, über jenem Gebiet, das für einen Durchbruch in Frage kam. Zusätzlich entsandte er Schiffe, um die Hauptfluchtwege in den Atlantik zu überwachen. Der Schwere Kreuzer *Norfolk* patrouillierte bereits in der durch Packeis verengten Dänemarkstraße. Tovey befahl dem Schweren Kreuzer *Suffolk*, der in Island im Hafen lag, zu ihm zu stoßen. Die Kreuzer *Birmingham* und *Manchester*, auf Patrouille in der viel breiteren Lücke zwischen Island und den Faröern, erhielten Befehl, sofort vollzubunkern und ihre Aufklärungstätigkeit verstärkt fortzusetzen. Gleichzeitig befahl Tovey Vizeadmiral Lancelot Holland an Bord des Schlachtkreuzers *Hood*, Scapa Flow zusammen mit dem neuen Schlachtschiff *Prince of Wales* zu verlassen und Kurs auf den Hvalfjord in Island zu nehmen, von wo aus sie einen Ausbruch durch die Dänemarkstraße abfangen konnten. Der in Scapa Flow verbleibende Flottenteil wurde angewiesen, sich bereit zu halten, um in kürzester Zeit zur Verstärkung der Einheiten in der Island-Faröer-Passage auslaufen zu können. Neben Toveys *King George V* gehörte dazu der Flugzeugträger *Victorious* und bald auch der Schlachtkreuzer *Repulse*. Falls Lütjens einen sofortigen Ausbruch versuchte, würde sich die Heimatflotte so in ausgezeichneter Ausgangsposition befinden, um ihn zu blockieren.

Bei Einbruch der Nacht verließ die *Bismarck* die norwegische Küste mit Nordkurs auf die offene See. Die Maschinen des großen Schiffes summten leise, während die Seeleute ihren Pflichten nachgingen. Sie hatten vier Stunden Wache und vier Stunden frei, wobei die Hälfte der Schiffsartillerie ständig bemannt blieb. Die Männer aßen ihre Rationen und spekulierten, wohin die nächsten Wochen sie führen würden. Zu den Azoren? Nach Südamerika? Die meisten waren noch nie so weit weg von zu Hause gewesen. Die strategischen Gedankengänge der Admirale kannten sie nicht. Vielleicht fragten sie sich, wie es sein würde, in eine wirkliche Seeschlacht verwickelt zu werden. Aber wer würde es schon wagen, ein Schiff wie die *Bismarck* herauszufordern?

Admiral Sir John Tovey, Chef der britischen Heimatflotte, an Bord seines Flaggschiffs *King George V*. Im Hintergrund ein Viererturm des Schlachtschiffs mit seinen schweren 14-Zoll-Geschützen.

Auf seiner unter freiem Himmel gelegenen Station bei der Fla-Lafette an Backbord mittschiffs fröstelte es den 21 Jahre alten Alois Haberditz, und einer seiner Kameraden bot ihm eine Zigarette an. Er lehnte höflich ab. Er war Nichtraucher, weil er in Form bleiben wollte für die Sportarten, die er liebte – Skifahren, Bergsteigen, Fußball. Aber sogar die geringfügige Wärme einer Zigarette schien ihm in diesem Augenblick verlockend. Die Nacht war kalt und würde noch kälter werden, während sie dem Polarkreis zustrebten. Wieviel besser war es doch, unter Deck oder in einem der großen Geschütztürme stationiert zu sein. Wenigstens war seine Wache bald vorbei, dann konnte er sich unten etwas aufwärmen. Er zog den Kragen seiner dikken Uniformjacke hoch und überlegte sich Witze, die er seinen Freunden bei nächster Gelegenheit erzählen wollte. Admiral Lütjens gab eine ideale Zielscheibe dafür ab, so ernsthaft und unnahbar, wie er war. Er grinste, als er sich vorstellte, wie er Adi, Franz und Heinz den kalten, reservierten Flottenchef vorspielen würde.

Tief im Bauch des Schiffes beendete Hans Zimmermann gerade

seine Schicht im mittleren Kesselraum. Ein letztes Mal sah er auf die Manometer, um sicher zu sein, daß alles in Ordnung war. Auf der Zunge schmeckte er schon das Bier, das er sich in der Kantine leisten wollte, bevor er zur Koje ging. Vielleicht würde er noch einen kurzen Spaziergang an Deck machen. Was für ein wundervolles Schiff die *Bismarck* doch war! Ein technisches Wunderwerk. Er war sehr stolz, zu ihrer Besatzung zu gehören. Vielleicht würde er eines Tages dabei helfen, solche Schiffe zu entwerfen und zu bauen.

Mittagessen in der Unteroffiziers-messe, die im Vorschiff der *Bismarck* lag. An der Rückwand im Hintergrund hängt ein Hitlerbild.

In der trüben Beleuchtung des vorderen Kommandostandes starrte Kapitän zur See Ernst Lindemann blicklos in die Dunkelheit. Wie er befürchtet hatte, kamen er und Admiral Lütjens nicht gut miteinander aus. Es war bereits mehrfach zu Meinungsverschiedenheiten zwischen ihnen gekommen, aber natürlich hatte der ranghöhere Lütjens stets die Oberhand behalten. Er war entschlossen, durch die verengte Dänemarkstraße auszubrechen. Lindemann gab der breiteren und näher gelegenen Island-Faröer-Passage den Vorzug. Er fand keinen Zugang zu den Überlegungen seines Vorgesetzten, auch konnte er dessen Stimmungen nicht einschätzen.

Kurz vor Mitternacht ging Kapitänleutnant von Müllenheim-Rechberg ein letztes Mal über Deck, bevor er sich in seine Kammer begab. In der Ferne, über der schnell zurückweichenden norwegischen Küste, die sie ein paar Stunden zuvor verlassen hatten, bemerkte er gelben, weißen und roten Lichtschein, der immer wieder über dem Festland aufflackerte. Hätte er gewußt, was er bedeutete, hätte der Anblick ihm ein Frösteln eingejagt. Die deutsche Flak feuerte dort auf britische Bomber, die auf Toveys Ersuchen die Fjorde angriffen, in denen die von der Spitfire entdeckten Schiffe vermutet wurden. Die Briten waren den Deutschen schon dicht auf den Fersen.

Am nächsten Morgen, es war Donnerstag, der 22. Mai, verabschiedeten sich *Bismarck* und *Prinz Eugen* von den begleitenden Zerstörern; die Minensucher waren schon in Norwegen entlassen worden. Jetzt war die Kampfgruppe ganz auf sich allein gestellt. Bei beiden Schiffen wurden die Hakenkreuze auf Vor- und Achterdeck übermalt. Sie erleichterten die Identifizierung durch eigene Flugzeuge, aber die Maschinen, die sie von nun an sehen würden, waren die des Feindes und sollten getäuscht werden. Den ganzen Tag über blieb das Wetter Lütjens' Verbündeter: erst Dunst und ein verhangener Himmel, dann Nebel und Regen. Bei dichter Bewölkung und schlechter Sicht war es für britische Flugzeuge fast unmöglich, sie auszumachen. Trotzdem blieb Lütjens bei ihrer Marschfahrt von 24 Knoten, obwohl der Bordmeteorologe protestierte und warnend darauf hinwies, daß das günstige Wetter nicht lange anhalten würde. Vielleicht wollte er Brennstoff sparen, denn er hatte sich entschlossen, direkten Kurs auf die Dänemarkstraße zu nehmen, ohne den Umweg zum Tanker *Weißenburg* im Nordmeer zu machen. Aber mit jeder Stunde verringerten sich seine Chancen, unentdeckt die anderen Tanker zu erreichen, die südlich von Grönland auf ihn warteten.

Während die *Bismarck* nach Norden durch die norwegische See dampfte, begab sich Großadmiral Erich Raeder zum Berghof, Hitlers Refugium bei Berchtesgaden. Dort fand eine Besprechung über die Seekriegführung statt. Anwesend waren außer Hitler Generalfeldmarschall Keitel, Chef des Generalstabs, Fregattenkapitän von Puttkamer, Hitlers Marineadjutant, General Jodl, Leiter des Planungsstabes, und Joachim von Ribbentrop, Außenminister des Dritten Reiches. Raeder gab Hitler einen allgemeinen Überblick zum augenblicklichen Stand des Seekriegs: jüngste U-Boot-Erfolge gegen die Schiffahrt des Feindes; Kreuzerkrieg im Südatlantik und Indischen Ozean (ein deutscher Kreuzer war im Indischen Ozean versenkt worden, nachdem er der britischen Handelsschiffahrt beträchtlichen Schaden zugefügt hatte); die Notwendigkeit, italienische U-Boote aus dem Atlantik abzuziehen (Hitler versprach, dieses Thema bei seinem nächsten Treffen mit dem Duce zur Sprache zu bringen). Wie nebenbei enthielt dieser Bericht auch die Information, daß *Bismarck* und *Prinz Eugen* Norwegen am Vortag zu einem Einsatz im Geleitkrieg verlassen hatten. Dies war das erste Mal, daß der »Führer« von der Operation Rheinübung hörte.

Hitler reagierte sichtlich erregt. Wie stand es mit der Gefährdung seines neuen Schlachtschiffs durch britische Torpedobomber? Er und Admiral Lütjens hatten diese Bedrohung erst zwei Wochen zuvor während seines Besuchs an Bord erörtert. Und wie stand es mit der Chance, daß sich die Vereinigten Staaten provoziert fühlen würden? Die *Bismarck* mochte unabsichtlich in Konflikte mit der U.S.-Schiffahrt geraten, wenn sie so dicht an nordamerikanischen Gewässern operierte. »Herr Admiral«, fragte Hitler, »können wir die Schiffe nicht zurückrufen?«

Dies war genau die Frage, die Raeder vorausgesehen hatte. Er wußte, der »Führer« fürchtete den Schaden für sein Prestige, falls die *Bismarck* versenkt werden sollte. Also erläuterte er mit Bedacht, warum es ein Fehler wäre, die Schiffe zurückzurufen. Ein solcher Schritt hätte schlimme Rückwirkungen auf die Moral der ganzen Kriegsmarine. Monate komplizierter Planung waren in die Operation eingegangen. Angesichts Lütjens' früherer Erfolge bestand guter Grund zu der Annahme, daß dieser Einsatz ein neues Ruhmesblatt für Deutschland sein würde. Klugerweise erwähnte Raeder nicht, daß die Briten die Kampfgruppe bereits vor Norwegen ausgemacht hatten und nach der *Bismarck* Ausschau hielten. Nach hitziger Diskussion erklärte sich Hitler zögernd bereit, den Einsatz weiterlaufen zu lassen.

Den ganzen Donnerstag über wartete Admiral Tovey an Bord der *King George V* in Scapa Flow. Seine übliche gute Laune wurde aufs äußerste strapaziert. Nur zwei der in der vergangenen Nacht nach Norwegen entsandten 18 Bomber, die die deutschen Schiffe hatten angreifen sollen, waren bei dem schlechten Wetter bis zum Ziel vorgedrungen. Es ließ sich nicht feststellen, ob sie irgendwelche Treffer erzielt hatten, aber das schien höchst unwahrscheinlich zu sein. Den ganzen Tag herrschte über der Nordsee und der norwegischen Küste schlechtes Wetter und verhinderte Aufklärungsflüge in größerer Höhe. Tovey wußte also nicht, ob die *Bismarck* ausgelaufen war. Wenn ja, wohin? Er neigte zu der Annahme, daß ein Ausbruch im Gange war und daß seine Kampfgruppe in See gehen sollte. Jede Aktion war dieser verdammten Warterei vorzuziehen. Aber er wußte auch, daß Stillhalten am klügsten war, bis sich der Gegner festgelegt hatte.

Erst am Donnerstagabend erfuhr Tovey schließlich, daß der Vogel das norwegische Nest verlassen hatte. Am späten Nachmittag hatte ein kühner Aufklärer, der in niedriger Höhe durch Nebel und tiefliegende Wolken flog, entdeckt, daß die beiden deutschen Schiffe die Fjorde verlassen hatten, in denen sie zuletzt gesehen worden waren.

Oben: Großadmiral Erich Raeder, Chef der Seekriegleitung während der Operation Rheinübung.

Darunter: Gischtend zerschneidet der Bug von *Prinz Eugen* die Seen. Die Hakenkreuze auf Vor- und Achterdeck beider Schiffe wurden ebenso wie die Tarnstreifen auf der Bordwand grau übermalt, als die Kampfgruppe in die norwegische See auslief.

Eine Luftaufnahme der *Prinz Eugen*, eines Schweren Kreuzers der *Admiral-Hipper*-Klasse. Obwohl kleiner als die *Bismarck*, konnte sie wegen der Bauähnlichkeit und der fast gleichen Silhouette aus der Ferne leicht mit dem größeren Schlachtschiff verwechselt werden.

Um 22.45 Uhr führte Tovey seine Flotte aus Scapa Flow heraus. Zum Geleit seines Flaggschiffs gehörten der Flugzeugträger *Victorious*, die Kreuzer *Galatea, Aurora, Kenya* und *Hermione* sowie sieben Zerstörer. Er befahl der *Repulse*, aus dem Clyde auszulaufen und zu seiner Streitmacht zu stoßen, die eine Position ansteuerte, von wo aus sie die Kräfte unterstützen konnte, die die beiden möglichen Hauptausbruchsrouten der *Bismarck* überwachten. Die *Hood* und die *Prince of Wales* lagen bereits vor Island in Wartestellung, die *Suffolk* war unterwegs, um sich der *Norfolk* in der Dänemarkstraße anzuschließen, und die *Arethusa* sollte die Einheiten verstärken, die in der Lücke zwischen Island und den Faröern patrouillierten. Vorausgesetzt, die *Bismarck* wurde entdeckt und verfolgt, konnten also mindestens zwei Großkampfschiffe, dazu verschiedene Kreuzer und Zerstörer rasch herangeführt werden, um sich ihr in den Weg zu stellen.

Vor Mitternacht am 22. Mai gingen bei Admiral Lütjens drei ermutigende Funksprüche von der Gruppe Nord ein. Der erste bestätigte einen Funkspruch, den er schon früher am Tag erhalten hatte, und lautete sinngemäß, es sei anzunehmen, daß der Ausbruch vom Gegner noch nicht entdeckt wurde. Der zweite meldete, daß die Aufklärer der Luftwaffe in Scapa Flow vier Schlachtschiffe, eines möglicherweise ein Flugzeugträger, offenbar sechs Leichte Kreuzer und mehrere Zerstörer gesichtet hatten: »Damit keine Veränderung gegenüber dem 21. Mai und Marsch durch Norwegen unbemerkt.« Dies war ein furchtbarer Irrtum. Die Luftwaffe war durch einen der ältesten Tricks getäuscht worden, denn zwei der vier angeblich noch in Scapa Flow liegenden Schlachtschiffe waren lediglich aus Holz und Leinwand hergestellte Attrappen. Hätte Lütjens gewußt, daß *Hood* und *Prince of Wales* bereits ausgelaufen waren, hätte er sich den Ausbruch sicherlich zweimal überlegt.

Der dritte Funkspruch gab den ersten beiden noch zusätzliches Gewicht. Er meldete, daß kein operativer Einsatz feindlicher Schiffe festgestellt worden sei und daß in Anbetracht der planmäßig ablaufenden deutschen Besetzung Kretas (Fallschirmjäger waren bereits auf der

Insel gelandet) ein baldiges Eingreifen der Kampfgruppe in den Atlantikkrieg die britische Seemacht ernsthaft beeinträchtigen würde. Falls Lütjens noch zögerte, mußten seine Zweifel jetzt beseitigt sein. Um 23.22 Uhr, ohne zu wissen, daß ihn schon die gesamte britische Heimatflotte abzufangen suchte, befahl er eine Kursänderung nach Westen, direkt auf die Dänemarkstraße.

Winston Churchill war besorgt. Elf Konvois, einschließlich eines Truppentransports mit mehr als 20000 Mann, waren im Begriff, den Atlantik zu überqueren. Starke deutsche Fallschirmjägereinheiten landeten auf Kreta. Und jetzt hatte er die Meldung erhalten, daß die *Bismarck* entkommen war. Der Zeitpunkt hätte nicht ungünstiger sein können. Es würde Aufgabe der Heimatflotte sein, die deutsche Kampfgruppe abzufangen, bevor sie auf die Zufahrtswege im Atlantik losgelassen wurde. Falls dies nicht gelang, mußten die Konsequenzen verheerend sein. Immerhin bot sich ihm jetzt vielleicht Gelegenheit, die Amerikaner einer Kriegserklärung gegen Deutschland näherzubringen. Spät am Abend des 22. Mai entwarf er ein Telegramm an seinen Freund, den U.S.-Präsidenten Roosevelt, darin schilderte er die Lage und bat um dessen Hilfe. »Falls es uns nicht gelingt, sie beim Ausbruch zu stellen, sollte Ihre Marine in der Lage sein, sie für uns zu orten. Sagen Sie uns nur wo, und wir besorgen den Rest.«

Gegen Mittag des nächsten Tages, am 23. Mai, standen *Bismarck* und *Prinz Eugen* in den Gewässern nördlich von Island und waren im Begriff, in die Dänemarkstraße einzutreten. Das schlechte Wetter schützte sie noch immer – vielleicht behielt Admiral Lütjens mit seiner riskanten Taktik ja recht. Aber Flottenchef und Kommandant wußten, daß dies die gefährlichste Phase des Ausbruchs war. Ein britisches Minenfeld erstreckte sich hier von Island in Richtung auf die grönländische Küste und engte die Durchfahrt an ihrer schmalsten Stelle noch weiter ein, auf dreißig bis vierzig Seemeilen.

Die deutschen Schiffe fuhren mit südwestlichem Kurs mit einer Geschwindigkeit von 27 Knoten durch dieses eisige Gewässer. Dann begann das Wetter aufzuklaren. In der Ferne schimmerten die hohen grönländischen Inlandgletscher im Sonnenlicht, und manche Beobachter vergaßen für kurze Zeit ihre Konzentration, um diese atemberaubende, wie aus einer anderen Welt stammende Landschaft zu bewundern. Aber kurz nach 18.00 Uhr schrillten die Glocken: Feindschiffe an Steuerbord! Doch stellten sich dies bald als falscher Alarm heraus: Die vermeintlichen Schiffe waren Eisberge.

Am frühen Abend begünstigten die Wetterverhältnisse im schmalsten Teil der Dänemarkstraße die britische Patrouille, die Schweren Kreuzer *Norfolk* und *Suffolk* unter Befehl von Konteradmiral Frederick Wake-Walker an Bord der *Norfolk*. Im Norden, entlang der vereisten Küste Grönlands, war das Wasser klar und die Sicht gut. Nur weiter im Süden, an der isländischen Küste, lag dichter Nebel.

Die Briten nutzten diese Witterung voll aus, während sie auf der voraussichtlichen Route der Deutschen auf und ab patrouillierten. Ihre schnellen, nur leicht gepanzerten, in den zwanziger Jahren gebauten Kreuzer mit dem abschätzigen Spitznamen »Blechdosen« wären für die *Bismarck* keine ebenbürtigen Gegner gewesen, waren aber zum Fühlunghalten gut geeignet. Captain Robert Ellis, Kommandant der *Suffolk*, war Wake-Walkers Spürhund, denn das neue Radar seines Schiffes konnte einen Radius von dreizehn Seemeilen, abgesehen von einem kleinen Sektor achtern, überwachen. Auf jedem Nordostschlag dieses Patrouillenrasters – der Richtung, aus der die deutschen Schiffe kommen würden – hielt sich die *Suffolk* draußen im offenen Wasser und folgte der grönländischen Packeisgrenze, während die *Norfolk* weiter südlich im Nebel lauerte – auch für den Fall, daß die

Rear-Admiral Frederick Wake-Walker, Befehlshaber des Ersten Kreuzergeschwaders der Briten. Sein Flaggschiff, die *Norfolk*, und sein Kreuzer *Suffolk* patrouillierten in der Dänemarkstraße, als die *Bismarck* gesichtet wurde.

Bismarck es riskieren sollte, sich im südlichen Teil des Fahrwassers eng am Minenfeld entlangzuschleichen. Auf jedem südwestlichen Törn ging die *Suffolk* dicht an die Nebelbank heran, um sofort, wenn der Gegner gesichtet wurde, in den Nebel wegzutauchen.

Um 19.22 Uhr ertönten die Alarmglocken auf der *Bismarck* erneut. Dieses Mal erfaßten ihre Horchgeräte und das primitive Radar ein Schiff an Backbord. Es war die *Suffolk*, die mit hoher Geschwindigkeit auf Südwestkurs fuhr. Für kurze Zeit kam die Silhouette des britischen Kreuzers mit seinen drei Schornsteinen auch in Sicht, bevor er im Nebel verschwand. Es blieb keine Zeit zur Zielortung und Feuereröffnung.

Obermatrose Newell von der *Suffolk* auf seiner Gefechtsstation als Ausguckposten an Steuerbord achtern. Von hier aus sichtete er als erster die *Bismarck*.

An Bord der *Suffolk* überwachte der Obermatrose Newell im Ausguck an Steuerbordseite seinen Sektor mit dem Fernglas und wischte sich die Augen – wohl zum tausendstenmal, seit er seine Wache angetreten hatte. In diesen Breiten spielten Licht und Eis auch den erfahrensten Seeleuten mancherlei Tricks. Newell wollte keinen falschen Alarm auslösen, aber auch keinen Fehler begehen. Plötzlich tauchte ein großes schwarzes Etwas keine sieben Seemeilen entfernt aus dem Nebel auf. »Schiff in Grün eins-vier-null!« rief er. Dann erschien ein zweites Schiff, und Newell ließ wieder seinen Alarmruf ertönen.

Captain Ellis wendete die *Suffolk* so scharf, daß sie sich stark nach Steuerbord überlegte. Schnell schloß sich der Nebel hinter ihm; Alarmsirenen ertönten, die Besatzung stürzte auf Stationen, während Geschirr und Besteck klappernd zu Boden fielen. Sobald sie sich in der Nebelbank in Sicherheit befand, verlangsamte *Suffolk* die Fahrt und wartete, bis *Bismarck* und *Prinz Eugen* an ihr vorbei waren, bevor sie eine Position achteraus von ihnen einnahm, gerade noch innerhalb der Reichweite des eigenen Radars. Bei dreizehn Seemeilen bedeutete dies, daß die Geschütze der *Bismarck* sie jederzeit erreichen konnten. Der Kreuzer brauste mit 30 Knoten, praktisch seiner Höchstgeschwindigkeit, dahin, und die Vibration war enorm. Captain Ellis tat sein Möglichstes, um mit den deutschen Schiffen Fühlung zu halten, die ihre Geschwindigkeit jetzt noch erhöht hatten. Im Kartenraum fiel es dem Navigationsoffizier schwer, das Lineal auf der Karte festzuhalten, weil das Schiff so stark vibrierte.

Inzwischen war auch die *Norfolk* alarmiert und fuhr mit hoher Geschwindigkeit durch den Nebel, um sich der *Suffolk* anzuschließen. Aber ihr Kommandant beurteilte seine Position falsch und tauchte sechs Seemeilen vor der *Bismarck* auf, während das große, graue Ungetüm schnell näher kam. Bevor die *Norfolk* wieder in den Nebel entkommen konnte, wurde sie von fünf Salven eingegabelt. Eine Granate schlug nahe beim Schiff ein, das jedoch nur von kleinen Splittern getroffen wurde.

Aber die Erschütterung durch die großen Geschütze hatte auf *Bismarck* das vordere Funkmeßgerät, ein primitives Radar, außer Aktion gesetzt. Dies bedeutete, daß sie jetzt nach vorn wie blind war. Deshalb beauftragte Admiral Lütjens Kapitän zur See Brinkmann an Bord der *Prinz Eugen*, die Führung zu übernehmen, während die beiden Schiffe

Der Schwere Kreuzer ***Suffolk*** im Mai 1941 in der Dänemarkstraße

dem Atlantik zustrebten. Der Admiral muß entmutigt gewesen sein. Sein Ausbruch war entdeckt worden, und im Funkraum hatten seine Nachrichtenoffiziere einen ganzen Strom von Meldungen der britischen Schiffe, die seine Position durchgaben, aufgefangen und entschlüsselt. Doch die großen britischen Schiffe, die ihm wirklich gefährlich werden konnten, waren gewiß noch weit entfernt. Am Vorabend hatten sie seiner Kenntnis nach in Scapa Flow auf Reede gelegen. Wenn er also diese beiden lästigen Verfolger abschüttelte, konnte er Operation Rheinübung fortsetzen, Heizöl von einem Tanker südlich von Grönland übernehmen und danach abwarten, bis sich die Lage beruhigt hatte.

Als aber die vier Schiffe mit hoher Fahrt dem offenen Atlantik zustrebten, wurde es Lütjens allmählich klar, daß sich seine Verfolger auf mehr als auf bloßen Sichtkontakt verlassen konnten. Trotz all seiner Versuche konnte er sie nicht abschütteln. Sooft er eine Kursänderung vornahm, taten die britischen Schiffe es ihm nach. Als er mit hoher Fahrt wendete, um zurückzufahren und sie anzugreifen, fand er, aus einem Regenschauer auftauchend, die See leer vor. Er wußte es nicht, aber sein Problem war das verbesserte Radar der *Suffolk*, das allem, was die Deutschen bisher kannten, weit überlegen war.

In dem unheimlichen Zwielicht des langen, arktischen Frühlingsabends ging die Verfolgungsjagd weiter. *Suffolk* hielt ihre Position achteraus der *Bismarck* an Steuerbord, *Norfolk* achteraus an Backbord. An Bord der britischen und deutschen Schiffe war jeder Mann hellwach und wartete, was nun geschehen würde. Sie verbrachten ihre Zeit damit, dickflüssigen süßen Kakao, heiße Suppe oder Kaffee zu schlürfen. Und sie fragten sich, was der nächste Tag ihnen bringen würde.

Dreihundert Seemeilen weiter südlich erhielt Vizeadmiral Lancelot Holland an Bord der *Hood* einen Funkspruch von *Norfolk*, daß die deutsche Kampfgruppe entdeckt worden war. Die *Hood* fuhr bereits mit hoher Fahrt auf einem Kurs, der die *Bismarck* früh am nächsten Morgen in Reichweite ihrer Geschütze bringen würde. Das erste Gefecht der *Bismarck* stand unmittelbar bevor.

Der mächtige Schlachtkreuzer *Hood* war der Stolz der Royal Navy und zwischen den beiden Weltkriegen ein Symbol britischer Überlegenheit zur See.

FÜNFTES KAPITEL

Erste Opfer

24. Mai 1941 – Nordatlantik

Mitternacht ging vorüber, zögernd sank die blasse arktische Frühlingssonne, und noch immer hatten die Männer an Bord von *Bismarck* und *Prinz Eugen* nur eine vage Ahnung, daß ihr erstes Gefecht bevorstehen könnte. Gewiß, die britischen Kreuzer blieben ihnen eng auf den Fersen, aber diese lästigen Hetzhunde ließen sich bestimmt abschütteln, und dann waren sie wieder völlig frei. Es stimmte zwar, daß man den Funkverkehr von Feindschiffen, die sich dem Gebiet näherten, aufgefangen hatte, aber um was für Schiffe handelte es sich und wie weit waren sie weg? Soweit Lütjens und Lindemann wußten, standen ihre eigentlichen Gegner noch Hunderte von Seemeilen entfernt, denn sie konnten Scapa Flow erst vor kurzer Zeit verlassen haben. Vorläufig schien es, als behielten die Deutschen die Oberhand.

Lütjens war jedoch wegen des überlegenen britischen Radars zutiefst beunruhigt. Er hatte das modernste Schlachtschiff seiner Zeit, und jetzt wurde er von älteren, unterlegenen Fahrzeugen ausgetrickst. (Lütjens war überzeugt, daß sowohl *Suffolk* als auch *Norfolk* mit dem neuen Radar ausgerüstet waren, und meldete dies in einem Funkspruch an die Gruppe Nord.) Was für Überraschungen hielt der Gegner sonst noch für ihn bereit? War sein Einsatz gefährdet, ließ ihn das Glück schließlich doch noch im Stich? Immerhin war ihm schon der unbemerkte Durchbruch in den Atlantik mißlungen.

Welche Zweifel er auch haben mochte – jedenfalls sprach der Admiral darüber nicht mit seinen Untergebenen. Auf seine Umgebung wirkte er nur noch mürrischer und in sich gekehrter, fast so, als ob er sich mit seinem Schicksal abgefunden hätte, ganz gleich, was es mit ihm vorhatte. Nicht zum erstenmal mag Lindemann jetzt gewünscht haben, er hätte einen umgänglicheren Chef für den wichtigsten Einsatz seiner Laufbahn bekommen.

Die Stimmung an Bord von *Hood* und *Prince of Wales* war durch hohe Erwartungen angeheizt. Die deutschen Schiffe standen jetzt weniger als hundert Seemeilen entfernt, und Admiral Holland rüstete sich zum Gefecht. Er wußte, obwohl seine beiden Großkampfschiffe über mehr schwere Artillerie – achtzehn gegen acht Geschütze, alle auf *Bismarck* – als die deutsche Kampfgruppe verfügten, war seine Überlegenheit doch recht fragwürdig. Die *Bismarck* war schneller und besser gepanzert als jedes einzelne der britischen Schiffe. Und sie war vor allem robuster gebaut und viel besser geschützt als die schon ältere *Hood*, die kurz nach dem Ersten Weltkrieg von Stapel gelaufen war.

Die größte Schwäche der *Hood* waren ihre nur leicht gepanzerten Decks. In ihrer guten Zeit hatte ihr die so erzielte Gewichtseinsparung eine höhere Geschwindigkeit verliehen, die allen anderen großen

Schlachtschiffen überlegen war; aber eine auf hohe Distanz abgefeuerte, herabstürzende Granate konnte durch das Deck in ihrem lebenswichtigen Inneren einschlagen. Und obwohl die *Prince of Wales* eine gute Deckspanzerung besaß, war sie doch ein brandneues Schlachtschiff, das erst drei Wochen zuvor die Werft verlassen hatte. An Bord war man noch dabei, kleine Mängel ihrer Artillerie zu beseitigen. Das zivile technische Personal von Vickers-Armstrong hatte sich noch auf dem Schiff befunden, als der Befehl zum Auslaufen kam, und arbeitete sogar noch an den Geschützen, als das Schiff ins Gefecht ging. Im Ernstfall bestand eine hohe Wahrscheinlichkeit von größeren technischen Ausfällen ihrer Artillerie. (Während des folgenden Gefechts verwechselten die Deutschen die *Prince of Wales* lange mit ihrem etwas älteren Schwesterschiff, der *King George V*, da sie nicht glauben konnten, daß ein so unfertiges Schiff zum Einsatz gelangt war.)

Die 14-Zoll-Geschütze auf dem Achterdeck der *Prince of Wales* sind hier nach Steuerbord gerichtet. Als dieses brandneue Schlachtschiff den Kampf mit der *Bismarck* aufnahm, war es erst zwei Wochen im operativen Einsatz und hatte noch Zivilisten an Bord, Techniker für die letzten Arbeiten an der Artillerie des Schiffes.

Um die ihm zur Verfügung stehenden Kräfte optimal einzusetzen, faßte Admiral Holland einen kühnen Plan. Falls er seinen gegenwärtigen Kurs beibehielt, würde er die Deutschen während der dunkelsten Stunden der kurzen Nacht abfangen. Falls er aber eine Kursänderung nach Norden vornahm, konnte er etwa um 02.00 Uhr auf *Bismarck* und *Prinz Eugen* treffen, kurz nach Sonnenuntergang in diesen hohen Breiten im Mai. Das hatte zwei bedeutsame Vorteile: Die *Hood* würde mit hoher Fahrt fast direkt auf die feindlichen Schiffe herabstoßen und konnte auf diese Weise rasch den Abstand überbrücken (die Annäherungsgeschwindigkeit der beiden Fahrzeuge würde etwa 56 Knoten betragen). Dies sollte die Zeitspanne verkürzen, in der die Granaten des Gegners für die *Hood* am gefährlichsten waren (je geringer die Entfernung, um so flacher die Flugbahn eines Geschosses). Ebenso wichtig war die Chance auf einen Überraschungseffekt, wenn die *Hood* aus der Dunkelheit auftauchte, während sich der Gegner vom noch hellen Himmel im Nordnordwesten abhob. *Hood* und *Prince of Wales* würden sich die *Bismarck* vornehmen, während *Norfolk* und *Suffolk* die *Prinz Eugen* bekämpften. Auch wenn die Deutschen nicht überrascht wurden, war es ein brillanter Plan, der den Angreifern jeden nur möglichen Vorteil verlieh. Allerdings um den Preis, daß die anstürmenden britischen Schiffe allen Geschützen der *Bismarck* ausgesetzt sein würden, während sie selbst nur mit ihrer vorderen Artillerie feuern konnten. Aber alles hing davon ab, daß die Beschatter der *Bismarck* sie auf dem Radarschirm behielten und jede Veränderung in Kurs und Geschwindigkeit registrierten.

Um 12.15 Uhr gab Admiral Holland das lang erwartete Signal: »Volle Gefechtsbereitschaft!« An Bord der *Hood*, der *Prince of Wales* und ihrer Begleitzerstörer wurden die großen weißen Gefechtsflaggen gesetzt. Die meisten britischen Soldaten kamen zum erstenmal zum Einsatz. Aber sie mußten noch etwas länger warten. Gegen Mitternacht war die *Bismarck* in einem Schneeschauer verschwunden, und *Suffolk* und *Norfolk* hatten den Kontakt zu ihr verloren. Plötzlich war Admiral Hollands kühner Plan in Gefahr geraten.

Weil die grönländische Küste verhinderte, daß *Bismarck* noch wei-

ter nach Westen eindrehen konnte, wußte Holland, daß es drei Möglichkeiten gab: Die Deutschen konnten ihren gegenwärtigen Südwestkurs beibehalten, sie konnten sich nach Süden wenden, oder sie konnten kehrtmachen und zurück in die Dänemarkstraße laufen. Ihm schien es am wahrscheinlichsten, daß Lütjens nach Süden, in Richtung auf den offenen Atlantik, fahren würde. Von dieser Annahme ausgehend, blieb Holland auf Nordkurs, drosselte aber die Fahrt. Falls er recht behielt, konnte er die Deutschen immer noch mit einem Frontalangriff überraschen. Falls er sich irrte, blieben sie wenigstens in seiner Reichweite. Einstweilen ließ er seine Zerstörer den Abfangkurs beibehalten.

Tatsächlich hatten sich *Bismarck* und *Prinz Eugen* etwas nach Westen gewandt, um dem Rand des grönländischen Packeises zu folgen. Infolgedessen passierten Hollands Zerstörer die Deutschen im Zehn-Meilen-Abstand, ohne sie auszumachen. Schließlich stellte *Suffolk* um 02.47 Uhr den Kontakt wieder her. *Hood* und *Prince of Wales* änderten sofort den Kurs, um die Deutschen abzufangen, und erhöhten die Fahrt. Jetzt aber liefen *Bismarck* und *Hood* beinahe parallel zueinander nach Südwesten, mit rund 35 Seemeilen Distanz, die Briten etwas im Süden der Deutschen. Statt der günstigeren schnellen Frontalannäherung mußte Holland also langsam mit dem Gegner konvergieren, den er nun querab hatte. Doch seine Alternativen waren zu riskant: Falls er versuchte, *Bismarck* und *Prinz Eugen* nach Süden davonzulaufen und dann kehrtzumachen, um sie direkt von vorn anzugreifen, konnte er sie ganz verlieren. Das nächste Mal, wenn die *Suffolk* den Kontakt verlor, konnte das letzte Mal sein. Es sah jetzt so aus, als ob das Gefecht kurz nach Tagesanbruch beginnen würde.

Die meisten Männer an Bord von *Bismarck* und *Prinz Eugen* kannten den Namen der *Hood*, des Schreckgespensts ihrer Schießübungen

Eingerahmt von mächtigen Geschützrohren, liegt die *Hood* hier friedlich auf Reede in Scapa Flow, dem Heimatstützpunkt der britischen Home Fleet.

Vice-Admiral Lancelot Holland, dem die Kampfgruppe mit *HMS Hood* und *HMS Prince of Wales* unterstand.

in der Ostsee. Aber nur wenige der älteren Seeleute hatten sie zwischen den Kriegen bei Flottenbesuchen zu sehen bekommen, wenn sie die britische Seemacht in fast jedem Winkel der Erde repräsentierte. Bis zum Beginn des Zweiten Weltkriegs hatte die *Hood* noch keinen Schuß im Gefecht abgefeuert; ihre Stärke galt als gegeben, wurde aber nicht auf die Probe gestellt.

Während der ganzen schon recht hellen Nacht versuchte Lütjens, seinen Verfolgern zu entkommen. Er änderte Kurs, verbarg sich in Regen- und Schneeschauern und versuchte sogar, zum Schein auf die Briten zuzufahren. Aber jedesmal, wenn er glaubte, es sei ihm gelungen, waren ihm *Suffolk* und *Norfolk* bald wieder auf den Fersen. Er wurde verbittert und immer verschlossener. Wie lange konnte es noch dauern, bis andere britische Schiffe herangeholt wurden?

Das letzte Foto der intakten *Hood*, von der *Prince of Wales* aus aufgenommen.

Wie die übrigen Besatzungsmitglieder der *Bismarck* verbrachte auch Kapitänleutnant von Müllenheim-Rechberg die halbe Nacht auf Wache; die andere Hälfte versuchte er, in seiner Kammer zu schlafen. Aber die vier Stunden zwischen den Wachen reichten nicht aus, um sich richtig auszuruhen. Außerdem: Wer konnte schon schlafen, wenn das Schiff mit dem Gegner Verstecken spielte und der Beginn von Kampfhandlungen nur eine Frage der Zeit war? Seine Station befand sich im matt beleuchteten achteren Artillerieleitstand. Die Zeit verstrich sehr langsam. Durch seinen Zielgeber, der auch bei Nacht gut funktionierte, konnte er gelegentlich einen Blick auf die britischen Verfolger werfen.

Als die kurze Nacht zu Ende ging, waren die Männer an Bord der *Hood* und *Prince of Wales*, die bereits seit Stunden auf ihren Gefechtsstationen zugebracht hatten, angespannt und erschöpft; nur das Adrenalin hielt sie wach, denn sie hatten ein emotionales Wechselbad hinter sich: Mal stand das Gefecht unmittelbar bevor, dann verzögerte es sich wieder. Jetzt aber sollte es tatsächlich losgehen. Insgesamt vier Großkampfschiffe stürmten mit 7000 Offizieren und Mannschaften auf eine schicksalhafte Begegnung zu.

Der Kommandant der *Prince of Wales*, Kapitän John Leach, saß in seinem Stuhl auf der schwach beleuchteten Kompaß-Plattform und sorgte sich. Würde seine unerprobte Besatzung bestehen? Würden seine neuen schweren Artilleriewaffen wirkungsvoll feuern können? Er wußte bereits, daß eines seiner vorderen 14-Zoll-Geschütze sich als defekt erwiesen hatte und wahrscheinlich nur eine einzige Salve würde abgeben können. Wie lange würden die anderen neun durchhalten?

Kapitän Leach war nicht der einzige Mann an Bord, der sich Sorgen um die Zukunft machte. Lieutenant Esmond Knight von der Royal Navy Volunteer Reserve, im Zivilleben Schauspieler und begeisterter Vogelkundler, saß in seiner ungepanzerten Flak-Feuerleitstelle. Gegen die Kälte trug er mehrere Pullover und einen warmen Schal unter seiner Rettungsweste – und einen Stahlhelm über der Schutzhaube der Artilleristen. Wieder einmal schaute er durch sein deutsches Zeiss-Fernglas, ein Vorkriegssouvenir aus einem Urlaub in Österreich. Was für eine Rolle er auch in den kommenden Ereignissen spielen würde, er würde dabei nur von wenigen beobachtet und von niemandem gelobt werden. Es war einfach eine Frage des Pflichtgefühls. Und wahrscheinlich des Todesmutes.

Als es hell wurde, ging auf der Brücke der *Hood* alles ganz geschäftsmäßig zu. Signalgast Ted Briggs, der als Melder für die Schiffsführung fungierte, kam die Szene unwirklich vor. Sie waren im Begriff, das Gefecht zu eröffnen, aber die Offiziere taten so, als ob es lediglich eine weitere Übung sei. Da saß Admiral Holland auf dem Kommandantenstuhl vor der Kompaßsäule, ein Bild völliger Ruhe. Von hier aus wollte er den Einsatz leiten und nicht von der Admiralsbrücke ein Deck tiefer. Hinter ihm stand Kapitän Phillips, der je nach den gemurmelten Befehlen des Admirals das Schiff in den Kampf führte. Briggs beobachtete und lauschte, während die Offiziere Weisungen erteilten und Meldungen entgegennahmen, und versuchte dabei, die Erregung herauszuhören, die, wie er wußte, bei ihnen unter der scheinbaren Ruhe des Profis lauerte.

Kurz nach 05.00 Uhr wandte sich Holland an den neben ihm stehenden Flagg-Lieutenant und befahl: »Volle Gefechtsbereitschaft herstellen.« Der Lieutenant kam zu Briggs an der Rückseite der Brücke und wiederholte den Befehl. Briggs drehte sich sofort um und rief ins Sprachrohr nach unten: »Volle Gefechtsbereitschaft!« Kurz darauf gab die *Hood* den Befehl per Blinkspruch an die *Prince of Wales* weiter.

Kapitän Lindemann nickte ernst, als er die Meldung von Kapitän Brinkmann las: Kurz nach 05.00 Uhr hatte die Unterwasser-Horchstelle der *Prinz Eugen* das Geräusch von Schiffsschrauben aufgefangen, die mit höchster Umdrehungszahl liefen. Also mußten weitere britische Schiffe bald auf dem Schauplatz erscheinen. Was würde Admiral Lütjens tun? fragte sich Lindemann. Würde er versuchen, dem Gegner davonzulaufen, oder kehrtmachen und sich zum Kampf stellen? Während auf der *Bismarck* die Alarmglocken ertönten, ging Lindemann zur Backbordseite der Brücke und beobachtete den südlichen Horizont. Nach einigen Minuten erschienen dunkle Rauchwolken – ein sicheres Zeichen dafür, daß dort Großkampfschiffe hohe Fahrt machten. Dann, 05.45 Uhr, kamen Mastspitzen in Sicht und wuchsen rasch zur unverkennbaren Silhouette von Kriegsschiffen heran. Aber um was für Schiffe handelte es sich? Und woher waren sie so schnell gekommen?

Von der Brücke der *Hood* aus konnte man jetzt am Horizont die dunklen Umrisse der deutschen Schiffe erkennen. Das Wetter war ruhig, der Seegang aber ziemlich rauh. Für den Signalgast Ted Briggs war die *Bismarck* »ein tiefschwarzes und finster aussehendes Etwas«, aber er wußte wahrscheinlich nicht, bei welcher Einheit es sich wirklich um das Schlachtschiff handelte. Wegen der Ähnlichkeit ihrer Umrisse war es fast unmöglich, die beiden deutschen Schiffe aus einiger Entfernung zu unterscheiden. Auch Admiral Holland ließ sich vorübergehend täuschen, er hielt das Führerschiff, die *Prinz Eugen*, für sein Hauptziel.

Um 05.44 Uhr war der Feind vierzehn Seemeilen entfernt. Auf ihrem gegenwärtigen, nur allmählich konvergierenden Kurs würden die schwach gepanzerten Decks der *Hood* viel zu lange dem feindlichen Feuer ausgesetzt sein. Deshalb befahl Holland eine scharfe Kursänderung nach Westen, auf die Deutschen zu. Damit würde er zwar schneller herankommen, aber weder er noch die *Prince of Wales* würden in der Lage sein, ihre achteren Türme auf den Gegner zu richten. Die Zahl der schweren Geschütze, die er zum Tragen bringen konnte,

Captain John Leach, Kommandant der *Prince of Wales*

wurden so von achtzehn auf zehn verringert. Der Erste Seelord, Sir Dudley Pound, schrieb darüber später: »Es war, als ginge man ins Gefecht mit nur einer Hand, obwohl man zwei hatte«. Aber Holland glaubte keine andere Wahl zu haben. Um 05.49 Uhr gab er Kapitän Leach Befehl, Feuer auf das Führungsschiff zu eröffnen, das er immer noch für die *Bismarck* hielt.

Dicht vor den Geschütztürmen Caesar und Dora, im achteren Feuerleitstand der *Bismarck*, beobachtete Kapitänleutnant von Müllenheim-Rechberg das Geschehen und lauschte aufmerksam, als die Feindschiffe in Sicht kamen. Durch seinen Zielgeber – ein Hochleistungsteleskop, das über das gepanzerte Dach des Feuerleitstands hinwegschaute – beobachtete er *Suffolk* und *Norfolk*, ob sie sich anschickten, Torpedos abzufeuern. Über seinen Kopfhörer verfolgte er, ~~wie~~ die Offiziere der *Bismarck* Befehle erteilten und Informationen austauschten. Es ging lebhaft zu wie auf einer Party, aber dies war bitterer Ernst. Er hörte zu, wie Korvettenkapitän Adalbert Schneider, Erster Artillerieoffizier und nach dem Kapitän der am meisten geachtete Offizier an Bord, seine Zielansprachen auf den näher kommenden Gegner machte. Von seiner höher gelegenen Station im Hauptartillerieleitstand hatte Schneider die bessere Sicht. Er stimmte zu, daß die Feindschiffe wie Schwere Kreuzer aussahen, was zunächst jeder an Bord annahm.

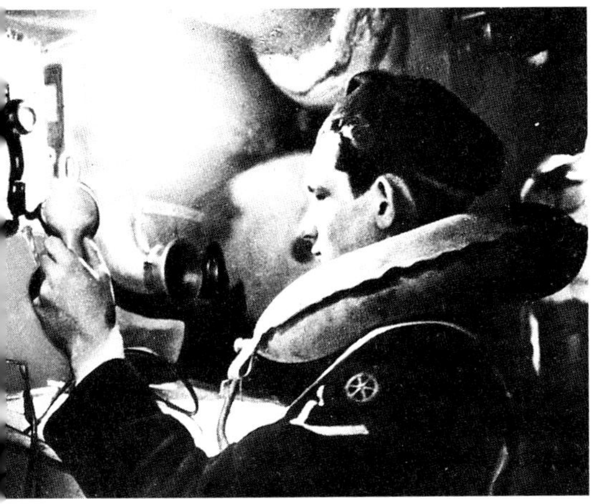

Ein Besatzungsmitglied der *Bismarck* mit angelegter Rettungsweste am Bordtelefon

Derartige Fragen wurden akademisch, als die Briten um 05.52 Uhr das Feuer eröffneten. Der Himmel war bedeckt, aber die aufgehende Sonne erhellte den Horizont. Aus der Stärke des Mündungsfeuers, dem große dunkelbraune Pulverwolken folgten, wurde jedem Artillerieoffizier klar, daß es sich in der Tat um Großkampfschiffe handelte. Aber warum reagierte Lütjens nicht? Hoffte er, ihnen davonlaufen zu können? Als die ersten Salven des Gegners über die dreizehn Seemeilen heranflogen, erwarteten die Geschützbedienungen auf *Bismarck* und *Prinz Eugen* voller Spannung die Feuererlaubnis.

»Die *Hood* – es ist die *Hood*!« hörte von Müllenheim-Rechberg einen der Offiziere ausrufen. Aber der Kommandant gab noch immer nicht den Feuerbefehl. Denn Admiral Lütjens zögerte.

»Feind in zwei-sieben-null. Entfernung zwanzig Kilometer.« Schneiders Stimme klang ruhig und zuversichtlich.

Die erste Salve der *Hood* ging, ohne Schaden anzurichten, achteraus der *Prinz Eugen* nieder und warf große Wasserfontänen auf. Aber Kapitän Leach an Bord der *Prince of Wales* hatte den Irrtum von Admiral Holland erkannt und eröffnete, ohne die Genehmigung abzuwarten, das Feuer auf das zweite Schiff, die *Bismarck*. *Hood* und *Prince of Wales* kamen in geschlossener Formation rasch näher.

Immer noch wartete der Admiral.

»Ich lasse mir doch mein Schiff nicht unter dem Hintern wegschießen«, murmelte Lindemann.

Schließlich, als die Spannung bei Mannschaften und Offizieren kurz vor der Explosion stand, kam der Befehl: »Feuererlaubnis!«

Auf seiner Station in der achteren Rechenstelle hörte auch Heinz Jucknat im Kopfhörer die Gespräche der Artillerieoffiziere, hielt in Erwartung der Feuererlaubnis die Luft an und atmete erleichtert aus, als Lindemann schließlich den Befehl gab. Während der ganzen Zeit berechneten er, Adolf Eich und Franz Halke fieberhaft die Variablen, die den Zielvorgang bestimmten: Windgeschwindigkeit, Lufttemperatur, Geschwindigkeit des Schiffes, Entfernung und Position des Gegners. Informationen strömten von den Feuerleitstellen herein, aber in Gedanken waren die Männer nur zur Hälfte bei ihren Aufgaben; zur anderen Hälfte beschäftigten sie die Vorgänge, die sie nicht sehen konnten. Sogar tief im Inneren ihrer stark gepanzerten »Zitadelle«

konnten sie die erste Salve hören und spürten es, als die eigenen acht 38-cm-Geschütze in kurzer Folge feuerten. Es gab ein fernes Donnern und gleichzeitig starke Vibration, etwa wie bei einem schwachen Erdbeben.

»Kurz«, meldete Schneider nach dem Aufschlag. Er korrigierte Höhen- und Richtwinkel und gab Anweisungen für die nächste Salve. »Weit.«

Noch tiefer im Inneren der *Bismarck* wurde ebenfalls gekämpft. Heizer Hans Zimmermann im mittleren Kesselraum war ebenso wichtig für das Überleben des Schiffes wie die Geschützbedienungen. Während der spannungsgeladenen Pause, bevor endlich Feuerbefehl gegeben wurde, machten Zimmermann und seine Kameraden nervös Witze darüber, daß der Admiral Kriegsspiele abhalte wie in der Ostsee. Aber sobald die Geschütze das Feuer eröffnet hatten, lief alles routinemäßig ab. Hans und seine Kameraden hielten ständig ein wachsames Auge auf den Ölstand und Dampfdruck ihrer beiden Kessel. Es war wesentlich, daß dem Schiff ein Höchstmaß an Kraft und Manövrierfähigkeit für das Gefecht zur Verfügung stand. Während er die Druckmesser beobachtete, spürte Zimmermann die Rückstöße der Geschütze, fragte sich, wie gut die Kameraden wohl gezielt haben mochten, und stellte fest, wie schon während des Übungsschießens, daß das ganze Schiff unter den Rückstößen einer vollen Salve nach unten ruckte.

Eine Salve der *Bismarck* während ihres Gefechts mit der *Hood*, aus zwei verschiedenen Blickwinkeln gesehen (unten Mitte und außen). Das deutsche Schlachtschiff läuft mit hoher Fahrt, wie die weiße Bugwelle und der mit starkem Druck aus dem Schornstein gejagte dünne Rauchstrahl zeigen.

Für die Männer auf der Brücke, in den Feuerleitständen oder, wo es am schlimmsten war, in den Geschütztürmen war jede Salve eine ohrenbetäubende Marter – etwa als ob man sich dicht neben einer detonierenden Bombe befände. Das Aufbrüllen der Zwillingsrohre war überwältigend, der plötzliche Luftdruckanstieg raubte einem den Atem, und der dicke Qualm wirkte erstickend und nahm jede Sicht. Anders als sonst in der modernen Kriegführung, wo sich die Stabsoffiziere weit vom eigentlichen Gefechtsgeschehen entfernt aufhalten, sind sie an Bord eines Schlachtschiffes der Feindeinwirkung stärker ausgesetzt als die meisten Unteroffiziere und Mannschaften; ihre Stationen sind gegenüber feindlichen Treffern außerordentlich gefährdet.

Das erst wenige Minuten alte Gefecht verlief für Admiral Holland nicht nach Wunsch. Weil er weiterhin seine beiden Schiffe in enger Formation beisammen hielt, stellten sie ein Einzelziel für die deutschen Geschütze dar, deren Einschläge immer näher kamen. Er hatte nach seiner ersten Salve erkannt, daß er sein Feuer auf das falsche Schiff konzentrierte, während die beiden deutschen Schiffe mit allem, was ihnen zu Gebote stand, auf ihn feuerten. Aber es dauerte lange, bis seine unerfahrenen Geschützbedienungen den Zielwechsel geschafft hatten. Inzwischen feuerte die *Prince of Wales* weiter; ihre siebte Salve gabelte die *Bismarck* ein.

Die erste deutsche Salve war kurz vor der *Hood* niedergegangen. Die zweite schlug knapp achteraus ein, und das aufspritzende Wasser blendete die vorderen Entfernungsmesser auf der *Prince of Wales*, die

Die Türme Caesar und Dora der *Bismarck* feuern auf die *Prince of Wales*.

dichtauf folgte. Dann detonierte eine Granate aus der vierten Salve der *Prinz Eugen* am Fuß des Großmastes der *Hood* und setzte dort gelagerte VP-Raketen in Brand. Diese Drei-Zoll-Raketen lösten ein gewaltiges Feuer aus, das rasch auf die nahe Munitionskammer übergriff. Während der Brand weiter tobte, schoß ein blauer Wimpel zur Rahnock der *Hood* empor und deutete eine Drehung nach Backbord um 20 Grad an. Holland war zu dem Schluß gekommen, daß er nicht länger warten konnte und endlich alle seine schweren Geschütze zum Einsatz bringen mußte.

Auf der *Bismarck* hatten Adalbert Schneiders Männer, unterstützt durch den Brand auf der *Hood*, mit ihrer dritten Salve die richtige Entfernung gefunden. Die vierte erwies sich als tödlicher Volltreffer. Während die *Hood* noch nach Backbord drehte, trafen eine oder mehrere Granaten dieser Salve – genau wird man es nie mehr in Erfahrung bringen – den Stolz der britischen Marine, und zwar dicht vor ihren achteren Geschütztürmen; sie durchschlugen ihre dünne Deckpanzerung und detonierten irgendwo innerhalb des Schiffes, wahrscheinlich in der Munitionskammer der Vier-Zoll-Granaten, was dann die in der Nähe gelagerte 15-Zoll-Munition zur Explosion brachte. Was jetzt folgte, war ein schrecklicher Anblick für Freund und Feind gleichermaßen.

Im achteren Feuerleitstand der *Bismarck* beobachtete Müllenheim-Rechberg befehlsgemäß durch seinen Zielgeber an Steuerbord – abgewandt von der Seite, wo das Gefecht stattfand –, für den Fall, daß *Norfolk* und *Suffolk* von achteraus zum Angriff übergehen sollten. (Es gehört zu den Rätseln dieses berühmten Seegefechts, warum Admiral Holland es unterließ, seine Absichten Admiral Wake-Walker auf der *Norfolk* mitzuteilen, der deshalb seine beiden Schiffe nicht eingreifen ließ, sondern die furchtbaren Ereignisse lediglich aus der Ferne beobachtete.) Müllenheim-Rechberg verpaßte daher an seinem Zielgeber den Brand auf der *Hood* nach dem ersten Treffer und auch den Feuerball, der der vierten Salve der *Bismarck* folgte. Aber er wußte, daß sich Entscheidendes ereignete, als Schneiders gleichmäßige, nüchterne Stimme, die bisher Korrekturen zu Entfernung und Richtung durchgab, plötzlich die Worte hervorstieß: »Nanu, war das ein Blindgänger? Der hat sich wohl reingefressen.« Schneiders Stimme wurde abrupt von den erregten Ausrufen anderer Augenzeugen übertönt, die trotz aller Disziplin mit lautstarkem Erstaunen auf das reagierten, was mit dem feindlichen Schiff geschah. Müllenheim-Rechberg hielt es

nicht länger aus. Er übergab die Überwachung der Kreuzer an einen Maat und beobachtete nun selbst das Gefecht. Aber noch bevor er einen Blick auf die *Hood* werfen konnte, hörte er den verblüfften Ausruf: »Sie fliegt in die Luft!« Der junge Offizier sollte nie den Anblick vergessen, der sich ihm jetzt bot:

»Von der *Hood* konnte ich zunächst gar nichts sehen, an ihrer Stelle nur eine riesige schwarze, in den Himmel stehende Rauchsäule. Erst allmählich entdeckte ich an deren Fuß das in einem Winkel nach oben ragende Vorschiff des Schlachtkreuzers, ein sicheres Anzeichen dafür, daß dieser bereits in zwei Teile auseinandergebrochen war. Dann sah ich das kaum Glaubliche: in dieser Lage, praktisch schon nach dem Ende der *Hood* als einer Kampfeinheit, blitzte es aus ihren vorderen Türmen noch einmal orangefarben auf! Das Vorschiff hatte seine letzte Salve geschossen.«

Auf der Brücke der *Hood* hörte Signalgast Ted Briggs die Explosion nicht (auch andere Zeugen hatten fälschlich den Eindruck, die *Hood* sei lautlos in die Luft geflogen), aber plötzlich schoß eine Flammenwand wenige Schritte entfernt vorn am Kompaßhaus empor, und er wurde zu Boden geschleudert. Während er und die anderen auf der Brücke sich bemühten, wieder auf die Füße zu kommen, neigte sich das Schiff stark nach Steuerbord, richtete sich dann vorübergehend wieder auf, bevor es eine noch stärkere Schlagseite nach Backbord einnahm. Inzwischen meldete der Rudergänger, daß die Steuerung ausgefallen sei, und der Kommandant befahl seelenruhig, auf Notruder umzuschalten, ein Befehl, der zu diesem Zeitpunkt nicht mehr auszuführen war. Es blieb keine Zeit, »alle Mann von Bord« zu befehlen; das Schiff sackte ihnen unter den Füßen weg. Als er zur Steuerbordtür der Brücke lief, stellte Briggs fest, daß Admiral Holland nichts tat, um seinen Platz zu verlassen. Briggs selbst kletterte gerade die Leiter hinunter, als ihn das Wasser erreichte und verschluckte. Er

Oben: Hinter der Silhouette der *Prince of Wales* reckt sich das Vorschiff der *Hood* gen Himmel, als sie nach einem Treffer in ihre Munitionskammer explodiert und zu sinken beginnt.

Nächste Seite: Vor dem mächtigen schwarzen Rauchpilz der sinkenden *Hood* muß die *Prince of Wales* Kurs ändern, um treibenden Wrackstücken auszuweichen.

machte hektische Schwimmbewegungen, um von den sinkenden Aufbauten freizukommen, fühlte sich aber hilflos in die Tiefe gerissen und hatte sich praktisch schon aufgegeben, als er plötzlich wie ein Korken an die Oberfläche gespien wurde. Obwohl er an Steuerbord unter Wasser gesaugt worden war, kam er an Backbord wieder nach oben. Fünfzig Meter von ihm entfernt stand das Vorschiff der *Hood* fast senkrecht in der See. Da drehte er sich um und schwamm um sein Leben. Er sah das Schiff nicht unter Wasser sinken.

Obermatrose R. E. Tilburn befand sich in seiner Flak-Stellung auf dem Bootsdeck der *Hood*, als die *Bismarck* ihren tödlichen Treffer erzielte. Eine Granate zerriß das Deck neben ihm und verwandelte seine geordnete Welt in ein Chaos aus verbogenem Stahl und glühenden Splittern. Kaum war es ihm gelungen, wieder auf die Füße zu kommen, als er von einer dicken, schwarzen Rauchwolke eingehüllt und danach in ein Flammenmeer gestürzt wurde. Er schaffte es gerade noch, in das eisige Wasser zu springen. Als er sich Gasmaske und Stahlhelm vom Kopf riß, sah er eine Munitionskiste auf sich zufliegen und warf sich im letzten Augenblick beiseite. Während er gegen den Sog des sinkenden Schiffes ankämpfte, wickelte sich ein Antennendraht um seine Stiefel. Es gelang ihm, sein Taschenmesser herauszuziehen und ihn zu kappen. Als er wieder auftauchte, war die *Hood* verschwunden.

Lieutenant Esmond Knight von der *Prince of Wales*, der zeitweise blind wurde, als eine Granate auf der Brücke einschlug

Oberfähnrich W. J. Dundas entkam auf die erstaunlichste Weise. Aus seiner Station im Ausguck, dem höchsten bemannten Punkt des Schiffes, wurde er buchstäblich durch ein Fenster in die See gespült, als die *Hood* sank.

Auf den britischen und deutschen Schiffen waren die wenigen Augenzeugen ohne Unterschied nach Rang oder See-Erfahrung angesichts der letzten Augenblicke der *Hood* wie versteinert und sollten diese schrecklichen Bilder ihr Leben lang nicht vergessen. Zuerst schoß eine riesige Flammensäule zum Himmel empor, gefolgt von einem Rauchpilz. Dann sahen sie Wrackteile durch die Luft fliegen. (Die von Müllenheim-Rechberg beobachtete letzte Salve wurde wahrscheinlich automatisch abgefeuert, wie ein letztes Aufbäumen des legendären Schiffes, weil sich Stromkreise kurzschlossen.) Kapitän zur See Brinkmann an Bord der *Prinz Eugen* sah Granaten wie Feuerwerkskörper inmitten der Rauchschwaden explodieren und weiße Sterne herabregnen. Es erinnerte ihn an ein Feuerwerk am Geburtstag des »Führers«.

Die Berichte gehen auseinander, aber keiner ist anschaulicher als der von Esmond Knight an Bord der *Prince of Wales*, der von seinem Flakleitstand alles genau beobachten konnte: »Zunächst hörte ich ein Rauschen, das unheilverkündend plötzlich abbrach, und dann sah ich eine große Explosion vom Mittelpunkt der *Hood* ausgehen; gewaltige, blaßrote Feuerzungen schossen in die Luft, während dichte, weißlich gelbe Rauchwolken gen Himmel stiegen und riesige Stücke brennender Trümmer Hunderte von Metern weit geschleudert wurden. Ich konnte einfach nicht glauben, was ich sah – die *Hood* war buchstäblich in Stücke gerissen worden.« Von der ersten Salve der *Hood* an dauerte das Gefecht gerade sechs Minuten.

Nachdem sie in zwei Teile geborsten war, zeigten Heck und Bug der mächtigen *Hood* vorübergehend senkrecht in die Luft, bevor sie in den Fluten versank.

Kapitän Leach an Bord der *Prince of Wales* mußte gewagt manövrieren, um den Trümmern der *Hood* auszuweichen; dabei brachte er sein Schiff direkt vor die Rohre der *Bismarck*. Aber seine Geschützbedienungen hatten ebenfalls ihr Ziel gefunden. Als sein Schiff die Deutschen angriff, erzielte er Treffer mit der achten oder neunten

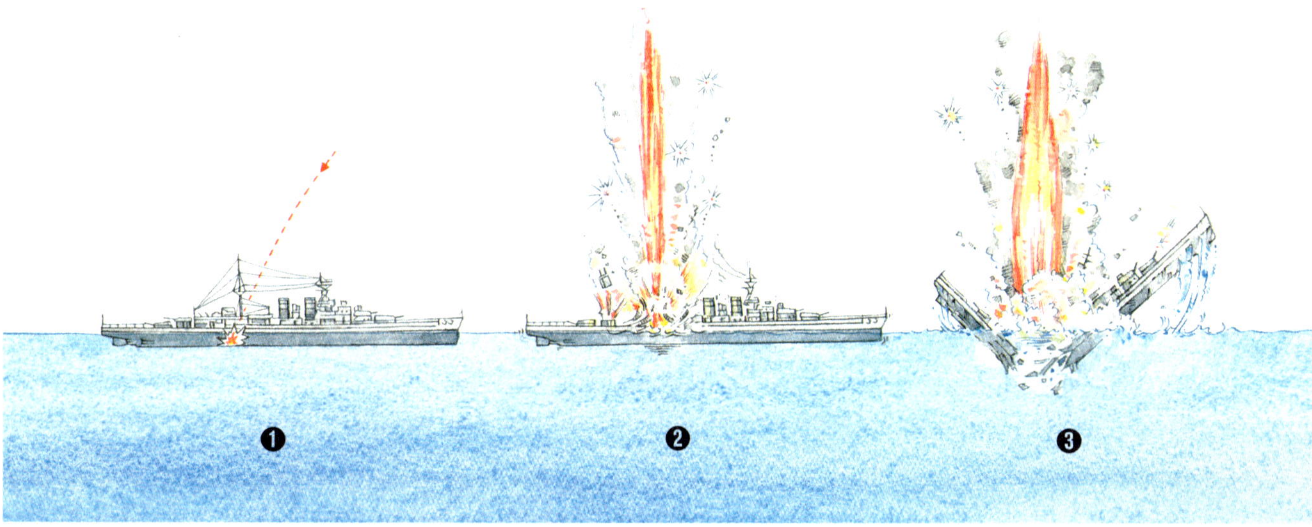

Salve. Aber ihm blieb keine Zeit, diesen Triumph auszukosten. Eine Granate der *Bismarck* durchschlug die Brücke und tötete jeden außer Leach, seinen Signalmaat und seinen Navigationsoffizier, der verwundet wurde. Da die Granate nicht detonierte, wurden sich nur wenige Leute an Bord sofort dieser Katastrophe bewußt. Sogar ein Deck tiefer, im Kartenraum, merkte zunächst niemand, was geschehen war, bis Blut aus dem Sprachrohr auf die Seekarte tropfte.

Esmond Knight wurde Opfer der Trümmer, die durch die Granate aus der Brücke gerissen wurden. Er erinnerte sich, daß er ein gewaltiges Dröhnen hörte, »wie bei der Annäherung eines Taifuns«, und daß er völlig unsinnig davon träumte, der Musikkapelle im Hyde Park zu lauschen. Dann hörte er ein hohes Singen im Kopf und kam langsam wieder zu sich. Als er das Bewußtsein zurückgewann, vernahm er Stimmen, sah aber nichts. »Sanitäter!« rief jemand und: »Aus dem Weg!« Der »gräßliche Geruch nach Blut« drang ihm in die Nase, als Leichen von ihm weggehoben wurden und man ihn ins Bordlazarett schaffte. Ein Granatsplitter hatte ihn vorübergehend erblinden lassen. (Später gewann er sein Augenlicht zurück und nahm seine Bühnenlaufbahn nach dem Krieg wieder auf; in dem Film »Versenkt die *Bismarck*!« trat er in einer kleinen Rolle auf.)

Äußerlich unbeirrt, erwehrte sich die *Prince of Wales* des pausenlosen Feuers von *Bismarck* und *Prinz Eugen*. Aber sie mußte immer mehr Treffer hinnehmen – sieben insgesamt –, während ihre eigenen unerprobten Geschütze zum Teil versagten. Nicht ein einziges Mal waren alle zehn gleichzeitig einsatzbereit. Erst klemmte der vordere Geschützturm und fiel aus, worauf Captain Leach sich statt für Selbstmord für die Vernunft entschied und abdrehte; er legte eine Nebelwand, um seinen Rückzug zu tarnen. Währenddessen verklemmte sich auch der achtere Turm, womit nur noch eines seiner zehn Geschütze einsatzfähig war. Elf Mann waren gefallen, neun verwundet, und auch das Schiff hatte schwer gelitten. Die Aufbauten hatten Schäden davongetragen, Wasser strömte herein, wo Granaten das Achterschiff getroffen hatten; ein Treffer lag in der Wasserlinie, ein weiterer dicht unterhalb davon in der Nähe eines der Kesselräume.

Im Hauptkommandostand der *Bismarck* konnte Kapitän zur See Lindemann seinen Zorn nur mit Mühe beherrschen. Aber seine in langen Dienstjahren erworbene Disziplin war stärker als sein Drang, Lütjens an die Kehle zu gehen, Admiral hin oder her. Denn sobald die *Prince of Wales* abdrehte, befahl der Flottenchef seinen beiden Schif-

Die drei Phasen des Endes der *Hood*:
1. Eine 38-cm-Granate der *Bismarck* durchschlägt das relativ dünn gepanzerte Deck und verursacht einen Brand in der Munitionskammer.
2. Flammensäulen schießen zwischen den Masten der *Hood* empor, und der Feuerball der Explosion steigt bis zu einer Höhe von 300 m auf.
3. Das Schlachtschiff bricht in zwei Teile und sinkt in Sekundenschnelle.

fen, das Feuer einzustellen. Er ließ das angeschlagene britische Schlachtschiff entkommen, ohne ihm den Garaus zu machen. Lindemann protestierte in aller Form, Lütjens aber blieb ungerührt. Seine Befehle lauteten, britische Großkampfschiffe nur dann anzugreifen, wenn es unvermeidbar war. Er sollte Jagd auf die Handelsschiffahrt des Feindes machen und sich nicht auf Gefechte einlassen. Außerdem hatte auch die *Bismarck* Treffer hinnehmen müssen, und diesem Umstand galt seine Hauptsorge.

In der Hitze des Gefechts hatten nur wenige an Bord des deutschen Schlachtschiffes bemerkt, daß es beschädigt worden war. Hans Zimmermann und seine Kameraden im mittleren Kesselraum spürten achtern den Einschlag, als eine Granate der *Prince of Wales* unterhalb des Gürtelpanzers traf und bis zum Torpedoschott vordrang, wo sie explodierte. Dies verursachte einen Wassereinbruch im vorderen Turbinenkraftwerk an Backbord und das Einsickern von Wasser in den Kesselraum Nr. 2 an Backbord. (Dieser Kesselraum mußte später geschlossen werden, wodurch sich die Höchstgeschwindigkeit auf 28 Knoten verringerte.) Bald erreichten weitere Schadensmeldungen die Schiffsführung, und bei jeder wurde Admiral Lütjens trübsinniger.

Die Bismarck ist nach dem Gefecht angeschlagen: Als Folge von Wassereinbrüchen nach Granattreffern liegt ihr Vorschiff deutlich tiefer.

Am schlimmsten war der Treffer im Vorschiff, wo eine Granate den Rumpf glatt durchschlagen hatte. Die Löcher in der Bordwand lagen zwar noch oberhalb der Wasserlinie, aber im Bereich der Bugwelle, und Wasser drang ein. Die Granate hatte Schottwände beschädigt, so daß die benachbarten Abteilungen schnell vollzulaufen begannen. Als die *Bismarck* das Feuer einstellte, waren fast zweitausend Tonnen Seewasser ins Vorschiff geströmt; dadurch wurde auf das Schott, das die Abteilungen XX und XXI trennte, erheblicher Druck ausgeübt; dieser Schaden mußte sofort repariert werden. Die Löcher im Bug wurden mit Lecksegeln abgedeckt, die das Einströmen des Wassers wenigstens verlangsamten. Die Leckpumpen vorn waren teilweise ausgefallen. Wegen des Wassereinbruchs lag das Vorschiff der *Bismarck* nun tiefer und hatte Schlagseite nach Backbord. Zeitweise kam die Schraube an Steuerbord deshalb teilweise aus dem Wasser. Um den Trimm zu korrigieren, wurden achtern zwei Ballasttanks geflutet. Als aber Lindemann vorschlug, die Fahrt zu drosseln, damit die Löcher ordentlich zugeschweißt werden konnten, lehnte der Admiral rundweg ab. Er wollte damit keine Zeit verlieren.

Aber es gab nichts, was die Leckwehr gegen das Hauptproblem tun konnte: Das einströmende Wasser und weitere Schäden hatten den Zugang zu den vorderen Treibstofftanks abgeschnitten, die eintausend Tonnen Heizöl enthielten. Plötzlich war Lütjens' Entschluß, in Bergen nicht nachzubunkern, von unheilvoller Tragweite.

Die *Prinz Eugen* war trotz ihrer viel dünneren Panzerung wie durch ein Wunder so gut wie unbeschädigt davongekommen. Fast der einzige Beweis, daß sie an einem Gefecht teilgenommen hatte, war ein großer Granatsplitter, der von der ersten Salve der *Prince of Wales* stammte und an Deck in der Nähe des Schornsteins gelandet war. Auf keinem deutschen Schiff hatte es Verluste gegeben.

Als die Leckwehren der *Bismarck* ihre Arbeit beendet hatten, war das deutsche Schlachtschiff zwar behindert, aber immer noch ein ernstzunehmender Gegner. Seine Höchstgeschwindigkeit war auf 28 Knoten reduziert, es nahm immer noch Wasser ein, und der Brennstoffvorrat hatte sich deutlich verringert. Aber es blieb ihm noch genug Öl, um jeden Hafen im Umkreis von eintausend Seemeilen zu erreichen. Die erzwungene Stillegung des Turbinenkraftwerks halbierte *Bismarcks* Elektrizität, aber sie war immer noch in der Lage, alle Stromverbraucher an Bord voll zu versorgen. Allerdings zog sie im Kielwasser eine Ölspur hinter sich her, wodurch sie für die Luftauf-

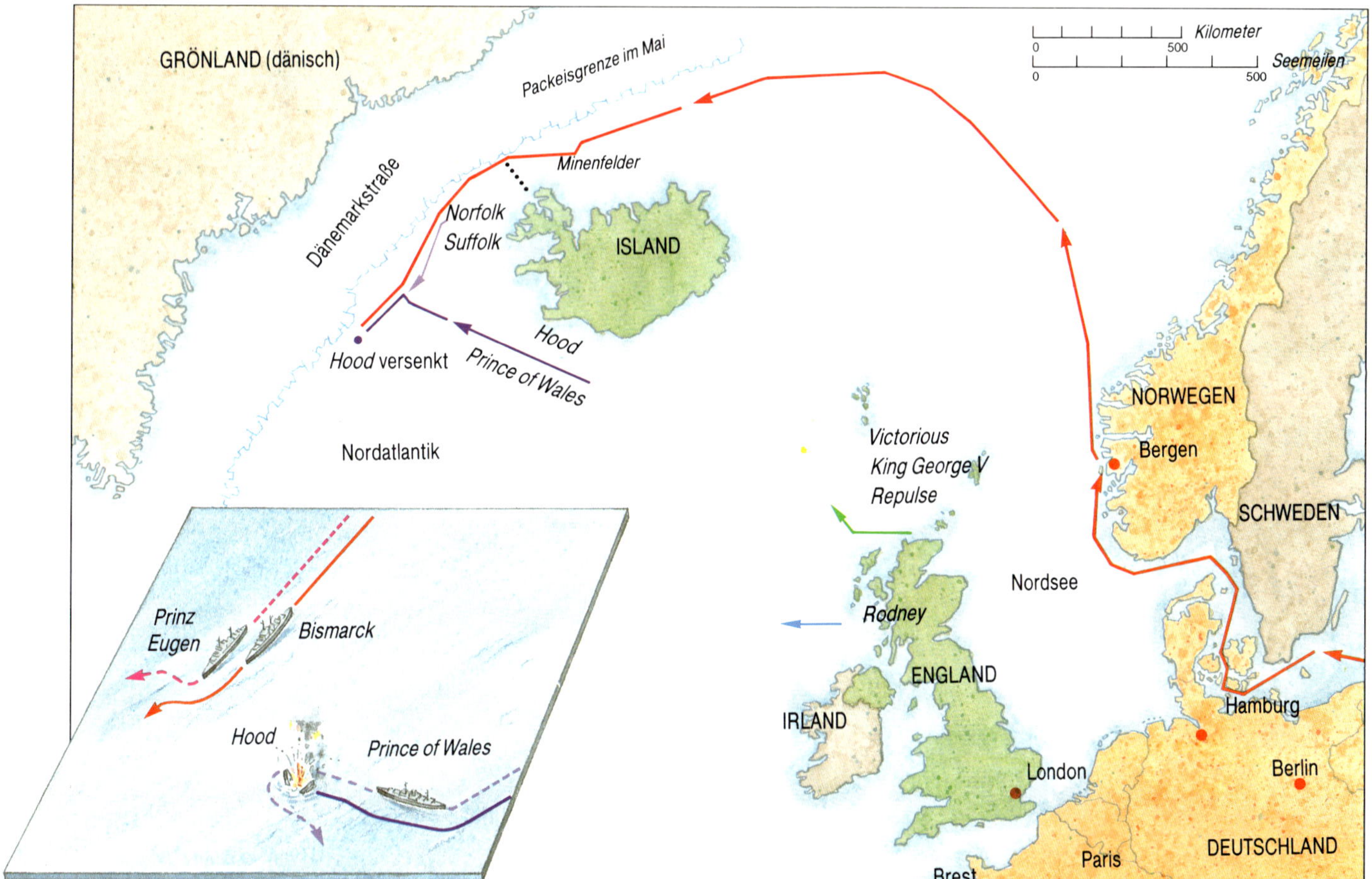

24. Mai, 06.00 Uhr: Nachdem eine Granate der *Bismarck* ihre Munitionskammer getroffen hat, fliegt HMS *Hood* in die Luft. Die *Prince of Wales* ändert Kurs, um den Trümmern auszuweichen.

Karte mit der Marschroute der Kampfgruppe *Bismarck–Prinz Eugen* von Bergen durch die Dänemarkstraße. Der Ausschnitt zeigt die Positionen der beiden deutschen Kriegsschiffe und ihrer britischen Gegner, als die *Hood* sank.

klärung leichter zu entdecken war und außerdem dem Gegner zu erkennen gab, daß er sie beschädigt hatte. Aber alle Geschütze waren noch intakt. Ihr Feuer hatte außerordentlich genau gelegen, und die Besatzung hatte insgesamt Hervorragendes geleistet.

Jetzt, da das volle Ausmaß der Schäden auf *Bismarck* feststand, sah Admiral Lütjens sich vor einer schweren Entscheidung. Unmittelbar nach dem Gefecht hatte er beschlossen, Kurs auf St. Nazaire in Frankreich zu nehmen. Vorläufig kam ein Geleitzugkrieg nicht mehr in Frage. Die Schäden waren zu schwer, um auf See repariert zu werden. Wenn er aber ins deutsch besetzte Frankreich gelangen konnte, würden künftige Operationen von dort aus leichter sein. Seine Brennstoffreserven hatten sich ernstlich verringert – um wieviel, war noch nicht klar. Sollte er in die Dänemarkstraße zurückkehren oder versuchen, ostwärts durch die Lücke zwischen Island und den Faröern nach Norwegen zu gehen? In jedem dieser Fälle wurde er wahrscheinlich von britischen Schiffen abgefangen, die sich bereits wie ein Rudel Wölfe versammeln mußten. Der offene Atlantik bot ihm dagegen Platz zum Operieren und größere Chancen für ein Entkommen. Wenn er sich nach Süden wandte, würden die Nächte länger werden und bessere Möglichkeiten für Ausweichmanöver bieten. Falls er seine Verfolger abschüttelte, konnte er vielleicht einen der Tanker treffen und dann stillhalten, bis die Briten gezwungen waren, das Feld wegen Brennstoffmangels zu räumen. Also beschloß er, die Fahrt Richtung Frankreich fortzusetzen. Hätte er die tatsächlichen Positionen der britischen Schiffe besser gekannt, wäre sein Entschluß zweifellos anders ausgefallen.

Obermatrose R. E. Tilburn nach dem Untergang der *Hood*. Er war einer der drei Überlebenden, die aus dem Nordatlantik geborgen wurden.

Signalgast Ted Briggs, ein weiterer Überlebender der *Hood*

Inmitten der Trümmer und des Ölfilms an der Untergangsstelle der *Hood* klammerten sich drei Männer noch immer an ihr Leben: drei aus einer Besatzung von 1419 Mann. Nachdem ihr Schiff untergegangen war, gelang es jedem von ihnen, eines der drei Rettungsflöße zu erklettern, die auf dem Wasser schwammen. Anfangs hielten sie die drei Flöße beieinander und machten sich Mut, indem sie von ihrer bevorstehenden Rettung sprachen. Aber vor Kälte und Übermüdung löste sich schließlich ihr Griff. Schon bald lag jeder wie benommen da und wartete auf den Tod durch Unterkühlung, während sein Floß ziellos dahintrieb.

Zwei Stunden nach dem Gefecht erschienen die Zerstörer, die beim morgendlichen Vorpreschen der *Hood* zurückgeblieben waren. Als man auf *HMS Electra* die drei einsamen Schiffbrüchigen ausmachte, fragte sich Lieutenant-Commander J. T. Cain verwundert, wo die anderen Überlebenden waren: »Wo waren die Rettungsboote, die Flöße, die Schlauchboote und die Männer? Wo waren vor allem die Männer? Ich dachte daran, wie ich die *Hood* zum letzten Mal gesehen hatte, und an ihre starke Besatzung. Wie eine kleine Armee hatten sie ausgesehen, als sie zur Musterung antraten. Dann fiel mir wieder ein, was ich eben noch zu unserem Arzt gesagt hatte: ›Wir werden jede Hand brauchen, um den armen Teufeln an Bord zu helfen.‹« Aber die einzigen armen Teufel, die sie bergen konnten, waren Signalgast Briggs, Obermatrose Tilburn und Fähnrich Dundas.

Für die Royal Navy war es keine gute Woche gewesen. Vier Zerstörer und zwei Kreuzer waren im Mittelmeer versenkt worden, als sie versucht hatten, die Deutschen daran zu hindern, ihre Brückenköpfe auf Kreta auszubauen. Und auch der Mai war für die Geleitzüge auf dem Atlantik wieder ein verlustreicher Monat gewesen: Insgesamt 511 042 Tonnen waren versenkt worden. Aber der Verlust der *Hood* war der schlimmste Schlag, denn er hatte psychologische Folgen.

Es ist schwierig für jemanden, der damals nicht in England lebte, die Auswirkungen dieses Ereignisses auf den Stolz und die Kampfmoral der Briten zu begreifen. Es war etwa der gleiche Schock und die gleiche Demütigung wie der japanische Angriff auf Pearl Harbor für die Amerikaner sieben Monate später. In seinem Buch »Pursuit« beschreibt es Ludovic Kennedy, damals auf einem britischen Zerstörer eingesetzt, sehr anschaulich: »Die meisten Engländer reagierten auf die Nachricht vom Untergang der *Hood* so geschockt, als ob der Bukkingham-Palast eingeäschert oder der Premierminister ermordet worden wäre – ein so integrierender Bestandteil war das Schiff für Großbritannien und das Empire. Admiral Wake-Walker gab das tragische Ereignis der Admiralität mit dem lakonischen Funkspruch bekannt: ›Die *Hood* ist gesunken‹, fühlte sich aber verpflichtet, die Nachricht als geheim einzustufen, als hätte er dadurch verhindern können, daß sie auch Hitler erreichte. Viele Menschen konnten es einfach nicht fassen.«

Die Meldung erreichte Winston Churchill in Chequers, dem Landsitz der britischen Premierminister. Unter seinen Hausgästen befand sich Averell Harriman, damals amerikanischer Botschafter in London. Churchill wurde am Samstag um 07.00 Uhr früh mit der Schrekkensnachricht geweckt. Er stand auf, ging ans Ende des Korridors, wo Harriman wohnte, und sagte zu ihm: »Die *Hood* ist explodiert, aber wir haben die *Bismarck* in der Tasche.« Dies war typisch für Churchills zur Schau getragenen Optimismus, denn er war sich des guten Ausgangs keineswegs sicher. Den ganzen Samstag über vergrub er sich in Akten, aber das deutsche Schlachtschiff ging ihm nicht aus dem Sinn. »Nur ein einziges Bild hatte sich in meinem Kopf festgesetzt«, schrieb Churchill später. »Die gewaltige *Bismarck* mit ihren

45 000 Tonnen, durch Artilleriebeschuß fast unverletzlich, wie sie nach Süden preschte, auf unsere Geleitzüge zu, begleitet von ihrem Pfadfinder *Prinz Eugen.* Solange wir die *Bismarck* nicht aus den Augen verloren, konnten wir ihr am Ende den Garaus machen. Aber was würde geschehen, wenn wir in der Nacht die Fühlung verloren? Wohin würde sie sich wenden? Ihre Alternativen waren fast unbegrenzt, und wir waren fast überall verwundbar.«

Churchill wurde vom Untergang der *Hood* erheblich früher unterrichtet als Adolf Hitler (Lütjens' erste beide Funksprüche hatten Berlin nie erreicht). Erst am späten Samstag abend rief Großadmiral Raeder Hitler an und meldete ihm den Sieg. Die Nachricht wirkte belebend auf den übernervösen Hitler. Er war begeistert und hob die Marine in den Himmel. Dies war ein großer Sieg für das Reich, den Dr. Goebbels und sein Propagandastab mit großem Applomb verwerten konnten. Klugerweise verschwieg Raeder Hitler die Beschädigung der *Bismarck.*

Die Besatzung von HMS *Hood* in Malta 1939. Von den über 1400 Offizieren und Mannschaftsdienstgraden wurden nur drei gerettet (zwei zeigt die gegenüberliegende Seite).

Die allgemeine Euphorie an Bord von *Bismarck* und *Prinz Eugen* wich bald der Nüchternheit. Das Flaggschiff war beschädigt und wurde weiterhin beschattet von *Suffolk* und *Norfolk*, zu denen jetzt noch die in ihrer Feuerkraft beeinträchtigte *Prince of Wales* gestoßen war.

Inzwischen war es an Admiral Lütjens, den nächsten Zug zu machen. Sein Glaube an die deutsche Aufklärung mußte durch das unerwartete Erscheinen seiner Angreifer an diesem Morgen zunichte gemacht worden sein. Vielleicht befanden sich noch andere Schiffe hinter dem Horizont, bereit, zum Angriff überzugehen? Hätte er doch nur diesem teuflischen britischen Radar entgehen können! Aber das schien hoffnungslos zu sein.

Vierhundert Seemeilen entfernt überlegte sich auch Admiral Tovey die nächsten Schritte. Die Admiralität hatte bereits begonnen, neue Figuren auf das Schachbrett zu setzen, Schlachtschiffe und Kreuzer von anderen Aufgaben zu entbinden und an der Verfolgungsjagd zu beteiligen. Aber selbst die am nächsten stehenden dieser Schiffe waren immer noch viel weiter entfernt als seine eigene Flotte, die aus dem Schlachtkreuzer *Repulse*, dem Flugzeugträger *Victorious*, seinem Flaggschiff *King George V*, vier Kreuzern und neun Zerstörern bestand. Seine Streitmacht war zwar den beiden deutschen Schiffen weit überlegen, mußte diese aber erst einmal einholen. Und das stellte Tovey vor ein Problem: Er wußte noch immer nicht, welchen Kurs die Deutschen einschlagen würden.

Seinem letzten Bericht nach hielt Admiral Wake-Walker enge Fühlung mit *Bismarck* und *Prinz Eugen*, die weiterhin mit Höchstfahrt am Rand des grönländischen Packeises nach Südwesten dampften. Erwartete sie ein Tanker irgendwo südöstlich von Grönland? Vielleicht würden sie überraschend auf Heimatkurs gehen, sobald sich Gelegenheit bot. Am wahrscheinlichsten aber würden sie Frankreich zu erreichen versuchen. Doch er durfte sich auf keine dieser Möglichkeiten verlassen, sondern mußte mit allem rechnen. Inzwischen konnte er nur hoffen, daß die *Bismarck* ihre Verfolger nicht abschüttelte, bevor er ihr seine eigenen Kräfte entgegenwerfen konnte.

Nach dem Verlust der *Hood* verfolgen *King George V*, der Flugzeugträger *Victorious* und der Schlachtkreuzer *Repulse* (im Hintergrund) die nach Südwesten mit Fernziel St. Nazaire ablaufende *Bismarck*.

SECHSTES KAPITEL

Die Treibjagd

Samstag, 24. Mai 1941 – Nordatlantik

Während des Vormittags blieb die Lage weiterhin in der Schwebe. Auf jede Bewegung der Deutschen wurde sofort von den britischen Verfolgern reagiert. Gegen Mittag verschlechterte sich das Wetter – zunehmender Wind und höherer Seegang wurden begleitet von häufigen Schauern, Dunst und gelegentlichem Nebel –, so daß die Sichtweite zwischen siebzehn und zwei Seemeilen schwankte. Trotzdem konnte Lütjens die drei Schiffe, die sich an seine Fersen geheftet hatten, nicht abschütteln. Die Hochstimmung an Bord von *Bismarck* und *Prinz Eugen* blieb aber ungetrübt. Schließlich hatten sie an diesem Morgen die mächtige *Hood* versenkt, ohne größere Schäden davonzutragen und ohne einen einzigen Mann zu verlieren. Die *Bismarck* machte immer noch gute Fahrt – 27 bis 28 Knoten –, aber sie hatte Probleme mit ihrem Vorschiff und eine leichte Schlagseite nach Backbord (beides wurde allmählich durch Gegenfluten ausgeglichen). Man munkelte, daß der Admiral die Briten in einen Hinterhalt locken wollte, daß U-Boote südlich von Grönland auf der Lauer lagen.

In der geschützten und beheizten Admiralsbrücke war die Stimmung nicht annähernd so gut. Es schien Probleme mit der Funkanlage zu geben – Lütjens hatte von der Gruppe Nord auf seine im Lauf der letzten Stunden wiederholten Funksprüche keine Antwort erhalten. Er hatte den Sieg über die *Hood* gemeldet und seine Absicht, sich von der *Prinz Eugen* zu trennen und danach Kurs auf Frankreich und das Trockendock von St. Nazaire zu nehmen, wo *Bismarck* repariert werden konnte. Um 12.00 Uhr mittags, als er südlich von 60 Grad Nord stand – dem Breitengrad, der die Südspitze Grönlands und die nördlichen Hebriden berührt –, ging die operative Leitung von »Rheinübung« von der Gruppe Nord in Wilhelmshaven auf die Gruppe West in Paris über. Aber würde er in der Lage sein, Paris weiterhin zu informieren? Seine Besorgnis nahm zu, als er feststellte, daß die *Prinz Eugen* im Lauf der letzten beiden Tage eine Reihe wichtiger Funksprüche von Gruppe Nord erhalten hatte, er aber nicht. Diese Verbindungsprobleme verstärkten noch seinen Pessimismus: zuerst das überlegene britische Radar und jetzt seine defekte Funkanlage.

Noch ernster war die Brennstoffsituation. Er wartete noch auf den Abschlußbericht von Korvettenkapitän (Ing.) Walter Lehmann, seinem Leitenden Ingenieur, aber er war schon überzeugt, daß er nichts Gutes hören würde. Am besten drosselte er die Fahrt und ging auf einen Kompromißkurs, bis er das Schlimmste wußte. Kurz nach 12.30 Uhr befahl Lütjens deshalb eine Fahrtverminderung auf 24 Knoten und einen Kurswechsel auf Süd.

Fünfhundert Seemeilen weiter südöstlich geleitete die *Rodney*, ein

Das britische Schlachtschiff *HMS Rodney* in schwerer See auf Abfangkurs zur *Bismarck*

Schlachtschiff der *Nelson*-Klasse, mit vier Zerstörern den Truppentransporter *Britannic* auf Westkurs nach Halifax. Von dort sollte die *Rodney* zur längst fälligen Überholung nach Boston weiterfahren. An Bord befanden sich zusätzlich fünfhundert Passagiere, die meisten von ihnen Rekruten für die Falklandinseln und Marinekadetten für die Bermudas. Aber zu den Passagieren zählten auch mehrere amerikanische Offiziere, darunter der 38 Jahre alte Lieutenant-Commander Joseph H. Wellings. In den letzten zehn Monaten hatte Wellings Operationen und Taktik der britischen Heimatflotte beobachtet und dabei Informationen von beträchtlichem Wert für die amerikanische Marine gewonnen, falls diese in den Krieg eintreten sollte. Kurze Zeit war er auch auf einen Zerstörer im Nordatlantik kommandiert worden. (In einem Bericht nach Washington hatte er geschrieben: »An fünf Tagen im Seegebiet von Island gab es nur fünf Stunden mit Sichtweiten von fünf Seemeilen und besser. Mir ist jetzt klar, wie die deutschen Schiffe durchbrechen können.«) Nun befand sich Wellings auf dem Heimweg zu seiner Frau Dolly und seiner Tochter Anne, die gerade ihren dritten Geburtstag gefeiert hatte. Schon einen Tag nach Schottland schien ihm die Fahrt kein Ende nehmen zu wollen.

Wellings' Heimweh war jedoch vergessen, als auf *Rodney* die Nachricht einging, daß *Bismarck* und *Prinz Eugen* in der Dänemarkstraße gesichtet wurden. Groß war die Erschütterung, als ein Funkspruch die Versenkung der *Hood* meldete. Den ganzen Vormittag des 24. Mai las er die auf *Rodney* eingehenden Funksprüche, zusammen mit Lieutenant-Commander Gaffney Gatacre, dem Navigationsoffizier. Daraus setzten sie sich ein Bild von den Bewegungen der Heimatflotte zusammen und machten sich Gedanken über die Wahrscheinlichkeit, daß auch *Rodney* zum Einsatz kommen würde.

Dann, kurz vor Mittag, lasen sie den Funkspruch, auf den sie gewartet hatten. Von Admiralität an *Rodney*: »Position des Gegners 62° 25' N, 33°, 00' W, Kurs 210°, Geschwindigkeit 26 kn bei 0900/24 Um/min. Gehen Sie auf schnellstmöglichen Abfangkurs. Falls die *Britannic* nicht mithalten kann, hat sie die Fahrt mit einem Zerstörer allein fortzusetzen.« Gegen 14.00 Uhr dampften das Schlachtschiff und drei Zerstörer schon mit Höchstfahrt nach Norden. Während die alten Maschinen der *Rodney* ihr Äußerstes hergaben und ihre angeschlagenen Panzerplatten bei den Vibrationen laut ratterten, versuchte sich Wellings vorzustellen, wie sie mit solch einem Schiff der furchteinflößenden neuen *Bismarck* Paroli bieten sollten.

Ähnliche Gedanken gingen britischen Seeleuten auf anderen Schiffen durch den Kopf, die sogar noch weiter vom Schauplatz entfernt waren und jetzt von der Admiralität Befehl erhielten, sich an der Treibjagd zu beteiligen. Hierzu gehörten die Schlachtschiffe *Revenge* in Halifax und *Ramillies* auf Geleitschutz nach Süden, die Kreuzer *Edinburgh*, bei den Azoren auf Patrouillenfahrt, und *London*, die einen weiteren Geleitzug eskortierte. Schließlich und am wichtigsten war »Force H«, die bereits aus Gibraltar ausgelaufen war und Kurs auf die Biskaya nahm, um einen Truppentransport zu decken. Force H bestand aus dem Flugzeugträger *Ark Royal*, dem Schlachtkreuzer *Renown*, dem Kreuzer *Sheffield* und sechs Zerstörern. Sie hätte im Mittelmeer, wo Kreta gefallen und Malta arg bedrängt war, von großem Nutzen sein können, doch der Durchbruch der *Bismarck* schob diese Probleme in den Hintergrund.

An Bord der *King George V* wußte der Chef der Heimatflotte, daß er die *Bismarck*, auf welche Weise auch immer, aufhalten mußte. Obwohl Admiral Tovey erfahren hatte, daß die *Bismarck* eine Ölspur hinter sich herzog, mußte er davon ausgehen, daß der Schaden nicht ernstzunehmen war. Er interpretierte ihren Kurswechsel nach Süden und die Fahrtminderung auf 24 Knoten als Beweis für Lütjens' Unkenntnis, daß eine starke britische Streitmacht anrückte, um ihn abzufangen. Aber Tovey machte sich Sorgen darüber, daß die Deutschen jederzeit auf höchste Fahrtstufe gehen, ihre Bewacher abschütteln und in den Weiten des Atlantiks verschwinden konnten. Ungeachtet des Risikos mußte er versuchen, den Vormarsch der *Bismarck* zu verlangsamen.

Über die einzige Waffe, die dazu fähig gewesen wäre, verfügte allein der Flugzeugträger *Victorious*. Aber ein so humaner Befehlshaber wie Tovey, ein tief religiöser Mann, mußte erhebliche Zweifel hegen, ob er dieses erst vor kurzem in Dienst gestellte Schiff und seine unerprobte Mannschaft solch einer Belastung aussetzen konnte. Wäre Operation Rheinübung nicht dazwischengekommen, hätte sich der Flugzeugträger jetzt mit einer Ladung verpackter Hurricane-Jagdflugzeuge auf dem Weg nach Gibraltar befunden. Die *Victorious* hatte nur 15 einsatzfähige Maschinen an Bord – neun dreisitzige Torpedobomber vom Typ Swordfish und sechs zweisitzige Jagdflugzeuge vom Typ Fulmar. Die meisten ihrer Besatzungen waren noch in der Ausbildung und bisher nie über See geflogen. Und da sollten sie jetzt zu ihrem ersten Einsatz bei unberechenbarem Wetter starten, bis an die Grenze ihrer Reichweite fliegen und einen Feind angreifen, der gerade das berühmteste Kriegsschiff der Royal Navy versenkt hatte? Für diesen Auftrag standen ihnen nur die langsamen Swordfish zur Verfügung, bekannt unter dem Spitznamen »stringbag – Einkaufsnetz« wegen ihrer Fähigkeit, Traglasten zu befördern, und ihrer hohen technischen Anfälligkeit. Es waren Doppeldecker mit starrem Fahrgestell und offenem Cockpit, die wie Veteranen aus dem Ersten Weltkrieg anmuteten und deren Höchstgeschwindigkeit bei voller Bewaffnung knapp 100 Knoten betrug.

Kurz nach 15.00 Uhr befahl Tovey der *Victorious* und vier Kreuzern unter Führung des Flaggschiffs *Galatea*, seinen Verband zu verlassen und auf einen Kurs zu gehen, der den Flugzeugträger vor Einbruch der Dunkelheit auf 100 Seemeilen an *Bismarck* und *Prinz Eugen* her-

Von oben nach unten: Flugzeugträger *Ark Royal*, Schlachtkreuzer *Renown* und Kreuzer *Sheffield*. Zum Zeitpunkt des Durchbruchs der *Bismarck* in den Atlantik schien für diese mit sechs Zerstörern in Gibraltar stationierte sogenannte Kampfgruppe »H« kaum eine Chance zum Eingreifen zu bestehen. Die Ereignisse bewiesen jedoch das Gegenteil.

Die neun Torpedoflugzeuge vom Typ Swordfish an Deck des Flugzeugträgers *Victorious*, in Erwartung des Startbefehls zum Angriff auf die *Bismarck* in der Nacht zum 25. Mai 1941.

Mit beigeklappten Tragflächen wird eine Swordfish aus dem Hangar aufs Flugdeck gehoben.

anbringen würde. Als Tovey zusah, wie der noch unerprobte Flugzeugträger in der grauen Ferne verschwand, muß er sich gefragt haben, ob er die jungen Piloten auf ein Himmelfahrtskommando schickte.

Alois Haberditz fror schon seit Stunden auf seiner Station; jetzt wurde er müde. An allen Flugzeugabwehrgeschützen hatte man sich in ständiger Gefechtsbereitschaft befunden, seit die *Bismarck* vor anderthalb Tagen in die Dänemarkstraße eingefahren war; Alois hatte seine Station seit dem Morgen nicht mehr verlassen. Jedesmal, wenn sie versuchten, ein paar Minuten Schlaf zu finden, wurden sie unweigerlich von den Alarmglocken aufgeschreckt, weil sie wieder von einem Catalina-Flugboot aus Island überflogen wurden. Gelegentlich kam eine dieser Maschinen so nahe heran, daß die Flak ein paar Salven abgeben konnte, aber es wurden keine Treffer registriert. Haberditz glaubte allmählich, die Briten spielten mit ihnen Katz' und Maus. Wieder fauchte ein Windstoß um die offene Geschützlafette, und er zog seine Lederjacke fester um sich, während er den leeren Horizont absuchte.

An Bord der *Prinz Eugen* saugte Kapitän zur See Brinkmann an seiner unvermeidlichen Zigarre und fragte sich, was Admiral Lütjens sich wohl dachte. Am frühen Nachmittag hatte der Admiral ihm seine Absicht signalisiert, ein Ausbrechen zu versuchen, und zwar unter dem Decknamen *»Hood«*. Während *Bismarck*, die noch immer hinter *Prinz Eugen* fuhr, überraschend Kurs änderte und den Gegner ablenkte, sollte der *Prinz* weiterhin Süd steuern, bis er außer Reichweite war, dann Kontakt zu einem Tanker aufnehmen und den Handelskrieg selbständig fortsetzen. Aber der erste Versuch um 15.30 Uhr war fehlgeschlagen, und seither hatte Brinkmann nichts mehr von Lütjens gehört. Vielleicht hatte der Admiral seine Absichten geändert? Brinkmann schien es nur logisch, daß die Kampfgruppe beisammen blieb.

Kurz nach 18.00 Uhr, als die beiden Schiffe in eine Nebelbank gerieten, sah Brinkmann zu seinem Erstaunen den Signalscheinwerfer der *Bismarck* hektisch morsen: »Ausführung *Hood.*« Sofort drehte das Schlachtschiff nach Steuerbord ab und verschwand im Nebel. Ein paar Minuten danach hörte Brinkmann die schweren Geschütze der *Bismarck* feuern. Etwas später sahen er und die anderen auf der Brücke der *Prinz Eugen* ihren »großen Bruder« zum letzten Mal, weit abgesetzt nach Nordwesten, aus allen Rohren Feuer und Rauch spukkend, daß sich See und Wolken dunkelrot färbten. Dann verschwand die *Bismarck* in einem Regenschauer.

Lütjens' Überraschungsmanöver traf die britischen Schiffe unvorbereitet (die *Suffolk* hatte vorübergehend ihr Radar abgeschaltet, um ihm eine Pause zu gönnen), doch als das deutsche Schlachtschiff in zehn Seemeilen Entfernung aus dem Nebel auftauchte, war die *Suffolk* bereit. In dem auf große Entfernung geführten Gefecht wurden von den Briten mehr Salven als von den Deutschen abgefeuert, aber auf beiden Seiten gab es keine Treffer. Während des Feuerwechsels klemmten wieder zwei 14-Zoll-Geschütze der *Prince of Wales* – ein weiterer Beweis, falls es seiner noch bedurft hätte, daß das Schiff nicht einsatzbereit war.

Wehrhaft richtet die *Prince of Wales* drei Geschützrohre ihres vorderen Turms nach oben.

Die *Bismarck* drehte wieder nach Süden, und die Verfolgungsjagd ging weiter, aber mit einem entscheidenden Unterschied: Admiral Wake-Walker beschloß, seine Kräfte zusammenzuhalten für den Fall, daß der Gegner wieder angreifen sollte. (Zu diesem Zeitpunkt wußte er noch nicht, daß sich die *Prinz Eugen* abgesetzt hatte; sein Radarbeobachter meldete noch viele Stunden lang, daß auf den Bildschirmen zwei Einheiten zu erkennen seien.) Er wies seine drei Schiffe an, in einer Reihe backbords von *Bismarck* zu bleiben, etwas achteraus gestaffelt. Die *Suffolk* mit ihrem kostbaren Radar übernahm die Spitze, die *Prince of Wales* die Mitte, und Wake-Walkers Flaggschiff *Norfolk* lag auf der äußersten Position. Diese konzentrierte Formation mochte eine richtige Gefechtstaktik gewesen sein, aber sie versagte in dem entscheidenden Punkt: Fühlung mit der *Bismarck* zu halten. Die beste Methode hierzu wäre gewesen, die drei Schiffe achteraus aufzufächern, um beide Seiten der *Bismarck* abzudecken, so daß ein Ausbruch in die eine oder andere Richtung schnell bemerkt worden wäre.

Die Lage verschlechterte sich noch, als U-Boot-Alarm die Beschatter zwang, Zickzack zu fahren. Da die *Bismarck* weiterhin in gerader Linie nach Süden fuhr, bedeutete dies, daß auf jedem südöstlichen Backbordschlag des Zickzack-Kurses die *Suffolk* ihre Radarfühlung verlor und die *Bismarck* erst auf dem Rückweg nach Steuerbord wiederfand. Vorläufig jedoch funktionierte diese Taktik, und die Radarbeobachter der *Suffolk* gewöhnten sich daran, ihr Ziel für jeweils fünfzehn Minuten von den Schirmen zu verlieren.

Die *Suffolk* feuert mit ihren 8-Zoll-Geschützen auf die *Bismarck*, während diese einen Haken schlägt, um die *Prinz Eugen* unbemerkt entkommen zu lassen.

Admiral Lütjens leistete sich ein seltenes Lächeln, als ihm Lindemann und die anderen Offiziere im Kommandostand gratulierten.

Die Detachierung der *Prinz Eugen* hatte einwandfrei funktioniert und bewies erneut, wie meisterhaft er die Seekriegstaktik beherrschte. Aber das Lächeln verging ihm bald, als der Leitende Ingenieur mit dem endgültigen Schadenbericht erschien. Die Brennstoffsituation blieb kritisch. Anscheinend bestand keine Aussicht, Zugang zu den tausend Tonnen Heizöl, die im Vorschiff eingeschlossen waren, zu gewinnen. Lütjens wußte jetzt, daß jeder Gedanke daran, seine Verfolger in das Hornissennest südlich von Grönland lauernder U-Boote zu locken, aufgegeben werden mußte. Er hatte nur die Chance: Kurs auf Frankreich zu nehmen, und zwar bei möglichst rationeller Geschwindigkeit. Kurz vor 21.00 Uhr sandte er einen Funkspruch an die Gruppe West: »Abschütteln Fühlung wegen feindlicher Funkmeßgeräte unmöglich. Wegen Brennstoff ansteuere St. Nazaire direkt.« Er wies Lehmann an, die Fahrt auf 21 Knoten zu verringern. Vorläufig blieb er auf Südkurs und hoffte, seine Absichten so lange wie möglich verschleiern zu können.

Die Flak der *Bismarck* schaffte es nicht, auch nur eine der langsamen Swordfish-Maschinen abzuschießen.

Um 22.00 Uhr lag der Flugzeugträger *Victorious* noch immer 120 Seemeilen von der *Bismarck* entfernt; die Dunkelheit brach herein, und das Wetter verschlechterte sich. Für Captain Bovell von der *Victorious* wurde die Zeit knapp. Konnten seine Piloten die Deutschen finden, angreifen und dann bei Dunkelheit wieder auf dem Träger landen, ohne daß ihnen der Treibstoff ausging? Er erkannte, daß es bei diesem Einsatz keinen Spielraum für Irrtümer gab. Aber er hatte seine Befehle. Die Flugzeugbesatzungen kletterten schon in die neun zerbrechlichen Doppeldecker, die auf dem schwankenden Flugdeck verzurrt waren. Die Piloten, die bis jetzt nur von Land aus geflogen waren, betrachteten die kurze Startbahn, die sich in der Dünung hob und senkte, und fragten sich, ob ihnen ein Abheben überhaupt gelingen würde, ganz zu schweigen vom Aufspüren ihrer Beute. Und das Landen schließlich war für diese Neulinge am Steuerknüppel eine fast unvorstellbare Aufgabe.

Anderthalb Stunden später waren acht Flugzeuge (eines hatte sich unterwegs vorübergehend verirrt) auf dem Weg zu ihrem Ziel. Die dichte Wolkendecke erwies sich als ein Problem; darin verloren sie die Orientierung, bis die *Norfolk* sie wieder auf den richtigen Kurs brachte. Schließlich erfaßte das primitive Radar in der Maschine des Staffelkapitäns wieder ein Schiff. Ohne zu zögern, stieß der Pilot, Lieutenant-Commander Eugene Esmonde, zum Angriff durch die Wolkendecke hinunter – aber nur, um festzustellen, daß sie das falsche Ziel aufs Korn genommen hatten. Es war der amerikanische Küstenwachkutter *Modoc*, der im Seegebiet nach den Überlebenden eines Geleitzugs suchte, der vor kurzem von U-Booten angegriffen worden war. Die Besatzung der *Modoc* konnte von ferne das nun folgende Gefecht beobachten. Es muß für sie so ausgesehen haben, als ob acht Moskitos versuchten, einen Grizzlybären zur Strecke zu bringen.

Lieutenant Percy Gick, der drei Swordfish anführte, merkte, daß die *Modoc* nicht die *Bismarck* war, als in der Ferne Geschütze zu feuern begannen. »Verdammt«, murmelte er. Die Deutschen zu überraschen, war also mißlungen. Er flog eine Steilkurve auf das deutsche Schlachtschiff zu, das noch mehrere Seemeilen entfernt war. Die beiden anderen Maschinen seiner Rotte folgten ihm und stiegen dann wie er auf eine Angriffshöhe von 2000 Fuß. Keine der detonierenden Flakgranaten kam ihnen zu nahe, und alles sah ziemlich harmlos aus: bloß kleine, braune Rauchwolken, zwischen denen sie hindurchflogen.

Dann hatte Gick die *Bismarck* klar in Sicht und beschloß, sie von Backbord vorn anzugreifen. Er ging so tief hinunter, daß er fast die sieben Meter hohen Wellen streifte, und führte seine Rotte zum Angriff. Die Deutschen feuerten mit allem, was sie hatten, auf ihn – sogar mit ihren schweren Geschützen. Als die dicken Kaliber im Wasser detonierten, warfen sie gewaltige Fontänen vor ihm auf; jede davon hätte seine Maschine herunterholen können. Dann, als sie die kritische Distanz erreicht hatten, fand Gick ihre Position nicht optimal und gab seiner Rotte ein Zeichen, umzukehren und einen neuen Angriff zu fliegen. Mutig führte er seine kleine Streitmacht in das erbarmungslose Sperrfeuer. Diesmal klinkten sie ihre Torpedos bei 300 Metern aus, mußten aber sehen, daß die *Bismarck* rechtzeitig abdrehte und einem Treffer entging. Während er wieder hochzog, bestand Gicks Beobachter darauf, Fotos zu machen. Dabei wurden sie von den Wasserfontänen erwischt und praktisch in die Luft gehoben, wobei der Bauch der Maschine aufgerissen wurde. Irgendwie flog Gick weiter.

Die Swordfish-Doppeldecker trugen unter dem Rumpf jeweils nur einen einzigen Torpedo oder »Aal«.

Alois Haberditz' Geschütze waren vom Feuern so heiß geworden, daß er wie die anderen Männer gezwungen war, nasse Tücher um die Rohre zu wikkeln, um sie funktionsfähig zu halten. Er konnte nicht glauben, daß diese verrückten Engländer solche Risiken eingingen und so dicht herankamen, daß er sie fast mit Händen hätte greifen können. Aber immer noch kam es zu keinem Treffer. Es war schwer, den Feind im Visier zu behalten, wenn das eigene Schiff ständig Kurs änderte, zunächst nach Backbord und dann nach Steuerbord kurvte, während der Rudergänger versuchte, den auf sie zukommenden Torpedos zu entgehen. Das war gewiß frustrierend für die Flakbesatzungen. Ihr einziger Trost war, daß die Angreifer anscheinend ebensowenig Erfolg hatten wie sie selbst.

In seinem Feuerleitstand hörte Kapitänleutnant von Müllenheim-Rechberg ein Geräusch, das wie ein gedämpfter Kanonenschuß klang, und spürte, wie das Schiff leicht erzitterte. Er erkannte sofort, daß sie von einem Torpedo getroffen worden waren, konnte aber nicht sehen, was geschehen war. Er kam zu dem Schluß, daß der Treffer im Vorschiff lag, und warf schnell einen Blick auf Fahrtmeß- und Ruderlagenanzeiger, ob ernsthafter Schaden eingetreten war. Offenbar war dies nicht der Fall. Ein paar Minuten danach hörte er Gerhard Junacks Schadensmeldung an die Brücke: Das Schiff war unversehrt. Der flach einkommende Torpedo hatte nur den Gürtelpanzer getroffen, dicht unterhalb der Wasserlinie, und die Panzerung ein paar Zentimeter eingedrückt.

Während die Swordfish langsam in der zunehmenden Dunkelheit verschwanden, wurde auf der *Bismarck* rasch alles wieder normal. Die Männer ruhten sich auf Gefechtsstationen aus, rauchten und rühmten sich ihrer Treffsicherheit. Niemand wußte genau, wie viele Feindflugzeuge sie angegriffen hatten, aber ihre Zahl wuchs im Lauf der Gespräche. Niemand hatte eine Maschine abstürzen sehen, aber schon bald schienen die Verlustzahlen höher zu sein als die gesamten angreifenden Feindkräfte. Das Prahlen verging ihnen jedoch, als sie hörten, daß Oberbootsmann Kurt Kirchberg, der Munition verladen hatte, dicht bei der Stelle, wo der Torpedo getroffen hatte, vom Luftdruck gegen ein Schott geschleudert und auf der Stelle getötet worden war. Sechs Männer weiter unten hatten Knochenbrüche erlitten.

Heinz Jucknat, Adi Eich und Franz Halke waren erschüttert, als die

Nachricht vom Tod ihres Kameraden die achtere Rechenstelle erreichte, wo sie den Aufprall des Torpedos kaum gespürt hatten. Sie hatten Kirchberg gut gekannt, er gehörte zu ihrer dritten Abteilung; sie waren zusammen mit ihm vom Tag ihrer Ankunft an in Hamburg ausgebildet worden. Mehr als die im Gefecht vor Island erlittenen Schäden brachte ihnen der erste Todesfall auf der *Bismarck* die Gefährlichkeit ihrer Lage zu Bewußtsein. Seit Detachierung der *Prinz Eugen* standen sie jetzt völlig allein in Feindgebiet. Englische Schiffe waren in der Nähe. Ihre Position war bekannt. Bei Tageslicht würden unweigerlich weitere Angriffe folgen – ob von Flugzeugen oder Schiffen oder beiden, konnten sie nicht wissen.

Während sich die *Bismarck* auf die kurze Nacht einrichtete, war das Abenteuer für Percy Gick und die anderen Besatzungen der Swordfish noch lange nicht vorbei: Die einhundert Seemeilen zurück zur *Victorious* konnten sie nur unter Aufbietung aller Kräfte schaffen. Ein Wunder, daß keine Maschine verlorengegangen war, aber mehrere waren beschädigt, und jede würde auch den letzten Tropfen Benzin für den Rückflug brauchen. Gicks Beobachter, der seine Füße jetzt im Freien baumeln ließ, schimpfte ab und zu über Bordsprechanlage: »Verdammt windig hier draußen.« Aber dies war das kleinere Problem im Vergleich zu dem, ihren Flugzeugträger wiederzufinden. Sein Richtfeuer war gerade in dem Augenblick ausgefallen, als die Maschinen eintreffen sollten. Die Flieger verzweifelten fast, bis Staffelführer Esmonde endlich ein rotes Signal an Bord der begleitenden *Galatea* erkannte. Drei seiner Piloten waren noch nie bei Nacht auf See gelandet. Wenn sie den ersten Anflug abbrechen mußten, hatten sie wahrscheinlich nicht genug Benzin für einen zweiten. Doch einer nach

Eine Swordfish im Landeanflug nach dem Einsatz, bei dem sie ihren Torpedo verschoß.

Swordfish-Piloten an Deck des Flugzeugträgers *Victorious*. In der Mitte Lieutenant-Commander Eugene Esmonde, Staffelführer während des Angriffs auf die *Bismarck*.

dem anderen landete sicher. Der Motor eines Flugzeugs verstummte in dem Augenblick, als es vom Bremsseil erfaßt wurde. Gicks Beobachter war halb erfroren und konnte kaum noch gehen.

Die fünf Fulmar-Jagdmaschinen der *Victorious* waren kurz nach den Swordfish gestartet. Ihr Auftrag lautete nach Admiral Toveys Worten »den Gegner zu beschatten und abzulenken«. Von den Fulmars fanden aber nur zwei die *Bismarck*, und nur drei kehrten unversehrt zur *Victorious* zurück. Dies war bei dem niedrigen Ausbildungsstand der Flugzeugführer eigentlich zu erwarten gewesen. Tovey schrieb später: »Die Besatzungen waren unerfahren, einige Beobachter flogen zum ersten Mal in einem Zweisitzer, während ihr Funkgerät lediglich auf die Wellenlänge des Mutterschiffs eingestellt war, auf dem kein Leitfeuer funktionierte. Aufklärung bei Nacht stellt auch die erfahrensten Besatzungen auf eine harte Probe. Unter diesen schwierigen Bedingungen darf nicht überraschen, daß sie es nicht schafften.« Die beiden vermißten Maschinen stürzten ins Meer, aber eine Besatzung wurde später von einem Frachter gerettet.

Obwohl der Torpedo nur geringen direkten Schaden angerichtet hatte, rissen die Detonation und die bei Höchstfahrt vorgenommenen Ausweichmanöver auf der *Bismarck*, zusammen mit dem Rückstoß der Geschütze, die alten Lecks wieder auf. Die Lecksegel über den Granatlöchern vorn hatten sich gelockert, Wasser strömte wieder herein, wodurch das Vorschiff noch tiefer eintauchte. Die Risse in den provisorisch abgedichteten Schottwänden hatten sich erweitert, was zum endgültigen Vollaufen des zweiten Kesselraums an Backbord führte. Er mußte jetzt aufgegeben werden. Außerdem bestand Gefahr, daß Salzwasser in die Kesselanlage drang und das ganze System zum Erliegen brachte. Lütjens ordnete eine Fahrtverringerung auf 16 Knoten an, während die Lecksegel repariert wurden. Das Maschinenpersonal arbeitete fieberhaft, um die Versorgung der Kessel mit Süßwasser sicherzustellen. Der Admiral fragte sich, wieviel mehr sein Schiff noch würde verkraften können. Er mußte seinen Verfolgern unbedingt noch vor Tagesanbruch entkommen.

Dieses Foto der *Bismarck* wurde von einer angreifenden Swordfish der *Victorious* aufgenommen.

Am frühen Morgen des 25. Mai begannen die britischen Kräfte, näher heranzurücken. *Revenge, London* und *Edinburgh* standen noch zu weit entfernt. Aber der Träger *Victorious* war bereit, bei Tagesanbruch einen weiteren Luftangriff zu starten. Admiral Toveys Kampfgruppe mit *King George V* und *Repulse* an der Spitze preschte mit hoher Fahrt nach Westen. Falls die *Bismarck* Kurs und Geschwindigkeit beibehielt, würde er gegen 08.30 Uhr, kurz nach Sonnenaufgang, den Kontakt herstellen. Die *Rodney* lag mit ihren drei Zerstörern etwa 350 Seemeilen weiter südostwärts und würde gegen 10.00 Uhr an Ort und Stelle sein. Die *Ramillies*, die von Süden heraneilte, mußte um 11.00 Uhr eintreffen.

Und jetzt griff eine neue Schachfigur in das Match ein: Force H unter Vizeadmiral Sir James Somerville, der sich bereits in der Biskaya befand. Um 03.30 Uhr erhielt Somerville Befehl, mit Höchstfahrt auf Abfangkurs zur *Bismarck* zu gehen. Noch schien es unwahrscheinlich, daß Force H, die aus dem alten Schlachtkreuzer *Renown* unter Somervilles Flagge, dem Flugzeugträger *Ark Royal* und dem Kreuzer *Shef-*

field mit ihren Begleitzerstörern bestand, in dem sich anbahnenden Drama eine Rolle spielen würde. Der Verband stand mehr als eintausend Seemeilen im Südosten. Aber das Schicksal hatte Somerville schon früher vor schwierige Aufgaben gestellt, bei denen er bewies, daß er ein Mann von eiserner Willenskraft war. Er hatte nach der Kapitulation Frankreichs die französische Flotte vor Algerien vernichtet, als sich deren Befehlshaber geweigert hatte, entweder seine Schiffe selbst zu versenken oder sie den Briten zu übergeben. Das hatte die Franzosen 1300 Mann und viele Schiffe gekostet und große Verbitterung zwischen den beiden Verbündeten hinterlassen. Aber es mußte geschehen, und Somerville tat es.

Am 25. Mai wurde Admiral Lütjens 52 Jahre alt, und er war im Begriff, sich selbst das beste Geburtstagsgeschenk zu machen. Seiner Aufmerksamkeit war nicht entgangen, daß sich alle drei britischen Schiffe an seiner Backbordseite hielten, als wollten sie ihn einladen, ein Entkommen nach Steuerbord zu versuchen. Er merkte außerdem, daß seine Beschatter weiterhin Zickzack-Kurs fuhren, was sie vorübergehend weit von ihm wegführte. Also wartete er auf den günstigsten Augenblick und befahl dann kurz nach 03.00 Uhr, das Ruder hart Steuerbord zu legen. Der Zeitpunkt war hervorragend gewählt. Obwohl er es nicht wußte – die Radarimpulse von der *Suffolk* wurden immer noch an Bord aufgefangen –, war die *Bismarck* gerade eben von den Bildschirmen der *Suffolk* verschwunden.

Vice-Admiral Sir James Somerville, Chef der Kampfgruppe »H«, an Bord der *Ark Royal* in Malta

Sobald er die Distanz genügend vergrößert hatte, schlug Lütjens einen weiten Haken nach Norden und dann nach Osten, kreuzte das Kielwasser seiner Verfolger und konnte nun direkten Südostkurs für Frankreich anliegen. Zwar zweifelte er daran, daß der Plan Erfolg gehabt hatte, aber es war jedenfalls einen Versuch wert gewesen.

Die erschöpften Radarbeobachter auf der *Suffolk* waren zunächst nicht sonderlich überrascht, als es ihnen nicht gelang, wie erwartet um 03.30 Uhr wieder Fühlung zur *Bismarck* zu bekommen. Offenbar hatten die Deutschen etwas weiter nach Westen gehalten und würden bestimmt bald wiedergefunden, wie schon so oft zuvor. (Sie glaubten immer noch, daß die beiden deutschen Schiffe in enger Kiellinie fuhren.) Aber die Minuten vergingen, und noch immer war kein Leuchtfleck auf dem Schirm zu sehen. Schließlich, um 05.00 Uhr, funkte Kapitän Ellis notgedrungen an Admiral Wake-Walker: »Kontakt mit Gegner verloren.«

Admiral Tovey war nicht begeistert. Im Kartenraum der *King George V* starrten er und seine Offiziere düster auf die Seekarte mit den geschätzten Positionen aller Schiffe, die an der Treibjagd teilnahmen. Um ein Maximum an Geheimhaltung zu erreichen, gaben die Briten selten ihre Positionen über Funk bekannt, deshalb hatte Tovey nur eine ungefähre Vorstellung vom Standort seiner Einheiten. Zum Beispiel lag die *Victorious* tatsächlich 200 Seemeilen weiter südlich als eingezeichnet. Aber bisher hatte er wenigstens genau gewußt, wo sich die *Bismarck* befand. Jetzt hatte sie sich anscheinend in Luft aufgelöst. Welchen neuen Kurs hatte sie eingeschlagen? Verschiedene Spekulationen über Lütjens' Absichten wurden vorgebracht. Tovey hörte sich alle an, sagte aber diesmal nichts, was die Stimmung hätte heben können. Jetzt war nicht die rechte Zeit für Witze. Als Chef der Heimatflotte trug er die letzte Verantwortung. Er hatte zu entscheiden, wie seine unzureichenden Kräfte eingesetzt werden sollten. An Land konnten der Erste Seelord Sir Dudley Pound und Winston Churchill seine Schritte nur erraten. Tovey wußte, daß er sich Churchills Zorn zuziehen und wahrscheinlich seinen Posten verlieren würde, wenn er die *Bismarck* entkommen ließ.

Ohne zu ahnen, wie schwer die *Bismarck* beschädigt war, mußte

Tovey von der Möglichkeit ausgehen, daß sie sich mit einem Tanker treffen und danach den Handelskrieg fortsetzen würde. Wenn Auftanken ihre Absicht war, würde sie wahrscheinlich entweder mit Nordwestkurs auf die Davis-Straße zu (ein gutes Versteck für einen Öltanker) oder mit Südkurs in den offenen Atlantik hineinlaufen, wo vermutlich ein weiteres deutsches Versorgungsschiff lag. Falls aber – was er für das Wahrscheinlichste hielt – ein sicherer Hafen Lütjens' Ziel war, konnte er jetzt schon mit Nordostkurs in Richtung der Island-Faröer-Passage steuern oder südostwärts in Richtung Brest, Gibraltar oder sogar Dakar. Tovey hatte einfach nicht genügend Kräfte in diesem Gebiet, um 360 Grad auf dem Kompaß abzudecken. Deshalb kam er zu dem Schluß, daß er der gefährlichsten Möglichkeit entgegentreten müsse – einer aufgetankten *Bismarck*, die auf den Schifffahrtsstraßen des Atlantiks frei operieren konnte.

Norfolk und *Suffolk* unter Admiral Wake-Walker suchten bereits im Südwesten. (*Prince of Wales* war detachiert worden, um sich *King George V* anzuschließen. Später wurde sie wegen Brennstoffmangels nach Island zurückgeschickt.) Zögernd befahl Tovey also der *Victorious* und ihren Begleitzerstörern, das Gebiet im Nordwesten zu patrouillieren. Er konnte nicht wissen, daß er damit die wenigen kostbaren Flugzeuge, die er besaß, in genau entgegengesetzter Richtung zum Kurs der *Bismarck* operieren ließ. Andere Einheiten wurden zu Patrouillen in der Dänemarkstraße und der Island-Faröer-Lücke abgestellt. Die Route nach Frankreich – die am wenigsten gefährliche Alternative – wurde nicht in die Suchaktion einbezogen. Nur Force H, die von Gibraltar heraufkam, und *Rodney*, viel näher, aber immer noch weit im Süden, konnten die Deutschen abfangen, falls sie in diese Richtung fuhren – und rechtzeitig entdeckt wurden. So waren, als die Sonne am 25. Mai aufging, die Briten überall da, wo die *Bismarck* nicht war.

Der Erste Seelord der Royal Navy, Flottenadmiral Sir Dudley Pound, war Großadmiral Raeders Gegenspieler.

Lieutenant-Commander Wellings von der US-Marine und sein Freund Gaffney Gatacre glaubten sicher zu wissen, wohin die *Bismarck* sich wenden würde – in die Biskaya –, und sie versuchten, den Kommandanten der *Rodney*, Captain F. H. G. Dalrymple-Hamilton, davon zu überzeugen. Der Kommandant war ein handfester Schotte, der sich rasch Wellings Respekt erworben hatte. Er lud Wellings in den Operationsstab ein, der nach dem Verschwinden der *Bismarck* gebildet worden war. Im Kartenraum versammelt, diskutierten sie die Frage, welchen Kurs die *Rodney* einschlagen sollte. Nach Berücksichtigung aller Argumente entschloß sich Dalrymple-Hamilton, seine gegenwärtige Position noch zwei oder drei Stunden beizubehalten. Falls das deutsche Schiff nicht wieder in Sicht kam, würde er davon ausgehen, daß es Kurs auf Brest genommen hatte, und entsprechend handeln. An diesem Morgen schrieb Wellings in sein Tagebuch: »Keine Spur von der *Bismarck*. Wird sie durchkommen? Alle sehr aufgeregt.«

Sogar so weit entfernt wie in Washington war man konsterniert, als die Nachricht vom Verschwinden der *Bismarck* einging. Präsident Roosevelt hatte die Entwicklung genau verfolgt, seit das riesige Schlachtschiff im Atlantik aufgetaucht war. Er fürchtete, das deutsche Schiff könnte sich zuletzt in die Karibik flüchten, wo er es dann von amerikanischen U-Booten würde versenken lassen müssen. »Glauben Sie, daß das amerikanische Volk danach meinen Rücktritt fordern würde?« fragte er seine Berater in dem Bemühen, die Wirkung einer solchen Maßnahme auf die Wähler einzuschätzen. Nur wenn unsere Marine danebenschießt, lautete die Antwort.

Während die Briten im dunklen tappten, nahm Admiral Lütjens mit zwanzig Knoten Fahrt Südostkurs auf Frankreich. Er fühlte sich ver-

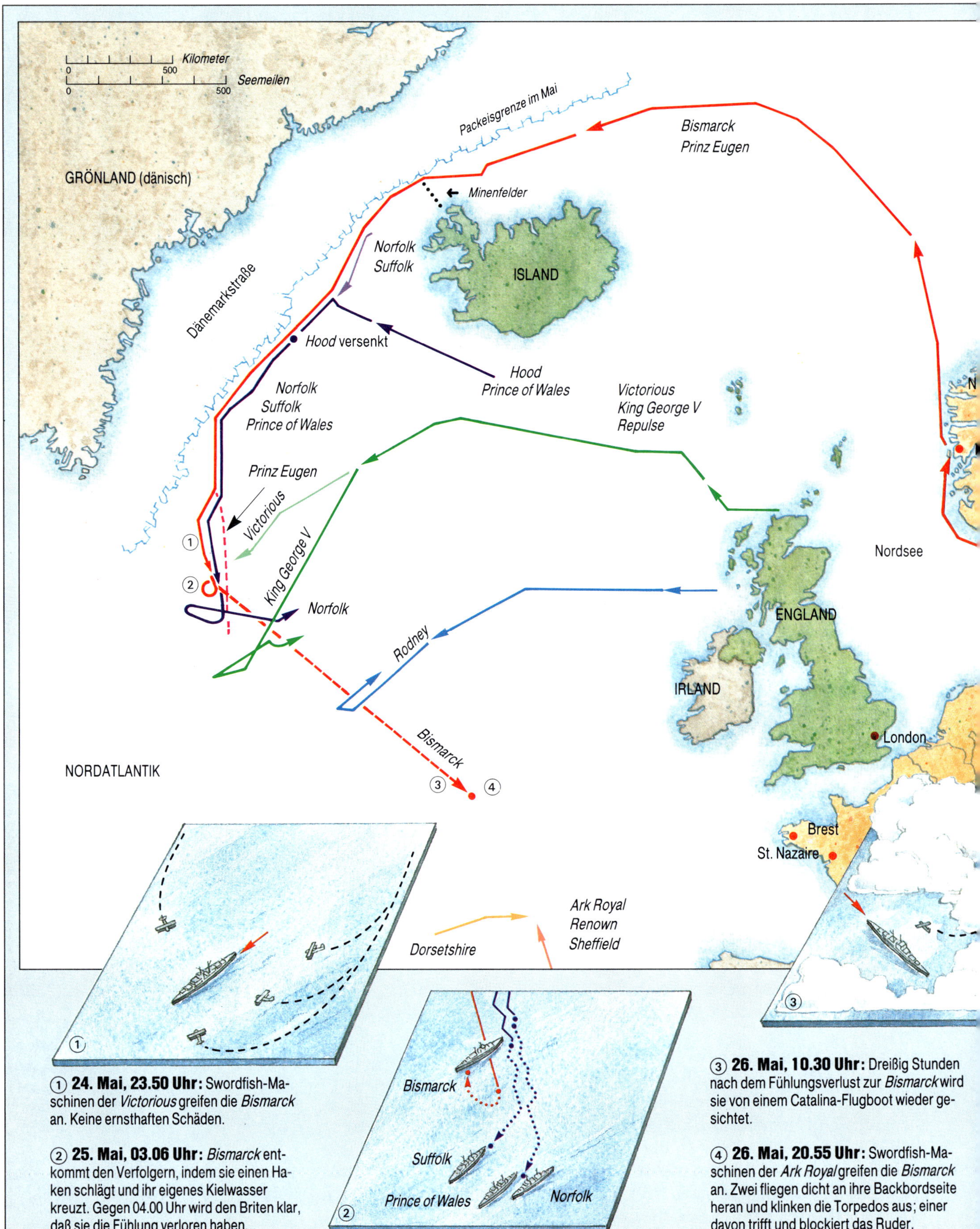

① **24. Mai, 23.50 Uhr:** Swordfish-Maschinen der *Victorious* greifen die *Bismarck* an. Keine ernsthaften Schäden.

② **25. Mai, 03.06 Uhr:** *Bismarck* entkommt den Verfolgern, indem sie einen Haken schlägt und ihr eigenes Kielwasser kreuzt. Gegen 04.00 Uhr wird den Briten klar, daß sie die Fühlung verloren haben.

③ **26. Mai, 10.30 Uhr:** Dreißig Stunden nach dem Fühlungsverlust zur *Bismarck* wird sie von einem Catalina-Flugboot wieder gesichtet.

④ **26. Mai, 20.55 Uhr:** Swordfish-Maschinen der *Ark Royal* greifen die *Bismarck* an. Zwei fliegen dicht an ihre Backbordseite heran und klinken die Torpedos aus; einer davon trifft und blockiert das Ruder.

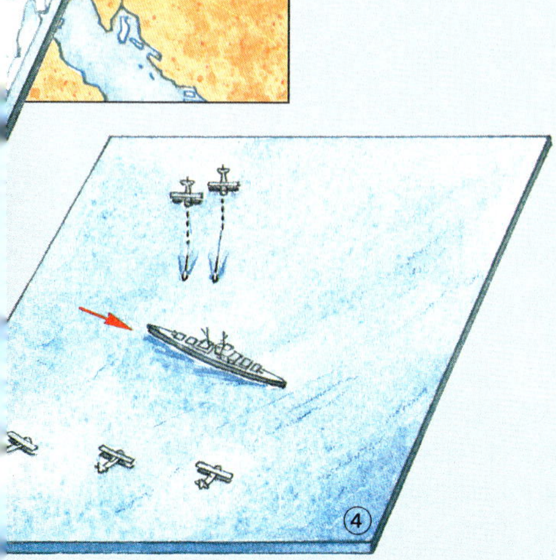

Die Karte zeigt die Schiffsbewegungen bei der Jagd auf die *Bismarck*, nachdem sie die *Hood* versenkt hatte. In den Kartenausschnitten die Ereignisse rund um das deutsche Schlachtschiff in den Tagen vor seinem letzten Gefecht.

folgt. Vielleicht empfing er noch schwache Radarimpulse der fernen *Suffolk*, was ihn unsicher machte. Vielleicht konnte er nach über zwei Tagen enger Beschattung einfach nicht glauben, daß er dem britischen Radar entgangen war. Jedenfalls entschloß er sich, alle günstigen Hinweise zu ignorieren. Möglicherweise ließ auch seine Urteilsfähigkeit etwas nach. Was immer der Grund gewesen sein mag – auf alle Fälle beging er nun, was im Rückblick als schwerer Nachlässigkeitsfehler anmutet: Er brach die Funkstille. Noch nach 08.46 Uhr, als Gruppe West ihm bereits mitgeteilt hatte, daß er den Briten anscheinend entkommen war, setzte er sorglos zwei lange Funksprüche ab.

Vorläufig jedoch blieb Lütjens' Geburtstagsglück ihm treu. Die britische Admiralität erhielt zwar durch die Funksprüche der *Bismarck* Hinweise auf deren Standort, aber Admiral Toveys Navigationsoffizier deutete sie falsch. Die Peilungen zeigten klar, daß sich die *Bismarck* südöstlich ihrer letzten gemeldeten Position befand – was eindeutig auf einen Kurs nach Frankreich schließen ließ. Statt jedoch Admiral Tovey die neu erarbeitete Position mitzuteilen, gab die Admiralität ihm nur die Peilungen bekannt. Offenbar wollte Tovey sie selbst auswerten, um in die Berechnungen auch die aktuellsten Meßwerte eingehen zu lassen, die er von seinen eigenen, mit Funkpeilern ausgerüsteten Zerstörern erhielt. Unglücklicherweise wurden an Bord der *King George V* die Peilwerte unentschuldbar falsch ausgewertet und ergaben für die *Bismarck* eine Position neunzig Seemeilen nördlich der Stelle, wo sie sich tatsächlich befand. Daraus schloß Tovey, die *Bismarck* habe nach Norden gedreht und steuere jetzt die Lücke zwischen Island und den Faröern an. Er änderte seinen Kurs nach Nordosten und setzte um 10.47 Uhr diesen folgenschweren Funkspruch ab: »Peilwerte ergeben Feindposition um 09.52/25 bei 57° Nord und 33° West. Alle Einheiten der Heimatflotte suchen entsprechend.« Deshalb preschten, als es Mittag wurde, selbst die der *Bismarck* am nächsten britischen Schiffe von ihr weg.

Für Heinz Jucknat, Franz Halke und Adolf Eich hatte sich die Welt auf vier graue Stahlwände verengt. Gelegentlich erlaubte ihnen Leutnant Heinz Aengeneyndt zu rauchen. Die Mahlzeiten wurden ihnen gebracht, gewöhnlich ein dampfender Eintopf mit Schwarzbrot. Nur für den Gang zur Toilette durften sie ihre Station verlassen. Sie waren seit Tagen nicht mehr an Deck gewesen, jedenfalls schien es ihnen so. Ab und zu fing jemand an, eine Geschichte zu erzählen – gewöhnlich Heinz, der gern und gut plauderte. Aber sie hatten inzwischen fast alle seine Geschichten gehört und kannten seine gesamte Kindheit in Ostpreußen auswendig. In den langen Perioden der Stille nickten die meisten im Sitzen ein.

Captain Dalrymple-Hamilton war perplex. Er hatte soeben Admiral Toveys Funkspruch von 10.47 Uhr erhalten und fand ihn höchst sonderbar. Danach hätte die *Bismarck* sechzig Seemeilen nördlich der Position gestanden, die sein eigener Navigationsoffizier aus den von der Admiralität stammenden Peilwerten errechnet hatte. Glücklicherweise nahm er mit seinem gesunden Menschenverstand an, daß der Funkspruch auf einem Irrtum beruhte und bald korrigiert werden würde, weshalb er die *Rodney* auf einen Kurs brachte, der den Kurs kreuzte, den die *Bismarck* seiner Meinung nach weiterhin hielt – nach Brest. Aber was sollte er tun, falls keine Berichtigung kam? Egal – er war absolut sicher, daß die Deutschen nicht Kurs auf Norwegen genommen hatten. Trotzdem war er zutiefst erleichtert, als um 11.58 Uhr folgender Funkspruch von der Admiralität einging: »Handeln Sie so, als ob sich der Feind auf dem Weg zu einem Hafen in der Biskaya befände.« Wellings und Gatacre waren ebenfalls begeistert, denn sie hatten recht behalten.

»Achtung, Achtung! Binnen kurzem folgt eine Ansprache des Admirals.« Es war fast Mittag, als die Lautsprecher dröhnten, und sofort war jeder in der achteren Rechenstelle der *Bismarck* hellwach. Die Männer hatten gerade gerüchteweise gehört, daß die gegnerischen Fühlungshalter abgeschüttelt worden seien, und die meisten nahmen an, Lütjens wolle diese gute Nachricht jetzt bestätigen. Dann ertönte die nüchterne Stimme des Admirals. Was er sagte, zitierte von Müllenheim-Rechberg anhand des rekonstruierten Kriegstagebuchs:

In einer Mannschaftsmesse der *Bismarck*. Nach Admiral Lütjens fatalistischer Ansprache war die Stimmung an Bord gedrückt.

»Soldaten vom Schlachtschiff *Bismarck*! Ihr habt euch großen Ruhm erworben! Die Versenkung des Schlachtkreuzers *Hood* hat nicht nur militärischen, sondern auch moralischen Wert, denn *Hood* war der Stolz Englands. Der Feind wird nunmehr versuchen, seine Streitkräfte zusammenzuziehen und auf uns anzusetzen. Ich habe daher *Prinz Eugen* gestern mittag entlassen, damit er eigenen Handelskrieg im Atlantik führt. Ihm ist es gelungen, dem Feind zu entweichen. Wir dagegen haben Befehl erhalten, in Anbetracht der erlittenen Treffer einen französischen Hafen anzulaufen. Auf dem Weg dorthin wird sich der Feind sammeln und uns zum Kampf stellen. Das deutsche Volk ist bei euch, und wir werden schießen, bis die Rohre glühen und bis das letzte Geschoß die Rohre verlassen hat. Für uns Soldaten heißt es jetzt: Siegen oder sterben!«

Sieg oder Untergang! Heinz, Franz und Adolf sahen sich an. Was für Chancen hatte ein einzelnes Schiff gegen die massierte britische Seemacht? Im mittleren Kesselraum achtern fragten sich Hans Zimmermann und seine Freunde, ob Admiral Lütjens den Verstand verloren habe (sie waren alle erstaunt gewesen, als er seinen Vorteil nicht nutzte und die beschädigte *Prince of Wales* nicht verfolgte). Im ganzen Schiff lauschten junge Männer, die wenig vom Seekrieg verstanden, den Worten ihres Admirals und wurden von Niedergeschlagenheit ergriffen. Im Feuerleitstand faßte einer von Müllenheim-Rechbergs Untergebenen es wie folgt zusammen: »Der Admiral sagt, daß wir keine Chance haben, Kapitänleutnant.« Auch jetzt noch, spät am 25. Mai, neun Stunden, nachdem er die Spürhunde abgeschüttelt hatte, war Lütjens weiterhin überzeugt, verfolgt zu werden. Und dies trotz der Funksprüche von Gruppe West, die ihm das Gegenteil versicherten. Obwohl ihm der Erfolg so nahe war, schien er sich bereits in sein Schicksal ergeben zu haben.

Die Moral der Besatzung wurde eine Stunde später durch eine Ansprache von Kapitän zur See Lindemann teilweise wiederhergestellt, der ein viel optimistischeres Bild ihrer Lage zeichnete. Er sprach von U-Booten, die ihnen zu Hilfe kommen würden, von deutschen Flugzeugen, die sie aus der Luft sichern würden, sobald sie näher an Frankreich herangekommen waren. Aber trotz der Hochachtung, die ihm von der gesamten Besatzung entgegengebracht wurde, konnte er die deprimierende Wirkung von Lütjens' Ansprache nicht völlig aufheben. Der Kapitänleutnant (Ing.) Gerhard Junack erinnerte sich später, daß nach Lütjens' Rede einige Offiziere Schwimmwesten angelegt hatten, was den ständigen Befehlen strikt widersprach.

Bemerkte es der Admiral überhaupt? Er war nicht in der Verfassung, sich um Stimmungen zu kümmern, sondern bereits sicher, daß sein 52. Geburtstag sein letzter sein würde. Er las die Geburtstagsglückwünsche von Großadmiral Raeder und Hitler ohne innere Anteilnahme, dabei war wenigstens Raeders Botschaft in herzlichem Ton gehalten. Aber der Funkspruch des »Führers« war knapp und ohne Wärme: »Beste Wünsche zu Ihrem Geburtstag. Adolf Hitler.« Lütjens zerknüllte das Papier und stopfte es in seine Tasche.

Als Admiral Tovey den Fehler in seinen Berechnungen erkannte und auf Südostkurs Richtung Brest ging, hatte die *Bismarck* bereits einen Vorsprung von 150 Seemeilen. Die meisten der ihm kurzfristig zur Verfügung stehenden Einheiten waren inzwischen so knapp an Treibstoff, daß sie Befehl erhielten, einen Hafen anzulaufen, wodurch er praktisch allein blieb. *Prince of Wales*, *Victorious*, *Repulse* und *Suffolk* – sie alle verließen den Schauplatz. *Ramillies*, die nie hätte aufholen können, wurde zum Geleitschutz für die *Britannic* detachiert. Dadurch blieb Tovey nur die *Rodney*, die nie von ihrem Nordostkurs abgewichen war, um sich zwischen die *Bismarck* und Brest zu legen. Vorläufig konnte er auch noch mit der *Norfolk* rechnen. Admiral Wake-Walkers Treibstoffreserve war zwar ebenfalls gering, aber er konnte den Gedanken an Rückzug nicht ertragen. Schließlich hatte er die *Bismarck* entkommen lassen, als sie ihnen fast schon sicher schien. Auch er wandte sich nach Südosten in Richtung Frankreich.

Die gestrichelte Linie zeigt, wo die Schornsteinattrappe auf der *Bismarck* stehen sollte. Ob sie die Briten getäuscht hätte, blieb offen.

Kapitän zur See Lindemann und seine Offiziere überlegten, wie sie die Besatzung beschäftigen und ablenken konnten. Nachmittags erging der Befehl, eine Schornsteinattrappe zu bauen, um die Silhouette des Schiffes zu verändern. Das gab der Kampfmoral neuen Auftrieb, die sich ohnehin schon wieder gebessert hatte, als bekannt wurde, daß in der Tat die Fühlungshalter abgeschüttelt waren. (Seit kurz nach Mittag hielt Lütjens endlich strikte Funkstille ein.) Charakteristisch für die Hochstimmung bei Offizieren und Mannschaften war der spaßhafte Befehl von Korvettenkapitän (Ing.) Walter Lehmann, der im ganzen Schiff zirkulierte: »Freiwache vor der Kammer des Ersten Offiziers Zigarren empfangen zum Rauchen im zweiten Schornstein!«

Wir werden nie erfahren, wie überzeugend die Schornsteinattrappe aussah, denn sie wurde nicht aufgestellt. Obwohl viele die Idee für ziemlich albern hielten, hätte sie in der kritischen Phase des Geschehens eine gewisse Hilfe sein können. Ein Kriegsschiff hätte sich zwar nicht lange zum Narren halten lassen, aber angesichts der Schwierigkeit, Schiffe aus der Luft zu identifizieren, hätte die Attrappe einen unerfahrenen Flugzeugführer verwirren können.

Als die Nacht *Bismarck* unter ihre schützenden Fittiche nahm, am Sonntag, dem 25. Mai, sah es für alle, außer vielleicht für Admiral Lütjens, so aus, als ob die Deutschen es schaffen würden. Sie konnten weiterhin jeden Kontakt vermeiden; Admiral Tovey konnte nicht aufschließen und würde am nächsten Tag bedenklich unter Treibstoffmangel leiden. Force H blieb weiter auf Nordkurs. Um 21.00 Uhr änderte die *Rodney*, die den ganzen Tag nach Nordosten gedampft war, ihren Kurs auf Ost, um den wahrscheinlichen Kurs der *Bismarck* zu kreuzen. Sowohl Force H als auch die *Rodney* konnten dann in Reichweite sein, falls die *Bismarck* entdeckt wurde. In ihrer verzweifelten

Lage setzte die Admiralität jetzt neue Figuren auf das Schachbrett: sechs Zerstörer.

Die *Rodney* wurde immer noch von drei Zerstörern begleitet, aber deren Brennstofflage war allmählich kritisch, und die *King George V* fuhr ohne Begleitschutz in U-Boot-Gewässer hinein. Die einzigen Zerstörer, die schnell genug zu ihnen stoßen konnten, geleiteten den Truppenkonvoi WS8B und unterstanden dem Kommandanten des Zerstörers *Cossack*, Philip Vian, einem harten und kühnen Seemann. Vian erhielt Befehl, seinen Geleitzug mit minimalem Schutz zurückzulassen und Anschluß an die Schlachtschiffe zu suchen. *Cossack, Sikh* und *Zulu* sollten zu *King George V* stoßen. *Maori* und der polnische Zerstörer *Piorun* sollten *Rodney* begleiten. Die Briten warfen nun jedes verfügbare Schiff in die Waagschale, um die *Bismarck* zu stoppen.

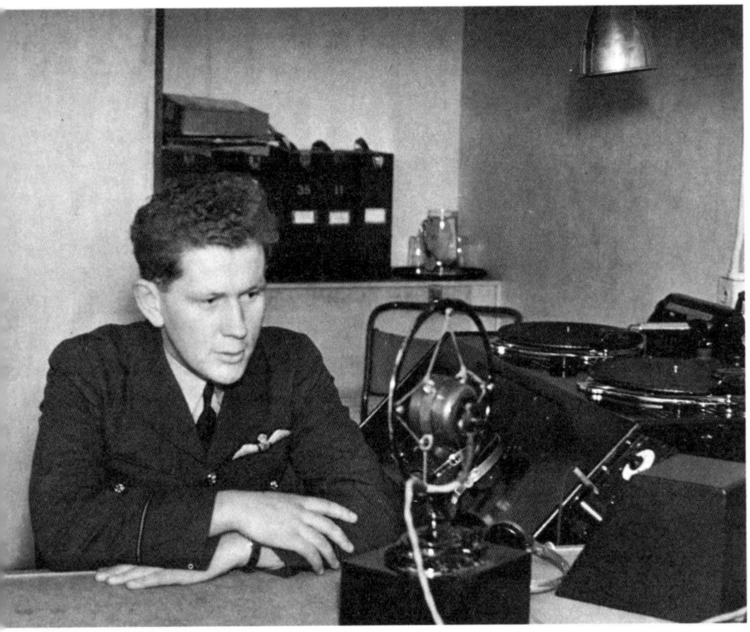

Flying Officer Dennis Briggs, Pilot des Catalina-Flugboots, das die *Bismarck* wiederfand, nachdem die Briten dreißig Stunden lang die Fühlung zu ihr verloren hatten.

Am Montag, dem 26. Mai, startete um 03.30 Uhr ein Catalina-Flugboot von Lough Erne in Nordirland und darin einer der unwahrscheinlichsten Helden der *Bismarck*-Saga. Es war der 26 Jahre alte Leonard B. »Tuck« Smith, Ensign der amerikanischen Marine, der zu einem Kontingent von Marinefliegern gehörte, die Kampferfahrung sammeln und den Briten helfen sollten, ihre gepachteten Catalinas zu fliegen. Daß Ensign Smith als Copilot mitflog, war ein militärisches Geheimnis, denn der Kongreß erlaubte dem Präsidenten nur, England Kriegsmaterial zu leihen, aber keine Soldaten. Dennoch trug Smith seine amerikanische Marineuniform, als er auf dem zweiten Platz in der Catalina saß, mit Watte in den Ohren, um das Dröhnen des Motors zu dämpfen. Falls sie abgeschossen und von einem deutschen Schiff aufgefischt wurden, mußte sich Goebbels vor Erregung überschlagen. Ebenso die isolationistischen Elemente der amerikanischen Presse.

Der freundliche Yankee aus Higginsville, Missouri, war bei der zehnköpfigen Besatzung der Catalina beliebt. Im Augenblick machte er auf dem Sitz des Copiloten ein Nickerchen, während Flying Officer Dennis Briggs die Maschine nach Westen auf das Gebiet zusteuerte, in dem sich die *Bismarck* befinden sollte. Die ersten drei Stunden solcher Flüge waren immer die schlimmsten. Die Besatzung war noch verschlafen, weil sie mitten in der Nacht hatte starten müssen. Bei Sonnenaufgang sah alles schon besser aus, wenn der Duft nach Speck und Eiern die Maschine durchzog und man endlich auch sehen konnte, wohin man flog. Ensign Smith wachte auf und frühstückte. An diesem Morgen war das Wetter neblig trüb und die Sicht schlecht. Ein starker Wind setzte den Wellen unten weiße Schaumkronen auf.

Weder Kommandant Briggs noch Copilot Smith erwarteten im Grunde, die *Bismarck* zu finden. Welche Chancen hatten sie denn, ein einzeln fahrendes Schiff in dieser Wasserwüste zu erkennen? »George«, der Autopilot, hielt das Flugboot auf 500 Fuß Höhe. Einmal konnten sie kurz das Wasser sehen, dann war wieder alles von Nebelschwaden eingehüllt. Um 10.30 Uhr tauchte ein dunkles Etwas »von der Größe einer Zigarrenkiste« vor ihnen auf. »Was, zum Teufel, ist das?« fragte Smith. Dann wurde seine Stimme erregter: »Sieht aus wie ein Schlachtschiff!« Aber konnte es die *Bismarck* sein? Es waren keine Zerstörer in Sicht, was man bei einem britischen Schiff erwartet hätte. »Geh lieber näher ran. Flieg um sein Heck«, befahl Briggs, während er sich nach hinten zum Funkgerät schob und einen

Spruch zu kritzeln begann. Smith ließ die Catalina in die Wolken steigen und flog eine Kurve, um näher heran zu kommen. Aber er verschätzte sich und stieß direkt über dem Schiff aus den Wolken, wobei er sofort aus allen Rohren beschossen wurde. Schwarze Rauchwölkchen umgaben sie auf allen Seiten, und Schrapnellsplitter prasselten gegen die Außenhaut des Flugboots. Es bockte und schüttelte in den Druckwellen der detonierenden Flakgranaten, und ein Besatzungsmitglied auf Freiwache wurde aus seiner Koje geschleudert.

Also war es tatsächlich die *Bismarck.* Aber würden sie ihren Funkspruch noch absetzen können? Briggs warf die verschlüsselten Worte für den Funker aufs Papier, während Smith in eine Steilkurve ging, um die Catalina in den Schutz der Wolken zu bringen. Als Briggs zum Pilotensitz zurückkehrte, sah er noch einmal das Schiff unter ihnen. Es war »ein einziger großer Blitz«, erinnerte er sich. Ein Schrapnellsplitter schlug zwischen den beiden Sitzen ein, als Briggs wieder den Steuerknüppel übernahm. Smith schaute hinunter und sah das erste Tageslicht durch das Loch schimmern. Sobald sie außer Reichweite waren, inspizierten sie die Maschine und fanden ein halbes Dutzend Löcher, aber kein Besatzungsmitglied war verletzt. Der Mechaniker, der gerade das Frühstücksgeschirr abwusch, als der Beschuß begann, war ein bißchen durcheinander, und einige Teller gingen zu Bruch.

Als die tatsächliche Position der *Bismarck* – etwa 700 Seemeilen von Brest entfernt – an die britische Flotte ging (ein Spruch, der auch von den Deutschen aufgefangen und entschlüsselt wurde), merkte

So sah der Maler das Aufeinandertreffen von Catalina und *Bismarck* (oben). Das Flugboot wurde durch Sperrfeuer beschädigt, konnte aber rechtzeitig aus der Reichweite der deutschen Flak entkommen.

Unten: Ensign Leonard B. »Tuck« Smith (rechts), Kopilot der Catalina, hier mit zwei amerikanischen Landsleuten, die wie er dem Küstenkommando der Royal Air Force überstellt waren.

Admiral Tovey, wie nahe seine Schiffe dem Gegner ursprünglich gekommen waren. Captain Vians Zerstörer hatten nur 30 Seemeilen achteraus gestanden, bei der *Rodney* waren es 50. Jetzt lagen sowohl *Rodney*, 125 Seemeilen im Nordosten, und *King George V*, 135 Seemeilen weiter nördlich, zu weit zurück, um noch Anschluß zu finden. Nur Force H, die 100 Seemeilen entfernt auf die Linie zwischen *Bismarck* und Brest zusteuerte, konnte das Schiff noch aufhalten. Aber Tovey wagte nicht, *Renown* und *Sheffield* gegen die *Bismarck* einzusetzen. Im Gefecht waren der alte Schlachtkreuzer und der Kreuzer keine ebenbürtigen Gegner bei der überlegenen Feuerkraft und Panzerung der Deutschen. Die *Renown* war älter als die *Hood* und sogar noch schwächer bewaffnet und gepanzert. Nein, der Angriff war Sache der *Ark Royal*, die jetzt, etwa 60 Seemeilen von der *Bismarck* entfernt, auf Parallelkurs zu ihr fuhr. Das hieß, Tovey mußte sich wieder einmal auf Swordfish-Doppeldecker verlassen, diese mit einem einzigen Torpedo bewaffneten Flugzeuge, von denen acht auf der *Victorious* stationierte zwei Tage zuvor gescheitert waren. Die jetzigen Piloten, überlegte Tovey, gehörten wenigstens zu den erfahrensten Fliegern der Royal Navy. Wenn die Fahrt der *Bismarck* verlangsamt werden konnte, würden er und *Rodney*, die am frühen Nachmittag zu ihnen gestoßen war, aufschließen und im Gefecht der Sache ein Ende bereiten.

Startklare Swordfish-Maschinen an Deck des Flugzeugträgers *Ark Royal*

Gegen 16.00 Uhr wurde Tovey gemeldet, daß 15 Swordfish, mit Torpedos ausgerüstet, die *Ark Royal* verlassen hatten. Hoffend und wartend marschierte er auf der Brücke auf und ab und machte sich Vorwürfe wegen seiner früheren Fehlkalkulationen. Ihre Chancen standen jetzt viel zu schlecht. Da blieb nur die Hoffnung auf ein Wunder.

Müllenheim-Rechberg spannte die Muskeln an, als die *Bismarck* sich wieder einmal überlegte und gegen die quer einkommenden Seen andampfte, auf Frankreich zu. Sie machte noch immer gute Fahrt, trotz ihrer Wunden. Wenigstens verschlechterte sich das Wetter jetzt erheblich, der Seegang wurde gröber – das konnte den Briten keine Hilfe sein. Viele Neulinge an Bord waren seekrank, weil sie noch nie so stürmisches Wetter auf hoher See erlebt hatten. Wieder fragte er sich, warum die Schornsteinattrappe nicht aufgestellt worden war. Vielleicht hätte diese Kriegslist, so lächerlich sie auch sein mochte, das Aufklärungsflugzeug narren können, das sie am Morgen entdeckt hatte. Da er gut englisch sprach, hatte er sich freiwillig gemeldet, englische verschlüsselte Morsesprüche abzufassen, die gesendet werden sollten, falls sie entdeckt wurden. Auch das hätte vielleicht die Catalina in die Irre geführt. Und schon ein paar Stunden Gnadenfrist konnten entscheidend sein. Statt dessen hatte Lütjens prompt Feuer eröffnet und sie dadurch sofort enttarnt.

Sobald der Gegner die Fühlung wiederhergestellt hatte, sank die Stimmung auf *Bismarck* erneut. Untergang und nicht Sieg beherrschte die Gedanken der Männer. Das erste britische Flugzeug wurde von einem zweiten abgelöst. Als auch dieses verschwand, erschien eine Swordfish (ohne Torpedo) und beschattete sie. Das hieß, ein Flugzeugträger war nicht weit entfernt. Warum also, fragte sich die Besatzung, gingen die Engländer nicht zum Angriff über? Den ganzen Tag, während sie auf Brest zusteuerten und bei der schrecklich langsamen Fahrt von 20 Knoten immer noch eine Ölspur hinter sich herzogen, saß ihnen mindestens eine Swordfish stets im Nacken, aber ohne jemals so nahe heranzukommen, daß sie einen Treffer erzielen konnten. Wenn sie mehr Brennstoff gehabt hätten, hätten sie die Fahrt jetzt be-

schleunigen können und befänden sich schon in der Reichweite deutscher Bomber. Wie mußte sich Lütjens verfluchen, daß er in Bergen oder im Nordmeer kein Öl nachgebunkert hatte! Dann kam kurz vor 18.00 Uhr in der Ferne ein Schiff in Sicht. Es war die *Sheffield*, von Force H detachiert, um die *Bismarck* zu beschatten und den Luftangriff zu dirigieren – das erste Feindschiff, das in den letzten 40 Stunden Sichtkontakt hergestellt hatte. Aber noch immer ließ der britische Angriff auf sich warten. Binnen kurzem mußte es dunkel sein – und bei Tagesanbruch sollten sie die Verfolger abgeschüttelt haben. Die Stimmung der Deutschen stieg erneut.

Toveys 15 Swordfish flogen in Formation Richtung *Bismarck*, bekamen ein Schiff auf den Radarschirm, gingen hinunter und griffen an. Nur einige der Piloten fragten sich verwundert, warum das Schiff ihr Feuer nicht erwiderte. Dann merkten sie, daß ihr Ziel zwei Schornsteine hatte – ein Merkmal, das kein deutsches Kriegsschiff aufwies. Aber nur drei Piloten erkannten die *Sheffield* und behielten ihre Torpedos. Viele ihrer Kameraden bemerkten ihren Irrtum erst, als sie zum Träger zurückkehrten: Sie hatten einen eigenen Kreuzer angegriffen. Vice-Admiral Somerville an Bord des Flaggschiffes *Renown* gebrauchte jeden Fluch in seinem beträchtlichen Vokabular, als er erfuhr, was geschehen war. Somerville war ein hochgewachsener, umgänglicher Mann, und wenn er fluchte, tat er es mit Hingabe.

Swordfish-Maschinen steigen von der *Ark Royal* auf, um die *Bismarck* anzugreifen. (Gemälde von Robert Taylor)

Mit Erleichterung wurde festgestellt, daß an der *Sheffield* kein Schaden entstanden war. Viele der neuen magnetgezündeten Torpedos waren schon beim Aufschlag aufs Wasser explodiert. Den anderen hatte die *Sheffield* ausweichen können. Sobald sich Somerville beruhigt hatte, befahl er einen neuerlichen Angriff, und zwar so bald wie möglich. Aber bei dem sich ständig verschlechternden Wetter konnte dies noch mehrere Stunden dauern. Immerhin war man um eine Erfahrung reicher: Die fehlerhaften Magnetzünder wurden durch die alten zuverlässigen Aufschlagzünder ersetzt.

Luftaufnahme der *Bismarck*, die eine Ölschleppe hinter sich herzieht, aber nach wie vor eine große Gefahr für die britischen Flieger ist.

Kapitänleutnant Herbert Wohlfarth im Turm von U-556 traute seinen Augen nicht: In der Abenddämmerung hoben sich drohend die Umrisse zweier großer Kriegsschiffe vor ihm ab: an Backbord ein Flugzeugträger, an Steuerbord ein Schlachtschiff. Die Turmbesatzung kletterte nach unten, und das U-Boot tauchte auf Periskoptiefe. Aber sein erfahrener Kommandant konnte nichts weiter tun, als still vor sich hinzufluchen und zuzusehen, wie *Ark Royal* und *Renown* seelenruhig vorbeifuhren. Sie wären leichte Ziele für ihn gewesen, aber Wohlfarth hatte keine Torpedos mehr an Bord. Den letzten hatte er gegen Geleitzug HX 126 verschossen. Jetzt war er knapp an Brennstoff und nahm Kurs auf Brest, genau wie die *Bismarck.*

Die Ironie der Situation war Wohlfarth klar. Er erinnerte sich nur zu gut an Kapitän Lindemanns launige Antwort auf seinen Vorschlag, daß U-556 die Patenschaft für *Bismarck* übernehmen wolle. Er wußte, daß die Patenschaftsurkunde mit dem Torpedos abwehrenden Parsifal auch jetzt in der Offiziersmesse des Schlachtschiffs hing, als Erinnerung an seine scherzhafte Zusage, das Schiff vor allen Gefahren zu schützen. Das Schicksal hatte ihn auf den richtigen Platz gestellt, um dieses Versprechen einzulösen, aber es hatte ihn der Mittel dazu beraubt. Müde wandte er sich von seinem Periskop ab und entwarf in Gedanken die Sichtmeldung an Gruppe West. Wo war die *Bismarck* jetzt? fragte er sich. Und wo waren die anderen U-Boote, die ihr hätten zu Hilfe kommen können?

Inzwischen hatte die zweite Rotte der Swordfishwelle den Kontakt zum Rest ihrer Staffel verloren. Irgendwo da unten stampfte die *Bismarck* bei starkem Rückenwind und grober See vor einer Kaltfront nach Osten. Gemeinsam stieg die Rotte auf 9000 Fuß, ohne aus den Wolken zu stoßen. Schließlich bemerkte Rottenführer Lieutenant Godfrey-Faussett, daß sich Eis auf seinen Tragflächen bildete, und ging zum Angriff in den Sinkflug. Sublieutenant Kenneth Pattison sah den hochgereckten Daumen seines Anführers, ging in eine Steilkurve und tauchte dicht hinter ihm ab. Wenige Minuten später stießen sie in 1000 Fuß Höhe aus den Wolken heraus. An Backbord lag die *Bismarck* und feuerte wie wild. Pattison erhielt einen Treffer dicht unter seinem Sitz, wurde aber nicht verletzt. Noch tiefer gingen sie, bis sie weniger als 30 Meter über dem Wasser dahinflogen, dann klinkten sie ihre Torpedos aus und flogen im Slalom davon. Obwohl er andere Sorgen hatte, konnte Pattison nicht umhin, das deutsche Schlachtschiff zu bewundern – er hatte noch nie ein solches Monster gesehen. Es war ein großartiger, wenn auch furchterregender Anblick.

Der dritte Pilot der Rotte zwei, Sublieutenant Tony Beale, entdeckte die *Bismarck*, als er sich im Steigflug befand; da ging er von Backbord zum Angriff über. Das Ungetüm verhielt sich seltsam passiv, als er in einer Höhe von knapp 20 Metern anflog und den Aal bei 800 Metern Distanz losschickte. Offenbar hatte man ihn auf der *Bismarck* nicht gesehen – bis er in einer Steilkurve hochzog, um schleunigst zu verschwinden. Da »schien das ganze Schiff im Mündungsfeuer zu explodieren, während alle seine Geschütze auf kürzeste Distanz schossen«. Als sie im Zickzack zu entkommen suchten, glaubten zwei Mann der Swordfish-Besatzung, bei der *Bismarck* mittschiffs an Backbord eine Fontäne aufsteigen zu sehen. »Du hast sie getroffen!« rief jemand, und Beale blickte rechtzeitig über die Schulter, um die Wasserfontäne zusammenfallen zu sehen.

Wegen der ständigen Beschattung durch die Briten hatten sich Alois Haberditz und die übrige Flakbedienung den ganzen Tag auf Gefechtsstationen befunden. Obwohl sie viele hundert Seemeilen südlich der Dänemarkstraße standen, war die Luft kalt und der salzige Gischt noch kälter. Wenn einer von ihnen sich aufwärmen wollte, ging er zu dem nahe gelegenen Ventilator und trat in den heißen Luftstrom, der aus dem Maschinenraum kam. Aber nur eine Minute lang, denn sie erwarteten eine Staffel feindlicher Doppeldecker, die jeden Augenblick aus den Wolken auf sie herabstoßen konnte. Diesmal würden sie sicher einige von ihnen treffen – auch wenn der grobe Seegang ihnen das Zielen erschwerte. Aber als die Abenddämmerung kam und nichts geschah, hatten sie sich allmählich wieder entspannt. Falls die Briten bis jetzt noch nicht angegriffen hatten, mußten sie andere Pläne haben. Vielleicht ein nächtliches Artillerieduell? Dann, kurz vor 21.00 Uhr, als es schon sicher schien, daß sie nach unten gehen, etwas essen und sich aufwärmen konnten, begannen die Alarmglocken zu schrillen. Plötzlich kamen Flugzeuge aus allen Richtungen auf sie zu. Einzeln, zu zweit und zu dritt, berührten sie mit den Fahrgestellen fast das Wasser. Verrückte Hunde, diese Engländer, dachte Haberditz. Ausgesprochene Selbstmörder.

Swordfish beim Hochziehen, nachdem sie ihren »Aal« ausgeklinkt hat.

Korvettenkapitän (Ing.) Gerhard Junack stand unten im mittleren Maschinenraum, als die Explosion eintrat. Er sah die Decksplatten »mindestens einen Meter« steigen und wieder fallen. Andere, die sich näher am Heck befanden, spürten den Treffer noch stärker. Ein Mann wurde in die Luft geschleudert und fiel gegen einige Kameraden. Ein anderer sagte, das Schiff habe »gewippt wie ein Akkordeon«. Sogar Müllenheim-Rechberg hoch oben in seinem Feuerleitstand spürte, daß es erzitterte. Wie bei dem früheren Torpedotreffer wanderte sein Blick automatisch zum Ruderlagenanzeiger, der auf Backbord 12 stand. Der Treffer war mitten beim mit Höchstfahrt ausgeführten Ausweichen nach Backbord erfolgt. Würde der Ruderlagenanzeiger wieder zurückgehen? Der Vierte Artillerieoffizier wartete, aber nichts geschah. Die *Bismarck* setzte, stark nach Steuerbord krängend, ihre Drehung fort und verlangsamte dann die Fahrt. Das Ruder blieb auf 12 Grad Backbord liegen. Blockiert! Müllenheim-Rechberg wurde es beinahe übel.

Am Ende gelang es allen 15 Swordfishmaschinen, ihre Torpedos abzuwerfen, das Weite zu suchen und zur *Ark Royal* zurückzukehren. Aber es ging nicht ohne Schäden ab. Drei Maschinen machten eine Bruchlandung und wurden zerstört. Viele waren durch Flaktreffer beschädigt worden, aber nur zwei Flieger wurden verwundet.

Eine der Maschinen aus Rotte zwei, entweder die Pattisons oder die Godfrey-Faussetts, war vermutlich für den tödlichen Treffer verantwortlich, der das Ruder der *Bismarck* blockierte. Der einzige weitere Treffer, wahrscheinlich von Tony Beale erzielt, traf die Außenseite des Maschinenraums an Backbord dicht unterhalb des Gürtelpanzers und verursachte nur geringen Schaden sowie einen bald gestoppten Wassereinbruch.

Admiral Tovey blieb skeptisch. Sie hatten gerade eine Meldung von der *Sheffield* aufgefangen: »Feind steuert 340 Grad.« Wenn dies stimmte, war die *Bismarck* auf Gegenkurs gegangen und fuhr jetzt genau auf ihre Verfolger zu. Aber Force H hatte keine Treffer durch den

Kurz vor dem entscheidenden Treffer: Das Gemälde von Wesley Lowe zeigt den Augenblick, in dem der Torpedo die Swordfish verläßt, der die Ruderanlage der *Bismarck* blockieren wird. Zwei Maschinen der zweiten Rotte von *Ark Royal* mit den Piloten Lieutenant »Feather« Godfrey-Faussett und Sub-Lieutenant Kenneth Pattison greifen die Backbordseite der *Bismarck* an. Sie fliegen so tief über dem Wasser, daß die deutsche Flak sie nicht erfassen kann.

Angriff der Swordfish gemeldet (der Staffelführer hatte keinen Treffer beobachtet). Tovey fand sich bereits damit ab, daß die *Bismarck* entkommen war, und machte sich auf Churchills Zornausbruch gefaßt. Ungeduldig schob er *Sheffields* Meldung beiseite. Entweder kurvten die Deutschen noch herum, um den Torpedos zu entgehen, oder die *Sheffield* hatte sich von den Umrissen der *Bismarck* täuschen lassen und Bug mit Heck verwechselt. Das konnte leicht passieren. Außerdem hatte der Kreuzer zu diesem Zeitpunkt genug damit zu tun, einer Salve der *Bismarck* auszuweichen. Aber bald folgte die Bestätigung. Irgend etwas war mit dem deutschen Schlachtschiff nicht in Ordnung. Es hatte die Fahrt verlangsamt und schien einen weiten, langsamen Kreisbogen zu fahren. Toveys Hoffnung auf ein Wunder hatte sich erfüllt.

Nicht weit von Toveys Platz entfernt betastete ein Stabsoffizier das Stück Papier in seiner Tasche. Er lächelte vor sich hin, denn er hatte die richtige Entscheidung getroffen. Auf dem Papier war ein Funkspruch an Tovey entschlüsselt. Absender: der Erste Seelord Sir Dudley Pound, aber die Wortwahl roch nach Churchills Zorn. Pound hatte sich noch nie gegen den kampflustigen Premier durchsetzen können. Am frühen Abend hatte Tovey der Admiralität gemeldet, daß ihn sein Brennstoffmangel zwinge, ab Mitternacht einen Hafen anzusteuern, falls die *Bismarck* bis dahin nicht gestoppt werden könne. Pounds Antwort hätte ihn bestimmt zur Weißglut gebracht: »Können die Lage anhand Ihrer Funksprüche nicht erkennen. *Bismarck* muß unbedingt versenkt werden. Falls dazu notwendig, daß KGV (*King George V*) vor Ort bleibt, dann hat sie das zu tun, auch wenn KGV anschließend in Schlepp genommen werden muß.« Dies aber hätte aus dem Flaggschiff des Admirals ein leichtes Ziel für U-Boote gemacht. Der Stabsoffizier stellte sich vor, wie Tovey auf diesen ungewöhnlichen Befehl reagiert hätte: Für das mächtigste neue Schlachtschiff der ganzen Royal Navy wäre nicht nur ein unnötig hohes Risiko entstanden, auch Toveys Mut und Entschlossenheit schienen angezweifelt worden zu sein.

Doch jetzt, da die *Bismarck* schwer angeschlagen war, konnten *King George V* und *Rodney* in wenigen Stunden zum Angriff übergehen. Captain Vian und seine Zerstörer waren bereits eingetroffen. Force H war darauf eingestellt, mit Luft- und Seestreitkräften Hilfe zu leisten. Tovey hatte die *Bismarck* im Sack. Er befahl den Zerstörern, dem verwundeten Schiff auf den Fersen zu bleiben, aber keine törichten Angriffe zu wagen. Er wollte bis Sonnenaufgang warten. Dann konnte er sich dem deutschen Schiff von Nordwesten her nähern und den Wind im Rücken haben, während das zunehmende Tageslicht den Gegner im Osten für seine Geschütze klar hervorheben würde. Danach würde er seinen letzten Zug machen: schachmatt!

SIEBTES KAPITEL

Das letzte Gefecht

26. Mai 1941 – Ostatlantik

An Bord der *Bismarck* hörte sich Kapitän zur See Lindemann scheinbar ruhig die Schadensmeldungen an. Der britische Torpedo hatte in der Nähe des Hecks unterhalb der Ruderanlage ein Loch gerissen; dadurch war Wasser eingeströmt und hatte die Ruder blockiert. Lindemann war überzeugt, daß noch nicht alles verloren sei. Mit etwas Glück konnten die beiden verklemmten Ruder wieder gängig gemacht werden. Wenn nicht, ließ sich das Schiff bestimmt mit Hilfe der Schrauben steuern, die nicht beschädigt waren.

Aber Admiral Lütjens nahm sofort das Schlimmste an. Während Lindemann und seine Ingenieuroffiziere noch die Möglichkeiten be-

Das Gemälde zeigt die *Bismarck* kurz nach dem Abfeuern einer Salve zu Beginn ihres letzten Gefechts.

sprachen, wie die Manövrierfähigkeit des Schiffes wiederherzustellen war, entwarf Lütjens eine Abschiedsbotschaft an das deutsche Volk: »Schiff manövrierunfähig. Wir kämpfen bis zur letzten Granate. Es lebe der Führer.« Eine halbe Stunde nach dem Torpedotreffer, lange bevor das volle Ausmaß des Schadens bekannt sein konnte, gab er diesen Text dem Funker zum Absetzen an Gruppe West. Wie gewöhnlich zog der Admiral die pessimistischsten Schlüsse aus dem augenblicklichen Beweismaterial, noch bevor alle Fakten vorlagen.

Die Leckwehr mußte jetzt zunächst das Zwischendeck oberhalb der vollgelaufenen Ruderräume sichern und das eingedrungene Wasser aus dem Maschinenraum an Backbord pumpen. Dies ließ sich jedoch nicht bewerkstelligen, weil der Selbstanlasser der Pumpe versagte. Männer in die vollgelaufenen Räume der Ruderanlage zu schikken, kam nicht in Frage: Das Wasser schoß zu heftig herein und hinaus, und jeder wäre bei dem Versuch ums Leben gekommen, den beschädigten Mechanismus zu erreichen. Als zwei Seeleute die Panzerluke zum Plattformdeck öffneten, um die Rudermotorenkupplung von oben zu lösen, strömte ihnen ein gewaltiger Wasserschwall entgegen.

Die beiden gewaltigen Ruder der *Bismarck*, die von einem Torpedotreffer beim Angriff der Swordfish-Maschinen blockiert wurden. Die Aufnahme entstand während der Bauzeit des Schlachtschiffes auf der Hamburger Werft Blohm & Voss.

Jetzt wurden verzweifeltere Lösungen vorgeschlagen: Setzen wir Taucher an der Bordwand ein, um die Ruderblätter abzusprengen; bringen wir eine Hangartür als Notruder aus, um den klemmenden Rudern gegenzusteuern. Aber alle diese Vorschläge mußten schließlich abgelehnt werden. Die See ging viel zu hoch. Lindemann mußte, so gut es ging, das Schiff nur mit Hilfe der drei Schrauben steuern – was sich aber während der Erprobungsfahrten in der Ostsee als fast unmöglich erwiesen hatte.

Als die Dunkelheit hereinbrach, verschlechterte sich das Wetter. Es herrschte voller Nordweststurm, der im Verein mit dem sehr hohen Seegang noch zum Unglück der *Bismarck* beitrug. Bisher war sie mit dem Wind Richtung Frankreich gelaufen, jetzt mußte sie dagegen ankämpfen. Was Lindemann auch versuchte – vor allem ein unterschiedliches Steuern der Schrauben –, Winddruck und Seegang zwangen gemeinsam mit dem blockierten Ruder die *Bismarck* immer wieder gegenan – zurück in Richtung auf die Verfolger. Schließlich gab Lindemann auf. Das Schiff verlangsamte die Fahrt auf sieben Knoten und fuhr einen Kurs, der in Schlangenlinien nach Nordwesten zeigte. Jetzt war Admiral Lütjens' Pessimismus voll berechtigt. Lindemann konnte nichts anderes mehr tun, als auf den Tagesanbruch zu warten.

Gegen 23.00 Uhr, als die *Bismarck* noch um Manövrierfähigkeit kämpfte, rückten Captain Vian und seine fünf Zerstörer näher heran. Vians Auftrag lautete, bis Tagesanbruch den Deutschen zu folgen und dann die beiden großen Schlachtschiffe heranzuführen. Aber er war ein kampflustiger Offizier und wollte sich nicht damit begnügen, lediglich den Wachhund zu spielen. Vielleicht konnte er die *Bismarck* selbst versenken? Später sandte er folgenden Funkspruch an seinen Befehlshaber und erläuterte, wie er seine Aufgabe interpretiert hatte: »Erstens, Ihnen den Gegner unbedingt zu dem von Ihnen gewünschten Zeitpunkt zuzuführen. Zweitens, den Versuch zu unternehmen, den Gegner in der Nacht mit Torpedos zu versenken oder aufzuhalten, falls ich überzeugt war, daß ein solcher Angriff die Zerstörer nicht schweren Verlusten aussetzte.«

In Anbetracht des schlechter werdenden Wetters war Vians Auftrag leichter zu formulieren, als in die Tat umzusetzen. Zerstörer sind viel kleiner als Schlachtschiffe und viel instabiler bei schwerem Seegang – und dieser erreichte jetzt eine Höhe von zwanzig Metern und mehr. Vians vier Zerstörer der *Tribal*-Klasse, *Cossack, Maori, Zulu* und *Sikh*, gehörten zu den größten der britischen Flotte, aber an Bord kam man sich wie in einer Berg-und-Tal-Bahn vor. Manchmal bekamen die Schiffe solche Schlagseite, daß sie kurz vor dem Kentern standen. Wenn sie in den Wind drehten, wusch grünes Wasser über ihre Vordecks, und ihre offenen Brücken wurden in Gischt getaucht. Noch schlimmer war es an Bord des fünften Zerstörers, der etwas kleineren polnischen *Piorun*. Aber trotz der widrigen Umstände gelang es Vian, seine fünf Schiffe im Kreis um die *Bismarck* zu stationieren; dann ordnete er einen synchronisierten Torpedoangriff an.

Dieser erste Angriff bewies lediglich, wie genau die Feuerleitsysteme an Bord der *Bismarck* arbeiteten. Zunächst schien das Aufblitzen der deutschen Geschütze, das den schwarzen Nachthimmel erhellte, ziemlich harmlos zu sein, denn der Wind trug den Lärm davon. Aber als die Zerstörer versuchten, näher heranzugehen, und mit ihren leichten Geschützen feuerten, was die Rohre hergaben, lagen die Granateinschläge des Feindes dicht um sie herum. Die Zerstörer wurden verjagt, ohne auch nur einen einzigen Torpedotreffer erzielt zu haben. Einem Sublieutenant im Feuerleitstand der *Zulu* wurde durch einen Granatsplitter das Handgelenk abgetrennt, und eine Granate landete auf dem Vordeck des Schiffes, detonierte aber nicht; ein weiteres Geschoß riß die Funkantenne der *Cossack* ab.

Links die *Cossack*, ein Zerstörer der *Tribal*-Klasse. Sie gehörte zu den fünf Zerstörern unter dem Kommando von Captain Philip Vian (unten, an Bord der *Cossack*), die einen Truppenkonvoi begleiteten. Sie wurden von der britischen Admiralität zur Verfolgung der *Bismarck* detachiert.

Etwa um Mitternacht hatten alle Zerstörer die *Bismarck* außer Sicht verloren, und die Kombination von Dunkelheit und schlechtem Wetter überzeugte Vian, daß ein geordneter Angriff nicht mehr möglich war. Deshalb befahl er seinen Kommandanten, nur dann zu feuern, wenn sich Gelegenheit dazu bot. *Maori* war die erste, die das Schlachtschiff wiederfand; sie schoß Torpedos ab und zog sich zurück. Nacheinander folgten die anderen ihrem Beispiel. (Die *Piorun* stellte den Sichtkontakt nicht wieder her und war schließlich gezwungen, Kurs auf Plymouth zu nehmen, um aufzutanken.) Zahlreiche Wunschtreffer wurden von überoptimistischen Kommandanten gemeldet, und eine Zeitlang lag das deutsche Schiff tatsächlich regungslos im Wasser, spie aber sofort Feuer, wenn ein Zerstörer zu nahe kam. Nach etwa einer Stunde nahm es wieder Fahrt auf.

Bei dem sich rapide verschlechternden Wetter erwies es sich als schwierig, dem Gegner zu folgen. Admiral Tovey an Bord der *King George V*, noch immer nordöstlich der *Bismarck* stehend, machte sich allmählich Sorgen, er könne überraschend auf das deutsche Schlachtschiff stoßen, als er vor Tagesanbruch eine Position weiter westlich einnahm. Deshalb ordnete er den Abschuß von Leuchtgranaten an. Diese aber beleuchteten nicht nur die Deutschen, sondern auch die Positionen der Zerstörer, eine große Hilfe für die Feuerleitung der *Bismarck*. Wieder wurden die Zerstörer gezwungen, sich abzusetzen. Um 03.35 Uhr schloß Captain Vian an Bord der *Cossack* bis auf etwa zwei Seemeilen heran, feuerte seinen letzten Torpedo ab und zog sich zurück. Gegen 04.00 Uhr befand sich kein britisches Schiff mehr in Sichtweite der *Bismarck*, aber aus den mitgehörten Funksprüchen, die sie weiterhin absetzte, wußten die Briten, daß sie ganz in der Nähe stand.

Während der langen Nacht des Wartens auf das letzte Gefecht blieb die Besatzung der *Bismarck* wie schon seit Tagen auf Gefechtsstation und hielt sich mit Kaffee und Zigaretten wach; später in der Nacht wurden die Proviantvorräte freigegeben, so daß sich jeder bedienen konnte.

Für die erschöpfte Besatzung der *Bismarck* hatte das nächtliche Zerstörergefecht wenigstens ein Gutes: Es lenkte ihre Gedanken von dem ab, was ihr bevorstand. Aber in den Stunden nach Mitternacht, als eine gewisse Ruhe eingekehrt war, hatten die Männer auf dem großen Schlachtschiff Zeit genug, sich mit ihrem künftigen Schicksal zu befassen. Ermutigende Funksprüche von Gruppe West wurden über die Bordlautsprecher verlesen: U-Boote seien unterwegs; 81 Junkersmaschinen würden bei Tagesanbruch in Frankreich starten. Die Männer klammerten sich an diesen Zuspruch und sagten sich, Deutschland werde sie nicht aufgeben. Aber im tiefsten Inneren zweifelten sie. Diese Zweifel wurden auch nicht ausgeräumt, als sie eine nüchterne Botschaft vom »Führer« erhielten: »Ganz Deutschland ist bei euch. Was noch geschehen kann, wird getan. Eure Pflichterfüllung wird unser Volk im Kampf um sein Dasein stärken.«

Als Alois Haberditz einzuschlafen versuchte, gingen ihm ständig die Worte des Führers durch den Sinn. Er hatte Gerüchte über einen britischen Kommandanten gehört, der angeblich mit Maschinengewehren auf deutsche Schiffbrüchige im Wasser schießen ließ. Goebbels' Propaganda verbreitete, daß die Briten ihre Kriegsgefangenen unmenschlich behandelten. Vielleicht war es besser zu sterben, als in Gefangenschaft zu geraten?

Kapitänleutnant von Müllenheim-Rechberg war ein zu erfahrener Offizier, um Rettungsversprechen viel Glauben zu schenken. Er wußte, daß bei diesem Wetter und bei dieser Entfernung von Frankreich Unterstützung aus der Luft höchst unwahrscheinlich war und daß ihre Chancen eindeutig schlecht standen. Aber er behielt dieses Wissen für sich. Es hatte keinen Sinn, seine Männer noch mehr zu deprimieren.

In seinem Entfernungsmeßgerät konnte er deutlich einen weiteren britischen Zerstörer sehen, der auf sie zukam, um seine Torpedos loszuschicken. Glücklicherweise hatte bis jetzt keiner getroffen – die Briten feuerten auf zu große Entfernung, und die *Bismarck* kurvte so unberechenbar hin und her, daß sie bei diesem Wetter ein schlechtes Ziel bot. Leuchtgranaten detonierten in der Ferne und tauchten die aufgewühlte See in ein gespenstisches Licht. Dann kamen die Lichtquellen näher heran. Eine Leuchtgranate zerplatzte genau über dem Schiff und gab seine Umrisse dem Gegner preis; der Artillerieoffizier kam sich nackt und schutzlos vor. An ihrem Fallschirm sank sie auf das Vordeck, und es wurde Feueralarm gegeben. Das Deck war zwar versengt, aber kein ernster Schaden entstanden. Immer noch hinkte die *Bismarck* weiter durch die Nacht.

Unten in den Maschinen- und Kesselräumen, wo die Ventilatoren wegen des Gefechts seit Stunden ausgeschaltet waren, herrschte unerträgliche Hitze und verbrauchte Luft. Die Heizer und Maschinisten standen in ihrer Lederkleidung vor dem völligen Zusammenbruch. Hans Zimmermann und die anderen waren im mittleren Kesselraum achtern seit 16.00 Uhr am Nachmittag zuvor auf Station, ohne sich ein einziges Mal hinsetzen zu können. Seit einiger Zeit drang Salzwasser in die Zuleitungen – wenn dies so weiterging, würden die Kessel schließlich explodieren –, und die Rückstöße der pausenlos auf die Zerstörer feuernden großen Geschütze konnten Risse in den Dampfleitungsrohren verursachen. Während sich die Nachtstunden dehnten und die Erschöpfung zunahm, war ihre einzige Nahrung etwas Dextroenergen und mit Coffein versetzte Schokolade. Außerdem wurden Zigaretten ausgegeben, aber es war streng verboten, in den Kesselräumen zu rauchen. Deshalb zündeten sie sich in einer Ecke ihre Zigaretten an, wenn der Chef nicht hersah – obwohl sie wußten, daß es ihnen

Ein deutsches U-Boot des Typs VII, baugleich mit U-556 unter Kapitänleutnant Herbert Wohlfarth. Das Foto unten zeigt ihn mit dem Ritterkreuz, das ihm von Großadmiral Dönitz bei seiner Rückkehr nach Frankreich verliehen wurde.

28 Tage Arrest einbringen konnte. Es war merkwürdig hier unten in den Eingeweiden des Schiffes, so weit entfernt von allem, was sich oben abspielte. Und furchterregend. Falls die *Bismarck* sank, würde auch nur einer von ihnen rechtzeitig hinauskommen?

Der hilfloseste Beobachter dieses gespenstischen und unentschiedenen Nachtgefechts war Herbert Wohlfarth in seinem U-556. Auf dem Heimweg Richtung Frankreich nach erfolgreichem Einsatz hatte er Funksprüche der *Bismarck* aufgefangen, aus denen hervorging, daß ihre Ruderanlage blockiert und sie manövrierunfähig war – nicht weit entfernt von seiner gegenwärtigen Position. Kurz vor Mitternacht wurde er von einem feindlichen Zerstörer beinahe gerammt, konnte aber noch rechtzeitig wegtauchen. Als er wieder hochkam, sah er in der Ferne die Geschütze der *Bismarck* aufblitzen, konnte aber nichts tun, um ihr zu helfen. Sie meldete der Gruppe West, daß sich das Wetter verschlechtere, Wind und Seegang zugenommen hätten. Ab und zu funkte er die von ihm geschätzte Position der *Bismarck*, damit deutsche Flugzeuge oder U-Boote sie leichter finden konnten. Sonst konnte er nichts tun. Sein Brennstoffvorrat nahm rapide ab. Bald würde er sein Patenschiff dem Schicksal überlassen müssen.

Als Amerikaner sollte Lieutenant-Commander Wellings zwar nur als Zeuge des kommenden Gefechts fungieren, aber er war ebenso erregt wie alle anderen an Bord der *Rodney*. Er wußte, seine Frau Dolly wäre entsetzt gewesen, wenn sie von seiner Feuertaufe gewußt hätte – sie erwartete ihn in Boston in ein oder zwei Tagen. War sie benachrichtigt worden, daß sich seine Rückkehr verzögern würde und warum? Er dachte kurz an seine kleine Tochter, die er seit einem Jahr nicht mehr gesehen hatte. Würde sie sich noch an ihn erinnern? Dann schob er alle Heimatgedanken beiseite und lauschte der Ansprache von Captain Dalrymple-Hamilton. Es war eine schlichte, kurze Rede – genau das, was man von einem Mann erwarten konnte, der kein Blatt vor den Mund nahm. Er sagte ihnen, sie würden kurz nach Sonnenaufgang ins Gefecht gehen, mahnte sie, ihrer Uniform Ehre zu machen, und wünschte ihnen viel Erfolg. Dann sprach der Geistliche ein kurzes Gebet: »Wir wenden uns an Deine Majestät, o Gott, in dieser unserer Not, daß Du unser Schicksal in Deine Hand nehmest und richtest zwischen uns und unseren Feinden.« Es war ein Gebet, das schon seit Jahrhunderten auf britischen Kriegsschiffen vor dem Gefecht gesprochen wurde.

Die achtere Rechenstelle der Artillerie, in der Adolf Eich, Franz Halke und Heinz Jucknat stationiert waren. Das Foto stammt aus der Bauzeit der *Bismarck*.

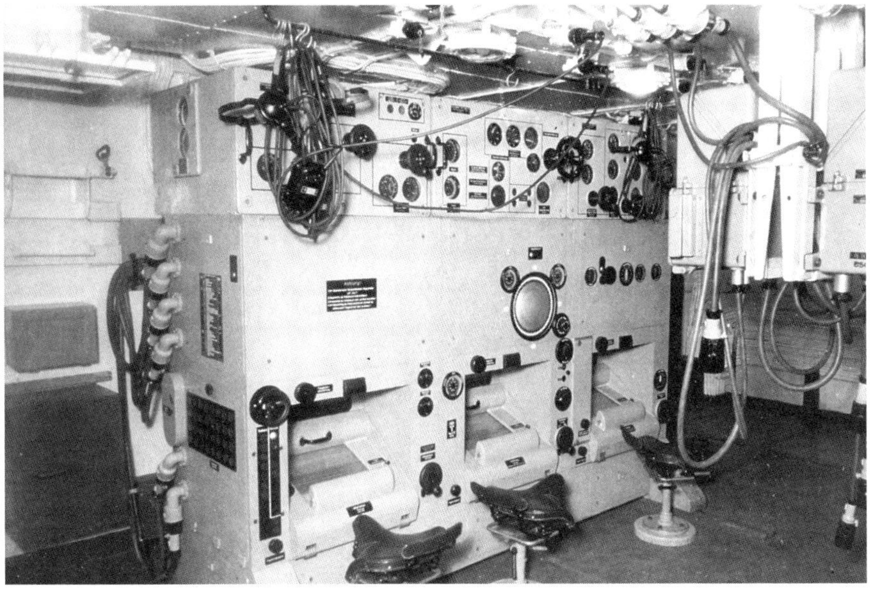

Auf der Admiralsbrücke der *King George V* »saßen, standen oder lehnten die Offiziere wie Gespenster herum«, fand Lieutenant-Commander Hugh Guernsey. Es wurde wenig gesprochen, während Sir John Tovey und sein Stab auf den Tagesanbruch warteten. Wenn jemand das Schweigen brach, war es meist Guernsey neben dem Sprachrohr zum Funkraum, der an die Brücke alle Funksprüche weitergab, die auf dem Flaggschiff empfangen wurden. Guernsey und die meisten anderen hatten sich seit 20.30 Uhr am vergangenen Abend auf Station befunden, aber die Spannung hielt sie alle hellwach. Sie würden auf diesem Posten bleiben, bis das Gefecht gewonnen oder verloren war. Ab und zu wurde dampfender Kakao herumgereicht: »Wir tranken ihn dankbar, aber es hätte ebensogut Spülwasser sein können, niemand hätte es bemerkt«, schrieb er später.

Unten: Matrosengefreiter Adolf (»Adi«) Eich im Jahre 1941

Anderswo auf den britischen Schiffen und auf dem einen deutschen dösten mehrere tausend Männer auf Gefechtsstationen vor sich hin oder dachten düster an ihre Zukunft. Einige, hauptsächlich solche, die schon einmal versenkt worden waren, hatten Alpträume. Andere zogen Fotos von Ehefrauen, Müttern, Freundinnen oder Kindern heraus und betrachteten sie sehnsüchtig. Einige wenige rühmten sich ihrer Leistungen und dachten an bevorstehenden Ruhm und einen Platz in der Geschichte. Die meisten Männer an Bord der *Bismarck* waren zu erschöpft oder zu müde, um sich zu brüsten. Und auf allen Schiffen schwieg meist, wer noch wach war; in ihre Gedanken drangen nur die Geräusche eines Schiffes in schlechtem Wetter: ein loser Lukendeckel, der klapperte, bis ihn jemand befestigte; Geschirr, das im Kombüsenschapp klirrte; das ferne Geheul der Turbinen; das Pfeifen des Windes; Wellenschlag gegen die Bordwand und das Knarren der Planken, die zu lange auf See gewesen waren.

Adolf Eich verließ die achtere Rechenstelle und strebte durch die leeren Gänge der stillen, aber wachsamen *Bismarck* an Deck und an die frische Luft. Die Zerstörer schienen zurückgefallen zu sein, und Leutnant Aengeneyndt hatte seinen Untergebenen erlaubt, abwechselnd eine halbe Stunde an Deck zu gehen. Jetzt war Eich an der Reihe. Als er hinaustrat, trafen ihn ein kalter Wind und eisige Gischt, aber das war nach den endlosen Stunden unter Deck eine Wohltat. Er ging nach vorn, vorbei am Flugzeugkatapult und dem großen Schornstein, vorbei an der Flak und ihren halb erfrorenen Männern, kehrte dann wieder ins Warme zurück und kletterte zur Brücke hinauf. Wenn ihn niemand aufhielt, konnte er vielleicht die neuesten Meldungen mithören. Er jedenfalls hatte die Hoffnung noch nicht aufgegeben. Kapitän zur See Lindemann war ein zu guter Kommandant, Admiral Lütjens ein zu erfahrener Taktiker.

Als er die Brücke erreichte, war Eich trotzdem überrascht über die fast heitere Stimmung. Lindemann schüttelte seinem Ersten Artillerieoffizier Adalbert Schneider die Hand und gratulierte ihm herzlich. Der »Führer« hatte Schneider gerade das Ritterkreuz verliehen, und zwar in Anerkennung seiner entscheidenden Rolle bei der Versenkung der *Hood.* Schneider strahlte, und sogar Admiral Lütjens schien erfreut zu sein. Als Eich zu seinen Kameraden zurückkehrte, erzählte er ihnen, was er gesehen hatte. Die Lage konnte offenbar nicht so ernst sein. Eine Zeitlang hob sich die allgemeine Stimmung.

Kurz vor Tagesanbruch wurden die Proviantträume des Schiffes geöffnet, und die Männer konnten sich geben lassen, soviel sie wollten. Dies war ein untrügliches Zeichen dafür, daß es nach Ansicht der Schiffsführung mit der *Bismarck* zu Ende ging. Die Disziplin lockerte sich. Dann kam der Befehl von der Brücke: »Alle Maschinen stopp.« Korvettenkapitän (Ing.) Gerhard Junack, an Bord für die Turbinen zuständig, machte wie üblich Dienst im mittleren Turbinenraum und wartete auf weitere Befehle. Das Schiff arbeitete stark im hohen Seegang. Er fürchtete, daß sich die Turbinen nach der vorhergegangenen Überhitzung verziehen könnten, falls die Stillegung länger dauerte. Schließlich rief er die Brücke an und bat um »kleine Fahrt«. Lindemanns Antwort sollte er nie vergessen, denn sie paßte so gar nicht zu dem Mann, den er kannte: »Ach, tun Sie, was Sie wollen.«

Als es hell wurde, rückte auf dem Schachbrett eine neue Figur von Süden heran: der Kreuzer HMS *Dorsetshire* unter Captain Benjamin Martin. Als er gehört hatte, daß die *Bismarck* am Vortag wieder entdeckt worden war, hatte er sich, ohne die Admiralität um Erlaubnis zu ersuchen, von dem Geleitzug, den er eskortierte, abgesetzt und wollte nun die Deutschen abfangen. Martin verlangte es nach Taten, er hatte den monotonen Geleitzugdienst satt. Dafür war er nicht in die Marine eingetreten. Jedesmal bei Tagesanbruch las er seiner Besatzung Abschnitte aus den Gefechtsanweisungen der Royal Navy vor, als handle es sich um eine erhebende Bibelstelle. Jetzt würde er seine Chance bekommen, diese Anweisungen in die Tat umzusetzen.

Der 17 Jahre alte Midshipman Joe Brooks, einer der Torpedooffiziere des Schiffes, befand sich in der Torpedoleitzentrale oberhalb der Brücke der *Dorsetshire*, als Captain Martins Stimme aus dem Lautsprecher ertönte. »Also, Leute«, begann er, »ich bin angewiesen worden, die *Bismarck* abzufangen und zu versenken. Wir werden aus allen Rohren feuernd rangehen, dann abdrehen und Torpedos auf sie schießen, und zuletzt werden wir sie vierkant rammen.« Diese angeberische Rede sollte wohl inspirierend wirken, hatte aber auf viele Besatzungsmitglieder, einschließlich Brooks, den entgegengesetzten Effekt. Alle waren entsetzt gewesen, als sie vom Untergang der *Hood* erfuhren, und nur wenigen gefiel der Gedanke, dem deutschen Schlachtschiff allein entgegenzutreten, wie es ihr Kommandant vorhatte. Etwas später war Brooks' Wache zu Ende, und er wanderte allein zum Heck des Schiffes, unterwegs ein paar Worte mit den Geschützbedienungen wechselnd. Am Heck angekommen, blickte er hinab ins weiß schäumende Kielwasser und fragte sich unwillkürlich, wie lange es wohl dauern würde, nach Brest zu schwimmen.

Der Schwere Kreuzer *Dorsetshire* verließ seinen Konvoi und eilte zum Schauplatz des letzten Gefechts mit der *Bismarck*.

Captain Benjamin Martin, Kommandant der *Dorsetshire*

In einem Seeziel-Feuerleitstand der *Bismarck*, wo Kapitänleutnant von Müllenheim-Rechberg den Endkampf erlebte.

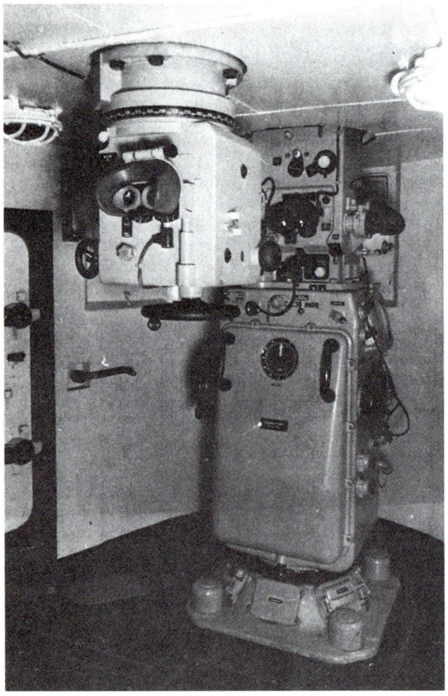

Burkard Freiherr von Müllenheim-Rechberg als junger Leutnant zur See im Jahre 1934

Blasses Morgenlicht fiel auf den Turm von U-556. Nicht weit entfernt konnte Herbert Wohlfarth die vertrauten Umrisse von U-74 sehen, das seinen Funkspruch beantwortet hatte und auf ein Lichtsignal hin herangeschlossen war. Als es heller wurde, signalisierte er dem anderen U-Boot, wo sich seiner Schätzung nach die *Bismarck* zur Zeit befand (er hatte sie nie tatsächlich gesehen, lediglich das Mündungsfeuer ihrer Geschütze). U-74 war durch Wasserbomben beschädigt worden und konnte seine Torpedos nicht einsetzen. Aber es hatte noch genug Brennstoff, um Fühlung zur *Bismarck* zu halten und heraneilender Unterstützung Peilhilfe zu geben. Um 06.30 Uhr tauchte Wohlfarth und setzte bei sparsamster Fahrt den Weg nach Frankreich fort. Es würde knapp werden, aber er glaubte, Lorient erreichen zu können, ohne seine letzten Ölreserven zu verbrauchen. Er hatte getan, was er konnte.

Wohlfarth fuhr also getaucht, als Admiral Lütjens einen Funkspruch an die Gruppe West absetzte: Jedes in der Nähe befindliche U-Boot solle zur *Bismarck* kommen, um ihr Kriegstagebuch zu übernehmen. Er wollte seine Eintragungen mit allen Entscheidungen, die er seit Beginn des Unternehmens Rheinübung getroffen hatte, unter allen Umständen retten. Ein früherer Versuch, das Tagebuch mit einer Arado in Sicherheit zu bringen, war fehlgeschlagen, weil das Katapult durch Granaten der *Prince of Wales* beschädigt worden war. Jetzt war ein U-Boot Lütjens' letzte Hoffnung, diese kostbaren Unterlagen zum Festland zu schaffen. Aber es kam keins. Als es heller wurde und kleine blaue Flecken zwischen den Wolkenfetzen aufleuchteten, war die *Bismarck* völlig allein auf der vom Wind gepeitschten See.

Es war fast 08.00 Uhr und seit über einer Stunde hell. Müllenheim-Rechberg konnte nicht begreifen, warum die Briten nicht zum Angriff übergingen. Worauf warteten sie noch? Im Feuerleitstand, wo er den größten Teil der Nacht verbracht hatte, gab es für ihn nichts Sinnvolles zu tun. Ein Spaziergang würde ihn ablenken. Zunächst ging er in die Offiziersmesse, wo knapp 24 Stunden zuvor, als die Briten noch die Fühlung verloren hatten, er und seine Kameraden sich bereits auf ihre erste Mahlzeit in Frankreich gefreut hatten. Jetzt herrschte hier eine Atmosphäre wie beim Begräbnis. Nichts war zu hören als das Klappern des Schöpflöffels in einer Terrine mit Mehlsuppe, bis jemand traurig von seiner Ehefrau sprach, die er nie wiedersehen würde. Auf der Brücke mußte die Stimmung besser sein, dachte von Müllenheim-Rechberg, und verließ die triste Messe.

Aber er wurde enttäuscht. Verflogen war die Heiterkeit, die Adolf Eich ein paar Stunden zuvor auf der Brücke beobachtet hatte. Niemand sprach ein Wort, und alle standen oder saßen fast regungslos da. Der Vierte Artillerieoffizier hielt Ausschau nach dem Kommandanten und sah zu seinem Erstaunen, daß Lindemann eine aufgeblasene Schwimmweste trug. Er ging hinüber und grüßte, denn er erwartete ein Wort von dem Mann, dessen Adjutant er in der Frühzeit der *Bismarck* gewesen war. Er kannte den Kommandanten gut und brachte ihm große Hochachtung entgegen. Aber Lindemann erwiderte seinen Gruß nicht, sah ihn nicht einmal an, sondern starrte nur vor sich hin, während er stumm sein Frühstück aß. Ob er sich absichtlich in diesen letzten Augenblicken der *Bismarck* absonderte, um sich von dem unvermeidlichen Verlust seines Schiffes zu distanzieren? Wahrscheinlicher war, daß sich Lindemann schließlich unter der Last seiner Verantwortung, seines Konflikts mit Lütjens und der vielen Stunden ohne Schlaf verändert hatte. Wie Gerhard Junack schon früher feststellte, hatte der Kommandant der *Bismarck* anscheinend resigniert.

Auf dem Rückweg zu seiner Gefechtsstation begegnete von Müllenheim-Rechberg dem Admiral und seinem Adjutanten, die zur Brücke gingen. Immerhin erwiderte Lütjens im Vorbeigehen seine Ehrenbe-

Das Aufklärungsflugzeug, das *Bismarcks* Kriegstagebuch in Sicherheit bringen sollte, wird über Bord gekippt. Die Preßluftleitung zum Katapult war beschädigt, ebenso Gleitvorrichtung und Kran, deshalb konnte die Arado 196 nicht gestartet werden. Damit sie schnell sank, wurden die Flügel beigeklappt und die Schwimmer leckgeschlagen.

Admiral Toveys Flaggschiff ***King George V*** auf dem Weg ins Gefecht; die mächtigen 14-Zoll-Geschütze sind klar zum Feuern.

Der vordere Turm des Schlachtschiffes ***King George V*** mit seinem Vierlingsgeschütz

zeigung, aber auch er schwieg. Während die *Bismarck* ihrem letzten Gefecht entgegenfuhr, hatten sich also die beiden Hauptverantwortlichen für ihr Schicksal in eine private Welt zurückgezogen. Niemand würde je erfahren, was sie dachten oder fühlten. Dann schrillten die Alarmglocken, und von Müllenheim-Rechberg verdrängte seine morbiden Gedanken. Das letzte Gefecht begann.

Als es über dem aufgewühlten Atlantik heller wurde, entschloß sich Admiral Tovey, noch etwas zu warten, bevor er zum Angriff überging. Hauptproblem war das Wetter. »Strichweise Regen, ab und zu ein Sonnenstrahl, beißender Nordwestwind und immer noch zunehmender Seegang«, beschrieb Hugh Guernsey, der die ganze Nacht hindurch mit dem Admiral auf der Brücke gestanden hatte, die Situation. Tovey hatte sich bis jetzt dem Rat vieler seiner Offiziere verschlossen, die fürchteten, die *Bismarck* würde inzwischen ihre Schäden reparieren und sich ihnen erneut entziehen. Aber Vians Zerstörer hatten ihren Auftrag erfüllt, Tovey wußte nun, wo die *Bismarck* war. Diesmal würde er auf Nummer Sicher gehen, volles Tageslicht und gute Sicht ausnutzen. Anders als Admiral Holland von der *Hood* würde er seine beiden Schiffe unabhängig voneinander angreifen lassen. Ihnen sollte nicht widerfahren, was die *Bismarck* der *Hood* angetan hatte.

Toveys Plan war einfach, aber vernünftig. *King George V* und *Rodney* würden von Westen her anlaufen, wobei sie den Wind im Rücken hatten, der den Deutschen ins Gesicht blies. Die *Bismarck* würde sich scharf vom Morgenhimmel abheben und dadurch ein leichteres Ziel bieten. Seine beiden Schlachtschiffe sollten rasch auf günstigste Entfernung herankommen und bei der Annäherung von vorn das kleinstmögliche Ziel bieten. Tovey hoffte, wie er später schrieb, daß »der Anblick zweier Schlachtschiffe, die frontal auf sie zukamen, die Nerven der deutschen Offiziere an Zielgebern und Entfernungsmeßgeräten strapazieren würde, zumal sie bereits vier aufregende Tage und Nächte hinter sich hatten«. Falls erforderlich, hatte er die Torpedobomber der *Ark Royal* verfügbar (hoher Seegang und schlechtes Wetter hatten Admiral Somerville daran gehindert, sie, wie ursprünglich geplant, bei Tagesanbruch loszuschicken). Die *Norfolk* würde jede Minute von Norden her eintreffen, und die von Süden mit hoher Fahrt anrückende *Dorsetshire* würde jetzt noch rechtzeitig zum Gefecht zur Stelle sein.

Um 07.37 Uhr lag die *Bismarck* 21 Seemeilen ostsüdöstlich der beiden Schlachtschiffe; diese änderten jetzt Kurs und fuhren direkt auf die Deutschen zu. Um 07.53 Uhr sichtete die *Norfolk*, die viel näher an den Gegner herangekommen war, die *Bismarck*, verwechselte sie aber mit der *Rodney*. Admiral Wake-Walker erkannte seinen Irrtum erst, als das Schlachtschiff sein Erkennungssignal nicht erwiderte. Da sie damit rechnen mußte, sofort unter deutschen Beschuß zu geraten, zog sich die *Norfolk* auf sichere Distanz nach Nordwesten zurück, behielt aber Sichtkontakt. So beschattete Wake-Walker, der die *Bismarck* im Atlantik hatte entkommen lassen, das deutsche Schiff erneut: eine Art Wiedergutmachung. Inzwischen setzten die beiden britischen Schlachtschiffe ihre Annäherung von Westen her fort und sichteten die *Norfolk* um 08.20 Uhr, ihre erste optische Brücke zur *Bismarck*. Wake-Walker signalisierte, das deutsche Schiff befinde sich 16 Seemeilen südöstlich von Toveys Position. *King George V* und *Rodney* korrigierten ihren Kurs entsprechend. In wenigen Minuten mußte das Gefecht beginnen.

Admiral Tovey stülpte seinen Helm über, die sogenannte »Gefechtsmelone«, und wurde von Regenwasser, das sich darin über Nacht gesammelt hatte, völlig durchnäßt. »Er grinste bloß«, schrieb Guernsey später, »so völlig unbeeindruckt wie von jedem anderen

Mißgeschick, das ihm während dieser fünftägigen Verfolgungsjagd widerfahren war.« Während all der Zeit hatte er immer wieder erlebt, wie seine Hoffnungen geweckt und enttäuscht wurden. Wer hätte einen solchen Befehlshaber nicht schätzen sollen? Die anderen Offiziere auf der Brücke lächelten mit ihm. Alles würde gutgehen. Ein paar Minuten danach, um 08.43 Uhr, bot sich Tovey und den anderen schließlich der Anblick, den sie so herbeigesehnt und gleichzeitig gefürchtet hatten. Als die *Bismarck* aus einem fernen Regenschauer auftauchte, wirkte sie auf Guernsey wie »ein dickes, gedrungenes Gespenst von einem Schiff, das von vorn direkt auf uns zukam«. Ein Gespenst ihres früheren wehrhaften Selbst vielleicht, aber noch keineswegs tot. Im Gegenteil.

Die beiden britischen Schlachtschiffe griffen den verwundeten deutschen Riesen von Backbord vorn an, als sich die *Bismarck* noch abmühte, nach Steuerbord zu drehen, um alle ihre Geschütze zum Tragen zu bringen. Es war die *Rodney*, die alte Dame unter den dreien, die eigentlich ins Trockendock und nicht mitten in eine historische Seeschlacht gehörte, die um 08.47 Uhr das Feuer eröffnete. Die erste Salve aus ihren 16-Zoll-Rohren erschütterte sie vom Bug bis zum Heck; vielen an Bord kam es so vor, als müßten die Panzerplatten ihrer alternden Bordwand auseinanderbrechen. Aber sie fuhr weiter, während ihre Artilleristen emsig die nächste Salve vorbereiteten. Dann feuerte das Flaggschiff *King George V* seine erste Salve. Die *Bismarck* reagierte noch immer nicht.

Eine Salve der *Bismarck*

Die erste Salve aus den 14-Zoll-Geschützen der *King George V* führte dazu, daß der Kompaß auf ihrer Brücke aus seinem Gehäuse sprang. Guernseys Stahlhelm rutschte ihm übers Gesicht und fiel klappernd an Deck, während ein Stapel Telegrammformulare in einer Fontäne emporschoß und im Luftzug davonwirbelte. Dann spuckten die beiden vorderen Zwillingstürme der *Bismarck* orangefarbenes Mündungsfeuer, und auf den Brücken von *Rodney* und *King George V* hielten alle den Atem an, gespannt darauf, wo die Granaten niedergehen würden. Alle kannten die sagenhafte Zielgenauigkeit der Deutschen. »Es dauerte schier zwei Stunden, bis diese Granaten aufschlugen«, schrieb Guernsey. Sie gingen tausend Meter vor der *Rodney* nieder. Offenbar konzentrierte der Erste Artillerieoffizier der *Bismarck*, Adalbert Schneider, sein Feuer auf das ältere, schwächere Schiff – vielleicht hoffte er, seinen Erfolg mit der *Hood* zu wiederholen. Als Guernsey merkte, daß sein Schiff nicht das Ziel war, dachte er unwillkürlich: »Gott sei Dank feuert sie auf die *Rodney*.«

Die vorrückenden britischen Angreifer verringerten weiterhin den Abstand zur *Bismarck*, während eine Salve der anderen folgte und die Deutschen sich behaupteten. Die *Norfolk* feuerte mit ihren 8-Zoll-Geschützen aus einer Entfernung von zehn Seemeilen weiter östlich. Die

Sub-Lieutenant Ludovic Kennedy (rechts) an Bord des Zerstörers *Tartar* (unten), von dem aus er die Versenkung der *Bismarck* beobachtete.

dritte Salve der *Bismarck* gabelte die *Rodney* ein, aber nur Granatsplitter trafen das Schiff und beschädigten den Flakleitstand, ohne jedoch Verluste zu fordern. Lieutenant-Commander Wellings fand, daß so ein Gefecht die Gedanken hervorragend bündelte. In seinem privaten Tagebuch schrieb er später, falls diese Salve 20 Meter weiter achtern gelandet wäre, hätte sie den gesamten Brückenaufbau weggerissen und wahrscheinlich den Kommandanten und die restliche Schiffsführung getötet. In dem Fall hätte der Erste Offizier das Kommando übernehmen müssen und Wellings – ein Amerikaner – sich plötzlich als stellvertretender Kommandant eines britischen Kriegsschiffs wiedergefunden; jedenfalls rechnete er sich das so aus.

Kurz nach 09.00 Uhr kam die *Dorsetshire* mit hoher Fahrt von Süden heran. Seit er seinen Geleitzug verlassen hatte, war Captain Martin fast 600 Seemeilen nonstop gefahren. Jetzt ließ er seine 8-Zoll-Geschütze das Feuer eröffnen, aber die Entfernung war noch so groß, daß kaum Aussicht auf Treffer bestand. Die *Bismarck* wurde jetzt von vier Schiffen angegriffen. Die Chancen der Deutschen, deren blokkierte Ruder jedes Ausweichen verhinderten, waren minimal. Trotzdem, hätte die *Bismarck* schon früh einen Treffer erzielt, wie es ihr im Gefecht bei Island gelungen war, wäre der Tag vielleicht ganz anders verlaufen. Aber selbst wenn sie dieses Gefecht gewann, wären andere Schiffe unweigerlich nachgerückt, um sie zu versenken.

Augenzeugen an Bord der Zerstörer stimmten darin überein, daß die Anfangsphase der Schlacht von einer gewissen schrecklichen Schönheit war. Sublieutenant Ludovic Kennedy an Bord des Zerstörers *Tartar* beschrieb das Drama folgendermaßen:

»In meinem ganzen Leben werde ich kaum eine andere Stunde so lebhaft in Erinnerung behalten wie dieses Gefecht. Es waren die Farbkontraste, die sich mir unauslöschlich einprägten, diese unerhörte Farbigkeit im ewigen Grau der See. Die Sonne schien zum ersten Mal seit Tagen, sie strahlte von einem blauen Himmel, über den weiße Wolken jagten. Der noch immer starke Wind sprenkelte und marmorierte das grüne Wasser und setzte den kurzen steilen Seen weiße Schaumkronen auf. Dazu das düstere Schwarz der *Bismarck* und das Grau der britischen Schiffe, das orangefarbene Mündungsfeuer, dunkelbraune Rauchwolken und haushohe Wasserfontänen, so weiß wie Leichentücher. Das allein war schon ein erhebender Anblick, ›wild und majestätisch‹, wie es einer unserer Offiziere ausdrückte, fast zu schön für den Ernst der Stunde. Merkwürdig, sich vorzustellen, daß diese drei Schlachtschiffe fünftausend Menschenleben umschlossen. Aber dies schien ganz irrelevant zu sein, handelte es sich doch um einen Kampf zwischen Schiffen, nicht Menschen. Wer würde schließlich siegen?«

Die ersten Verluste gab es auf dem deutschen Schiff. Um 08.59 Uhr, als das Gefecht erst zwölf Minuten gedauert hatte, detonierte eine 16-Zoll-Granate der *Rodney* in Nähe der Geschütztürme Anton und Bruno und setzte diese außer Gefecht. Fast im selben Augenblick zerstörte eine 8-Zoll-Granate von *Norfolk* den Hauptartillerieleitstand im Vormars und riß Schneider und sein neues Ritterkreuz mit sich. Ironischerweise, wie so oft im Krieg, war es ein ähnlich glücklicher Zufallstreffer wie der, welcher drei Tage zuvor das Schicksal der mächtigen *Hood* besiegelt hatte. Das Gefecht hatte kaum begonnen, und schon kämpfte die *Bismarck* mit einem erblindeten Auge und einer gebrochenen Hand.

Müllenheim-Rechberg hatte gerade noch Schneiders ruhige Stimme am Telefon gehört, als dieser das Feuer auf die *Rodney* dirigierte, und sich verwundert gefragt, warum es so lange brauchte, bis die Briten ihren ersten Treffer erzielten. Für ihn schien es viel länger

als die zwanzig Minuten zu dauern, die tatsächlich zwischen der ersten Salve und dem plötzlichen Verstummen von Schneiders Stimme lagen. Dann meldete ihm Oberleutnant Friedrich Cardinal aus der vorderen Rechenstelle, daß die Geschütztürme Anton und Bruno ausgefallen seien und keine Verbindung mehr zum Hauptfeuerleitstand bestehe. Von Müllenheim-Rechberg sollte das Kommando über die restliche Schwere Artillerie übernehmen. Plötzlich war der junge Vierte Artillerieoffizier allein verantwortlich, die Verteidigung der *Bismarck* lag jetzt in seiner Hand.

Er konnte die *Rodney* nicht mehr durch sein Backbord-Zielgerät sehen (Captain Dalrymple-Hamilton hatte nach Norden abgedreht, um eine bessere Angriffsposition einzunehmen), aber die *King George V* war in etwa 2,5 Seemeilen Distanz deutlich zu erkennen, sie fuhr rasch auf Gegenkurs. Während der Kurs der *Bismarck* weiterhin zwischen Nord, Nordost und Nordwest pendelte, befahl der junge deutsche Offizier, in dessen Händen jetzt das Schicksal der *Bismarck* lag, eine Salve, dann noch eine und zuletzt eine dritte. Die dritte Salve gabelte die *King George V* ein, die vierte ging zu weit. Die ganze Zeit über starrte er gebannt in den Backbord-Zielgeber, während er der achteren Rechenstelle die Zielansprachen für die Geschütztürme gab. Doch kurz nach der vierten Salve wurde sein Feuerleitstand heftig erschüttert, das Okular des Zielgebers stieß ihm hart ins Gesicht. Als er wieder hineinschaute, sah er nichts, nur ein unnatürlich grelles Blau: Der Zielgeber war zertrümmert, der achtere Leitstand völlig blind. Von Müllenheim-Rechberg konnte nichts weiter tun, als die Türme Caesar und Dora unabhängig voneinander feuern zu lassen. Es war jetzt etwa 09.15 Uhr, und das Gefecht hatte noch keine halbe Stunde gedauert.

Zu diesem Zeitpunkt waren *Rodney* und *King George V* nahe genug herangekommen, um auch ihre leichtere Artillerie zum Tragen zu bringen. Sie hatten bereits zahlreiche Treffer auf dem deutschen Schiff erzielt, aber Tovey war nicht sicher, wieviel Schaden tatsäch-

Granaten der britischen Schiffe gabeln die *Bismarck* ein, während ihre Geschütze das mörderische Feuer nur noch schwach erwidern. (Gemälde von Jörg Wischmann)

Diese Aufnahme von Bord der *King George V* zeigt *Rodney* (rechts), auf *Bismarck* feuernd.

lich angerichtet worden war. Also wurde die Beschießung fortgesetzt. Nach Guernseys Worten bohrten sich die Granaten »durch die Panzerung wie durch ein Stück Käse«. – »Nach einer halben Stunde«, schrieb Tovey später, »brannte die *Bismarck* an mehreren Stellen und war praktisch außer Kontrolle. Nur einer ihrer Türme feuerte noch, jedoch wie die Mittlere Artillerie wild und unregelmäßig. Aber sie machte immer noch Fahrt.«

Schlachtschiff *HMS Rodney* feuert mit seinen 16-Zoll-Geschützen abermals auf den Feind.

Tief im Inneren der *Bismarck*, wo die Besatzung der Kessel- und Maschinenräume ihren letzten Kampf mit Dampf und Turbinen focht, war es unmöglich, zwischen dem Dröhnen der eigenen Ge-

In den großen Geschütztürmen von *King George V* und *Rodney* (unten) wird nachgeladen und die nächste Salve vorbereitet.

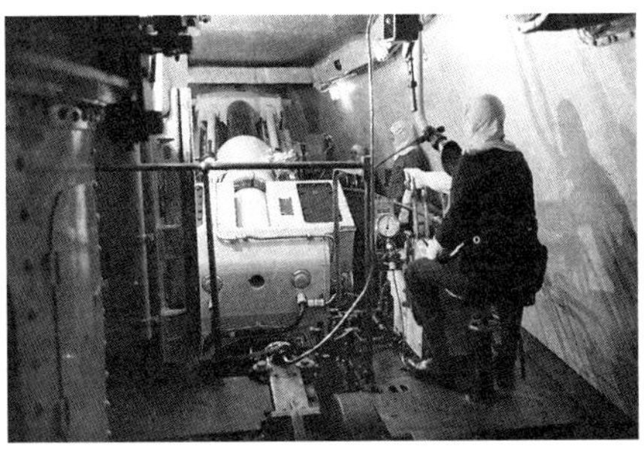

schütze und den Detonationen britischer Granaten zu unterscheiden. Aber jedesmal, wenn eine Salve einschlug, kam viel Wasser durch die Luftschächte, deshalb wußten sie, daß das gegnerische Feuer dicht beim Schiff lag. Auf anderen Stationen unter Deck – in den Rechenstellen, den Krankenrevieren, den Magazinen und Kombüsen – wußten die Männer nur das, was sie von ihren Offizieren erfuhren. Jede Abteilung war von der nächsten isoliert und stand nur über Telefon mit ihr in Kontakt. Als diese Verbindungen abrissen, wuchs das Gefühl der Einsamkeit. Aber immer noch schufteten die Männer weiter oder warteten auf Befehle, die niemals kamen. Im Vorschiff, wo die Schäden am größten waren, häuften sich die Ausfälle. *Rodney* und *King George V* standen jetzt so nahe an der *Bismarck*, daß ihre Rohre fast waagrecht feuerten, und das Gefecht verwandelte sich in eine Schießübung für die Briten. In schneller Folge schlugen die Granaten auf der *Bismarck* ein. Bald war das Vorschiff fast völlig zerstört, die Geschützrohre zeigten grotesk gen Himmel oder hingen herab »wie die Stiele welker Blumen«, wie es ein Beobachter ausdrückte. Um 09.21 Uhr schlug eine Granate großen Kalibers in Turm Caesar ein. Obwohl die Männer im Inneren unversehrt blieben, ließ sich das rechte Rohr nicht mehr anheben. Um 09.27 Uhr konnte ein vorderes Geschütz noch eine Salve abfeuern. Dann krepierte gegen 09.30 Uhr das rechte Rohr von Turm Dora, es sah aus wie eine abgeschälte Banane. Um 09.31 Uhr feuerte die *Bismarck* ihre letzte Salve, dann schwiegen ihre gewaltigen Türme.

Aber noch immer schossen die Briten auf das schwer angeschlagene Schlachtschiff. Toveys Befehl lautete, die *Bismarck* zu versenken, als Vergeltung für die *Hood*, auch wenn dadurch die gesamte Munition verbraucht wurde. Die Kosten waren enorm. Insgesamt wurden 2876 Granaten auf die Deutschen abgefeuert, davon 719 allein aus der Schweren Artillerie. Wahrscheinlich 400 trafen das Schiff.

Aber weil die Distanzen so gering und die Flugbahnen so flach waren (viele Geschosse prallten vom Wasser ab, bevor sie einschlugen), entstand nur geringer Schaden unterhalb der Wasserlinie. Die *Bismarck* war ein brennendes Wrack, aber immer noch wollte sie nicht sinken. Zuletzt rief Tovey entnervt aus: »Holt mir meine Wurfpfeile! Mal sehen, ob wir sie *damit* versenken können.«

Das Feuer wurde erbarmungslos aufrechterhalten, obwohl die *Bismarck* jetzt eine zerschlagene Hulk war, aus der überall Flammen schossen. Ihr Vorschiff hob sich und fiel wieder herab, so daß Gischtwolken aufstoben. Jetzt allmählich bekam der unpersönliche Stahlriese, der die Briten eine Woche lang in Atem gehalten hatte, menschliche Dimensionen. »Kleine Gestalten rannten über ihr Achterdeck«, schrieb Lieutenant-Commander Guernsey an Bord der *King George V.* »Eine stieg auf die Reling, hielt sich mit einer Hand fest, schaute zurück und sprang dann ins Meer. Andere sprangen einfach so hinab, ohne einen Blick zurück. Es waren nicht viele, die nacheinander ins Wasser sprangen, nur ein kleines Rinnsal.« Ein kanadischer Lieutenant an Bord der *Tartar*, George Whalley, drückte später aus, was viele empfanden: »Wie es jetzt im Inneren des Schiffes aussehen mußte – dieser Gedanke war unerträglich: die Geschütze zertrümmert, der Rumpf voll Feuer, überall Tote und Verwundete; gewiß sind alle Menschen gleich, wenn sie leiden müssen.« Gegen 10.15 Uhr befahl Tovey Feuereinstellung und setzte sich ab, gefolgt von der *Rodney*. Das Gefecht hatte fast anderthalb Stunden gedauert.

Die *Bismarck* unter Feuer von *Rodney*, gesehen von Bord des Kreuzers *Dorsetshire*.

Als noch die Granaten auf der *Bismarck* einschlugen, wurde Befehl gegeben, das Schiff zu versenken und von Bord zu gehen. Der Befehl kam auch von Fregattenkapitän Oels, dem Ersten Offizier, der das Kommando unter Deck übernahm, als die Verbindung zur Brücke abriß. Mit einigen Offizieren verließ er die Kommandozentrale unter dem Kommandoturm und begab sich nach achtern, denn er wußte, daß im total verwüsteten Schiff viele Brände wüteten.

Gerhard Junack befand sich im mittleren Turbinenraum, als er den Befehl zum Versenken des Schiffes erhielt; er kam von seinem Vorgesetzten, Korvettenkapitän (Ing.) Walter Lehmann, dem Leitenden Ingenieur der *Bismarck*. Danach fiel das Telefon aus. Junack entsandte seinen besten Unteroffizier, um weitere Instruktionen einzuholen, aber der Mann kehrte nicht zurück. Schließlich beschloß er, auf eigene Faust zu handeln. Er inspizierte den Maschinenraum, ob alle Türen offenstanden (damit das Wasser ungehindert durch die Abteilungen fließen konnte), dann wies er seinen Obermaschinisten an, die Zünder scharf zu machen, damit die Boden-Seeventile im Kesselraum und der Kühlwassereintritt der Kondensatoren gesprengt werden konnten; die Schotten zu den Wellentunneln wurden geöffnet. Zuletzt schickte Junack seine Männer nach oben und verließ als letzter den Turbinenraum.

Der Befehl zur Selbstversenkung erreichte im Achterschiff auch Stabsobermaschinist Wilhelm Schmidt, der die Leckwehrgruppe 1 anführte. Er hatte alle Hände voll zu tun. Vier oder fünf Granaten waren in seiner Abteilung eingeschlagen, hatten die Beleuchtung und das

Belüftungssystem außer Betrieb gesetzt und einige seiner Männer getötet. Giftige Gase zogen durch die Räume, und eine Gruppe, die er zum Löschen nach achtern entsandt hatte, kehrte nicht zurück. In Anbetracht der Situation war es eine Erleichterung, den Befehl zu hören: »Maßnahme ›Versenken‹ ausführen.« Sofort stellte er alle noch arbeitenden Pumpen auf Fluten um und führte seine letzten Männer aufs Oberdeck, durch einen Munitionsaufzug, da alle Niedergänge blokkiert waren.

In der achteren Rechenstelle saßen die Männer schweigend an ihren Plätzen und warteten darauf, daß Leutnant Heinz Aengeneyndt etwas tat. Die Telefone arbeiteten nicht mehr, aber die Alarmglocken schrillten weiter. Die Lampen flackerten gelegentlich, brannten aber noch. Die Männer wußten, daß ihre eigenen Geschütze das Feuer eingestellt hatten, aber die Erschütterungen bei jedem Treffer des Gegners erreichten sie wie ferner Donner. Die Luft wurde stickig und die Mannschaft immer unruhiger. Heinz Jucknat spürte ein Ticken in seinen Ohren. Der Luftdruck nahm zu, dachte er. Sank das Schiff schon? Er kämpfte gegen die aufkommende Panik an und legte sich auf den Boden; das Ticken hörte auf. Schließlich schickte Aengeneyndt einen Mann nachfragen, was los war. Dieser kehrte ein paar Minuten später zurück und meldete, der Befehl zum Versenken und Verlassen des Schiffes sei bereits ergangen.

An der Kimm brennt *Bismarck*, doch die Beschießung geht weiter.

Als der junge Leutnant seine Männer nach oben führen wollte, stellte er fest, daß ihnen der Weg durch Brände und Trümmer versperrt war. Er wußte nicht, was tun. Heinz Jucknat schlug vor, durch den Verbindungsschacht zu fliehen, der die Rechenstelle mit dem Feuerleitstand verband. Er fand die Luke und stieg ein. Unmittelbar hinter ihm kletterte sein Freund Adolf Eich, dann kam Franz Halke. Der Leutnant zögerte einen Augenblick und stieg dann nach Franz ein. Ebenso ein weiterer Kamerad, Herbert Langer.

Im Dunkeln kletterten sie höher, bis es nicht weiter ging. Heinz versuchte, die Luke über seinem Kopf zu öffnen, aber sie klemmte. Deshalb nahm er seine Gasmaske und schlug damit gegen das Metall. Wenn jemand oben noch am Leben war, mußte er ihn hören. In dem engen Schacht wurde es heiß, das Atmen fiel schwer, und Schweiß rann ihm über das Gesicht. Schließlich hörte er ein Scharren (man räumte Tote weg), der Riegel wurde gelöst, und die Luke öffnete sich. Das erste, was ihm auffiel, war eine dicke Flüssigkeit, die auf ihn herablief. Erst als er sich hochgezogen hatte, merkte er, daß es Blut war. Gestank drang ihm in die Nase, während er sich in dem vollen Raum umsah.

Andere Flüchtende aus den unteren Decks des Schiffes hatten bereits Schutz im achteren Feuerleitstand gefunden, der fast unversehrt geblieben war bis auf den ersten Treffer, der die Drehhaube des Entfernungsmessers abgerissen und die *Bismarck* praktisch blind gemacht hatte. Die Kuppel gab den Blick auf ein Stück Himmel frei, aber die gepanzerten Wände waren intakt, und die Männer, die sich hier verkrochen hatten, warteten darauf, daß Kapitänleutnant von Müllenheim-Rechberg, der ranghöchste Offizier, ihnen sagte, was jetzt zu tun war. Plötzlich füllte beißender gelber Rauch den Raum, und die Männer griffen automatisch nach ihren Gasmasken. Franz Halke merkte mit Entsetzen, daß er seine vergessen hatte. Aber Heinz riß die eines Toten ab und gab sie ihm. Schließlich erlaubte Müllenheim-Rechberg den Männern, zwei kleine Luken zu öffnen, damit Frischluft hereindringen konnte. Die Briten setzten den Beschuß fort.

Während die Männer warteten, fingen einige von ihnen zu reden an. Ein junger Offizier zog seine Brieftasche und holte ein Foto seiner Frau und seiner Tochter heraus. Er betrachtete das Bild und sagte bedrückt: »Heute wirst du Witwe.«

Als Fregattenkapitän Oels und seine Männer die Kommandozentrale im oberen Plattformdeck verließen, blieb Josef Statz zurück. Er fühlte sich hier unten sicherer, obwohl er an den Lichtern der Kontrolltafel sah, daß das Schiff schon voll Wasser lief. Aber er war wie gelähmt. Dann klingelte das Telefon. Es war Müllenheim-Rechberg, der wissen wollte, wer jetzt das Kommando hatte und ob neue Befehle in Kraft seien. Statz sagte ihm, daß Befehl zum Verlassen des Schiffes ergangen sei, und legte auf. Das Lebenszeichen kam wie aus einer anderen Welt und richtete ihn wieder auf. Irgendwie würde er schon einen Weg nach oben finden.

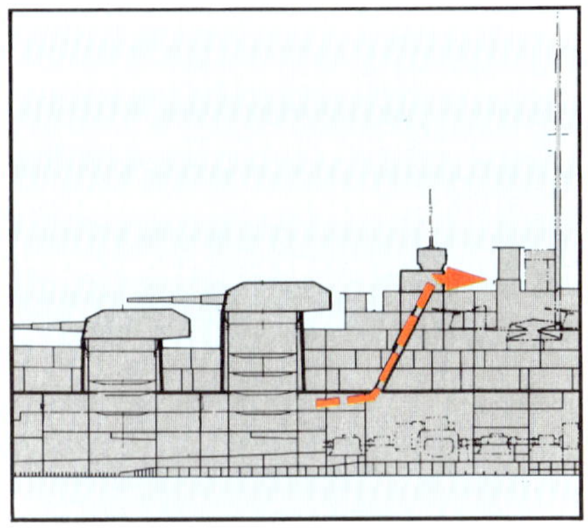

Die Zeichnung zeigt einen Verbindungsschacht auf *Bismarck*: Fluchtweg von Adolf Eich, Franz Halke und Heinz Jucknat, durch den sie von ihrer Gefechtsstation im achteren Rechnerraum in den Artillerieleitstand entkamen.

Links oben: Die Tür zum achteren Feuerleitstand, durch die die drei Männer nach ihrer Klettertour an Deck gelangten.

Adolf Eich, Franz Halke und Heinz Jucknat (von links)

Folgende Seite: Die letzten Minuten des Schlachtschiffs *Bismarck*. (Gemälde von Charles E. Turner)

Plötzlich tauchten zwei Kameraden in der Zentrale auf. Zu dritt stiegen sie durch einen engen Verbindungsschacht zwischen Plattformdeck und vorderem Kommandostand hinauf – und kamen oben gerade in dem Augenblick an, als eine Granate die bereits stark beschädigte Brücke traf. Die Splitter töteten seine beiden Kameraden und verletzten ihn an der Schulter. Da hörte er die vertraute Stimme seines Freundes Friedrich Cardinal, des Oberleutnants, der voller Stolz Hitler die Arbeitsweise seines Rechners erklärt hatte, beim »Führerbesuch« am 5. Mai, vor knapp 22 Tagen.

Gemeinsam starrten sie auf die Verwüstung. Brände wüteten überall, dicker Qualm wirbelte durch die Räume. Es war wie eine Szene aus Dantes Inferno. Keine andere lebende Seele war zu sehen. Die Geschütztürme Anton und Bruno waren stumme Wracks, die Flakrohre zeigten zum Himmel, gaben aber keinen Schuß mehr ab. Nur das große Fernglas in der Mitte der Brücke war unversehrt geblieben. Weiter oben schien auch die rauchverhüllte Admiralsbrücke noch unbeschädigt zu sein, ihre Sichtscheiben waren jedenfalls intakt. Aber von Lütjens und seinem Stab war nichts zu sehen.

Dann hörte der britische Beschuß auf. Schweigend hangelten sich

C E TURNER

die beiden Männer hinunter, bis sie auf die Decke des mittleren 15-cm-Turmes an Backbord gelangten. Das Schiff hatte schon Schlagseite nach Backbord und schien am Heck tiefer zu liegen.

Eine der letzten Granaten, die *Bismarck* traf, drang bis Abteilung VIII im Batteriedeck vor, dicht hinter dem Schornstein, wo sich Hunderte Männer versammelt hatten und nach vorn in Richtung der Niedergänge drängten. Fregattenkapitän Oels, soeben aus der Kommandozentrale gekommen, beschwor die Männer, sich nach achtern zu retten. Diese Granate tötete ihn zusammen mit über hundert anderen; viele mehr wurden verwundet.

Herbert Blum gehörte zu den wenigen, die nicht verwundet wurden. Er hatte sich mit dem Ingenieuroffizier Walter Lehmann im Maschinenleitstand aufgehalten, als der Befehl kam: »Alle Mann an Oberdeck.« Sein Vorgesetzter legte den Telefonhörer so sorgfältig wieder auf, »als sei er aus höchst zerbrechlichem Glas«, und sagte seinen Männern ruhig, sie sollten sich nach oben durchschlagen, solange sie noch konnten. Blum bahnte sich einen Weg durch die Haufen Verstümmelter, die sich erbrachen oder vor Schmerzen und Entsetzen schrieen. Irgendwie gelang es ihm, das Oberdeck zu erreichen. Aber dort sah es ebenso verheerend aus: klaffende Einschlaglöcher, in die Männer in Panik stürzten, verbogene und brennende Aufbauten, Tote und Sterbende.

Hans Zimmermann war ebenfalls im Batteriedeck gewesen, als die Granate einschlug, und hatte den Tod von Fregattenkapitän Oels miterlebt. Als sich der Qualm verzog, fanden er und einige andere den Weg zum Oberdeck und kamen hinter der ersten 15-cm-Lafette an Steuerbord heraus. Obwohl der Befehl zur Selbstversenkung bereits gegeben war, schoß ein von allen guten Geistern verlassener Artillerist noch mit der Flak auf Flugzeuge, die nur in seiner Phantasie existierten. Hans lief nach achtern zum Flugzeugdeck. Dort traf er seinen alten Schulfreund Hermann Emmerich. Die Freunde versprachen einander in die Hand, falls einer von ihnen überleben sollte, würde er der Familie des anderen einen letzten Gruß übermitteln. Als sie über Bord sprangen, lag das Schiff schon so weit auf der Seite, daß die Steuerbordseite des Kiels zu sehen war.

Midshipman Joe Brooks (oben) von *HMS Dorsetshire* fertigte diese Farbskizze der brennenden *Bismarck* an.

Der Beschuß durch die Briten ließ jetzt nach, aber im achteren Feuerleitstand wartete von Müllenheim-Rechberg noch ab. Aus seinem kurzen Telefonat mit Statz wußte er, daß Befehl zum Verlassen des Schiffes gegeben worden war. Trotzdem hatte es keinen Sinn, draußen Kopf und Kragen zu riskieren, ehe die Briten das Feuer nicht ganz eingestellt hatten. Schließlich schwiegen die feindlichen Geschütze. Er merkte, daß sich das Schiff noch stärker nach Backbord neigte, und riet den Männern, nach Steuerbord achtern zu gehen und weitere Befehle abzuwarten. Er selbst versuchte inzwischen, sich weiter vorn ein Bild zu machen.

»Der Anblick, der sich mir bot, war nicht mit einem Mal aufzunehmen und ist sehr schwer zu beschreiben. Es war ein wahres Chaos von Zerstörung und Vernichtung. Keine Spur mehr von den Flakgeschützen und Scheinwerfern, die einmal meinen Stand umgeben hatten. Wo sich Waffen, Geräte und sonstige Einrichtungen befunden hatten, nichts als Leere, auf den bisher freien Aufbaudecks lag Schrott. Der Schornstein war durchlöchert, aber aufrecht. Vom Achteren Leitstand bis hin zum Vorderen Gefechtsmast erstreckte sich, einem Bodennebel gleich, eine durchgehende Zone weißlichen Rauches ... Aber aus dem Rauch erhob sich klar und dem Anschein nach äußerlich unbeschädigt der Gefechtsmast selbst empor. Wie gut er in seiner grauen Farbe doch noch aussieht, dachte ich, fast so, als ob er an dem Gefecht gar nicht teilgenommen habe. Auch der Vormars und der Obere

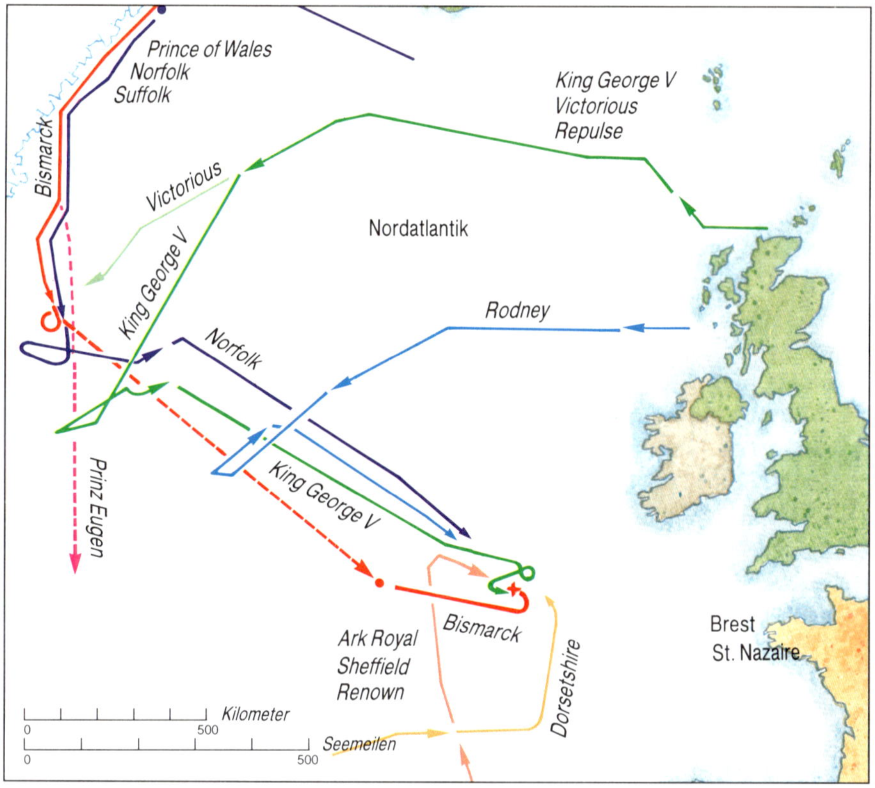

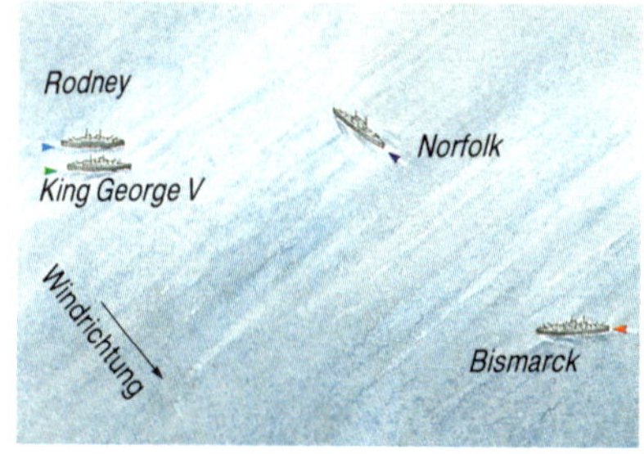

27. Mai, 08.08 Uhr: *Rodney* und *King George V* sichten *Norfolk*, den Fühlungshalter zur *Bismarck*.

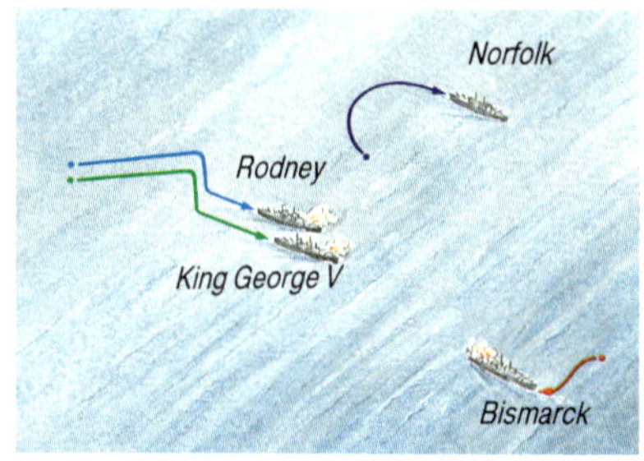

27. Mai, 08.08–08.49 Uhr: Um 08.47 Uhr eröffnet *Rodney* das Feuer auf *Bismarck*, gefolgt von *King George V* um 08.48 Uhr. *Bismarck* erwidert das Feuer um 08.49 Uhr, während *Norfolk* abdreht.

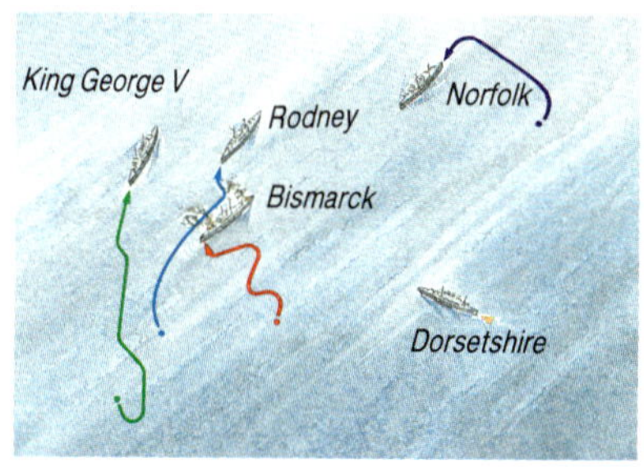

27. Mai, 09.17–09.40 Uhr: Um 09.17 Uhr verläßt *Rodney* ihre Station achteraus von *King George V* und schließt näher zu *Bismarck* heran, die sie unter Feuer nimmt. Die brennende *Bismarck* schießt zurück, allerdings ungenau und unregelmäßig. *Norfolk* kurvt wieder heran, und um 09.40 Uhr greift auch *Dorsetshire* ein.

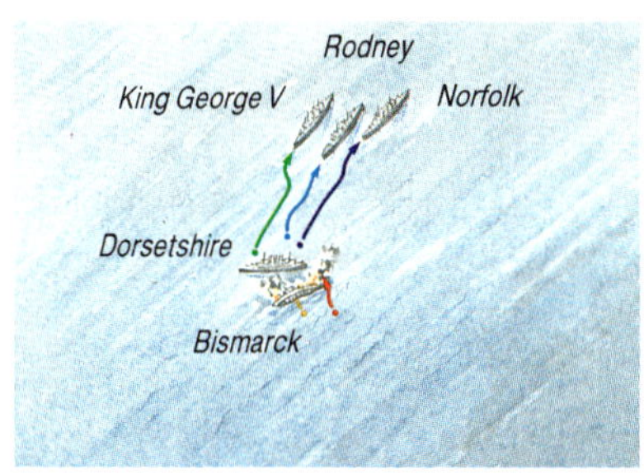

27. Mai, 10.22–10.39 Uhr: Um 10.22 Uhr stellen die Briten das Feuer ein. *Dorsetshire* schließt heran, schießt ihren ersten Torpedo um 10.29 Uhr, kreuzt *Bismarcks* Kurs und läßt einen zweiten Torpedo um 10.29 Uhr folgen. *Bismarck* sinkt um 10.39 Uhr, und *Dorsetshire* dreht bei, um Überlebende zu bergen.

Flakleitstand sahen so intakt aus, aber ich wußte ja, daß das Gegenteil zutraf. Männer liefen oben herum, würden sie sich noch retten können?«

Heinz Jucknat war von seinen Kameraden getrennt worden. Er war benommen und wußte nicht, was tun, während die Rauchschwaden ihn umwirbelten. Er war zu erschöpft, um jetzt noch in Panik zu verfallen – alles war so unwirklich und gespenstisch. Das durch das viele Blut rutschige Deck, die Toten, das Schreien und Stöhnen berührten ihn nicht mehr. Er fand einen geschützten Platz und setzte sich hin, um eine Zigarette zu rauchen. Nicht weit entfernt saß ein Seemann auf einem Poller. Der Mann rief Heinz zu, ihm auch eine Zigarette zu bringen. Als Heinz näher kam, merkte er, daß er den Mann kannte; dann sah er, daß seine Beine weggerissen waren. Wo seine Füße hätten sein sollen, standen zwei leere Stiefel, aber aus den Stümpfen tropfte kein Blut. Wie in Trance gab Heinz dem Mann eine Zigarette und zündete sie für ihn an. Dann ging er zu seinem eigenen Platz zurück und rauchte schweigend.

Ein weiterer Mann kam vorbei, mit einer Flasche in der Hand. Der Seemann ohne Beine bat den Neuankömmling um einen Schluck daraus und bekam ihn. Zuletzt bat er Heinz und den anderen Mann, ihm von Bord zu helfen, ihn einfach in die See zu werfen. »Ich kann mich nicht rühren, aber ich habe keine Schmerzen«, sagte er. Dann griff er nach dem dritten Mann, klammerte sich verzweifelt an ihn und wiederholte flehend seine Bitte. Schließlich trug der Mann seinen verwundeten Kameraden zur Reling. Heinz schaute weg, er konnte das nicht mit ansehen.

Mittlerweile verließen immer mehr Leute das Schiff. Einige sprangen von Steuerbord ab, andere rutschten auf dem schrägen Deck hinunter, aber viele zögerten noch, die scheinbare Sicherheit der sinkenden *Bismarck* gegen die Ungewißheit der kalten See einzutauschen. Nicht weit entfernt sang eine Gruppe Seemannslieder über Mädchen und Schnaps und ließ eine Flasche kreisen.

Schließlich fand Heinz, es sei jetzt an der Zeit. Die Schräglage des

Decks war alarmierend. Wenn er das Schiff nicht bald verließ, würde es ihn verlassen. Bedächtig zog er die Stiefel aus und legte die Uniform ab, so daß er nur noch Socken und lange Unterhose trug. Dann band er sich die Schwimmweste wieder um und blies sie auf. Schließlich glitt er ins Wasser.

Franz Halke hatte gezögert, den Schutz des Feuerleitstands zu verlassen, als Müllenheim-Rechberg es erlaubte, aber dann folgte er doch seinem Freund Adi Eich. Nach ein paar Metern wollte er wieder umkehren. Adi stritt mit ihm, sie liefen hin und her, bis Eich schließlich der Geduldsfaden riß. Wenn Franz mit dem Schiff untergehen wollte, so war das seine Sache. Er aber würde sich retten. Er strebte zum Heck. In der Nähe von Turm Dora traf er seinen Freund Hans Riedl, einen Ladeschützen von Turm Caesar, mit einer Gruppe Überlebender. Er wartete noch eine Weile, dann sprang er mit Hans zusammen an Backbord über Bord.

Als die Swordfish-Maschinen der *Ark Royal* vor Ort eintreffen, können sie das Gefecht nur aus sicherer Distanz beobachten.

»Ein dreifaches Siegheil, dann springen wir«, rief Kapitänleutnant Gerhard Junack. Mehrere hundert Mann hatten sich zwischen den beiden achteren Geschütztürmen versammelt, darunter auch Herbert Blum und Franz Halke, der seine Entschlossenheit wiedergefunden hatte und sich zwischen Toten auf dem blutverschmierten Deck nach achtern durchgekämpft hatte. Die Sonne schien, die britischen Geschütze schwiegen. »Keine Sorge, Kameraden. Ich werde wieder ein Hamburger Mädchen in die Arme nehmen, und wir werden uns wieder auf der Reeperbahn treffen.« Manch einer, der seine Worte hörte, fragte sich verwundert, wie es Junack fertigbrachte, in diesem Augenblick an die leichten Mädchen in Hamburgs Vergnügungsviertel zu denken. Aber sie schöpften daraus neuen Mut und strebten dem Wasser zu. Die Erfahrenen rutschten steuerbords an der Bordwand zum Kiel hinunter und sprangen von dort ab. Einige Narren machten einen Kopfsprung und brachen sich das Genick. Andere, die das Deck hinunterglitten und auf der Backbord-(der Luv-)seite ins Wasser sprangen, wurden gegen die Bordwand geworfen und verloren durch den Aufprall das Bewußtsein.

Friedrich Cardinal und Josef Statz hörten die Rufe und sahen Junacks Gruppe das Schiff verlassen. Sie verharrten noch etwas auf dem Turm der Mittleren Artillerie und warteten den letztmöglichen Moment ab. Cardinal sprang als erster, dann folgte Statz. Sie waren die einzigen, die aus der Hölle des Vorschiffs entkamen.

Müllenheim-Rechberg überlegte kurz, ob er aus seiner Kammer noch ein paar persönliche Dinge holen sollte, verzichtete dann aber darauf. Er mußte sich jetzt um die Männer kümmern. Der Gruppe um Turm Dora riet er, noch etwas zu warten, bevor sie sprangen. Das Schiff sank nur langsam, und jede Minute mehr an Bord bedeutete eine weniger im kalten Wasser. Er war überzeugt, daß britische Schiffe die Überlebenden retten würden. Aber wo blieben sie? Die *Rodney* und *King George V* hatten sich abgesetzt und einen leeren Ozean hinterlassen. Er wartete, bis die Backbord-Schlagseite kritisch und das Heck fast unter Wasser war, dann wies er die Männer an, ihre Schwimmwesten aufzublasen und das Schiff über die Steuerbordseite zu verlassen. Die Gefechtsflagge der *Bismarck* wehte noch vom Großmast. »Einen Gruß an die gefallenen Kameraden«, rief er aus. Die Männer grüßten die Flagge und sprangen über Bord.

Als sich die *Rodney* und *King George V* absetzten, befahl Tovey jedem Schiff, das noch über Torpedos verfügte, heranzukommen und der *Bismarck* den Rest zu geben. Die Zerstörer hatten den Schauplatz bereits verlassen und fuhren Treibstoff bunkern. So blieb nur die *Dorsetshire* übrig. Jetzt war Kapitän Martins große Stunde gekommen. Er näherte sich der *Bismarck* von Steuerbord querab auf etwa 1,5 Seemeilen und schoß zwei Torpedos ab. Einer davon traf direkt unterhalb der Brücke, der andere weiter achtern. Dann fuhr er auf die andere Seite hinüber und feuerte einen dritten Torpedo ab. Auch er traf sein Ziel.

Einige Minuten danach verschwand das Heck der *Bismarck* unter Wasser; ihr schnittiger Bug ragte kurz nach oben und versank dann. Auf der *Dorsetshire* sah Midshipman Joe Brooks, wie sie unterging; für ihn war es ein häßlicher Anblick, der ihn darüber nachdenken ließ, wie einen solche Ereignisse gegen den Krieg aufbringen konnten. Immerhin war er nahe genug, um zu sehen, wie die Männer über Bord sprangen und im Wasser schwammen. Auf Admiral Tovey, der sie durchs Fernglas beobachtete, wirkten die letzten Augenblicke der *Bismarck* viel nobler: »Sie führte einen tapferen Kampf gegen einen übermächtigen Gegner und erwies sich als würdig der alten Tage der Kaiserlichen Marine.«

Über dem Schauplatz kreiste eine Staffel von zwölf Swordfish-Torpedobombern. Sie waren eingetroffen, als das Gefecht wütete, und konnten nicht riskieren, ins Feuer zu geraten; aber sie blieben als Augenzeugen. Beobachter Edmond Carver konnte direkt in den »brennenden Hexenkessel« auf den Decks der *Bismarck* hinunterblicken. Er sah Männer über Bord springen und beobachtete, wie das Schiff über seine Backbordseite kenterte und sank. Er sah Hunderte von Überlebenden im öligen Wasser schwimmen und im Kielwasser eines Schiffes zurückbleiben, das es nicht mehr gab.

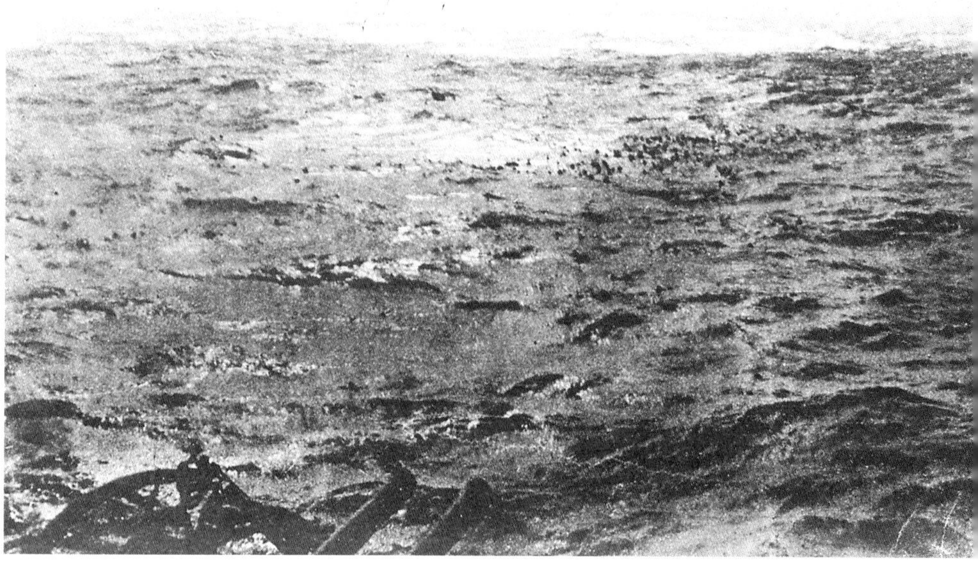

Der Beobachter einer Swordfish fotografierte das Schwimmerfeld der vielen hundert Überlebenden, nachdem die *Bismarck* gesunken war. Aus nicht mehr feststellbaren Gründen machte ein britischer Zensor die meisten Gesichter unkenntlich.

Obwohl die beiden britischen Schlachtschiffe mit Glück ohne jeden Treffer davongekommen waren, hatten beide durch die über eine Stunde währende pausenlose Beschießung der *Bismarck* und mehrere nahe Einschläge schwer gelitten. Einige schwere Geschütze der *King George V* waren während des Gefechtes vorübergehend ausgefallen, aber die leichtere Artillerie hatte dies ausgeglichen, als die Distanz abnahm.

Die altehrwürdige *Rodney* war nicht so gut davongekommen. Die Detonation einer Granate dichtbei im Wasser hatte die Torpedoschotts an Backbord verklemmt. Aber dies war weniger wichtig als die Nebenwirkungen des Dauerfeuers aus ihren großen Geschützen, von denen mehrere sogar aus ihren Barbetten sprangen. Überall im Schiff entstanden Schäden. Ein weiterer amerikanischer Passagier, Chief Petty Officer Miller, beschrieb die Verwüstung in seinem Bericht: »Die Fliesen in den Waschräumen, Pissoir- und Toilettenbecken im ganzen Schiff bekamen Sprünge. Längsstreben brachen oder rissen und mußten geschient werden. Lecks entstanden durch herausfliegende Bolzen und Nieten. In allen Abteilungen auf dem Hauptdeck stand Wasser ... Gußeiserne Rohre wurden undicht oder brachen und setzten ganze Abteilungen unter Wasser ... Schotts, Möbel und Geräte wurden gelockert, flogen herum und verursachten großen Schaden, als das Schiff rollte.« In dieser Situation hätte die Wirkung einer einzigen wohlgezielten 38-cm-Granate verheerend sein können.

Während die meisten britischen Schiffe, die an akutem Treibstoffmangel litten, den Schauplatz verließen, blieben der Zerstörer *Maori* und der Kreuzer *Dorsetshire* zurück, um Überlebende zu retten.

Kapitänleutnant von Müllenheim-Rechberg schwamm um sein Leben, um von der sinkenden *Bismarck* freizukommen. Erst in sicherem Abstand drehte er sich, um ihren Untergang zu beobachten. Während sie nach Backbord kenterte, suchte er an der Steuerbordseite irgendwelche Anzeichen für Torpedotreffer, sah aber keine. Dann hob sich der Bug der *Bismarck,* und sie glitt übers Heck unter Wasser. Unwillkürlich blickte er auf seine Uhr, die auf 10.31 stehengeblieben war.

Schwimmer, die den Bug des Schiffes sehen konnten, hatten zuvor mit Erstaunen Kapitän Lindemann erkannt, der auf dem Vorschiff vor Turm Anton stand. Bei ihm war ein junger Matrose, sein Gefechtsläufer. Alle hatten angenommen, ihr so beliebter Kommandant sei längst gefallen. Wie hatte er die Feuersbrunst überstanden, die den vorderen Teil des Schiffes verwüstete? Als sich das Vorschiff immer mehr aufrichtete, kletterten die beiden Gestalten immer höher auf den Bug zu. Aus Lindemanns Gesten war zu erkennen, daß er den jungen Mann zum Sprung ins Wasser zu überreden suchte, aber dieser weigerte sich. Als sich der Bug weiter hob, traten die beiden auf den jetzt fast eben liegenden Vorsteven hinaus. Mit einer Geste, die des Helden aus einer Wagneroper würdig gewesen wäre, salutierte Lindemann, dann gingen beide mit dem Schiff unter.

***HMS Dorsetshire*, eines der beiden britischen Schiffe, die Überlebende der *Bismarck* an Bord nahmen.**

Im Wasser hielt Josef Statz Ausschau nach seinem Freund Friedrich Cardinal. Die nächste See schwemmte die beiden zusammen. Statz wollte etwas sagen, merkte dann aber, daß Cardinals Kopf schlaff herunterhing. Blut sickerte aus einer Einschußwunde. Aus unerfindlichen Gründen hatte der Offizier, den er so sehr bewunderte, sich erst gerettet und dann seine Pistole gegen sich selbst gerichtet. Statz drehte sich um und schwamm mit aller Kraft davon.

Mehr als eintausend Männer kämpften im Wasser um ihr Leben. Woher würde Hilfe kommen? Erstaunlicherweise spürten viele die Kälte nicht (13° C). Wer sie fühlte, merkte es zuerst an Händen und Füßen. Heinz Jucknat hatte die Socken anbehalten, bereute aber schon seinen Entschluß, sich bis auf die Unterhose auszuziehen. Doch viel schlimmer als die Kälte war das Heizöl, das die See mit einer stinkenden, zähen Haut bedeckte. Müllenheim-Rechberg: »Sein Geruch stach geradezu widerlich in die Nase. Es verschmierte und verklebte die immer schwärzer werdenden Gesichter und drang in Augen, Nasen und Ohren.«

Die Männer trieben seit einer Stunde im Wasser, als sie die ersehnte Silhouette eines Kreuzers mit drei Schornsteinen sahen – die *Dorsetshire.* Sie begannen, auf ihren Retter zuzuschwimmen, der Taue über die Bordwand herabließ, denn der Seegang war zu hoch, um Rettungsboote zu Wasser zu lassen. Bald wurde das britische Schiff in Lee von vielen hundert Seeleuten umlagert. Chaos herrschte. Viele kämpften um ein und dieselbe Leine, während daneben andere unbeachtet in der Luft baumelten. Das Öl machte das Tauwerk glitschig, und die Kälte ließ die Hände der Männer erstarren – nur die wenigsten konnten sich festhalten, wenn die Leine am Ende nicht einen Palstek hatte, eine Schlinge, durch die sich ein Fuß oder Arm schieben ließ. Müllenheim-Rechberg fand eine solche Schlinge, stellte einen Fuß hinein und war fast schon oben in Sicherheit. Mit einer Hand griff er nach der Reling, da gab die andere Hand nach, und er fiel zu-

rück ins Wasser. Beim zweiten Mal hielt er eisern fest. Als er oben Decksniveau erreichte, sagte er höflich in seinem besten Englisch: »Bitte, zieht mich an Bord.«

Überlebende kämpfen im öligen Wasser, um die Taue zu erreichen, die von der *Dorsetshire* herabgelassen werden. Die meisten sind jedoch zu erschöpft, um sich an dem glitschigen Tauwerk an Bord zu ziehen. Von den 2221 Besatzungsmitgliedern der *Bismarck* wurden nur 115 gerettet.

Franz Halke erging es schlechter. Er versuchte, eine Leine der *Dorsetshire* zu ergreifen, scheiterte aber, denn das Schiff machte noch Fahrt, als er es erreichte; dann sah er die *Maori* in der Ferne und schwamm um sein Leben. Erst nach drei Versuchen gelangte er an Bord, so erschöpft, daß zwei Seeleute erforderlich waren, um ihn über die Reling zu ziehen.

Viele hatten weniger Glück. Ein Mann, der beide Arme verloren hatte, aber irgendwie noch so weit gelangt war, versuchte eine Leine mit den Zähnen festzuhalten. Auf der *Dorsetshire* kletterte Midshipman Joe Brooks bei dem Versuch, ihm eine Leine umzulegen, über die Reling. Aber plötzlich nahm das Schiff wieder Fahrt auf, und Brooks verlor ihn; er konnte gerade noch selbst an Bord zurückklettern. Der stets wachsame Kapitän Martin steckte Brooks daraufhin wegen unerlaubten Entfernens sofort in Arrest – er hatte das Schiff ohne Genehmigung verlassen.

Der Zerstörer *Maori* begann, Überlebende aufzunehmen, als von der *Dorsetshire* U-Boot-Alarm gegeben wurde. Beide Schiffe sollten das Gebiet sofort verlassen. Als sie Fahrt aufnahmen, klammerten sich einige Männer verzweifelt, so lange sie konnten, an die Leinen. Andere kratzten erfolglos an dem grauen Farbanstrich, während der Retter ihrem Zugriff entschwand. Nur wer bereits teilweise an einer Leine emporgeklettert war, hatte noch eine Chance. Aber Hunderte sahen ungläubig zu, wie ihre einzige Hoffnung rasch in der Ferne verschwand.

Dies sind die Worte, mit denen Ludovic Kennedy die grauenhafte

Rechts: Der Kommandant der *Dorsetshire*, Captain Benjamin Martin, spricht nach dem Gefecht zu seiner Besatzung.

Oben: Schäden durch Splitter in der Offiziersmesse des Leichten Kreuzers *Sheffield*, der als Fühlungshalter am 26. Mai von der *Bismarck* beschossen wurde.

Szene schilderte: »Auf der *Dorsetshire* hörte man das schwache Rufen Hunderter deutscher Seeleute, die ihre Rettung schon zum Greifen nahe glaubten und überzeugt waren, daß ihr langer Leidensweg endlich vorüber sei; es waren Schreie, an die sich die britischen Seeleute ebenso wie die Geretteten immer erinnern werden. Aus dem Wasser sahen die Männer der *Bismarck* entsetzt zu, wie die graue Bordwand des Kreuzers an ihnen vorbeiglitt. Jetzt glaubten sie den Erzählungen, daß sich die Briten wenig um Überlebende kümmerten. Plötzlich waren sie allein im Sonnenschein auf dem aufgewühlten Meer. Im Laufe dieses Tages, als sie auf dem leeren Atlantik trieben, während nur noch die Schwimmwesten sie über Wasser hielten, drang ihnen die Kälte in Hände, Füße und Leib, und einer nach dem anderen verlor das Bewußtsein. Einer nach dem anderen starb.«

Insgesamt wurden 110 Männer, durch das Öl so geschwärzt, daß sie wie Kohlenkumpel aussahen, aus dem Wasser gefischt: 85 von der *Dorsetshire*, 25 von der *Maori*. Sie wurden ausgezogen, in warme Wolldecken gehüllt und unter Deck geschafft. Dort erhielten sie trokkene Kleidung, vielleicht eine Zigarette und wurden zur Koje gebracht. Heißer, süßer Tee mit viel Milch wurde ihnen eingeflößt. Der Schiffsarzt untersuchte sie, Verwundete wurden behandelt. Vielen wurde Rum angeboten, um sie von innen aufzuwärmen, aber nur wenige konnten den ersten Schluck bei sich behalten, obwohl dies den wohltuenden Nebeneffekt hatte, ihre Kehle von Öl und Salzwasser zu reinigen.

Kapitänleutnant von Müllenheim-Rechberg war der ranghöchste der vier überlebenden Offiziere. Kapitänleutnant Junack (in der Rangfolge jünger) gelangte ebenfalls in Sicherheit. Alois Haberditz von der Flak landete mit seinen Freunden Heinz Jucknat und Adolf Eich auf der *Dorsetshire*. Es dauerte lange, bevor sie entdeckten, daß sich ihr Kamerad Franz Halke an Bord der *Maori* befand und daß sie

vier mit Herbert Langner die einzigen Überlebenden aus der achteren Rechenstelle waren. Hans Zimmermann konnte nach drei Versuchen an Bord der *Dorsetshire* gelangen; sein Freund Hermann Emmerich, der mit ihm über Bord gesprungen war, schaffte es nicht. Josef Statz war der einzige aus dem Vorschiff, der überlebte.

Herbert Wohlfarths U-556 tauchte gegen Mittag auf, zu einem Zeitpunkt, als mehrere Funksprüche von der Gruppe West wiederholt wurden. Erst dann, viele Seemeilen von der Untergangsstelle der *Bismarck* entfernt, hörte er den Befehl, Lütjens Kriegstagebuch zu übernehmen. Er bat, diesen Befehl an U-74 weiterzugeben, das sich noch in der Nähe befinden müsse. Dann tauchte er wieder und nahm Kurs auf Lorient. Als er dort ankam, waren seine Dieseltanks fast leer.

In diesem Match der Titanen gab es viele kleine Mitspieler, viele unbesungene Helden. Der Krieg stürzt gewöhnliche Menschen in Extremsituationen und mobilisiert bei ihnen Mut- und Kraftreserven, die sonst ungenutzt geblieben wären. Aber es gibt auch außergewöhnliche Männer, deren Leben in Friedenszeiten wirkt wie ein ereignisloses Zwischenspiel, ein dumpfes Warten auf die Herausforderung des Krieges. Hierzu gehörte vielleicht auch Admiral Tovey, der im Ruhestand zu einem Schatten seiner selbst wurde und in seiner verschrobenen Einsamkeit nur von seinen Kriegserlebnissen zehrte. Hierzu gehörte mit Sicherheit auch Winston Churchill. Trotz seines häufig störenden Einmischens in die Seekriegführung besteht jedoch kein Zweifel an seinen Führungsqualitäten und an seiner wichtigen Rolle beim Überleben Englands. Und er verstand aus diesem Triumph Kapital zu schlagen, genau wie Hitler es getan hätte, wenn die *Bismarck* erfolgreich gewesen wäre. Churchill war ein Meister des politischen Diskurses. Er wußte aber auch seine Rhetorik herunterzuspielen, wenn es die Situation verlangte.

Oben: Besatzungsmitglieder der *Dorsetshire* feiern den auch mit ihrer Hilfe errungenen Sieg über die *Bismarck*.

Glückwünsche für Captain Martin, dessen Torpedos der *Bismarck* den Fangschuß geben sollten.

Am Morgen des 27. Mai erhob sich Churchill im Unterhaus und berichtete über die Schlacht um Kreta, die schlecht stand, und die *Bismarck.* »Heute morgen«, begann er, »kurz nach Tagesanbruch, wurde die *Bismarck*, zu der Zeit praktisch manövrierunfähig und bar jeder Unterstützung, von den sie verfolgenden britischen Schlachtschiffen angegriffen. Ich weiß noch nicht, welches Resultat der Beschuß erbrachte. Es scheint jedoch, daß die *Bismarck* nicht durch Artilleriefeuer vernichtet werden konnte und daß sie jetzt durch Torpedos versenkt wird. Es heißt, dies sei soeben im Gange, und die Versenkung werde nicht mehr lange auf sich warten lassen. So groß der Verlust der *Hood* auch sein mag, die *Bismarck* muß als das mächtigere Schiff angesehen werden, denn sie ist das neueste Schlachtschiff der Welt.«

Churchill hatte kaum seinen Platz wieder eingenommen, als ihm ein Zettel gereicht wurde. Sofort erhob er sich wieder. »Mr. Speaker, ich bitte um Nachsicht«, sagte er. »Ich habe soeben die Nachricht erhalten, daß die *Bismarck* versenkt worden ist.« Nichts weiter. Dann setzte er sich wieder. Später schrieb er über die Reaktion des Hauses: »Sie schienen zufrieden.«

Am nächsten Tag schrieb Churchill ein streng geheimes Memorandum an Sir Dudley Pound, den Ersten Seelord. Es ging ihm um die *Prinz Eugen*, die sich noch irgendwo im Atlantik frei herumtrieb, und Anlaß war sein Wunsch, die Vereinigten Staaten in den Kampf gegen den deutschen Kreuzer zu verwickeln und dadurch ihren Kriegseintritt zu beschleunigen. »Zum Beispiel wäre es viel besser, wenn die *Prinz Eugen* von einem amerikanischen Schiff entdeckt würde. Dadurch könnte sie versucht sein, auf dieses Schiff zu feuern, und so einen Zwischenfall auslösen, für den die Regierung der Vereinigten Staaten sehr dankbar wäre.« Churchill hatte Pech – die *Prinz Eugen* tat ihm nicht den Gefallen. Nach einer Fahrt von 7000 Seemeilen und zweimaligem Nachbunkern bei deutschen Tankern, aber ohne jeglichen Angriff auf einen feindlichen Geleitzug oder Einzelfahrer lief sie am 1. Juni unversehrt in den Hafen von Brest ein. Sie sollte den Atlantik nie wieder unsicher machen.

Mit Erleichterung reagierte Premierminister Churchill auf die Nachricht von der Versenkung der *Bismarck*.

Um die Mittagszeit des 27. Mai wurde Adolf Hitler informiert, daß die britische Regierung eine Stunde zuvor die Versenkung der *Bismarck* bekanntgegeben habe. Es war demütigend, dies vom Gegner und nicht von der eigenen Aufklärung zu erfahren. Genau dies hatte er befürchtet. Überhaupt – nie hätte er Raeder erlauben sollen, das Schlachtschiff auf See zu schicken. Walther Hewel, Ribbentrops Verbindungsmann zu Hitlers Stab, beschrieb die Reaktion des Führers etwa so: »Stimmung sehr niedergeschlagen. Führer äußerst melancholisch. Ungezügelte Wut auf Seekriegsleitung.« Am nächsten Tag suchte Raeder Hitlers Zorn mit rationalen Argumenten zu besänftigen: Obwohl ihr Verlust in der Tat ein großer Schlag gegen das deutsche Prestige sei, habe *Bismarck* eine wichtige Aufgabe erfüllt. Fünf Schlachtschiffe, drei Schlachtkreuzer, zwei Flugzeugträger, 13 Kreuzer, 33 Zerstörer und 8 U-Boote seien an ihrer Verfolgung und Versenkung beteiligt gewesen. Eine solche Bindung gegnerischer Streitkräfte habe zweifellos zur erfolgreichen deutschen Besetzung von Kreta beigetragen. Aber Raeder wußte, daß Hitler künftig einer Fortsetzung des Handelskrieges im Atlantik nicht mehr zustimmen würde. In der

Tat unternahmen die Deutschen keine weitere Operation von der Größenordnung der »Rheinübung«.

Während die britische Flotte in die Häfen zurückkehrte, klammerten sich einige Schiffbrüchige in der hochgehenden See immer noch ans Leben. Drei von ihnen lagen in einem Schlauchboot, das schon zu Wasser gegangen war, als die britischen Geschütze noch feuerten. Es waren die Matrosengefreiten Herbert Manthey, Georg Herzog und Otto Höntzsch. Keiner hatte den Untergang der *Bismarck* mit angesehen, zu diesem Zeitpunkt waren sie schon zu weit ab, und die See ging zu hoch. Den ganzen Tag über waren sie getrieben und jetzt vor Kälte fast erstarrt. Am meisten litt Herzog, er war am Bein verletzt. Jetzt, da die Dunkelheit näherkam, hatten sie jede Hoffnung auf Rettung aufgegeben. Doch gegen 19.30 Uhr sahen sie ein U-Boot, unverkennbar ein deutsches. Hatte es sie entdeckt? Sie winkten und schrien, aber der stromlinienförmige Rumpf glitt nur ein paar hundert Meter entfernt an ihnen vorbei. Sie waren schon am Verzweifeln, als das Boot begann, in den Wind zu drehen.

Rettungsringe wurden vom U-Boot über Bord geworfen, aber Höntzsch und Manthey wollten ihren verwundeten Kameraden, der nicht schwimmen konnte, nicht im Boot sich selbst überlassen. Schließlich, als sie merkten, daß sich der Zwischenraum bedenklich vergrößerte, sprangen sie doch ins Wasser und schwammen. Zu ihrer Erleichterung wurde auch Herzog schließlich gerettet. Alle drei erholten sich und konnten der deutschen Admiralität ihre Geschichte erzählen.

Das U-Boot war U-74, dem Herbert Wohlfarth die *Bismarck* anempfohlen hatte, weil er selbst nicht mehr bleiben konnte. U-74 suchte während der Nacht und des ganzen nächsten Tages vergeblich nach Überlebenden. Schließlich, gegen Mitternacht am 28. Mai, nahm es, wenn auch zögernd, Kurs Richtung Frankreich.

Das deutsche Wetterschiff *Sachsenwald* hatte noch am selben Abend mehr Glück. Um 22.35 Uhr sichtete es zwei rote Lichter an Backbord. Als es näher herankam, trieben da zwei Männer auf einem Floß. An Bord geholt, berichteten sie, daß sich weitere Überlebende auf einem Floß in der Nähe befänden. Aber obwohl die *Sachsenwald* am nächsten und übernächsten Tag die Suche fortsetzte, fand sie lediglich ein leeres Schlauchboot.

Der spanische Kreuzer *Canarias*, der auf deutsches Ersuchen hin zur Untergangsstelle geeilt war, fand nur Trümmer und treibende Tote. Am 30. Mai gab er die Suche auf. Als auch das letzte Schiff das Gebiet verlassen hatte, waren von den insgesamt 2221 Männern der Besatzung 115 lebend geborgen worden.

Die deutschen Seeleute, die den letzten Kampf der *Bismarck* ausfochten, waren nicht die einzigen, die sich fragten, was mit den deutschen Bombern geschehen war, die ihnen angeblich zu Hilfe kommen sollten. Alle britischen Schiffe, die in ihre Häfen zurückkehrten – die meisten knapp an Treibstoff und im Zickzack-Kurs fahrend, um eventuellen U-Booten zu entkommen –, waren vor Luftangriffen gewarnt worden. Aber am 27. Mai stieß nur die *Ark Royal* auf feindliche Flugzeuge; sie wurde von zwei Heinkelmaschinen bombardiert, aber nicht getroffen. In der Tat hatte das schlechte Wetter viele Maschinen, die in Frankreich schon gestartet waren, wieder zur Umkehr gezwungen. Am nächsten Tag jedoch herrschte viel besseres Wetter, und eine große deutsche Bomberwelle startete, um britische Kriegsschiffe und Vergeltung zu suchen.

Am Vormittag des 28. fuhren *Tartar* und *Mashona*, zwei der Zerstörer, die *Rodney* eskortiert, aber am Gefecht nicht teilgenommen hatten, auf Nordkurs in Richtung Londonderry, mit einer Geschwindig-

In englischen Zeitungen wurde der Sieg mit dicken Schlagzeilen gefeiert.

Daily Mail
BISMARCK: FOUR TREMENDOUS DAYS
Three British Fleets Raced to Make 'the Kill'
500 Bombers Swooped on Battle Fleet
America is Jubilant Over News

Daily Express
BISMARCK story in full—the ship that had five days to live
BOMBED, HUNTED 1,750 MILES, SHELLED, TORPEDOED—SUNK!
Britain's mightiest ships finish blows struck by planes
F.D.R. hots up his speech
NAZIS PUSH IN DESERT
COSSACK WAS IN AT THE KILL
Planes hunt Prinz Eugen off Norway
HOLED PLANE IS 20 HOURS IN AIR
Cadbury means Quality
Someone toots a pretty tune but

Unten: Besatzungsmitglieder der *HMS Sheffield* deuten auf Löcher in den Aufbauten ihres Kreuzers, verursacht von Granatsplittern der *Bismarck*.

keit von sparsamen 15 Knoten. Plötzlich zerriß das Dröhnen von Focke-Wulf-Bombern die Stille des schönen Sommermorgens. Sie flogen an, eine Welle nach der anderen, während die Zerstörer den fallenden deutschen Bomben hakenschlagend auszuweichen suchten und ihre Flak Sperrfeuer legte. Die *Tartar* hatte Glück, die *Mashona* nicht. Gegen Mittag erhielt sie einen Treffer in der Kesselanlage und bekam starke Schlagseite. Mittschiffs strömte Dampf aus. Kurz danach kenterte sie, während viele Seeleute an der Bordwand hinunter ins Wasser glitten. Für Sublieutenant Ludovic Kennedy, der auf der Brücke der *Tartar* stand, wirkte das alles wie eine unheimliche Wiederholung des Schicksals der *Bismarck*. Aber dank einer Pause in den Luftangriffen konnte die *Tartar* 205 der 250 Männer aus der See retten.

Die Besatzung der *HMS Sheffield* versammelt sich zur Seebestattung der drei Kameraden, die während des Gefechts mit der *Bismarck* fielen.

Oben Mitte und unten: Britische Seeleute, beim Gefecht mit der *Bismarck* verwundet, werden in England an Land gebracht.

Für die Überlebenden der *Bismarck* an Bord von *Dorsetshire* und *Maori* wirkten die Ereignisse der vergangenen fünf Tage immer noch unwirklich. Sie hatten es warm und wurden gut verpflegt, die Briten behandelten sie freundlich. Bald entwickelte sich Kameradschaft zwischen Briten und Gefangenen (später zählten viele Überlebende ihre früheren Feinde zu ihren engsten Freunden). Aber die britischen Seeleute wiesen die deutschen warnend darauf hin, daß sie in Gefangenschaft an Land nicht mehr so gut behandelt würden, und sie behielten recht.

Am 28. Mai starb der Maschinengefreite Gerhard Lüttich an Bord der *Dorsetshire*. Er hatte schwere Verbrennungen erlitten und einen Arm verloren; erstaunlich, daß er sich überhaupt hatte retten können. Am nächsten Tag versammelten sich britische und deutsche Seeleute, die einander noch vor kurzem nach dem Leben getrachtet hatten, an Deck zu Lüttichs Bestattung mit allen militärischen Ehren. Hans Zimmermann, der kein Englisch sprach, wußte zunächst nicht, was vorging. Aber dann sah er den Leichnam, eingehüllt in eine Flagge der Kaiserlichen Marine, bemerkte die Ehrenabordnung der *Dorsetshire* und den Geistlichen in seiner Robe. Plötzlich wurde ihm klar, daß die Briten seinen Freund bestatten wollten. Er und Lüttich waren gemeinsam eingezogen worden, hatten zusammen die acht Wochen Grundausbildung auf Rügen durchlitten, hatten demselben Zug angehört, im selben Raum geschlafen und waren am selben Tag, dem 4. Juni 1940, nach Hamburg versetzt worden. Hans und seine Mitgefangenen standen stramm, während ein Trompeter zum Abschied blies, dann wurde ihnen gestattet, den Arm zum »deutschen Gruß« zu erheben. Zuletzt spielte ein Besatzungsmitglied der *Bismarck* auf einer geborgten Mundharmonika: »Ich hatt' einen Kameraden«. Heinz hatte bereits so viele Kameraden verloren – dies war für ihn einfach zuviel. Aber er war nicht der einzige mit Tränen in den Augen, als der Leichnam der See übergeben wurde; er merkte, daß es vielen Briten genauso ging.

Für die geretteten Deutschen war der Kampf vorbei. In den nächsten Jahren lebten sie in Kriegsgefangenenlagern, einige elend, andere relativ angenehm. Viele landeten schließlich in Kanada, aber bei allen dauerte es lange, bis sie die Heimat wiedersahen.

Für die meisten britischen Seeleute begann der Krieg jetzt erst richtig. Nach kurzem Landurlaub mußten sie wieder auf See – die meisten in den nervtötenden Geleitzugdienst. Admiral Tovey und die größeren Schiffe der Heimatflotte kehrten wieder nach Scapa Flow zurück, um der nächsten Herausforderung für Englands Seeherrschaft zu trotzen. Kampfgruppe H und der Flugzeugträger *Ark Royal*, dessen Maschinen kurz vor zwölf den entscheidenden Schlag geführt und die *Bismarck* Admiral Tovey ausgeliefert hatten, liefen stürmisch begrüßt in Gibraltar ein.

Midshipman Joe Brooks verbrachte die nächsten drei Monate als Gefangener auf seinem eigenen Schiff. Schließlich wurde der Vorwurf des unerlaubten Entfernens fallengelassen. Er blieb auch an Bord, als die *Dorsetshire* im Pazifik den letzten britischen Geleitzug eskortierte, der Singapur vor der japanischen Invasion verließ. Danach wurde er nach England versetzt und der U-Boot-Waffe zugeteilt. Sieben Tage nach seiner Abreise wurde die *Dorsetshire* von japanischen Sturzkampfbombern versenkt.

Am 12. Juni lief Lieutenant-Commander R. H. Wellings von der U.S. Navy an Bord der *Rodney* schließlich in den Hafen von Boston ein. Nach dem Gefecht war er in London fast eine Berühmtheit geworden: Sir Dudley Pound hatte sich persönlich seine Schilderung der Ereignisse angehört. Schließlich ging er in Schottland wieder an Bord der *Rodney*. Diesmal war die Überfahrt ereignislos, aber keineswegs langweilig. Er hatte die meiste Zeit damit verbracht, die Offi-

Überlebende der *Bismarck* gehen in Schottland von Bord. Anschließend wurden sie zum Verhör nach London gebracht und danach auf verschiedene Gefangenenlager verteilt, wo sie bis nach Kriegsende blieben. In der vorderen Reihe links Franz Halke.

ziere der *Rodney* zu interviewen, sich Notizen zu machen und das Gefecht für seinen Bericht nach Washington zu rekonstruieren. Jetzt, als er den vertrauten Bostoner Hafen wiedersah, bekam er akutes Heimweh. Hier kannte er jede Boje, jede Landmarke, war seit seiner Jugend hier gesegelt. Nachdem die *Rodney* abends festgemacht hatte, war er nicht überrascht, seine Frau strahlend schön auf der Pier warten zu sehen. Am nächsten Tag trank er mit seiner Familie noch einmal Tee bei den Offizieren der *Rodney*, dann verabschiedete er sich von Kapitän Dalrymple-Hamilton und schritt zum letzten Mal die Gangway des berühmten Kriegsschiffes hinunter. Wie alle anderen, die überlebt haben, vergaß er nie die großen Ereignisse, deren Zeuge er geworden war.

Der Suche zweiter Teil (1989)

Cadiz, Spanien – 25. Mai 1989

Oben: Unser Forschungsschiff *Star Hercules* im Hafen von Cadiz

Links: Das geräumige Achterdeck der *Star Hercules* bietet Platz für viele Container (»vans«) und wurde deshalb von uns »Venice« – Venedig – getauft.

Unsere *Bismarck*-Expedition 1989 lief am späten Nachmittag von Cadiz aus und fuhr mit westlichem Kurs an der Südspitze Portugals vorbei. 1492 war Kolumbus von Cadiz zu seiner großen Entdeckungsreise aufgebrochen. Die meisten Zeitgenossen hatten damals geglaubt, der italienische Seefahrer werde vom Rand der Erdscheibe fallen. Kolumbus selbst hatte gemeint, er segle nach China, doch in Wirklichkeit die Neue Welt entdeckt. Das sind so die Unwägbarkeiten im Leben eines Entdeckers. Wir hatten letztes Jahr im Atlantik nach der *Bismarck* gesucht und statt dessen einen alten Segler gefunden.

Dieses Jahr kam zur Ungewißheit noch die Erschöpfung. Ich hatte gerade eines der aufregendsten und befriedigendsten Erlebnisse meiner Laufbahn hinter mir: das *Jason*-Projekt. Anfang Mai hatten wir 14 Tage lang 84 Fernsehsendungen für Schulkinder live aus dem Mittelmeer nach ganz Nordamerika übertragen. Über 220 000 Kinder hatten mit uns gemeinsam einen Unterwasservulkan und die Überreste eines römischen Schiffswracks aus dem vierten Jahrhundert erforscht. Das war Wissenschaft aus erster Hand, ein elektronischer Schulausflug zum Meeresboden, der meines Erachtens bei der Jugend das Interesse an einer wissenschaftlichen Laufbahn wecken mußte. Gleichzeitig war es die Erfüllung meiner Träume von der »Telepräsenz«, mit der Wissenschaftler an Bord des Mutterschiffes oder im tausend Kilometer entfernten Labor so in das Geschehen mit einbezogen werden können, als säßen sie in einem Unterseeboot und erforschten den Meeresboden.

Für das *Jason*-Projekt hatten wir die *Star Hercules*, unser in diesem Jahr gechartertes Schiff, in eine aufwendige Fernsehzentrale umgewandelt. Sein Heimathafen war die schottische Stadt Aberdeen, denn es diente normalerweise zur Versorgung der Bohrinseln in der Nordsee. Für unsere Zwecke war es hervorragend geeignet. Sein langes, breites Achterdeck, sonst mit Bohrgestänge vollgepackt, war jetzt mit so vielen Containern – »vans« – zugestellt, daß es fast wie eine Kleinstadt mit einem Marktplatz und Seitenstraßen aussah (wir hatten sie »Venedig« getauft, da auch ihre »Straßen« oft unter Wasser standen). Die Decksaufbauten der *Star Hercules* mit dem Brückenbereich, der Messe und den Gemeinschaftsräumen wären normalerweise Mittelpunkt des Lebens an Bord gewesen (die Schlafquartiere lagen unter dem Hauptdeck). Beim *Jason*-Projekt hatte sich jedoch alles auf diese langen, rechteckigen Container, unsere künstlichen Decksaufbauten, konzentriert. Sie waren in Werkstätten, einen Fernsehsender und ein Fernsehstudio umgewandelt worden, das auch als Leitzentrale für die Expedition diente. Von hier aus hatten unsere Ingenieure und Techniker die ferngesteuerten Unterwasserroboter während ihrer Einsätze für Fernsehaufnahmen bedient. Das Schiff war mit Talent und Energie zum Bersten voll. Wissenschaftler, Leute von Film und Fernsehen, Schüler, Studenten und Seeleute waren unter dem Druck hoher Anforderungen zu einem höchst leistungsfähigen Team zusammengewachsen. Dieses noch frische Erlebnis war sicherlich schwer zu übertreffen.

Nun standen die meisten Container leer oder dienten als Lagerräume, und das Schiff wirkte vergleichsweise verlassen. »Venedig« war eine Geisterstadt. Das Wetter war gut, aber ich konnte meine Niedergeschlagenheit nicht überwinden. Letztes Jahr war ich felsenfest davon überzeugt gewesen, daß wir die *Bismarck* finden würden, doch es war uns nicht gelungen. Mein Selbstvertrauen hatte einen Knacks erlitten. Allmählich kam ich zu der Ansicht, daß mich das Glück seit Entdeckung der *Titanic* verlassen hatte. Aber vielleicht war ich auch nur erschöpft, nach unserem zweiwöchigen Mittelmeerhoch wie ausgebrannt.

Aufbauten und Brücke der *Star Hercules*, von achtern gesehen. Im Vordergrund die große Kabeltrommel.

Ganz unten: Hagen und ich fragen uns, ob wir diesmal mehr Glück haben.

Ich wälzte düstere Gedanken, machte mir Sorgen um Todd. Hatte er nach einem Jahr auf dem College seine Unreife und die Unzuverlässigkeit überwunden, unter der wir 1988 so gelitten hatten? Als er in Cadiz mit langen Haaren angekommen war, hatte ich ihn gleich an Deck geschleppt und ihm einen Marinehaarschnitt verpaßt. Die Haare konnte ich ihm schneiden, aber würde er sich deshalb schon wie ein Erwachsener benehmen? Zum Glück war auch Hagen Schempf wieder dabei. Wenn jemand mit Todd fertig wurde, dann er. Auch *Argo* machte mir Kummer. Ich hatte meine Zweifel, daß der Veteran, der uns so lange treue Dienste geleistet hatte, noch einsatzfähig war. Wegen unserer Konzentration auf den High-Tech-Roboter *Jason* hatte er schließlich ein Jahr lang vernachlässigt und unbenutzt herumgestanden. Es war schon frustrierend, daß wir jetzt wieder mit *Argo* arbeiten mußten, nur weil das Glasfaserkabel von *Jason* für die Suche nach der *Bismarck* in den dortigen Meerestiefen nicht lang genug war. Das war fast so, als kehrte man in eine vergangene Epoche zurück und führe wieder mit dem Pferdewagen statt mit dem Auto.

In Gedanken hatte ich *Argo* als veraltet längst abgeschrieben. Der Kameraschlitten hatte viele Einsätze zuverlässig mitgemacht, und sein Koaxialkabel war immer noch stabil, aber das Vehikel selbst war nach zahllosen Starts und Bergungen und ebenso vielen Stunden im Schlepp über den Meeresboden verbeult und mitgenommen. Vor der Expedition hatten wir es zwar bei einer gründlichen Inspektion und Überholung zerlegt, doch danach noch keine Gelegenheit gehabt, es in der Tiefsee zu testen. Konnten die Druckdichtungen, die wir geöffnet und wieder eingebaut hatten, erneut undicht werden und Meerwasser in das heikle Gerät eindringen lassen? Hatten wir die Schäden, die *Argo* bei einem fürchterlichen Aprilsturm in der Biskaya davongetragen hatte, auch wirklich sorgfältig genug behoben? Waren die drei Videokameras, die elektronische Einzelbildkamera, die Kleinbildkamera für Farbaufnahmen und das Seitwärtssonar betriebsbereit?

Unsere Mannschaft war jedenfalls unschlagbar. Ein Kern altgedienter Mitarbeiter und ein paar begabte Neuzugänge verkörperten einen reichen Erfahrungsschatz. Wie gewöhnlich hatte ich meine Leute von verschiedenen Stellen geholt. Die meisten kamen vom Tieftauchlabor in Woods Hole; es waren die technischen Fachleute, die den Betrieb von *Argo* in jeder Hinsicht beherrschten und auch die Mühsal einer Suche draußen auf dem Ozean kannten. Die amerikanische Marine, die zur Finanzierung der Reise beitrug, hatte vier Helfer mit langjähriger Hochsee-Erfahrung abgestellt. Dazu kamen noch Freiwillige wie Frank Smith, der auch dieses Jahr wieder die Winde bediente. Der britische Kapitän und die Offiziere der *Star Hercules* schienen mit derselben Begeisterung auf die Jagd nach der *Bismarck* zu gehen wie die Schiffsführung im vergangenen Jahr; sie hatten sogar darum gebeten, ihnen auf der Brücke eine Reihe von Monitoren aufzustellen, damit sie alles gleichzeitig wie der Leitstand sehen konnten. Nur der Mannschaft schien die *Bismarck* nichts zu sagen; sie kam von den Kapverden, den ehemals portugiesischen Inseln vor der afrikanischen Küste, sprach kaum englisch und hatte offensichtlich keine Vorstellung vom Zweck unserer Expedition.

Meine Depression verstärkte sich noch, ehe unser erster Tag auf See vergangen war, als sich Frank Smith schwer verletzte. Beim Einbau eines neuen Batteriegehäuses in *Argo* schliff er sich den rechten Zeigefinger bis auf den Knochen ab. Kapitän Derek Latter verband die Wunde, schiente den Finger, verpaßte Frank eine reichliche Dosis Penicillin und steckte ihn ins Bett. Damit war eine Hauptstütze der Decksmannschaft fürs erste ausgefallen.

Jack Maurer, einer der Wachführer, wollte unbedingt, daß wir ei-

nen Hafen in Nordspanien anliefen, damit sich Frank in ärztliche Behandlung begeben konnte. Jack war früher Captain bei der Marine gewesen und hatte sich besonders um die Organisation unserer diesjährigen Reise verdient gemacht. Er war gewohnt, Verantwortung für eine ganze Schiffsbesatzung zu tragen, und ich verstand seine Besorgnis. Ich wußte aber auch, daß unsere Mittel nur für rund zehn Tage reichten, jeder verlorene Tag mußte also zwangsläufig unsere Chancen verschlechtern, das Wrack zu finden und zu filmen.

Oben: Tony und ich beobachten von der erhöhten Heck-Plattform aus, wie *Argo* vom Kran angehoben wird.

Unten: Frank Smith behebt mit dem Schweißgerät einen Schaden am Gehäuse von *Argo*.

Frank ging es ziemlich mies, aber er machte von seiner Verletzung wie gewohnt kein großes Aufheben. »Morgen bin ich wieder an Deck«, erklärte er stoisch. Ich war davon nicht ganz überzeugt und sprach mit Kapitän Latter, der mir versicherte, daß Frank nicht in Lebensgefahr schwebte. Er werde wahrscheinlich ein paar Tage Schmerzen haben, danach aber wieder fit sein. Deshalb entschied ich mich gegen den zeitraubenden Umweg. Jack Maurer nahm meine Entscheidung ohne Murren an, war aber sicherlich überzeugt, daß sie falsch war. Für ihn muß es schwer gewesen sein, sich nach all den Jahren als Kommandant in eine untergeordnete Rolle zu fügen.

Zum Glück ging die Krise schnell vorbei. Frank hielt Wort und war am nächsten Tag wieder im Dienst; den rechten Zeigefinger hielt er starr in die Luft gestreckt. Sooft ich an ihm vorbeiging, reckte ich meinen Zeigefinger auch in die Luft und sagte: »Gute Idee, Frank, gute Idee.«

Den äußeren Umständen nach hatte unsere Expedition gut angefangen: Das schöne, sonnige Wetter hielt die drei Tage, die wir für die Anreise zum Suchgebiet brauchten. Dieses Jahr nahmen die Leute Sonnenbäder an Deck, keiner lag mit grünlichem Gesicht in der Koje und schwor, nie mehr eine Muschel zu essen. Klein-Venedig, unser Containerpark, bot genügend Verstecke und Versammlungsorte. Zum

Sonnenbaden dienten vor allem die Containerdächer; von hier aus konnte man den »Marktplatz« mit seinem »Schwimmbad« überblikken. In diesem Pool hatten wir während des *Jason*-Projekts die heraufgeholten Amphoren vor der Konservierung gelagert. Jetzt diente er wirklich als Schwimmbad, obwohl sich immer nur ein paar Leute auf einmal darin abkühlen konnten. Der Platz davor war ein natürlicher Versammlungsort. Meist hatte jemand ein Radio mit voller Lautstärke laufen; für unsere abendlichen Grillparties im Freien hatte Frank einen Grill gebaut. Dieses gesellige Leben kam aber ziemlich schnell zum Erliegen, sobald wir unsere Suche wiederaufnahmen und die Besatzung in einzelne Wachen eingeteilt wurde.

Frank Smith beaufsichtigt den Grill bei einem Picknick auf dem »Marktplatz von Venedig«.

Oben rechts: Rick Latham (links) und Hagen Schempf

Als wir uns dem Suchgebiet näherten, wuchs die Mannschaft spürbar zusammen. Am Abend vor unserem Eintreffen dort blieb die Filmcrew von National Geographic, die mitgekommen war, um über die Expedition einen Dokumentarfilm zu drehen, noch lange auf und baute ein maßstabgerechtes Modell der *Bismarck*. Da dies in der Messe geschah, konnte mithelfen, wer zufällig vorbeikam. Viele, auch einige britische Offiziere, legten mit Hand an. Unter ihnen schien sich für unser Projekt am meisten der Zweite Ingenieur Rick Latham zu begeistern, ein strohblonder Schotte Ende Dreißig, der in der britischen Marine gedient hatte und außerdem Amateurhistoriker und Gelegenheitsdichter war. Rick hatte schon unsere *Jason*-Expedition in Versen verewigt und inzwischen auch über unsere Suche nach der *Bismarck* gedichtet: »Vorüber ist die schöne Zeit, / vorbei die Jagd nach Schätzen, / als *Jason* noch in Tätigkeit. / Jetzt gilt es andren Plätzen. / Ein Schlachtschiff, das im Kriege sank, / die *Bismarck*, ist das Ziel. / Sie zu entdecken uns gelang, / doch war's kein Kinderspiel.«

In den frühen Morgenstunden war das Modell bis auf ein Stück fertig, das den Motor mit den Rudern verband und spurlos verschwunden war. (Auch am Modell erwiesen sich die Ruder offenbar als Achillesferse!) Schließlich kam jedoch Kapitän Latter zu Hilfe und schnitzte eigenhändig Ersatz. Dann wurde das Modell in allen Einzelheiten naturgetreu bemalt. Als es fertig war, sah es so prächtig aus wie die *Bismarck* am Tag ihrer Indienststellung. Wir parkten es in der Zentrale auf dem Sims unter der langen Reihe von Fernsehmonitoren, vor denen wir bald Platz nehmen mußten. Es sollte uns als Talisman dienen und gleichzeitig daran erinnern, was wir suchten.

Wir kamen am Morgen des 29. Mai im Suchgebiet an und machten uns sogleich an die zeitraubende Aufgabe, Transponder auszusetzen und unser früheres Transpondernetz zu überprüfen. Die Decksmannschaft war ununterbrochen tätig, und nach Mitternacht hatten wir es gerade noch rechtzeitig genug geschafft, um unseren Suchraster mit Hilfe des satellitengestützten globalen Positionierungssystems GPS zu überprüfen. Das einmal täglich erscheinende »Satellitenfenster« war der einzige Zeitpunkt, an dem wir das Transpondernetz mit der wahren Länge und Breite unseres Standorts zur Deckung bringen konnten, damit wir die genauen Koordinaten des Wracks wußten, sobald wir es gefunden hatten.

Irgendwo in der Tiefe, in erbarmungsloser Dunkelheit und Kälte,

Links: Vor dem Aussetzen der Transponder mißt Tom Crook die richtige Kabellänge ab. Im Vordergrund der »Fisch« auf seiner Halterung.

Kleines Bild oben: Tom Crook überprüft einen Transponder vor dem Zuwasserlassen.

lag unter uns die *Bismarck.* Bestand sie noch aus einem Stück, oder war sie auseinandergebrochen und über den Meeresboden verstreut? Ich habe schon viele Wracks gesehen und kenne alle Varianten. Manche wirken wie völlig erhaltene Zeitmaschinen, andere ähneln eher Schrotthaufen. Nach allem, was sie hatte aushalten müssen, befand sich die *Bismarck* wohl kaum in ihrem ursprünglichen Zustand. Doch alle Augenzeugen berichteten, daß sie in einem Stück gesunken war. War der Rumpf noch intakt, als er auf den Meeresboden schlug? Als wir endlich ans Werk gingen, erholten sich meine Lebensgeister wieder, und ich beschäftigte mich immer intensiver mit der vor uns liegenden Aufgabe.

Skip Gleason und die Deckscrew starten einen neuen Einsatz von *Argo.*

Das Wetter war abends um 19 Uhr noch friedlich, als der leuchtend gelbe Kran *Argo* übers Heck hinausschwenkte und wir den Roboter in die leicht bewegte See eintauchen sahen. Aber die Sonne war untergegangen, bis *Argo* seine fünf Kilometer gesunken war und eine Position wenige Meter über dem Meeresboden eingenommen hatte. Als wir dann routinemäßig alle seine Systeme durchprüften, funktionierten zwei der drei Kameras nicht. Meine Stimmung sank wieder auf den Nullpunkt, während *Argo* den mühseligen Aufstieg an die Oberfläche begann. Bill Lange, Herr über unser Videosystem und schon lange bei uns, und Jim Saint, der an der Konstruktion des Kameraschlittens beteiligt gewesen war, blieben fast die ganze Nacht auf, um die Störung zu finden und zu beheben. War das etwa ein Vorgeschmack auf künftige technische Schwierigkeiten?

Falls *Argo* nicht schlappmachte, konnte uns die *Bismarck* dieses Jahr eigentlich nicht entgehen. Im Gegensatz zur *Starella* war die *Star Hercules* ein modernes Schiff in ausgezeichneter Verfassung. Die Winde war nagelneu und in bestem Zustand. Die Schlafquartiere waren bequem. Es gab sogar eine Klimaanlage (die allerdings ausgerechnet im Mittelmeer gestreikt hatte, als wir sie wirklich brauchten). Vor allem aber war die *Star Hercules* mit einem automatischen Positionierungssystem ausgerüstet. Dabei übernahm ein Computer die Steuerung, lenkte die starken Bug- und Heckstrahlruder und hielt das Schiff selbst bei schwierigsten Wind- und Seeverhältnissen an einem gegebenen Standort. So konnten wir alle uns interessierenden Gebiete viel leichter und gründlicher absuchen. Und wenn wir das Wrack tatsächlich fanden, konnten wir es in aller Ruhe erforschen.

Unsere Erfahrungen im Jahr 1988 hatten mich wieder daran erinnert, wie weit das Meer und wie scheinbar aussichtslos der Versuch ist, mit einem winzigen Roboter ein gesunkenes Schiff in der Tiefsee aufzuspüren. Ich vergleiche solch eine Suche gern mit der Aufgabe, bei Nacht im Schneesturm nur mit der Taschenlampe eine Nadel in einem Heuhaufen zu suchen. Und jetzt war zu allem Überfluß meine »Taschenlampe« *Argo* ausgegangen. Das beste Schiff der Welt taugte nichts, wenn *Argos* drei Videokameras nichts sahen.

Letztes Jahr hatten wir knapp ein Viertel der 200 Quadratmeilen großen Suchfläche bearbeitet, die ich an Hand der drei von den Engländern genannten Sinkpositionen der *Bismarck* festgelegt hatte. Da mich der Tiefseeberg gestört und der Aufprallkrater genarrt hatte, der schließlich nur das Wrack eines Seglers freigab, hatte ich lediglich die Fläche in der Nähe der einen Position abgesucht, die der Navigationsoffizier der *Rodney* berechnet hatte. Dieses Jahr wollten wir uns nun das gebirgige Gelände genauer ansehen, das uns letztes Jahr abgeschreckt hatte. Wo *ein* Berg stand, mußte es weitere geben; wie Gebirge auf dem Festland, weisen auch Gebirge unter Wasser Abhänge, Schluchten und plötzliche Höhenunterschiede auf. Unter solchen Bedingungen nützt ein Sonargerät viel weniger als eine Videoausrüstung: Jeder Gesteinsausbiß erscheint als Ziel, und in den riesigen Sonarschatten können sich unendlich viele Geheimnisse verbergen. Dieses Jahr sollte es deshalb eine optische Suche sein; dazu mußten wir *Argo* die ganze Zeit eigenhändig mit höchster Konzentration bedienen. Todd und seine beiden Kollegen auf dieser Fahrt, Billy Yunck und Kirk Gustafson, hatten alle Hände voll zu tun. Sie kannten einander von den Sommerferien, die sie als Teenager zusammen in Montana verbracht hatten, und waren deshalb von der Besatzung gleich »Montana-Mafia« getauft worden.

Meine Taktik für 1989 war einfach: den Meeresgrund mit einer rund eine Seemeile breiten Reihe von Ost-West-Bahnen abzugrasen. Mit optischen Hilfsmitteln sucht man Fragmente der Trümmerschleppe. Schon das winzigste Trümmerstück kann einen zum Wrack führen. Das Segelschiff, auf das wir 1988 gestoßen waren, hatte eine 1500 m lange Trümmerschleppe hinter sich hergezogen. Die *Bismarck*, ein viel größeres Schiff, mußte also eine mindestens ebenso lange Schleppe aufweisen. Da das Trümmerfeld des Segelschiffs in Nord-Süd-Richtung verlief, nahm ich an, daß auch die Trümmer der *Bismarck* in dieser Richtung liegen mußten. Eine optische Suche mit ihrem größeren Abstand zwischen den einzelnen Bahnen bedeutete auch, daß wir das Gelände schneller als mit Sonar bearbeiten konnten.

Am nächsten Morgen, dem 30. Mai, hatte der Wind auf 25 Knoten aufgefrischt, doch wir bekamen *Argo* ohne Zwischenfall zu Wasser, und um neun Uhr war das Vehikel wieder auf dem Meeresboden angelangt. Diesmal schienen die Kameras zu funktionieren, doch gab es eine Störung im Sonargerät, die die Rückleitung beeinträchtigte. Bei starkem Rauschen konnten wir nicht mehr unterscheiden, was wir eigentlich sahen, und damit wurde das Sonar nutzlos. Dagegen ließ sich jetzt nichts machen; wir konnten höchstens versuchen, den Schaden später zu beheben.

Wir fingen innerhalb unseres Suchgebiets vom letzten Jahr an, etwas nördlich der von *Rodney* bestimmten Position. Um ganz sicherzugehen, erfaßten wir die im vergangenen Jahr abgesuchte Fläche noch einmal mit. Ich hatte meine erste Suchlinie so gezeichnet, daß sie uns zwischen die Position laut *Dorsetshire* im Norden und die Position laut *King George V* im Süden führte. Mir schien die Standortbestimmung der *Dorsetshire* am vertrauenerweckendsten, denn dieses Schiff hatte schließlich die *Bismarck* sinken gesehen.

Im Leitstand ging es ganz geschäftsmäßig zu, als wir mit Kurs Ost auf den Berg zudampften, der nach unseren Sonarmessungen rund 1000 m hoch steil aus der Tiefsee-Ebene aufragte. Als der Hang näher kam, zogen wir alle ein bißchen das Genick ein und überlegten, wie steil er wohl sein mochte. Schließlich waren wir so nahe dran, daß Kirk Gustafson *Argo* am Steuerknüppel instinktiv hochzog, nicht zu rasch, aber doch so schnell, daß wir genug Abstand zum Boden hielten. *Argo* zu dirigieren ist etwa so, als habe man einen 20 Pfund schweren Fisch an einer Leine, die nur fünf Pfund aushält; wenn *Argo* ir-

Martin Bowen kurbelt *Argo* übers Heck ab (oben) und läßt den Kameraschlitten vorsichtig zu Wasser.

Das Plastikmodell der *Bismarck* (oben) schneidet dank seiner eleganten Linien beim Vergleich mit unserem funktionellen »Arbeitspferd«, der modernen *Star Hercules*, weitaus besser ab.

gendwo festhing oder man ihn zu schnell einholte, mußte das Kabel reißen. Kirk hatte offensichtlich keine Schwierigkeiten mit den Höhenunterschieden; der Boden blieb glatt und mit Sediment bedeckt und zeigte nichts von dem befürchteten Eruptivgestein.

Wir wußten allerdings noch nicht genau, wie gefährlich das neue Terrain wirklich war. Obwohl es sich in meiner Vorstellung mittlerweile zu einem ganzen Gebirgszug ausgewachsen hatte, war es nur ein einzelner Tiefseeberg, ein erloschener Unterwasservulkan mit einer Grundfläche von etwa 16 km Durchmesser. Er lag mitten in der Stachelschwein-Tiefsee-Ebene und bedeckte den größten Teil der noch abzusuchenden Fläche.

Kirk nahm mit steigender Höhe den Steuerknüppel vorsichtig immer weiter zurück; wir hatten neues Gelände entdeckt, unstreitig die ersten Menschen, die dieses Stück Erde zu Gesicht bekamen. Eine Weile vergaß ich meine Suche nach Wracks und wurde wieder zum Wissenschaftler, zum Meeresgeologen. Fasziniert sah ich mit an, wie wir über schwarze Kissenlava und aus dem Sediment ragende Gesteinsausbisse fuhren – alles Beweise dafür, daß der Meeresboden hier einmal Magma gespien hatte. Für *Argo* war die Umgebung nicht gefährlich, denn im wesentlichen handelte es sich nach wie vor um Bodensediment. Ich stieß einen Seufzer der Erleichterung aus. Das Wrack der *Bismarck* konnte vor nacktem schwarzem Vulkangestein nicht zu übersehen sein. Auch von dem hellen Sediment mußte sich etwa ein Geschützturm deutlich abheben.

Den ganzen Vormittag fuhren wir nach Nordost und untersuchten dabei den Nordhang des erloschenen Vulkans. Auf diesem Kurs und bei dieser Geschwindigkeit mußten wir am späten Nachmittag etwas südlich der von der *Dorsetshire* bestimmten Position ankommen. Gegen vier Uhr nachmittags, rund 2000 m südwestlich des Standorts laut *Dorsetshire*, entdeckten wir ein Trümmerstück. Ein paar Minuten später tauchte noch eines auf. Todd, der gerade seine Wache als *Argo*-Pilot angetreten hatte, erklärte sogleich eifrig, das Wrack müsse ganz in der Nähe liegen: Erinnerungen an 1988. Ich ließ mich noch nicht aus der Ruhe bringen. Die beiden Stücke lagen getrennt voneinander und deuteten nicht gerade auf ein Wrack. Letztes Jahr hatte ich aus viel stichhaltigeren Beweisen die falschen Schlüsse gezogen. Dennoch wollte ich den Fund genauer untersuchen. Vergangenes Jahr hatte sich das von uns entdeckte Trümmerfeld in Süd-Nord-Richtung erstreckt. Die schwersten Stücke hatten innerhalb des Kraters gelegen, und die Trümmer waren immer leichter geworden. Wenn diese neuen Bruchstücke von etwas Erforschenswertem stammten, mußte weiter südlich eigentlich schwereres Material liegen. Ich ordnete eine Kursänderung nach Süden an und gab unsere Ost-West-Bahn vorübergehend auf.

Auf unserem Südkurs stießen wir gelegentlich auf weitere Trümmerstückchen, doch noch immer war kein System zu erkennen. Gegen sechs Uhr gerieten wir an drei nahe beieinander liegende, nicht näher zu bestimmende schwarze Gegenstände. Dann kam nichts mehr. Was wir entdeckt hatten, ließ nicht auf einen Zusammenhang mit der *Bismarck* schließen. Todd war natürlich enttäuscht, und Hagen zog ihn wegen seines Ungestüms auf. Die beiden hatten ihre Freundschaft dieses Jahr erneuert, und bisher hatte sich Todd im Team geradezu musterhaft verhalten.

Bei den Trümmern handelte es sich wohl nur um Abfall aus den zahllosen Schiffen, die diesen Verkehrsweg schon seit Jahrhunderten befahren. Da wir unsere erste Suchbahn ohnehin abgebrochen hatten, beschloß ich, weiter Südkurs zu halten und dann eine abgekürzte Parallelbahn nach Westen zurück einzuschlagen. Den Rest unserer ersten Bahn konnten wir später nachholen. Bei Einbruch der Nacht befanden wir uns also wieder auf Westkurs, zurück in Richtung unseres Suchgebiets von 1988. Ich hatte das Gefühl, daß uns eine lange Suche bevorstand.

Um acht Uhr trat Jack Maurers Crew ihre zweite Wache an diesem Tag an. Der Reiz des Neuen hatte schon sichtbar nachgelassen, und die Mannschaft versank allmählich in den Trott, den ich so gut kannte.

Wenn man auf hoher See rund um die Uhr sucht, bekommen die drei Wachen zwangsläufig verschiedene Charaktere. Das hat sicherlich auch etwas mit der Tageszeit zu tun, hängt aber vor allem von der Zusammensetzung der Teams ab. Oft, aber nicht immer, gibt der Wachführer den Ton an. Jack Maurers Wache von acht bis zwölf war die ruhige, zivilisierte Schicht. Die von Ron Bowlin, einem Berufsoffizier, geleitete »Friedhofsschicht« war schon wesentlich lockerer. Jede Wache, bei der Bill Lange als *Argo*-Ingenieur mitmachte, mußte lebhaft sein. Bill und ein paar seiner Kameraden hatten Clive Cusslers Romane über Dirk Pitt gelesen, den nicht unterzukriegenden Abenteurer der Meere, darunter auch »Hebt die *Titanic*!« Seitdem dachten sie sich mit großem Vergnügen neue Abenteuer für ihren Helden aus. Ihr Ehrgeiz wurde noch dadurch angestachelt, daß der Schriftsteller Tony Chiu an Bord war. Tony und ich arbeiteten an einem Roman, der auf meinen Erlebnissen bei der Tiefseeforschung beruhte. Sooft Tony während dieser Wache in den Leitstand kam, hatten Bill und seine Kumpane neue, abstruse Verwicklungen anzubieten. Ohne allen Respekt hatten sie mich mit Dirk Pitt gleichgesetzt und beschrieben unsere Expedition als Dirk Pitts letztes Abenteuer.

Ich hatte diesmal Hagen Schempf und Todd der Wache von vier bis acht Uhr zugeteilt; Hagen als einziger Hochschulabsolvent an Bord sollte die Wachführung übernehmen. Er war einer der vielen Komiker im Leitstand, wobei Todd jedesmal das arme Opfer abgab (man konnte sich darauf verlassen, daß er auf so etwas immer hereinfiel). Ihr ununterbrochener Schlagabtausch hielt die anderen bei Laune. Die Besatzung geriet vollends aus dem Häuschen, wenn Rick Latham, unser Dichter, zu einem seiner häufigen Kurzbesuche vorbeikam.

Am 31. Mai hielten wir Kurs Ost, etwas nördlich unserer ersten Bahn. Als wir uns der von der *Dorsetshire* bestimmten Position näherten, erfaßten wir wieder einzelne Trümmerstücke, doch keine richtige Fährte. Ich fragte mich immer wieder, ob diese Trümmer irgendwie mit dem Wrack der *Bismarck* zusammenhingen. Gestern hatte ich Südkurs eingeschlagen und meine erste Bahn unterbrochen, um vielleicht eine Trümmerspur zu entdecken, wieder vergeblich. Vielleicht waren es Überreste des Gefechts, bei dem das Schiff auf seinem Nordwestkurs weitergefahren war. Wenn diese Annahme stimmte, konnte das Wrack durchaus auch nördlich unseres ursprünglichen Suchgebietes liegen. Das Meer wurde immer weiter.

Als ein Tag verging wie der andere und Schlamm in endlosen Meilen vor *Argos* Kameraaugen vorbeizog, wurde die Besatzung unruhig. Jedes Trümmerstück wurde auf einmal schrecklich wichtig, alles, was nicht Schlamm war, versetzte uns in Aufregung. Diese Einträge aus dem Video-Logbuch für den 1. Juni könnten auch von jedem anderen Tag in der ersten Woche stammen: »12:21 – Fisch; 13:03 – Krake; 14:42 – Stein (schwarz)« und so weiter. Die Gesichter wurden still und verschlossen. Alle warteten darauf, daß etwas passierte.

Das Essen wurde immer schlechter, denn manche Vorräte gingen zur Neige. Unseren letzten Salat hatten wir im Mai gegessen. Dann gab es keine Milch mehr. Als nächstes fehlte es an Orangensaft; statt dessen gab es ein abstoßendes dunkelrotes Gebräu, das wir »Wanzensaft« tauften. Kartoffeln waren allerdings noch im Überfluß vorhanden. Fetttriefende Pommes frites wurden fast zu jeder Mahlzeit und

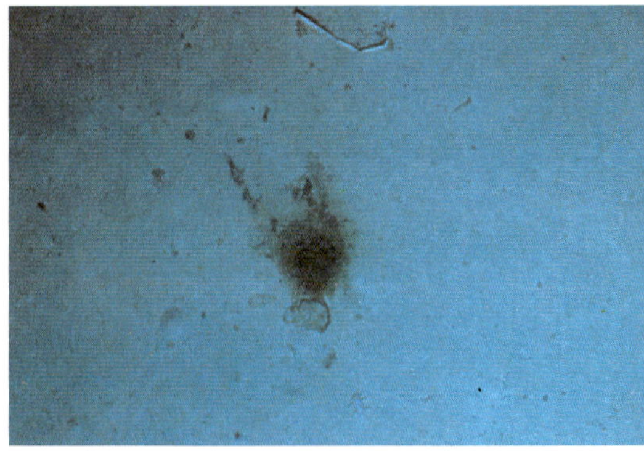

Hagen Schempf (Mitte) und ich zerbrechen uns den Kopf über vereinzelte Trümmerstücke, die auf den Videoschirmen des Kontrollraums zu erscheinen beginnen (ganz oben).

normalerweise mit Gemüse aus der Dose serviert. Unser Küchenchef kam zwar von den Kapverden, doch was er zubereitete, war kein bißchen exotisch. Er wollte wohl unbedingt amerikanisch kochen, aber es gelang ihm nicht. Die Namen seiner Gerichte waren allerdings immer ein Vergnügen. Ich mochte besonders »Lasagne au gratin« (zum Glück diesmal nicht mit Pommes frites). Den Engländern schien es nichts auszumachen, doch meine Truppe murrte allmählich.

Mittlerweile hatten die Leute den *Terminator* oder *Zulu* auf Videokassette satt, und der wichtigste Zeitvertreib an Bord, das als *Trivial Pursuit* bekannte Brettspiel, schien allmählich auch unsere Expedition zu beschreiben. Von einem Spionagesatelliten aus müssen wir total verrückt ausgesehen haben – unsere von Trümmern inspirierten Umwege, alle plötzlichen Eingebungen, die zu nichts führten, hatten Suchbahnen ergeben, denen absolut nichts Systematisches anhaftete. Im Zeitraffer hätten sie sich eher wie der Flug einer verwundeten Hummel auf der Suche nach einer verlorenen Blüte ausgenommen.

Die Zeit wird knapp, und wir haben immer noch keine Spur der *Bismarck* gefunden. Hagen und ich müssen uns die nächsten Schritte genau überlegen (im Hintergrund die Flagge des Explorer's Club).

Tony Chiu und ich kamen wenigstens mit unserem Roman weiter. In der Handlung spielte ein verlorengegangenes israelisches Unterseeboot eine Rolle, das nach dem Sechs-Tage-Krieg Geheimwaffen aus Rußland transportierte. Obwohl Dirk Pitt nicht auftrat, gab es als Helden einen kühnen Ozeanographen sowie einen schönen weiblichen Marineleutnant. Während unsere Jagd in der Realität immer frustrierender wurde, nahm der Roman meine Aufmerksamkeit mehr und mehr in Anspruch. Ich hatte mir mit der Einladung an Tony vielleicht unbewußt ein Hintertürchen offenhalten und mich für ein eventuelles zweites Scheitern wappnen wollen. Selbst wenn wir die *Bismarck* nicht fanden, hatte ich am Ende etwas Produktives vorzuweisen.

Gegen Mitternacht am Sonntag, dem 4. Juni, sechseinhalb Tage nach Beginn unserer ersten Suchbahn, hatten wir 80 Prozent der Fläche bearbeitet – alles bis auf den südlichsten Teil – und immer noch nichts gefunden, das uns weiterbrachte. Jetzt stand ich vor dem Kartentisch und überlegte mir, was ich noch tun konnte. Die Wache von vier bis acht hatte den Leitstand längst verlassen, doch Hagen war noch geblieben. Je länger unsere Reise dauerte, desto häufiger besprach ich mit dem jungen Mann meine Gedanken.

Zusammen sahen wir uns die Aufzeichnung der unsichtbaren Bahnen an, die *Argo* über den Meeresboden gezogen hatte. Ich dachte laut darüber nach, ob uns das Wrack zwischen diesen Bahnen entgangen sein könnte. Wir hatten das Terrain eigentlich gründlich untersucht, waren dabei allerdings von der Annahme ausgegangen, daß das Trümmerfeld in Nord-Süd-Richtung lag und mindestens anderthalb Kilometer lang war. Wenn uns nun aber das Segelschiff im letzten Jahr auf eine falsche Fährte gelockt hatte? Sollten wir umdrehen und zwischen den schon gefahrenen Bahnen noch weitere Bahnen ziehen – oder sollten wir Südkurs einschlagen? Hagen und ich debattierten. Wenn wir nach Norden gehen wollten, mußten wir unser Transpondernetz erweitern; das kostete Zeit, und die wurde allmählich knapp. Mit unserem jetzigen Netz konnten wir noch eine ganze Bahn nach Süden fahren und damit die Fläche ausfüllen, die wir ursprünglich hatten bearbeiten wollen. Obwohl ich eigentlich nicht davon überzeugt war, daß das Wrack dort unten lag, denn die Trümmer nahe der von *Dorsetshire* angegebenen Position wiesen mich immer wieder auf

Nordkurs, war es doch die einzige logische Maßnahme, die uns übrigblieb: vollenden, was wir angefangen hatten.

Gegen Mittag des nächsten Tages, am 5. Juni, ließen wir *Argo* bei strahlender Sonne und mäßig bewegter See zu Wasser. Während wir Ostkurs fuhren, kamen wir an den Südhang des Vulkans: zerklüftetes Gelände ähnlich dem, das wir schon gesehen hatten. Die Stunden vergingen. Ich arbeitete mit Tony am Roman. Als ich wieder in den Leitstand zurückkehrte, schien die Zeit stehengeblieben zu sein. Die *Argo*-Kameras zeigten immer das gleiche Bild. Nur der Monitor mit der Navigationskurve ließ darauf schließen, daß wir tatsächlich stetige Fahrt nach Osten gemacht hatten.

Nach Todds Wache kletterten wir beide gemeinsam nach achtern auf die erhöhte Plattform kurz vor dem Kran, die eher wie ein zu klein geratener Feuerbeobachtungsturm aussah. An sich war sie eine provisorische Kameraplattform für das *Jason*-Projekt gewesen, weil man von oben Starts und Bergungen gut filmen konnte und einen hervorragenden Blick über alle Container hatte. Außerdem konnte man sich dort in Ruhe unterhalten oder auch nur den Sonnenuntergang beobachten. Die Straßen von »Venedig« lagen ruhig da, das Deck war bis auf ein paar weitere Anbeter des Sonnenuntergangs leer. Ich erzählte Todd meine neuesten Ideen für den Roman, und er hörte aufmerksam zu. Sein ganzes Leben lang hatte er mir zugehört, wenn ich von meinen Abenteuern, Träumen, Plänen, Siegen und Niederlagen erzählte. Dann aber hörte ich ihm zu. Er berichtete von seinem Jahr im College – er war mitten im Semester von der Northeastern University zur University of Colorado gewechselt. Er erzählte auch von seiner Freundin, die das letzte Weihnachten bei uns verbracht hatte. Er war verliebt. Das Jahr hatte ihm das übliche Auf und Ab gebracht, aber er steckte voller Leben und neuer Pläne. Dann unterhielten wir uns über die *Bismarck*. Todd hatte die Bücher gelesen und wußte alles über das Schiff. Seine Wache mußte es finden, dessen war er ganz sicher.

Eine ruhige Minute auf der erhöhten Beobachtungsplattform

Ich blieb noch oben stehen, nachdem Todd hinabgestiegen war, und dachte über Vergangenheit und Zukunft nach. Wie viele Expeditionen dieser Art konnte ich wohl noch starten? Was für eine Welt hinterließ ich meinen Söhnen und deren Kindern? Die Abendluft war noch warm, als ich schließlich nach vorn ging. Unterwegs blickte ich in den Leitstand, um zu sehen, wie es der Acht-bis-zwölf-Uhr-Wache ging. Im Raum war es ruhig. Jack Maurer unterhielt sich mit der Nautikerin Cathy Offinger, die mir zulächelte. Al Uchupie rief mich herein, weil er mir Videoaufnahmen einer interessanten geologischen Formation zeigen wollte. Am *Argo*-Platz saß Kirk unbeweglich wie eine Statue, eine Hand auf dem Steuerknüppel, den Blick fest auf den Bildschirm gerichtet, während er in Gedanken wahrscheinlich ganz woanders war, vielleicht beim Skilaufen in Montana. Das ist vielleicht nicht die leichteste Wache, dachte ich, als ich wieder in die feuchte Nachtluft hinaustrat, aber wenn das Wrack da unten liegt, werden die es bestimmt nicht übersehen.

In der Messe setzte ich mich, goß mir ein Glas Rotwein ein, stopfte mir eine Handvoll Kartoffelchips in den Mund und spielte zwei Stunden *Trivial Pursuit*. Die Würfel rollten, die Zeiger an der Tafel bewegten sich, und ein paar Mann von der National-Geographic-Crew kiebitzten vom Nebentisch. Wahrscheinlich überlegten sie, ob sie wohl bald zum zweiten Mal ohne Film zurückkehren mußten. Aber ich hatte das Schlachtschiff *Bismarck* im Augenblick völlig vergessen.

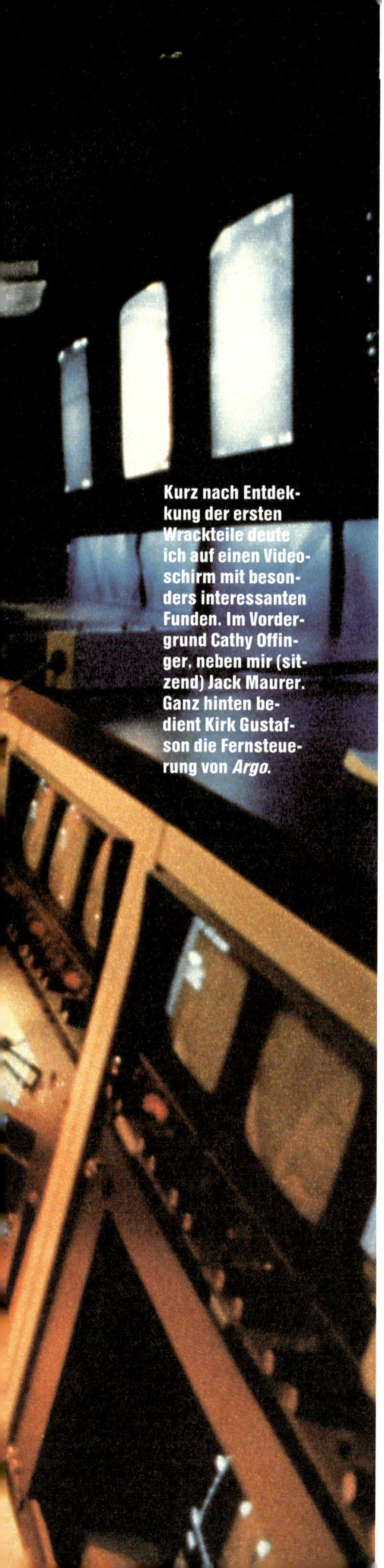

Kurz nach Entdeckung der ersten Wrackteile deute ich auf einen Videoschirm mit besonders interessanten Funden. Im Vordergrund Cathy Offinger, neben mir (sitzend) Jack Maurer. Ganz hinten bedient Kirk Gustafson die Fernsteuerung von *Argo*.

NEUNTES KAPITEL

Gefunden!

Ostatlantik – 5. Juni 1989

Außer uns vier Brettspielern und unserem Publikum am Tisch nebenan hielten sich in der Messe der *Star Hercules* nur noch die paar Leute auf, die sich für die Wache von Mitternacht bis vier Uhr morgens bereitmachten. Mein Partner Tony Chiu und ich saßen auf einer kleinen Bank, den Rücken der Tür zugekehrt; unsere Gegenspieler saßen uns gegenüber. Als ich mir gerade eine Antwort auf die nächste Frage überlegte, sprach mich Al Uchupi von hinten an.

»Bob, wir haben da ein paar Trümmer gefunden, die solltest du dir ansehen.« Das klang ganz sachlich. Er hätte ebensogut vom Wetter oder von einem Artikel über die Geomorphologie von Tiefseesedimenten reden können. Al macht nicht gern die Pferde scheu.

Blitzartig schoß ich von meinem Sitz hoch, sprang über die kleine Bank und verstreute dabei Kartoffelchips und Brettspielteile in alle Himmelsrichtungen. Dieses Spiel beendeten wir bestimmt nicht mehr. Ich rannte ungebremst in den Leitstand; Uchupi und die anderen folgten weit abgeschlagen.

Als ich vor den Monitoren stand, kam gerade ein Feld kleiner schwarzer Gegenstände ins Bild. Für das ungeschulte Auge sahen sie nur wie dunkle Flecken auf dem Sediment aus, doch es handelte sich unstreitig um künstliches Material.

Jim Saint ließ das Videoband schon zurücklaufen, damit ich mir ansehen konnte, was bisher aufgetaucht war. Um 23.52 Uhr hatte Cathy Offinger ins Logbuch eingetragen: »Trümmer«. Ich starrte auf die verschneiten Schwarzweiß-Bilder des Fernsehmonitors. Bis auf ein kurzes Rohrstück waren die Gegenstände nicht recht zu erkennen, aber es tauchten immer mehr von ihnen auf. Uchupi hatte natürlich recht gehabt. Diese Entdeckung unterschied sich grundlegend von den paar künstlichen Objekten, die wir bisher gefunden hatten. Jetzt war ein System zu erkennen. Aber waren es Trümmer von der *Bismarck*? Ich mußte an das Segelschiff im letzten Jahr denken. Den gleichen Fehler wollte ich nicht wieder begehen.

Ich blickte hoch zum Echtzeit-Videobild. Wir fuhren gerade an einem weiteren kleinen Stück vorbei.

»Diesmal haben wir was«, meinte Jack Maurer.

»Das kann man wohl sagen«, antwortete ich. »Aber was? Wenn es von der *Bismarck* stammt, gibt es zwei Möglichkeiten: Entweder ist das Zeug während des Gefechts weggeschossen worden, oder es ist Teil des Trümmerfelds.«

»Wir bekommen seitlich kein Sonarecho mehr«, meldete Mel Lee am Sonargerät.

»Was ist das?« fragte ich, als ein größeres Stück auf dem Bildschirm erschien. »Jim, hol das mal näher ran. Wir müssen es uns ge-

Wir genießen das Gefühl des nahen Erfolgs, nachdem wir zum ersten Mal Wrackstücke entdeckt haben. Aber wird uns diese Trümmerschleppe zur *Bismarck* führen? Und stammt sie überhaupt vom Wrack selbst?

nauer ansehen. Es hat auf jeden Fall einen Schatten. Das ist sicher von Menschenhand gemacht.«

Als ich den Leitstand erreicht hatte, war er schon voll gewesen. Die Wache wechselte gerade, die für Mitternacht bis vier Uhr früh eingeteilte Mannschaft wollte übernehmen. Jetzt drängte sich auch das Filmteam mit Kameras und Tongerät herein und baute auf. Immer mehr Leute quetschten sich in den Raum; offenbar hatte sich die Nachricht mit Windeseile verbreitet. Bald war der Leitstand zum Bersten gefüllt.

Normalerweise verschwinden nach der Wachablösung alle ziemlich schnell, doch diesmal blieb jeder da und wollte den großen Augenblick miterleben, falls wir das Wrack entdeckten. Die Stimmung war ernst und sachlich, hatte aber schon etwas Feierliches an sich. Endlich war die Monotonie unserer fruchtlosen Suche unterbrochen.

Die *Star Hercules* machte fast keine Fahrt nach Osten mehr; wir stießen ständig auf weitere Trümmerstücke. Sie kamen in unregelmäßigen Abständen – erst leerer Meeresboden, dann plötzlich ein kleines Teil, ein Haufen, ein großes quadratisches Objekt oder etwas, das wie ein Rohrstück aussah. Im Gegensatz zu den falschen Fährten an der von *Dorsetshire* angegebenen Stelle schienen wir hier auf der richtigen Spur zu sein. Immer stärker war ich davon überzeugt, daß wir ein echtes, mit einem Wrack zusammenhängendes Trümmerfeld aufgespürt hatten, nicht nur ein paar Stücke, die im Verlauf des Gefechts weggeschossen worden waren.

Nach etwa zwanzig Minuten änderte sich der Meeresboden abrupt, wurde fleckig und zerstückelt wie ein Schachbrett. Als wir darüber hinwegzogen, wurden die Trümmer seltener. Hatte beides miteinander zu tun? Während ich noch grübelte, wurde die Unterwasserlandschaft schon wieder anders. Der Boden wirkte stark gestört und sah so aus, als sei Gestein und Sediment durch eine Mischmaschine gedreht worden. War das vielleicht Teil eines Aufschlagkraters? Wenn ja, mußte es ein ungeheuer starker Aufprall gewesen sein. Wir fuhren langsam weiter nach Osten und überquerten den merkwürdig gefleckten Boden gleich noch einmal. Inzwischen hatte das Trümmerfeld fast ganz aufgehört. Die Sache wurde immer rätselhafter.

Dann fanden wir uns in nur allzu vertrautem Gelände wieder, in flachem, konturlosem Schlamm. Also drehten wir eine Schleife nach Süden und schlugen dann Westkurs ein, wo sich das Bild in umgekehrter Reihenfolge wiederholte. Endlich fügten sich die einzelnen Stücke dieses Puzzles zusammen. Der stark gestörte Boden war die Bahn eines Erdrutsches, einer Sedimentlawine. Derselbe Erdrutsch hatte auch die merkwürdig gefleckten Stellen zu beiden Seiten hervorgerufen; auf seinem Weg bergab hatte er beidseits einen Graben hinterlassen, in den ein Teil des Sediments gelaufen war, etwa so, wie Flußufer bei Hochwasser zerfressen werden. Doch was hatte den Erdrutsch verursacht? Die Antwort war nicht schwer zu erraten.

Die Sedimentlawine, die wir auf dem Meeresgrund sehen, bereitet mir Kopfzerbrechen.

Zunächst aber mußte ich noch mehr über das Trümmerfeld erfahren, das wir entdeckt hatten. In welche Richtung wiesen die Stücke? Irgendwo in der Nähe des größten Trümmerhaufens lag zweifellos das Wrack. Also fuhren wir die nächsten Stunden im Zickzack-Kurs langsam nordwärts. Dabei wurde das Trümmerfeld wieder dichter. Es war genau umgekehrt wie bei dem Segler im letzten Jahr: Die Fährte wies diesmal nach Norden.

Gegen Sonnenaufgang – falls ihn jemand draußen zufällig wahrnahm – hatte sich die Zuschauermenge im Leitstand bis auf ein paar Unentwegte verlaufen. Im Gegensatz zum Auffinden der *Titanic* hatten uns hier die ersten Trümmerstücke nicht gleich zum Wrack geführt; wir mußten erst noch etwas finden, das wir eindeutig als zur *Bismarck* gehörig identifizieren konnten. Doch wir hatten schon eine verhältnismäßig gute Ortsbestimmung für die Achse des Haupttrümmerfeldes und wußten auch recht genau, wie die Achse des Erdrutsches verlief. Die Trümmer schienen sich von Süd nach Nord mit einem kleinen Bogen nach Ost zu erstrecken. Der Erdrutsch wies in Südost-Nordwest-Richtung. Wenn ihn wirklich die *Bismarck* ausgelöst hatte, wovon ich überzeugt war, dann mußten wir das Schiff am Schnittpunkt der Achse des Erdrutsches mit der Achse des Trümmerfeldes suchen. Ich trug die Position auf meiner Karte ein. Sie lag nördlich und etwas östlich der ersten Trümmerstücke, die wir gesichtet hatten. Mit wachsender Erregung befahl ich, Kurs auf diese Gegend zu nehmen.

Es war kurz nach neun Uhr, Jack Maurers Entdeckungswache hatte nach erheblich weniger Schlaf als sonst ihren Dienst wieder aufgenommen, als wir die Gegend erreichten, in der nach meiner Berechnung das Wrack sein mußte. Ich fühlte mich absolut siegessicher und war überzeugt, daß die *Bismarck* zum Greifen nahe lag.

»Wir kommen jetzt zum Erdrutsch«, erklärte ich, als der verwirbelte Boden wieder auf dem Bildschirm erschien. »Haltet die Augen offen, ich habe Angst, daß das Wrack irgendwo darunter begraben liegt.« Dieser Alptraum verfolgte mich schon lange: Wir entdeckten das Hauptwrack, konnten es aber nicht untersuchen, weil es im Sediment steckte.

»Kurs 040«, rief unsere Navigatorin Cathy Offinger.

»Roger.«

»Ich bekomme Sonarkontakt voraus«, verkündete Mel Lee.

»Tiefer, Kirk, genau in der Mitte liegt etwas. Tiefer!«

Kirk drückte den Steuerknüppel langsam nach vorn.

»Halt! Halt!« Ich brüllte fast. Kirk sollte doch keinen Zusammenstoß bauen.

»Verstanden«, erwiderte Kirk ruhig. Er hatte schon vor meinem Befehl reagiert.

Oben: Auf Wache von Mitternacht bis vier Uhr morgens. Im Vordergrund *Argo*-Pilot Billy Yunk, hinter mir Wachführer Ron Bowlin und Navigator Tom Crook.

Unsere Kameras haben den ersten Seestiefel gefunden: ein gespenstisches Bild (unten).

Gegenüber: Die dreidimensionale Zeichnung veranschaulicht die Meerestiefe, in der wir suchten, im Vergleich zum Eiffelturm und dem Empire State Building (links unten). Sie zeigt auch den hohen Unterwasservulkan, der unsere Suche 1989 so erschwerte.

»Blickrichtung nach unten, Blickrichtung nach unten. Da haben wir's! Gib uns die Position, Cathy.« Die abwärts gerichtete Videokamera von *Argo* bekam ein großes Wrackteil ins Visier.

»Position 9–1–3–8 Ost, minus 100 Süd«, meldete Cathy.

»Roger«, antwortete ich. »Wir haben sie, Al. Ich weiß nicht, wieviel wir von ihr erwischt haben, aber hier liegt sie.«

Davon war ich felsenfest überzeugt. Als wir das Gebiet weiter absuchten, sahen wir eindeutige Beweise für einen Aufprallkrater, auch einige große Wrackteile, darunter ein Riesenstück der Decksaufbauten und den Teil einer Leiter. Diesmal war es gewiß kein Segler, sondern etwas viel Größeres. Noch immer fehlten uns aber schlüssige Beweise dafür, daß das alles etwas mit der *Bismarck* zu tun hatte.

Den Rest des Vormittags drehten wir langsam eine Schleife zum Ziel zurück und untersuchten dabei die Erdrutschgebiete weiter nördlich und westlich. Ziemlich weit im Süden stießen wir wieder auf Trümmer. Kurz vor Mittag fanden wir einen einsamen Seestiefel auf dem gestörten Sedimentboden. Im Leitstand wurde es totenstill, bis das erschütternde Bild wie ein Geist aus ferner Vergangenheit verschwunden war. Nach fast fünfzig Jahren gab es da unten wohl keine menschlichen Überreste mehr, doch der Stiefel war gespenstisch. Hatte er vielleicht einem jungen deutschen Matrosen in Todds Alter gehört?

Als wir gegen Mittag zum Zielbereich kamen, überquerten wir erst einen großen Wrackhaufen und erreichten dann den Rand des Aufschlagkraters. Nach dem Wachwechsel, sobald sich Ron Bowlins Gruppe eingerichtet hatte, bat ich die Brücke, auf das automatische

Positionierungssystem zu schalten; das dauert etwa eine halbe Stunde. Danach konnten wir die ganze Fläche im Schneckentempo absuchen. Wenn das Wrack hier lag, mußten wir es finden.

Wir kreuzten hin und her und identifizierten ein großes Stück als Bug- oder Heckteil. Ein langes, grabenähnliches Gebilde wurde mit viel Wunschdenken im Logbuch als »Schiffsachse« bezeichnet. Aber nach vier Stunden lückenloser Untersuchung mußte ich meine Niederlage eingestehen. Wir hatten noch viele weitere Wrackteile, unzählige kleine Trümmerstücke und zahlreiche Beweise dafür entdeckt, daß hier etwas Großes niedergegangen war. Wenn der Aufprallkrater jedoch tatsächlich vom Rumpf der *Bismarck* verursacht worden war, hielt sich das Wrack selbst immer noch gut versteckt.

Al Uchupi schienen meine Befürchtungen wegen des vergrabenen Wracks unbegründet. Die Sedimentschicht sei nicht so dick, daß so etwas Großes darin verborgen sein könne. Wenn das Schiff den Erdrutsch ausgelöst hatte, dann mußte es auch den Hang mit hinuntergerutscht sein. Doch wie weit?

Während ich den nächsten Schritt überlegte, merkte ich, wie müde ich war. Als wir die ersten Trümmerstücke entdeckt hatten, war ich schon zwölf Stunden auf den Beinen gewesen. Jetzt waren es fast 24 Stunden, und das Wrack war uns nicht näher gekommen. Mir taten alle Glieder weh, doch solange wir nichts Schlüssiges gefunden hatten, konnte ich unmöglich schlafen. Ich machte eine weitere Coladose auf und trug einen Kurs ein, der in der Mitte des Erdrutsches hinunterführte. Die Suche entwickelte sich zu einem wahren Marathonlauf.

Bei solchen Gelegenheiten werden gewöhnlich ebenso viele Theorien über die Lage des Wracks entwickelt, wie es Theoretiker gibt. Jedes Sonarziel wird zum Schiff, jedes gestörte Bodenstück zum ersten Aufschlagkrater. Jeder möchte es gern besser wissen als der Chef. Ich finde solche Ratschläge gut, solange sie nicht zur Meuterei führen. Diese Gefahr bestand überhaupt nicht, denn wir hatten alle den Eindruck, dicht vor dem Ziel zu sein. Es war nur eine Frage der Zeit, bis uns die *Bismarck* ins Netz ging. Al Uchupi und ein paar andere meinten, der Erdrutsch müsse das Schiff in südöstlicher Richtung weit hinaus in die Tiefsee-Ebene befördert haben: dort sollte ich suchen. Ich war davon nicht ganz überzeugt, wollte die Theorie aber doch ausprobieren. Sobald wir den Erdrutsch hinter uns hatten, wollten wir in die Ebene hinausfahren.

Während wir im Slalom den Erdrutsch hinunterfuhren, staunte ich über die Gewalt, die sein Verursacher unter Wasser freigesetzt hatte. Wir sichteten noch mehr Trümmer, aber nichts davon war annähernd so eindrucksvoll wie die Funde am Morgen – bis wir auf das Stiefelfeld stießen.

Wir hatten den Erdrutsch vielleicht zur Hälfte abgesucht, als plötzlich alles voller Stiefel steckte. Ich kann mir nicht helfen: Es sah wie auf dem Kasernenhof aus. Die meisten Stiefel waren unordentlich verstreut, aber ein Paar machte den Eindruck, als habe sie jemand eben noch getragen, als steckten die Hosen noch dran – gewiß eine optische Täuschung, vielleicht nur der Schatten, den *Argos* Scheinwerfer warfen. Aber bei diesem Anblick wurde mir heiß und kalt. Wie lange hatten die Männer, die alle diese Stiefel getragen hatten, auf Rettung gewartet, die nie gekommen war? Oder waren sie im sinkenden Schiff eingeschlossen gewesen und dann herausgespült worden? So viele Stiefel, so viele junge Leute ...

Unsere Fahrt ging tiefer den Abhang hinunter. Je weiter nach Süden wir kamen, um so mehr hatte ich den Eindruck,

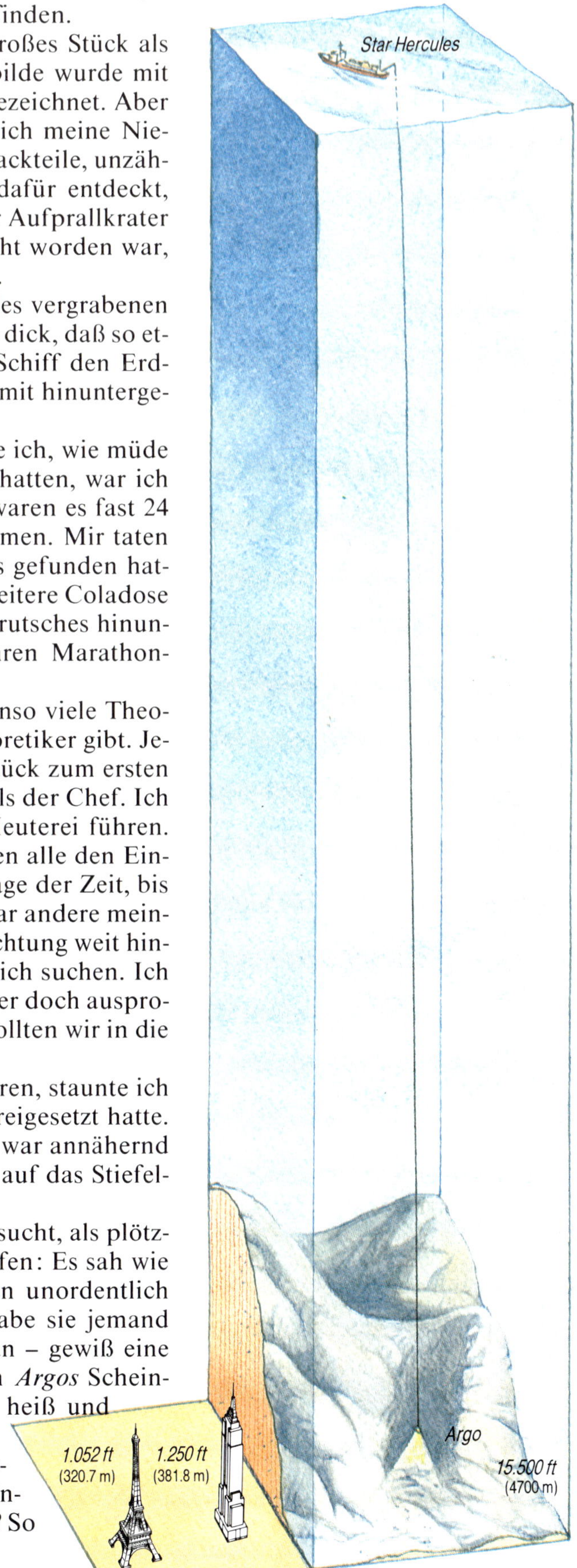

daß wir die Fährte verloren. Der Erdrutsch lag schon weit hinter uns – er war schätzungsweise zwei Kilometer lang gewesen –, und wir hatten die Tiefsee-Ebene wieder erreicht, als Jack Maurers Schicht die nächste Wache übernahm. Es mußte also acht Uhr sein. Das Abendessen hatte ich wohl verpaßt, dachte ich halb benommen, während ich eine neue Cola trank. Fast anderthalb Tage hatte ich nicht geschlafen, aber ich blieb auf meinem Platz, während wir weitermachten. Die Ebene war leer.

Als wir wieder nach Norden auf den Erdrutsch zudrehten, überlegte ich mir, daß es auf jeder Expedition eine Art Glückswache gab. Dieses Jahr schienen Jack Maurer und seine Crew das Glück gepachtet zu haben. Sie hatten die erste Entdeckung gemacht und waren auch im Dienst gewesen, als wir vormittags den Aufprallkrater untersucht hatten. Vielleicht stießen sie auch auf das Schiff? Hoffentlich bald, denn ich konnte die Augen kaum mehr offenhalten.

Jack Maurer und ich studieren einen Sonarausdruck und überlegen, ob wir *Argo* wieder dicht über den gefährlich unebenen Meeresgrund schleppen sollen.

Langsam schleppten wir *Argo* in einer Höhe von 25 m nordwärts; bei dieser Entfernung konnte sein Sonar etwa 250 m auf beiden Seiten erfassen. Ich suchte nach etwas Großem, das dem Sonarschreiber ein Loch ins Papier brennen mußte. Es war fast 22 Uhr. Meine Belastungsprobe näherte sich der 36-Stunden-Grenze. Jetzt muß ich mich aber doch hinlegen, sagte ich mir.

»Geh auf 20 m hinunter«, riet ich. »Schauen wir uns den Boden hier etwas genauer an.«

»Das sieht wie eine Gleitspur aus«, bemerkte Al, als die Sedimentschicht in Sicht kam. Wir waren wieder am Erdrutsch angelangt. Deutlich erkennbare Vertiefungen in der Schlammschicht verhießen im allgemeinen die Nähe eines größeren Trümmerstücks.

»Mensch, sieh dir das an!« brüllte plötzlich Kirk an *Argos* Steuerknüppel.

Alle starrten das undeutliche Ding an, das langsam auf dem Bildschirm erschien. Es sah aus wie ein riesiges Zahnrad, ein großer, runder Gegenstand mit einem Zahnkranz auf dem inneren Rand.

»Gefunden!« brüllte Kirk und wiederholte damit unabsichtlich seinen Ausruf von 1985, als wir den *Titanic*-Kessel entdeckt hatten.

»Ich glaube, wir haben einen Geschützturm gefunden«, verkündete ich glücklich. »Wunderbar! Jetzt bestimmen wir die Größe. Hat jemand ein Lineal?«

Irgend jemand gab mir ein Kunststofflineal, und ich berechnete damit die Verhältniszahlen und setzte sie in die Gleichung ein, mit der man die wirkliche Größe des Objekts erhielt.

»25 verhält sich zu 14 wie 9 mal 1,6 zu X.«

»Tja, die exakten Wissenschaften«, spottete Mel Lee.

»Also ist X gleich 8 m. Das ist ein Hauptturm.«

»Auf Segelschiffen im 19. Jahrhundert gab es die nicht«, bemerkte Cathy.

Ich sah mir das Standfoto an, das Jim Saint an einen Monitor geklebt hatte. Dieser Zahnkranz paßte zu den Zahnrädern einer Bar-

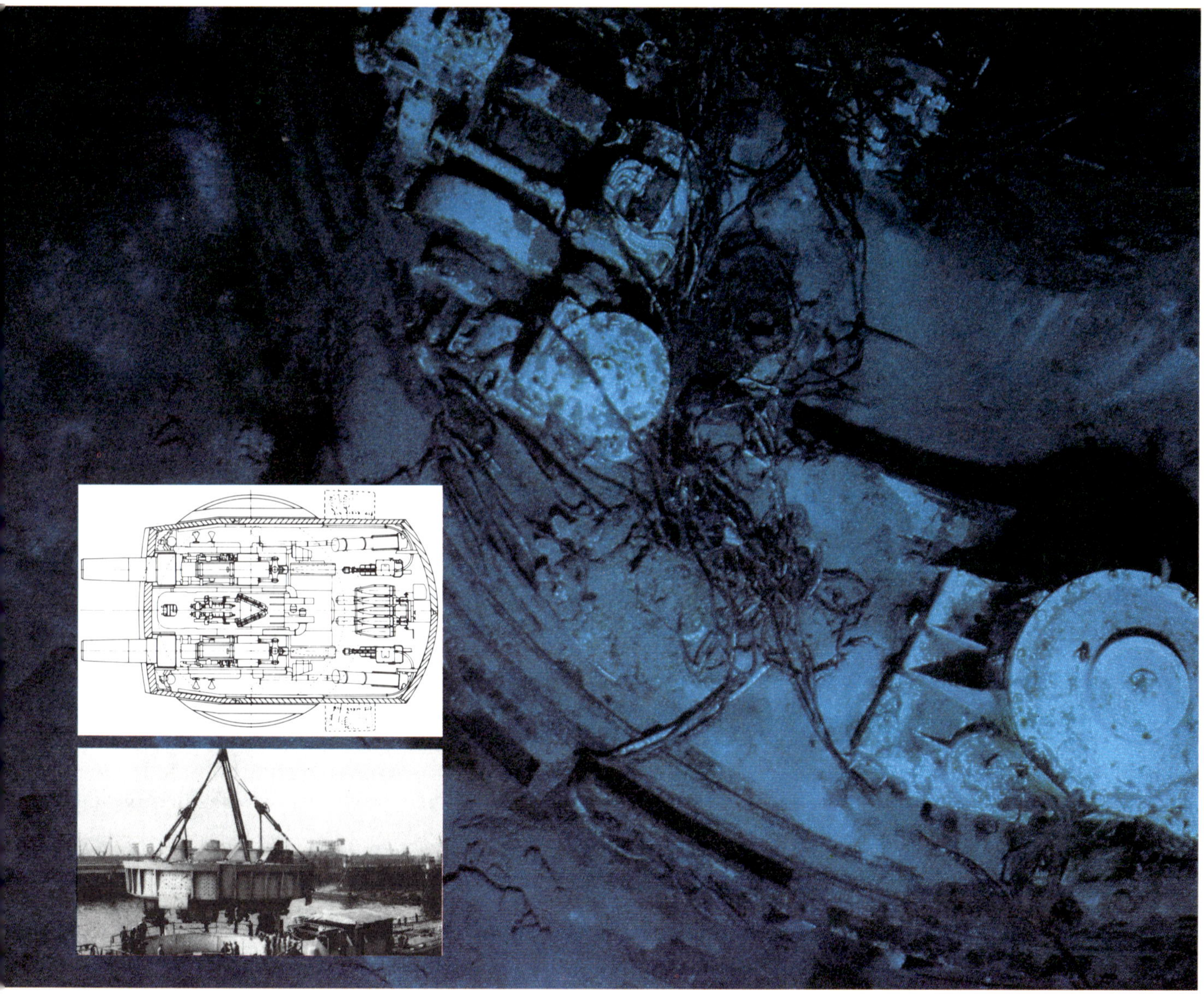

bette. Jetzt hatten wir wenigstens einen Fingerabdruck der *Bismarck*. Es konnte sich eigentlich nur noch um Stunden handeln, bis wir das Schiff selbst gefunden hatten. Zwar hatte ich das schon einmal geglaubt und mich dabei schrecklich geirrt, aber jetzt konnte ich mich nicht mehr auf den Beinen halten. Ich hinterließ Anweisung, in dieser Gegend weiterzusuchen, torkelte in meine Kammer und fiel in meine schmale Koje. Doch so ohne weiteres konnte ich nicht einschlafen. Im Liegen hatte ich die Tochtermonitore im Blick, die ich mir hatte aufstellen lassen und auf denen alles zu sehen war, was auch der Leitstand sah. Ich wollte schließlich mein Erlebnis von der *Titanic*-Suche nicht wiederholen; damals hatte die große Entdeckung stattgefunden, als ich in meiner Kammer gesessen und gelesen hatte.

Unsere Fundstelle war mit nichts zu vergleichen, was ich bisher gesehen hatte. Zuerst hatte uns die Trümmerspur in eine Sackgasse geführt. Dann war der Erdrutsch offenbar leer gewesen. Mich hat dieses Unterwassersuchen oft an das Spiel »Clue« erinnert, das ich als Kind sehr mochte. Dabei vergleicht man Datenbestandteile mit einem Logikbaum, einer Hypothese. Wenn eine Hypothese scheitert, pflanzt man einen neuen Baum. Aber hier gab es so viele Spuren, und sie führten in so viele verschiedene Richtungen. Ich ging einige Möglichkeiten noch einmal durch.

Oben: Einer der vier großen Geschütztürme der *Bismarck* liegt umgedreht auf dem Grund und erlaubt einen Blick auf seinen inneren Mechanismus; wie er intakt aussah, zeigt die Zeichnung oben links und das Foto unten. Kleines Foto oben links: Eine Geschützplattform wird am Kran auf ihre Barbette hinabgelassen.

Vielleicht war der Erdrutsch von Geschütztürmen oder anderen schweren Wrackteilen und nicht vom eigentlichen Schiff verursacht worden? Mir fiel ein, daß das Vorschiff der *Titanic* noch eine ganze Strecke weit geglitten war, während das Achterschiff geradewegs auf den Grund sank. Ob auch die *Bismarck*, die nach allen Augenzeugenberichten in einem Stück gesunken war, von diesem Ort weggeglitten war, während Türme und andere schwere Teile schon an der Oberfläche abfielen und senkrecht nach unten stürzten? In diesem Fall hatte das Hauptwrack vielleicht mit dem Erdrutsch gar nichts zu tun, und meine erste Annahme war falsch. Das Vorschiff der *Titanic* war in einem Winkel von 12° durchs Wasser geglitten, so daß es nach einem über 4 km langen Sturz von der Oberfläche 600 m weit vom Achterschiff entfernt aufgekommen war. Hier lag der Meeresboden allerdings in 4,8 km Tiefe. Das Hauptwrack der *Bismarck* konnte also ganze 1000 m von der Aufprallstelle des Turms entfernt liegen (etwas oberhalb unserer Fundstelle). Während mir diese Gedanken im Kopf herumgingen, sank ich in unruhigen Schlaf.

Hagen braucht viel Kraft an der Winde, weil sich *Argos* nächtliche Rückkehr an Bord besonders schwierig gestaltet.

Als ich am nächsten Morgen in den Leitstand kam, erkannte ich auf einen Blick, daß die Nachtwachen von dem Geschützturm nicht losgekommen waren. Immer wieder hatten sie seine Position umkreist. Hagen hielt den Turm für eine Barbette, also einen Turmsockel, und meinte, sie sei noch am Rumpf befestigt. Das Schiff liege also genau hier im Schlamm vergraben. Ich erinnerte ihn daran, daß Al Uchupi diese Theorie als unmöglich zurückgewiesen hatte.

Mit dem planlosen Herumsuchen mußten wir aufhören, statt dessen alle Möglichkeiten systematisch eliminieren und die Trümmergrenzen in jeder Richtung kartographieren. Früher oder später würden wir dann auf das Wrack stoßen. Ich starrte das Modell der *Bismarck* an, das stumm auf dem Sims unter den Fernsehmonitoren stand. Bald konnte ich hoffentlich das Original erblicken.

Den ganzen 7. Juni verbrachten wir damit, den Umkreis des Trümmerfelds und des Erdrutsches zu erforschen. Am Nachmittag hatte ich den Südteil abgeschlossen und suchte eine Linie in Nordwestrichtung ab, parallel zum Ostrand des Erdrutsches. Etwa auf halber Breite überquerten wir ein kleines Trümmerfeld von knapp 200 m Breite. War es Teil einer zweiten Schleppe? Es schien mit dem großen Trümmergebiet westlich vom Erdrutsch nicht zusammenzuhängen. Vielleicht führte uns dieses Fleckchen wider Erwarten zum Hauptwrack. Jedenfalls wollten wir es später noch genauer untersuchen. Zunächst behielten wir unseren Nordkurs bei, überquerten den Nordrand des Erdrutsches, arbeiteten dieses Gebiet damit zweifelsfrei auf, drehten dann eine Schleife nach Süden und erforschten das obere Ende der großen Trümmerschleppe. Dabei stießen wir auf einige riesige Wrackstücke, unter anderem einen Brocken aus den Decksaufbauten mit Bullaugen. In weiten Zickzackbewegungen arbeiteten wir uns nach Westen vor, bis die Trümmer aufhörten. Die einzige terra incognita war jetzt noch das Gebiet östlich des kleinen Trümmerfleckens, den wir am Nachmittag überquert hatten, am Ostrand des Erdrutschgebietes.

Kurz nach Mitternacht am 8. Juni, dem zehnten Tag unserer Suche, schlugen wir wieder Ostkurs ein. Das Wrack in diesem Trümmerfeld zu finden, erwies sich offenbar als ebenso schwierig wie die Entdekkung der ersten Trümmer. Bald erkannten wir den Steilhang, der den Westrand des Erdrutsches anzeigte, und dann kam der vertraute aufgewühlte Boden des eigentlichen Erdrutschgebiets in Sicht.

»Großes Sonarziel 200 m Steuerbord«, meldete der Beobachter.

Wahrscheinlich eine Bodenformation, dachte ich, aber man mußte sie untersuchen. Wir drehten eine große Schleife und überquerten dabei eine Ecke des kleinen östlichen Trümmerfelds. Mit *Argo* am Ende eines fast fünf Kilometer langen Kabels waren solche Manöver nur langsam zu schaffen.

Der Wind hatte aufgefrischt, und wir konnten das Schiff nur mit Mühe auf Kurs halten. Wir überquerten das Sonarziel auch nicht genau, sondern wurden nach Osten abgetrieben und verfehlten es um etwa 100 m. Wieder brannte der Sonarschreiber ein dunkelbraunes Bild auf das matte Papier. Es ist dasselbe Ziel, vielleicht ein Steilhang, redete ich mir ein.

Es war drei Uhr morgens, und ich war fertig. Ehe ich auf meine Koje zusteuerte, wies ich die Wache an, noch zweimal über den Ostrand des Erdrutsches zu fahren. Damit hatten wir dann das zweite kleine Trümmerfeld voll erfaßt und hoffentlich endgültig geklärt, ob das Wrack in dieser Richtung liegen konnte. Diesmal schlief ich sofort ein, als ich in meine Koje gefallen war.

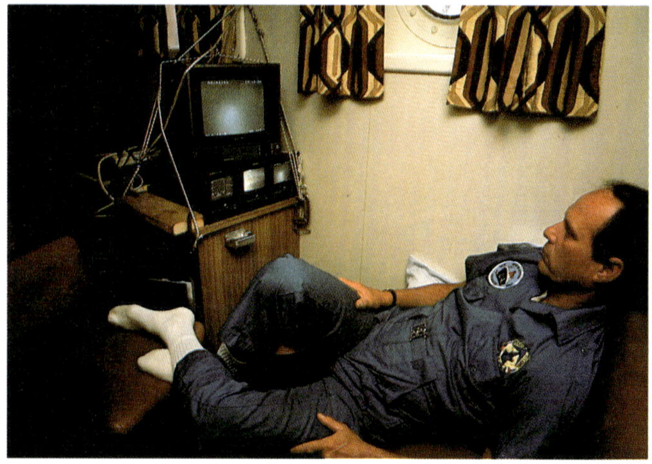

Auf der Couch in meiner Kammer liegend, kann ich über Tochtermonitoren alles beobachten, was die Wache im Kontrollraum auf ihren Schirmen sieht.

Sechs Stunden später wurde ich plötzlich wach. Es war kurz nach neun, und ich war immer noch müde. Vielleicht sollte ich es etwas ruhiger angehen lassen? Ich konnte ja auf den Monitoren in meiner Kammer sowieso alles sehen, was vorging. Ich zog mich an und legte mich auf die Couch, weil ich von dort aus die Monitore gut im Blick hatte. Das Navigationsbild zeigte, daß wir gerade den Bereich des Erdrutsches erreicht hatten und mit Kurs Südsüdost auf das Sonarziel zusteuerten, das wir knapp verfehlt hatten, bevor ich mich hingelegt hatte.

Offensichtlich hatten wir nichts gefunden, solange ich geschlafen hatte, sonst hätte man meinem Schönheitsschlaf schnell ein Ende bereitet. Aber jetzt hatten wir unsere Beute auf allen vier Seiten fest eingekreist. Das Wrack mußte innerhalb unserer Suchbahnen im Erdrutsch oder im Trümmerfeld liegen. Wir brauchten jetzt höchstens noch eine Reihe von dicht nebeneinanderliegenden Streifen über diesen Bereich zu fahren, bis wir darauf stießen. Aber ich verlor allmählich den Mut, und die Zeit wurde knapp. In drei Tagen mußten wir umdrehen.

Ich wandte den Blick zum Monitor. Die Acht-bis-zwölf-Uhr-Wache war dran, also mußte Kirk *Argo* dirigieren. Ich stellte mir vor, wie er an seinem Platz saß, den Blick fest auf den Monitor und den Höhenanzeiger geheftet. Der Erdrutsch war mit seinen vielen Steilhängen und verstreuten Trümmerstücken ein heikles Terrain. Ich wollte sehen, wie sich Kirk schlug. Einen guten Mann bei der Bedienung von *Argo* zu beobachten, hat für mich denselben Reiz wie ein spannendes Hockey- oder Basketballspiel. Ich legte mich wieder auf die Couch und sah mit Vergnügen zu, wie Kirk das Vehikel geschickt über die zerklüftete Landschaft gleiten ließ.

Als plötzlich ein großer, heller Steilhang ins Blickfeld der nach vorn gerichteten *Argo*-Kamera geriet, mußte ich fast lachen über Kirks blitzschnelle Reaktion, der sofort Kabel aufspulte. Wenn ich im Leitstand gestanden hätte, hätte ich ihn sicher angebrüllt: »Hoch, hoch!«, aber von hier aus konnte er mich ja nicht hören. Es war knapp, doch Kirk schaffte es.

Dann sah ich ein Geschütz, nein, zwei Geschützrohre aus einem Turm ragen. Der »Steilhang« war die verdammte *Bismarck*!

»Wir haben sie!« brüllte ich so laut, daß man es noch zwei Flure weiter hören konnte.

Im Nu war ich draußen, von Müdigkeit keine Spur mehr. Wir hatten das Schiff gefunden!

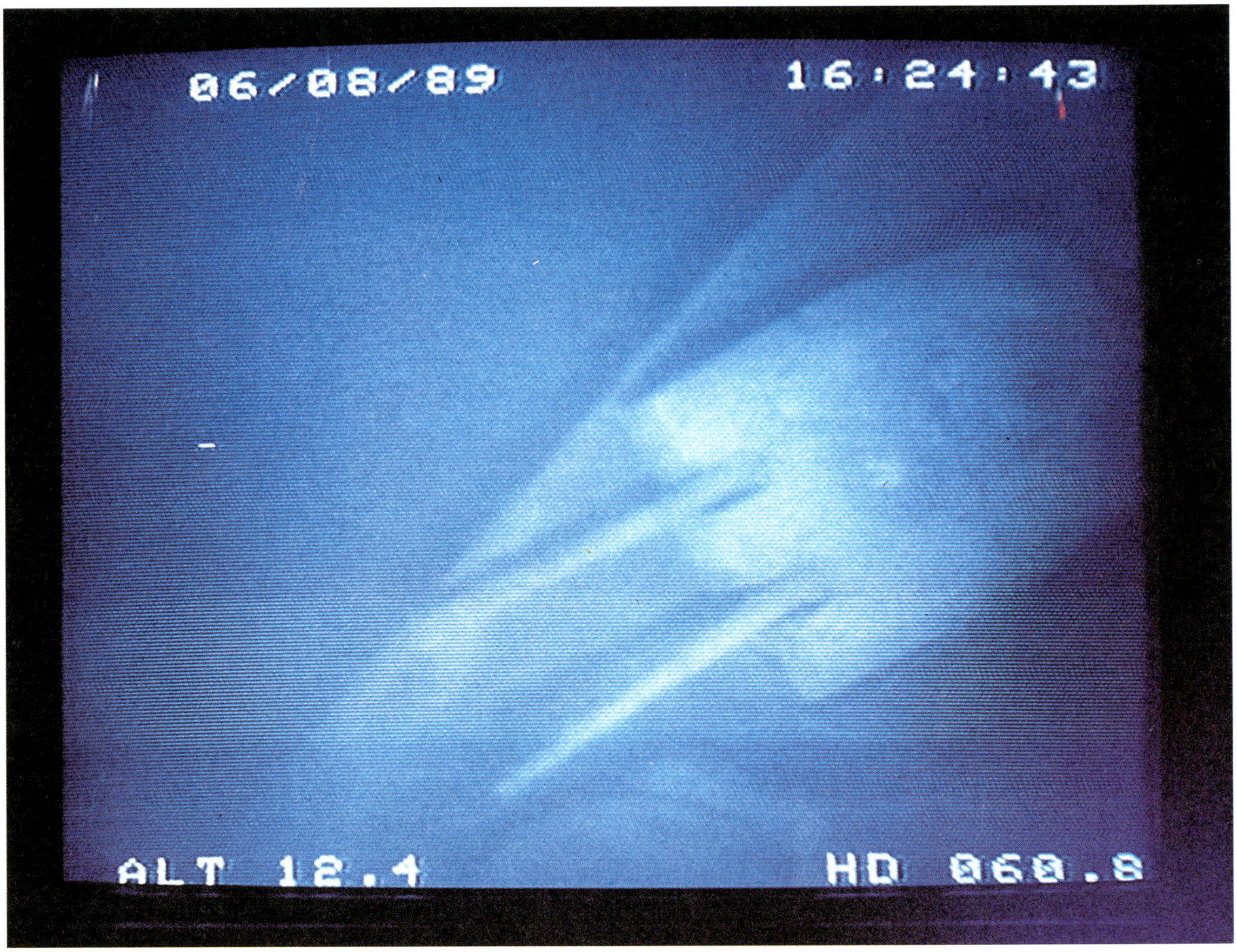

Unser erster Blick auf das *Bismarck*-Wrack: Die beiden Rohre des Geschützturms wirken feuerbereit und machen nach wie vor einen gefährlichen Eindruck.

Im Leitstand hatte sich die Wache ebenfalls einlullen lassen. Alles war so ruhig wie gewohnt. Kirk Gustafson hörte mit seinem Walkman Musik, und Jack Maurer und Cathy Offinger unterhielten sich leise, als Mel Lee am vorwärtsgerichteten Sonar plötzlich ein Echo bekam.

»Ein Ziel 150 m recht voraus«, meldete Mel. »Jetzt brennen wir aber Löcher ins Papier.«

Al betrachtete nachdenklich den Erdrutsch auf der Karte. Nach seinen Berechnungen kamen wir am Westhang herein. »Es ist nur ein Steilhang«, erklärte er nüchtern.

»Das ist kein Steilhang«, brach es aus Cathy heraus, als die Geschützrohre in Sicht kamen. In großen Blockbuchstaben schrieb sie ins Logbuch: »GEFUNDEN!«

Schon war *Argo* über den Rumpf der *Bismarck* hinweggeglitten. Kirk hatte in höchster Eile Kabel aufgerollt, als das Vehikel über die steilen Decksaufbauten des Schiffes strich. Wer den Bildschirm beobachtete, sah nur flüchtige Bilder von Geschützen, klaffenden Löchern und verbogenem Metall. Ein Schnappschuß der Geschichte – und schon war alles vorbei, als hätte es nie existiert.

Da kam ich in den Leitstand geschossen.

»Na, da hast du's ja wieder mal verschlafen«, witzelte Jack Maurer in Erinnerung daran, wie ich die Entdeckung der *Titanic* verpaßt hatte.

»Diesmal nicht, Jack«, antwortete ich, »ich hab' in meiner Kammer alles mit angesehen.«

Als Jim Saint das Band mit der Entdeckung noch einmal abspulte, konnte ich nicht mehr an mich halten: »Guckt euch das an!« rief ich aus. »Wir haben sie, wir haben sie wirklich!«

Die Nachricht verbreitete sich blitzschnell an Bord, und bald war der Leitstand gestopft voll. Todd und Hagen waren unter den ersten Ankömmlingen.

»Um wieviel haben wir daneben gelegen, Papa?« fragte Todd, als wir uns den Videofilm noch einmal ansahen.

»Um rund 100 m«, sagte ich. Ich hatte die Bahnen noch einmal überprüft und gesehen, wie nahe wir mit unseren Streifen über den Erdrutsch dem Ziel vorhin schon gewesen waren. Wir hatten das Hauptwrack nur ganz knapp verfehlt. Das Sonar war entweder gerade nach unten gerichtet gewesen, oder der Wind hatte uns wie letzte Nacht vom Kurs abgebracht. Ohne zuverlässiges Sonar und ohne ein logisch angeordnetes Trümmerfeld könnten 100 m genausogut 1000 m sein. Ich sah Todds Enttäuschung, aber auch seinen Stolz und seine Erleichterung. Schließlich hatten wir das Schiff ja gefunden.

Wenn jetzt noch etwas passierte, spielte es keine große Rolle mehr: Unsere zweite *Bismarck*-Expedition war auf jeden Fall ein Erfolg. Gewaltiger Druck schien von uns gewichen zu sein. Mich überschwemmte eine Flut von Gedanken, als mir die Geschichte der *Bismarck* wieder durch den Kopf ging. Ich starrte die stummen Geschütze, die zerstörten Decksaufbauten an, und die schrecklichen letzten Stunden der *Bismarck* wurden auf einmal Wirklichkeit für mich, keine trockenen Texte in Geschichtsbüchern. Auf diesem Schiff hatten Menschen gelebt, im hoffnungslosen letzten Gefecht tapfer gekämpft und ihr Leben verloren.

Eine Seite des Navigations-Logbuchs mit Cathy Offingers triumphierender Notiz »Got it« (wir haben sie!)

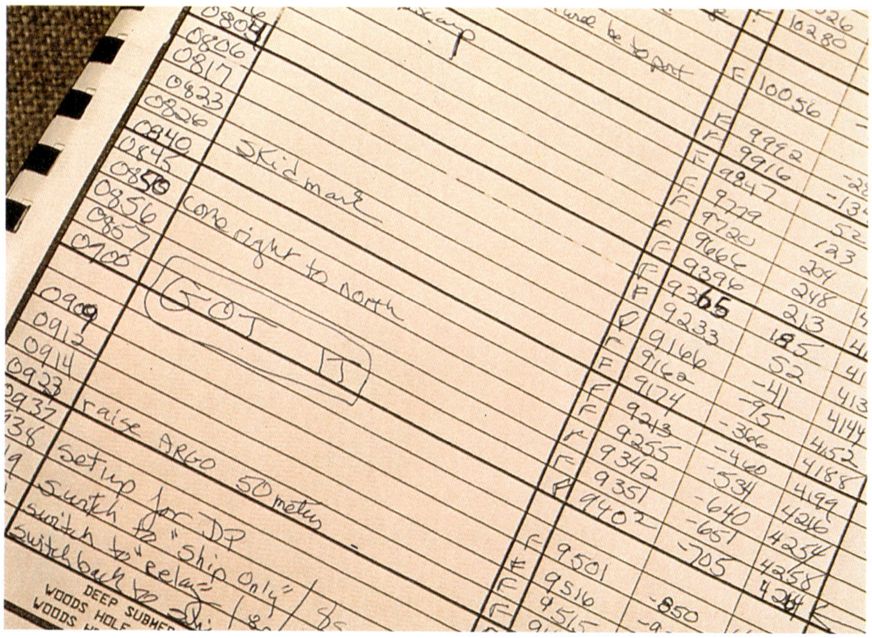

Ich gratuliere Jack Maurer, dem Wachführer der Crew, die das Wrack gefunden hat.

ZEHNTES KAPITEL

Erforschung des Wracks

Ostatlantik – 8. Juni 1989

Oben im Himmel schien jemand etwas gegen unsere Entdeckung zu haben. Während unserer langen, mühseligen Suche hatten wir fast Bilderbuchwetter gehabt, dafür wurde es jetzt um so schlechter. Der Wind wurde mit jeder Minute stärker, die See ging höher. Es schien sich geradezu ein *Bismarck*-Wetter zusammenzubrauen, als uns das letzte »Gefecht« bevorstand.

Es wurde Zeit, daß wir uns das Wrack des Schiffes, das fast fünfzig Jahre ungesehen auf dem Meeresboden gelegen hatte, endlich näher anschauten. Auch wer dort nichts zu tun hatte, drängte jetzt natürlich in den Leitstand. Ich wußte, daß auch auf der Brücke der *Star Hercules* viele Schiffsoffiziere an diesem Drama teilhaben wollten. Selbst unser kapverdisches Personal wurde neugierig. Uns allen war bewußt, daß wir jetzt ein Stück Geschichte nicht nur nacherlebten, sondern tatsächlich schrieben. Das war wesentlich interessanter, als sich vom Videoband immer wieder *Zulu* oder den *Terminator* anzusehen.

Wir schalteten die Steuerung auf automatisches Positionshalten und rüsteten zum Einsatz. Die Wache von Mitternacht bis vier Uhr früh nahm ihre Plätze ein. Bill Lange und seine Leute gratulierten mir. »Das ist eindeutig Dirk Pitts erstaunlichstes Abenteuer«, zog mich Bill auf.

Kurz bevor die neue Wache übernahm, sah ich, wie Lange einen Zettel anstarrte, den jemand an ein Regal geklebt hatte. Ich fragte ihn danach.

»Die Nachrichten«, erwiderte er kurz angebunden und las weiter. »In China bringen sie Studenten um«, setzte er schließlich hinzu.

Ich stellte mich neben ihn und las selbst. Auf dem handgeschriebenen Zettel, wahrscheinlich vom Kapitän verfaßt, waren die neuesten Nachrichten zusammengestellt. Erst war von einem Flugzeugabsturz, dann von einem schlechten Tag an der Hongkonger Börse die Rede, und dann: »Schätzungsweise 7000 Menschen sind heute von Regierungstruppen auf dem Tienanmen-Platz in Peking getötet worden.«

Vierzehn Tage lang hatte sich unser Leben ausschließlich um ein 250 m langes Stück Stahl auf dem Meeresboden gedreht. Unsere Verbindungen zur Außenwelt waren bestenfalls dürftig gewesen. Auf See kommt einem die wirkliche Welt sehr fern vor. Die Nachricht vom Aufstand in China riß uns aus der Beschaulichkeit. Die *Bismarck* war nicht das einzige Problem auf der Welt.

Und doch mußte sie vorläufig meine Hauptsorge sein. Wir hatten *Argo* auf 50 m hochgezogen und kurz vor ein Uhr direkt über die Stelle manövriert, an der nach unserer Navigation das Wrack lag. Als er etwa 30 m über dem Meeresboden hing, zeichnete sich gespenstisch eine graue Silhouette ab.

Linke Seite: Ken Marschalls gespenstische Wiedergabe der entscheidenden Szene: *Argo* gleitet mittschiffs über die Backbordseite der *Bismarck*.

Oben: *Argo* taucht ein und beginnt seinen 4,8 km langen Abstieg zum Wrack.

»Langsam, Billy«, riet ich, und Billy Yunck am Steuerknüppel reagierte sofort.

Allmählich traten die Einzelheiten des Bildes deutlicher hervor. Wir konnten Geschütze und Aufbauten erkennen.

Wir landeten achtern von der Brücke an der Steuerbordreling, fast genau dort, wo wir bei unserer ersten Entdeckungsfahrt das Schiff überquert hatten. Diesmal konnten wir uns so viel Zeit lassen, wie wir wollten. Die *Star Hercules* hielt sich auf der Stelle, ihr Computer reagierte auf den winzigsten Tastenbefehl des Navigators und setzte ihn sofort in genaue Anweisungen an die Bug- und Heckstrahlruder um. Wir hätten uns fast auf einem Zehn-Cent-Stück drehen können, wenn wir wollten. Nichts auszurichten vermochten wir allerdings gegen den Seegang, der das Schiff hob und senkte, so daß die Kameras wie mit einer Wippe auf das Wrack zu und von ihm weg wanderten.

Mit dem Modell als Orientierungshilfe gebe ich Billy Yunck Anweisungen, wie er *Argo* über die *Bismarck* führen soll.

»Höher, Billy«, befahl ich, und Billy Yunck, der den Einsatz seines Lebens fuhr, zog unseren Roboter am Steuerknüppel sofort zurück. Die 15-cm-Geschütze der Mittelartillerie an Steuerbord ragten gefährlich nahe auf, doch *Argo* schaffte es noch rechtzeitig.

»Zoom hinunter, Zoom hinunter, Weitwinkel«, wies ich den *Argo*-Ingenieur Bill Lange an, der genauso eifrig bei der Sache war wie der Pilot. »Gut, jetzt kann's losgehen. Nimm das Ding von allen Seiten auf.« Die Lafette war bemerkenswert gut erhalten, die Panzerung intakt. Beide Rohre reckten sich uns entgegen, aber eines wies nach unten, das andere etwas nach oben.

Bei dieser Art Suche hat der Ingenieur ein ruhiges Leben, bis etwas Fotografierenswertes auf den Bildschirmen auftaucht. Jetzt mußte Bill ständig zwischen drei Videokanälen hin und her schalten, wenn ich verschiedene Kameras anforderte, und in Farbe Einzelbilder von allem aufnehmen, was festzuhalten war. Allerdings enthielt die Kassette seiner Kleinbildkamera nur 700 Aufnahmen, und er mußte aufpassen, daß er vor lauter Begeisterung nicht die Übersicht verlor.

Jemand hatte Johnny Hortons Song *»Sink the Bismarck!«* aufgelegt, und über die Stereoanlage dröhnte die Stimme des Sängers als ironischer Kontrapunkt zu den Bildern vor unseren Augen.

»Weiter nach links. Gut. Zoom abwärts.« Jetzt blickten wir auf eine zweite Reihe von Geschützen unmittelbar vor dem 15-cm-Turm. Das war die Steuerbordreihe der 10,5-cm-Flak, und sie sah mitgenommen aus. Beide Geschütze wiesen wie ein Hirschgeweih in verrücktem Winkel nach oben; das waren die ersten Geschütze, die *Argos* Videoaugen vorhin erfaßt hatten.

Mit jeder Minute bekamen wir einen vollständigeren Eindruck vom Zustand des Wracks; ganz konnten wir es uns allerdings schwer vorstellen. Ich sah mir das Kunststoffmodell an, das die Leute von National Geographic so kunstvoll gebaut hatten.

»Wer hat ein Federmesser?« fragte ich. Jemand reichte mir ein kleines Messer; das Kamerateam sah entsetzt zu, als ich daranging, von den Decksaufbauten des Modells Stück um Stück abzuhacken. Aber niemand protestierte, denn das ergab gutes Filmmaterial. Im Verlauf unserer Untersuchung zerlegte ich das Modell dann Schnitt für Schnitt immer weiter.

Als wir seitwärts bis zur Schiffsmitte glitten, mußten wir auf eine andere Decksebene wechseln. Direkt vor uns stand das zylindrische Fundament des Steuerbordleitstands der Mittelartillerie. Es war nur noch ein gähnendes Loch. Mit einem Schlag wurde mir klar, daß das Deck, auf dem wir uns befanden, das Fundament des Turmmastes war. Alle Beobachter des Gefechts waren der Meinung gewesen, daß dieser Teil des Schiffes am stärksten getroffen worden war; jetzt fehlte er ganz, und mit ihm der Hauptartilleriestand im Vormars, wo der Erste Artillerieoffizier der *Bismarck*, Adalbert Schneider, die Schwere Artillerie dirigiert hatte.

Wir bewegten uns weiter und glitten noch eine Etage höher. Ein solide aussehendes Gebilde, wie eine Pillendose, kam ins Blickfeld. Der vordere Kommandostand war noch da! Das war der verstärkte Teil der Kommandobrücke, von dem aus Lindemann und Lütjens wohl das letzte Gefecht geleitet hatten. Nur gut, daß wir nicht an dieser Stelle auf das Schiff gestoßen waren, denn hier war es am höchsten, und *Argo* wäre sicherlich abgestürzt.

Der vordere Kommandostand befand sich in bemerkenswert gutem Zustand; seine schwere Panzerung sah immer noch so aus, als könne sie feindliche Granaten abhalten, von *Argo* ganz zu schweigen. Wir wissen, wie viele Menschen hier ums Leben gekommen sind, und doch zeigte das Dach keinerlei Einschläge. Ich fragte mich, wie lange der Admiral wohl am Leben geblieben war. Hatte er sich erschossen, als er wußte, daß das Schiff verloren war? In der deutschen Marine herrschte ein ausgeprägter Ehrenkodex. Ich konnte mir fast vorstellen, daß der Fatalist Lütjens in finsterer Genugtuung mit seinem Schiff unterging.

Und wie hatte Kapitän Lindemann so lange überlebt, daß er bis

Oben: Ich beginne das Modell zu demontieren, um den Zustand des Wracks zu veranschaulichen; Peter Schnall von der National Geographic Television filmt mich dabei.

Unten: Die Lafette eines Fla-Geschützes, dem eines der beiden Rohre fehlt.

zum Bug kommen konnte? Als sein Schiff manövrierunfähig geworden war, die großen Geschütze auf dem Vorschiff zerstört waren und ihm die Entscheidung aus der Hand genommen war, hatte er vielleicht die Brücke verlassen und sich zu seinen Leuten begeben. Es wäre typisch für ihn gewesen, sich um die Moral seiner Truppe zu sorgen, als alles verloren war. Lütjens wäre ein so unkonventionelles Benehmen nie eingefallen; er war wohl auf seinem Posten geblieben und erwartete stoisch das Ende.

Vor dem Kommandostand war die zweigeschossige offene Brücke noch zu erkennen; ihre Wände waren von Granateinschlägen zerstört worden, und ihre beweglichen Nocken (die während des Gefechts wahrscheinlich zurückgeklappt waren) fehlten ganz. Man konnte sich aber immer noch vorstellen, hier zu stehen und mit anzusehen, wie das prächtige Schiff in einen Hafen einlief. Das große, fest montierte Fernglas, das Josef Statz im Endkampf flüchtig gesehen hatte, war längst weg, und die Umgebung des Kommandostands war mit Einschußlöchern übersät (wir zählten später mehr als 50).

Ein Flugzeug-Abwehrgeschütz, von oben gesehen; es steht an Backbord unter dem achteren Feuerleitstand.

Wir verließen die Brücke und erkannten an Backbord die Lafette des 15-cm-Geschützes; die Panzerplatte fehlte, aber beide Rohre waren vorhanden. Dann überquerten wir die klaffende Öffnung von Turm Bruno; das Fundament, die sogenannte Barbette, war stehengeblieben. Dieses große, runde, von Zahnrädern gesäumte Loch, dessen Verstärkungsstreben hinunter ins Schwarze reichten, machte den Eindruck, als wolle es *Argo* verschlingen. Unten an Backbord der Barbette fanden sich deutliche Hinweise auf einen Granattreffer, der den oberen Rand beschädigt hatte – wohl einer der ersten Treffer, die die vorderen Geschütze außer Gefecht gesetzt hatten. Ich schnitt Turm Bruno vom Modell ab, und wir zogen weiter zu Turm Anton, ebenfalls einem klaffenden Loch.

Kurz vor Anton überquerten wir den Wellenbrecher – er schien unbeschädigt – und bewegten uns weiter Richtung Bug. Das Steuerbord-Ankerspill war noch vorhanden; von ihm lief ein Stück Ankerkette nach vorn, schräg auf die Steuerbordseite zu. Wir folgten ihm, bis es in einem ausgezackten Loch verschwand; das sah nach einem Splitter von einer der großen 16-Zoll-Granaten der *Rodney* aus. Die Decksplanken befanden sich noch in bemerkenswert gutem Zustand und waren offenbar von den holzverzehrenden Organismen verschont geblieben, die den größten Teil der Weichholzdecks auf der *Titanic* zerstört hatten. Dort hatte sich nur Teakholz gehalten; wir wissen heute ziemlich genau, daß auf der *Bismarck* die Decksbeplankung aus Teakholz bestand.

Während wir weiter auf den Bug zustrebten, fielen mir dunkle Verfärbungen des Decks auf, die ich mir nicht erklären konnte. Vielleicht zersetzte sich hier das Holz aus irgendeinem Grund schneller als an anderen Stellen?

Wir setzten unsere Erkundungsreise fort und waren bald am Bug. Hatte er noch seinen kühnen Schwung, oder war er beim Aufprall ge-

staucht und geknickt worden? Die Steuerbord-Ankerklüse war unbeschädigt, und kurz davor stand noch ein Stück der Steuerbordreling. Dann sahen wir die Bugspitze oder das, was davon übriggeblieben war. Ein halbmondförmiges Stück fehlte; dadurch hatte das Schiff eine Art Stupsnase bekommen. Bedenkt man, wie massiv es an dieser Stelle gebaut war, kann dieser Schaden nur durch einen direkten Treffer von einer großkalibrigen Granate verursacht worden sein.

Jetzt arbeiteten wir uns an Backbord langsam zum Heck zurück. Die Reling fehlte auf dieser Seite völlig – zum Teil war sie sicher abnehmbar und konnte vor einem Gefecht entfernt werden –, doch die großen Festmacherpoller standen noch an Ort und Stelle, und auf den waagrechten Flächen waren kaum Granateinschläge zu erkennen. Bis jetzt war das Schiff ein merkwürdiges Gemisch aus Zerstörung und Erhaltung. Fast alle Aufbauten waren weggerissen, aber am eigentlichen Rumpf hatten wir keine Anzeichen für strukturelle Schäden wahrgenommen.

Als die Vier-bis-acht-Wache von Todd und Hagen ihren Dienst angetreten hatte, konnten wir mit der Erkundung des Achterschiffs anfangen. Hier hatten sich die meisten Überlebenden versammelt, ehe sie über Bord gesprungen waren. Das Wetter oben war immer schlechter geworden, und das dadurch bewirkte Schwingen *Argos* erschwerte Todds Arbeit beträchtlich. Beim Betrachten des Videofilms drehte sich mir fast der Magen um, wenn das Bild ständig vor und zurück schwankte. Ich machte mir Sorgen, ob wir *Argo* wieder bergen konn-

Blick durch die offene Barbette mit ihrem Zahnkranz ins Innere des Wracks (oben). Das untere Bild zeigt die Barbetten der Geschütztürme während der Bauphase.

Ich ziehe den Großmast aus dem Modell, das allmählich so aussieht, als sei es selbst im Gefecht gewesen.

Die Reste der Basis für den Großmast

ten; vielleicht ging uns auch der Film aus, ehe wir Gelegenheit hatten, die Kamera für Farbeinzelbilder nachzuladen.

»Hier muß der Schornstein gestanden haben«, erklärte ich, während ich vom Modell der *Bismarck* den einzigen Schornstein am Fuß abbrach. Unter uns erkannten wir die großen Öffnungen der Abzugsrohre, die innerhalb des Schornsteins verlaufen waren und Rauch, Dämpfe und Überschußwärme von den Kesseln abgeführt hatten.

Während wir uns zentimeterweise nach achtern bewegten, kamen wir auch über das Flugzeugdeck. Hier stand das Katapult, auf dem während der ganzen Operation Rheinübung nicht *ein* Arado-Aufklärer gestartet war. Ich riß die Plättchen vom Modell ab. Wir folgten der Spur zur Backbordseite. Dort stießen wir auf das riesige Loch, das nach Augenzeugenberichten von einer unvorstellbar heftigen Explosion gerissen wurde, als eine 16-Zoll-Granate der *Rodney* das Magazin mit Bereitschaftsmunition in die Luft jagte.

Die Bereitschaftsschuppen für je ein Flugzeug zu beiden Seiten des Schornsteins fehlten, aber der Hangar für zwei Flugzeuge, gleich achtern vom Katapult, stand noch. Aus seinem Dach ragte der Stumpf des Großmastes, jetzt nur noch ein zerbrochenes Metallrohr. Die Kriegsflagge war längst verschwunden, ebenso die Kapitäns- und Admiralsbarkassen, und ich nahm sie vom Modell ab. Jetzt überquerten wir den Bereich der achteren Aufbauten. Die beiden Scheinwerferplattformen fehlten; ihre großen zylindrischen Fundamente standen jedoch noch, und dazwischen war das ähnlich aussehende Fundament des Scheinwerferleitgeräts zu erkennen.

Jetzt kam langsam das Dach des achteren Artillerieleitstands ins Bild, also genau die Stelle, an der sich der Vierte Artillerieoffizier zusammen mit Heinz Jucknat, Adolf Eich, Franz Halke und anderen Überlebenden in Sicherheit gebracht hatte, bis die Engländer ihr erbarmungsloses Feuer einstellten. Der Stand war intakt, so wie er ihn beschrieben hatte. Nur die Rollenführung fehlte, und das Dach hatte ein Loch an der Stelle, wo vorher die Drehhaube des Entfernungsmessers gesessen hatte, bevor sie von einer 14-Zoll-Granate der *King George V* abrasiert worden war, die den Offizier außerstande gesetzt hatte, das Feuer der achteren Geschütztürme zu leiten. Am Rest des Dachs oder an den Seiten konnten wir keine Schäden erkennen. Erstaunlich, daß dieser Teil das Gefecht so gut überstanden hatte, denn er war nicht besonders stark gepanzert.

Während wir weiter zum Heck glitten, fragte ich mich, ob wohl alle vier Türme verschwunden waren. Wir hatten bisher erst einen gefunden. Hier hatte Cäsar gestanden; jetzt klaffte da ein weiteres Loch; einer der Boots- und Flugzeugkräne war darübergefallen (wir meinen heute, daß es wohl der Steuerbordkran war). Der Anblick erinnerte mich daran, wie der Mast der *Titanic* gegen die Brücke zurückgesunken war. Aber wie war er hierher gekommen, über 50 m von seinem Standort unterhalb des Schornsteins entfernt? Die Erklärung lieferten vielleicht die Drahtstücke, die immer noch daran hingen. Vielleicht hatte sich der Kran während der Schlacht gelöst, war aber durch Drähte an Deck gehalten worden, die erst beim Aufprall rissen.

Auch Turm Dora war nur noch ein leeres Loch. Alle vier Türme waren also wahrscheinlich abgefallen, als das Schiff unter der Oberfläche um seine Achse gekentert war. Steuerbords von Dora klaffte ein weiteres großes Loch von einem Granattreffer, vermutlich war es das, in das viele Überlebende auf ihrer Flucht vor den Bränden gestürzt waren.

Auf unserem Weg zum Achterschiff konnten wir erkennen, daß auch hier die Holzbeplankung noch in gutem Zustand war. Wir zogen langsam weiter. Was waren das nur für dunkle Spuren an Deck? Sie erinnerten mich an die verfärbten Stellen, die wir am Bug gesehen hatten, waren hier aber wesentlich kräftiger. Wir sahen gerade Kanten, zweifellos von einer Bemalung stammend. Eine Gänsehaut lief mir über den Rücken: Wir erblickten das Hakenkreuz, das übermalt worden war, nachdem das Schiff Norwegen verlassen hatte. Die Zeit und das Meerwasser hatten es wieder zum Vorschein gebracht. Ich blickte zu Hagen Schempf hinüber und fragte mich, was er jetzt wohl dachte.

Plötzlich hörte das Hakenkreuz auf wie abgehackt. Ein Teil des Achterschiffs fehlte! Im Gegensatz zur Kerbe im Bug war das hier absolut ein Strukturschaden. Als wir *Argo* vom Heck abhoben, erkannten wir tief unten Trümmer. Das also war die Achillesferse der *Bismarck*! Stammte der Schaden von dem Torpedotreffer, der die Ruder blockiert hatte? Oder war er beim Aufprall passiert? Ich erinnerte mich an das große Wrackstück dort, wo nach meiner Meinung das

Das Dach des achteren Artillerieleitstands, von wo aus Kapitänleutnant von Müllenheim-Rechberg die letzten vier Salven der *Bismarck* dirigierte. Auf dem kreisförmigen Gebilde saß die Drehhaube des Entfernungsmessers. Der Pfeil im kleinen Foto oben bezeichnet den Standort.

Schiff aufgeprallt war, ehe es den Erdrutsch ausgelöst hatte. In unserem Eifer hatten wir das Stück vorläufig als »Bug oder Heck« bezeichnet. Vielleicht war es das fehlende Heck; es war zurückgeblieben, während der Rumpf den Hang hinunter bis zu seinem jetzigen Ruheplatz rutschte. Ich nahm das Messer und schnitt vom Heck des Modells ein Stück ab.

Fast fünf Stunden lang wanderten wir optisch über das Deck des verwüsteten Schiffes, entsetzt über die Verheerungen, aber doch erstaunt, wieviel noch erhalten war, wie mächtig und stolz die *Bismarck* immer noch wirkte. An einer Stelle stießen wir auf ein 10,5-cm-Flak-Geschütz; es wies wie irrsinnig nach oben, als wolle es immer noch eines dieser verdammten langsamen Swordfish-Flugzeuge abschießen. Äußerlich wirkte es alles andere als kriegerisch: Das Rohr war mit einer gekräuselten Seeanemone dekoriert, als hätte ein Angehöriger der

Friedensbewegung Blumen hineingesteckt. Ich werde das Bild nie vergessen.

Als ich Anweisung gab, *Argo* nach sechs Stunden Erkundungstätigkeit wieder einzuholen, sah das Modell der *Bismarck* stark verändert aus. Alle Türme der Mittelartillerie waren noch vorhanden; auch viele Lafetten der Flak standen noch an Ort und Stelle, obwohl einige Rohre fehlten. Wir sahen nichts von den Lafetten der beiden 10,5-cm-Fla-Geschütze zu beiden Seiten des Schornsteins (die Gefechtsstation von Alois Haberditz fehlte ebenfalls, und auch in der Nähe der stark beschädigten Brücke standen keine Geschütze mehr). Neben den Türmen der Schweren Artillerie fehlten fast alle Schiffsaufbauten (einen großen Teil davon hatten wir im Trümmerfeld gefunden). Wenn man die Türme wieder aufgesteckt hätte, wäre das Schiff ein erstaunlich ähnlicher Anblick wie in seinen besten Tagen gewesen. Die *Bismarck* war ein Wrack, aber ein gefährlich aussehendes Wrack – immer noch schnittig, immer noch bewaffnet, immer noch ihrer Kraft bewußt.

Als der Kameraschlitten nach der ersten genauen Untersuchung des Wracks wieder an die Oberfläche kam, hatte er sich in Polypropylen-Tauwerk verwikkelt.

Rechts: Martin Bowen (links), Todd und Casey Agee versuchen, *Argo* von dem Gewirr zu befreien.

Als *Argo* an die Oberfläche kam, wurde es schon dunkel, und Regen peitschte über das Achterschiff. Skip Gleason stand im »Heldenthron«, während Frank Smith und die übrige Deckscrew mit ihm zusammen den Schlitten möglichst schnell bergen wollten. (Der sogenannte Heldenthron ist ein vom Heck abstehender Metallkäfig, in dem man bei der Bergung dichter am Wasser arbeiten kann, ohne über Bord gespült zu werden. Durchnäßt wird man darin normalerweise nur bis zur Taille.) Es wurde unsere gefährlichste *Argo*-Bergung der ganzen Expedition, und sie erforderte alle Geschicklichkeit und Erfahrung meines Teams. Skip reichte mit der Teleskopstange hinüber und klinkte eine Leine am Rahmen ein. Dann hob sich das Heck der *Star Hercules* auf einer großen Welle; *Argo* tauchte aus dem Wasser und begann wie eine zwei Tonnen schwere Abbruchbirne hin und her zu schaukeln. Gerade noch rechtzeitig konnte Todd, wie immer mitten im dicksten Trubel, eine weitere Leine an ihm festmachen, und schon war das Ungeheuer gezähmt. Bald ruhte es tropfend an Deck.

Mir fiel sogleich auf, daß der schwer mitgenommene Rahmen von *Argo* mit einer blauen Polypropylenleine umwickelt war; sie stammte wahrscheinlich aus einem Netz, das ein Fischer mitten im Ozean verloren hatte. Früher stellten wir uns die Weltmeere immer so groß vor, daß ihnen keine Verschmutzung etwas anhaben konnte; heute wissen wir es besser. Deshalb sind auch die Meereskundler von allen Umweltschützern am besorgtesten. Sie sehen genau, wie schnell wir unseren Planeten vergiften.

Nachdem wir die Leine von *Argo* gelöst hatten, gab ich sie Cathy Offinger; ich wollte nicht, daß die Leute Stückchen davon als Souvenirs sammelten. »Vielleicht können wir etwas damit anfangen«, meinte ich. »Sozusagen als Erinnerung an das Schiff.« Ich wußte, daß Cathy etwas dazu einfallen würde.

Mittlerweile hatten wir die *Bismarck* ziemlich gründlich erkundet. Als nächstes mußten wir Farbvideoaufnahmen machen. Die National Geographic Society wollte sie für ihren Film haben, und ich wollte der Welt zeigen, wie das Schiff wirklich aussah. (Ob die Einzelbildkamera von *Argo* tatsächlich Farbaufnahmen von Wrack und Trümmerfeld gemacht hatte, würde ich ja erst nach der Fahrt wissen.) Nun hatten wir allerdings *Argo* bisher noch nie mit Farbvideokameras ausgerüstet; was wir selbst zusammengebaut hatten, wurde deshalb unter schwierigsten Bedingungen zum ersten Mal erprobt. Da wir über unser Koaxialkabel auch keine Farbbilder in Echtzeit vom Meeresboden senden konnten, war erst nach der Rückkehr von *Argo* an Bord festzustellen, ob wir überhaupt Videofilme in Farbe aufgenommen hatten.

Außerdem schien *Argo* mittlerweile wirklich auf dem letzten Loch zu pfeifen. Schon die ganze Zeit hatte sein Sonar unzuverlässig gearbeitet, Kameras und Höhenmesser waren mehrfach ausgefallen. Wir hatten erst kurz zuvor entdeckt, daß im Sonarsystem eingedrungenes Wasser einen Kurzschluß verursacht hatte, auf den alle diese Störungen zurückgingen. An Bord hatten wir den Fehler aber nicht beheben können, weil eine neue Druckdichtung dazu nötig war. Außerdem schienen die Pannen von einem System auf alle anderen Systeme überzugreifen. Wenn wir Pech hatten, stellte die Telemetrie von *Argo* sehr bald ihren Dienst ein. Und jetzt sollte unser Oldtimer etwas tun, was er noch nie getan hatte. Mir war bei dieser Aussicht gar nicht wohl. Dennoch blieben Bill Lange und Jim Saint die ganze Nacht auf, um die neuen Kameras einzubauen und *Argo* für den nächsten Morgen startklar zu machen.

Cathy Offinger wäscht nach einem schnell gelöschten Brand im Vorratscontainer den Ruß von einem Überlebensanzug.

Freitag, der 9. Juni, begann vielversprechend. Obwohl immer noch eine steife Brise wehte und die See hochging, war das Deck in warmen Sonnenschein getaucht, als wir *Argo* zu Wasser ließen. Fast zwei Stunden später, als er sich dem Meeresboden näherte, fielen jedoch plötzlich die Bilder auf den Monitoren aus. Wir hatten unsere elektronische Verbindung mit dem Schlitten verloren und waren wie blind. Ich stellte mir schon das Schlimmste vor, als ich die Bergung anordnete. Die Zeit verging unerbittlich. Sonntag sollte unser letzter Tag vor Ort sein, und die Aussicht auf einen Farbvideofilm schwand mit jeder Minute.

Aber die Techniker fanden den Fehler: In einem Computer des Schlittens war eine Sicherung durchgebrannt; sie wurde schnell ausgewechselt und getestet. Zwei Stunden später verdichteten sich die Wolken wieder, und das Wetter wurde schlechter, als *Argo* um 16.30 Uhr ins Wasser tauchte. Um 18.34 Uhr kam der Meeresboden ins Bild; sieben Minuten später befanden wir uns über dem Wrack.

Das Objektiv einer der Farbfilmkameras, mit denen wir *Argo* ausrüsteten; aber leider wurde unsere Hoffnung auf farbige Videofilme vom Wrack enttäuscht.

Da wir auf jeden Fall die bestmöglichen Farbvideoaufnahmen mitbringen wollten, spielte ich Kamikaze und ging mit *Argo* Risiken ein, die ich mir vorher in meinen kühnsten Träumen nicht ausgedacht hätte. Während wir arbeiteten, wurde das Wetter immer unangenehmer, Bug- und Heckstrahlruder der *Star Hercules* wurden ebenso wie unsere *Argo*-Piloten aufs äußerste beansprucht. Einmal befahl ich, den Schlitten in eines der Turmlöcher, in den Schlund des Ungeheuers abzusenken; im Innern aber blieb alles dunkel. Hier gab es keine große Freitreppe wie auf der *Titanic*. Später konnte ich die nach vorn gerichtete Kamera so nahe an einige stehengebliebene Geschütze der Mittelartillerie und parallel zum Rumpf bringen, daß wir Spuren der

Treffer der britischen Mittelartillerie erkannten. An manchen Stellen waren die Granaten zerplatzt wie Käfer an einer Windschutzscheibe und hatten die Panzerung offenbar unversehrt gelassen; der 14,5 cm starke Zitadellpanzer im Bereich achtern von der Stelle, wo wir das Schiff zum ersten Mal überquert hatten, zeigte jedoch erhebliche Durchschläge. Unsere Untersuchung schien bisher zu ergeben, daß das Schiff auf der Backbordseite viel schwerer beschädigt worden war; das war nur logisch, denn diese Seite hatte ja das meiste Feuer von *Rodney* und *King George V* abbekommen. Unterhalb der Schlammgrenze wies der Rumpf sicherlich noch größere Schäden auf. Auch bei der *Titanic* waren ja die meisten Beweise für den Schaden, den der Eisberg angerichtet hatte, unseren Blicken verborgen geblieben. Wir konnten jedoch sehen, daß das Heck tiefer eingegraben war als der Bug, und das sprach für meine Theorie, daß die *Bismarck* mit dem Heck zuerst aufgeschlagen war.

Rick Lathams mit Tauwerk umwickeltes Grabkreuz.

Kurz nach Mitternacht machten wir Schluß und holten *Argo* langsam an die Oberfläche zurück. Wenn die Farbvideokameras funktioniert hatten, mußten die Ergebnisse umwerfend sein.

Während sich ein paar von uns aufs Ohr legten und das Wetter schlecht blieb, braute sich unter der Mannschaft ein ganz anderer Sturm zusammen. Bevor wir die *Bismarck* gefunden hatten, war für die meisten an Bord, ausgenommen die Engländer unter der Besatzung, unsere Expedition eher Routine gewesen. Bob Ballard suchte eben wieder mal ein Wrack, und wenn er es fand, war das toll. Nachdem wir jedoch den ersten Stiefel auf dem Meeresboden gesehen hatten, war die Stimmung umgeschlagen. Vorher hatten einige die Ereignisse im Mai 1941 kolportiert, Naziwitze gerissen und so weiter. Doch diese Kaltschnäuzigkeit war mit einem Schlag verschwunden. Als wir dann das Wrack fanden, gehörten diese Stiefel plötzlich zu wirklichen Menschen, von denen wir gelesen hatten, die wir zu kennen glaubten, die auf der *Bismarck* gestorben waren. Darüber konnte man nicht mehr lachen. Ich erinnerte mich daran, wie stark auch die Entdeckung der *Titanic* auf uns gewirkt hatte.

Die Stimmung wurde ernst; nicht gedrückt, eher respektvoll. Jeder behielt seine Gefühle für sich, aber ich merkte, daß fast alle beeindruckt waren, jeder auf seine Weise. Jack Maurer, ehemaliger Captain der Marine und äußerlich ein Muster an Selbstbeherrschung, erzählte mir später, daß er manchmal einfach aus dem Leitstand hatte davonlaufen müssen, um allein zu sein. Besonders bei Hagen Schempf fiel mir eine Veränderung auf. Als einziger Deutscher an Bord hatte er ein volles Pensum an ironischen Kommentaren zu ertragen. Zum Glück schien ihm das nichts auszumachen, obwohl ihm die *Bismarck* erkennbar näherging als letztes Jahr. Die Begegnung mit dem Freiherrn von Müllenheim-Rechberg hatte das Schiff für ihn Realität werden lassen und ihn auch dazu bewogen, 1989 wieder mitzufahren, obwohl unsere Expedition mit seiner Doktorarbeit über Roboterarme im Tiefsee-Einsatz eigentlich nichts zu tun hatte. Seine Schnoddrigkeit hatte er so völlig abgelegt, als habe er einen Charakterzug an sich entdeckt, den er bisher entweder unterdrückt, vergessen oder nie gekannt hatte. Schließlich hatte er ja vorwiegend im Ausland gelebt und gehörte einer Generation von Deutschen an, deren Eltern so jung waren, daß sie den Krieg nicht mehr hatten mitmachen müssen.

Es bot sich eigentlich an, Hagen eine Gedenkfeier organisieren zu lassen, die wir für die *Bismarck* veranstalten wollten. Als ich ihn in meine Kammer rief, um mit ihm darüber zu sprechen, erklärte er sich auch gleich dazu bereit. Er rechnete so wenig wie ich mit den Gefühlen, die wir damit aufrührten.

Cathy Offinger hatte die Polypropylenleine vom Wrack dem Zweiten Ingenieur der *Star Hercules*, Rick Latham, gegeben. Rick hatte in seiner Begeisterung vorgeschlagen, daraus ein Gedenkkreuz zu machen. Als bordeigener Barde schien er für diese Aufgabe auch am besten geeignet zu sein. Sein Gedicht über unsere Expedition näherte sich der Vollendung; wir hatten ihm wahrlich genug Stoff dafür geliefert. Jetzt sollte er in der Handlung auch selbst auftreten. Er schweißte zwei Metallstücke zu einem schlichten Kreuz zusammen und umwickelte dieses mit der Kunststoffleine. Das war hübsch gemacht, und Hagen gefiel es sehr. Vielleicht konnten wir *Argo* mit einem Elektromagneten ausstatten, schlug Hagen vor, und dann beim nächsten Tauchgang das Kreuz an Deck der *Bismarck* ablegen.

Das hörte sich alles ganz gut an – bis Hagen sein Vorhaben mit anderen aus der Besatzung besprach. Ein christliches Kreuz auf einem Nazischiff? Die Vorstellung, Ricks Kreuz könnte vielleicht auf dem Hakenkreuz zu liegen kommen, machte aus unserem arglosen Plan plötzlich eine Gedenkgeste für Nazideutschland. Diese Vorstellung erschreckte zu Recht viele an Bord. Ein ehemaliger amerikanischer Soldat drückte seine Gefühle allerdings ungebührlich roh aus, als er erklärte, jedes Gedenken an die *Bismarck* sei wie eine Ehrung Satans. Plötzlich stand Hagen im Mittelpunkt einer erregten Debatte.

Als diplomatisches Naturtalent ließ er sich jedoch nicht aus der Fassung bringen. Er beriet sich mit vielen und entwickelte schließlich einen Plan, der fast allen zusagte, auch Rick Latham, der sich nicht im geringsten gekränkt fühlte, weil man sein Kreuz verworfen hatte. Im Gegenteil: Rick gab Hagen die Idee ein, ein maritimes Symbol zu schaffen, das nicht nur für ein einziges Schiff oder Wrack gedacht war. Es sollte kein Gegenstand mehr auf der *Bismarck* niedergelegt werden, sondern zu Ehren der Gefallenen der *Hood* und der *Bismarck* eine einfache Gedenkfeier abgehalten werden, um an die sinnlosen Menschenopfer und die Unsinnigkeit des Krieges zu erinnern. Statt eines Kreuzes wollten wir einen einfachen, tauumwickelten Kranz ins Wasser werfen. Die Feier sollte nicht auf der Position des Wracks abgehalten werden, damit der Kranz keinesfalls auf der *Bismarck* landen konnte. Danach legte sich der Aufruhr der Gemüter wieder.

Das konnte man jedoch von dem Sturm, der unser Schiff beutelte, leider nicht sagen. Den ganzen 10. Juni warteten wir auf besseres Wetter. Doch das Barometer sank immer tiefer; ich hatte noch nie einen so tiefen Druck erlebt, seit ich zur See fuhr. Meine Lebensgeister waren auf einen ähnlichen Tiefpunkt gesunken: Die Farbvideokameras hatten gleich beim ersten Versuch versagt, die Bilder waren völlig unscharf, obwohl über Wasser alles einwandfrei funktioniert hatte. Ich wütete und tobte mit Bill Lange und Jim Saint; beide machten sich geduldig noch einmal an die Arbeit. Allerdings mußten wir *Argo* erst einmal wieder ins Wasser bringen, um zu erfahren, ob die Reparatur geholfen hatte.

Es ist schon ein merkwürdiges Gefühl, wenn man in einem Kampf steckt, selbst aber nichts dazu tun kann – als habe man sich mitten in einer Bewegung, mitten in einem Satz unterbrochen. Der Leitstand war nicht mehr Mittelpunkt aller Aktivität, sondern eher ein Niemandsland. Die Wachen wurden aufgelöst; die Leute schliefen, lasen oder aßen, was an schwindenden Vorräten noch zu finden war, oder sie spielten. Andere hockten irgendwo in einer ruhigen Ecke und unterhielten sich. Ich arbeitete den ganzen Vormittag mit Tony Chiu am Roman, mittlerweile hatten wir die Handlung fast fertig. Irgendwann am Nachmittag, als ich nichts Besseres zu tun hatte, schaute ich im Leitstand vorbei. Eigentlich rechnete ich damit, ihn leer zu finden.

Zu meiner Überraschung stieß ich auf Todd, der in ein Gespräch mit Cathy Offinger vertieft war. Ich wußte, daß ich störte, war aber

Canuto Santos Silva bei der Arbeit an dem Kranz, den wir später der See übergaben.

Der fertige Kranz bei der Gedenkstunde für die Gefallenen beider Seiten.

doch neugierig. Cathy kannte Todd seit seinem sechsten Lebensjahr und hatte bei ihm und seinem Bruder Douglas gelegentlich Babysitter gespielt. Sie hatte ihn immer gemocht, aber ich wußte bisher nicht, daß die beiden sich angefreundet hatten. Sie schauten hoch, grüßten kurz und nahmen dann ihr Gespräch wieder auf. Ich versuchte ein paarmal, mich einzumischen, war aber nicht gefragt. Schließlich verstand ich den Wink und ging, aber die Szene blieb mir lange im Gedächtnis. Das war ein Todd, wie ich ihn bis dahin nicht erlebt hatte.

Von Cathy erfuhr ich später, daß dieser Nachmittag im Leitstand sie ebenso überrascht und gefreut hatte wie mich. An Bord hatte sie zwar von Todds schlechtem Benehmen im Vorjahr gehört, war aber dann von seiner neuen Reife und Einsatzfreudigkeit sehr beeindruckt gewesen. Natürlich geriet er gelegentlich außer Rand und Band, aber das beeinträchtigte jetzt seine Arbeit nicht mehr. An diesem Nachmittag, so erzählte sie mir, habe sie sich mit ihm so entspannt unterhalten, wie es Freunde manchmal tun, wenn sie nicht in Eile sind. Todd habe ihr von den Schwierigkeiten erzählt, die das Leben mit einem ehrgeizigen, umtriebigen Vater mit sich bringt, und von den Problemen als Sohn eines plötzlich berühmt gewordenen Mannes. »Warum bist du nicht wie dein Vater?« würden ihn die Leute immer fragen. Er habe von der Schule und von Mädchen erzählt und Cathy Ratschläge erteilt, wie sie sich als alleinerziehende Mutter verhalten sollte (sie war vor kurzem geschieden worden und hatte eine siebenjährige Tochter). Er habe über seinen Wunsch gesprochen, zu promovieren und einen technischen Beruf zu ergreifen. Das war ein anderer Todd, ein erwachsener Sohn, den ich erst langsam kennenlernte.

Todd führt *Argo* bei seinem letzten riskanten »Flug« dicht über das Wrack.

Erst am Sonntagnachmittag, unserem letzten Tag, beruhigte sich das Wetter so weit, daß wir noch einen Versuch wagen konnten. Was soll's, dachte ich. Wenn ich *Argo* jetzt noch verliere, geht die Welt nicht unter; vielleicht ist es sowieso das letzte Mal, daß ich mit *Argo* etwas unternehme. Setzen wir alles auf eine Karte. Und genau das taten wir dann auch.

Kurz vor 18 Uhr kam *Argo* über dem Wrack an und begann seine letzte Fahrt: alles oder nichts. Wenn der vorausgegangene Einsatz schon ein Kamikazeflug gewesen war, dann war es dieser erst recht. Todd traute seinen Augen nicht, als er sah, wie dicht am Wrack ich ihn vorbeilotste. Die Zuschauer im Leitstand erlebten aufgeregt mit, wie *Argo* immer wieder nur um Haaresbreite einem Zusammenstoß entging.

Als die Zwanzig-Uhr-Wache übernahm, hatten wir ein paar tolle Nahaufnahmen im Kasten. Mit Kirk Gustafson am Steuerknüppel arbeiteten wir uns zum letzten Mal über das Achterschiff. Als wir gerade Turm Dora erreichten, gingen die Lichter aus.

»Hoch, hoch!« brüllte ich zu Kirk hinüber, aber er hatte den Steuerknüppel schon weit zurückgezogen. Jetzt hatten wir unsere furchtlosen Unterwasseraugen vielleicht für immer eingebüßt.

Wenn das Kabel gerissen wäre, hätte allerdings das Amperemeter auf Null stehen müssen, weil dann unser gesamter Strom ins Meer geflossen wäre. Der Zeiger hatte aber nicht gezuckt; *Argo* war nur verwundet, nicht außer Gefecht gesetzt. Als er zwei Stunden später oben ankam, konnten wir sehen, daß seine Scheinwerfer eingeschlagen waren und krumm und schief am Gehäuse hingen; die Kameras sahen jedoch unbeschädigt aus. Turm Dora hatte nach fast 50 Jahren wieder einen Treffer erzielt, dachte ich.

Wie sich dann herausstellte, war unser letzter waghalsiger Angriff auf die *Bismarck* vergebens gewesen. Die Farbvideokameras hatten abermals nur unscharfe Bilder aufgezeichnet. Wenn nun auch die farbigen Einzelaufnahmen nichts wurden, hatte ich überhaupt keine Farbbilder vom Wrack. Die Crew vom Fernsehen der National Geographic Society und ich trösteten uns mit der schwachen Erklärung, für ein Schlachtschiff sei Schwarzweiß ohnehin passender.

Die abschließende Bergung: *Argo* wird leicht beschädigt, aber noch brauchbar zum letzten Mal an Bord geholt (am Heck ragt gut erkennbar unser »Heldenthron« übers Wasser).

Obwohl ich mir geschworen hatte, unsere Entdeckung geheimzuhalten, bis wir das Gebiet verlassen hatten, damit uns kein Souvenirjäger überraschte, konnte ich an diesem Abend, während wir immer noch Transponder einholten, nicht mehr warten. Das Absetzen unserer Fernschreiben erwies sich dann allerdings als letztes Abenteuer mit der *Bismarck*. Die Schwierigkeiten rührten vom antiquierten Fernschreiber an Bord her, einer Anomalie auf einem so modernen Schiff und bei einem technisch so anspruchsvollen Unternehmen. Alle paar Minuten lief der Fernschreiber heiß und fing an zu rauchen. Während wir ungeduldig warteten, mußte Kapitän Latter die Maschine auseinandernehmen, die überlasteten Teile ausbauen und in die Tiefkühltruhe legen. Wenn sie abgekühlt waren, baute er alles wieder zusammen, und wir konnten unseren Text weiter absetzen. Als erste bekamen das Woods-Hole-Institut, die Quest-Gruppe und die Zentrale der National Geographic Society in Washington die Nachricht. National Geographic versprach, von Müllenheim-Rechberg zu verständigen. Wir hatten ihn zu unserer Fahrt eingeladen, doch wegen des schlechten Gesundheitszustands seiner Frau hatte er leider absagen müssen.

Montag morgen, am 11. Juni, 18 Tage nach unserem Auslaufen von Cadiz, holten wir den letzten Transponder ein und nahmen Kurs auf Südengland. National Geographic hatte versprochen, die Deutsche Botschaft von unserer Entdeckung zu unterrichten; die Presse wußte es wahrscheinlich schon, und bald mußte es allgemein bekannt sein.

Ob die Deutschen es wohl begrüßten, daß die *Bismarck* entdeckt worden war? Würde man zu Hause behaupten, ich hätte ein Kriegsschiff der Nazis verherrlicht? Im Lauf des Tages bekamen wir folgendes Telegramm aus Deutschland: »Der Freiherr beglückwünscht Dr. Ballard und sein Team zu dieser großartigen Entdeckung.« Ich überlegte mir, ob wohl andere Überlebende der *Bismarck* unseren Erfolg ebenso begrüßen würden.

Die Kontroverse an Bord war immerhin beigelegt. Kapitän Latter hatte sich bereit erklärt, eine kurze Gedenkfeier zu veranstalten. Nach dem Mittagessen am nächsten Tag, während wir uns vom letzten Standort der *Bismarck* entfernten, versammelte sich das Team aus Woods Hole zusammen mit der Schiffsbesatzung und den Offizieren, alle in Ausgehuniform, am Heck der *Star Hercules*, um der Männer zu gedenken, die vor so langer Zeit bei diesem Kampf ihr Ende gefunden hatten. Das Wetter war herrlich: strahlende Sonne und eine friedliche, ruhige See. Während das Heck unseres Schiffes sanft in der atlantischen Dünung auf und ab schaukelte, sprach der Kapitän die Worte, die Hagen aufgesetzt hatte: »Wir sind an dieser Stelle zusammengekommen, um der britischen und deutschen Seeleute zu gedenken, die in den Tagen jener tragischen Gefechte ihr Leben verloren. Wir ergreifen diese Gelegenheit, allen im Kampf Umgekommenen die ewige Ruhe zu wünschen. Mögen sie von nun an in Frieden ruhen. Unser Gedenken gilt allen Menschen, die in Kriegswirren leiden müssen und von denen viele den Tod finden. Hoffen wir, daß solches Leid, solche Opfer der Menschheit nie wieder abverlangt werden.«

Captain Derek Latter beim Gedenken an die Seeleute, die auf *Bismarck* und *Hood* ums Leben kamen. Neben ihm Hagen Schempf (rechts) und Rick Latham.

Der Kapitän bat um eine Schweigeminute. Nur der Wind und das Pulsieren der Schiffsmaschinen waren zu hören. Ich mußte an jene andere Totenfeier denken, die vor Jahrzehnten an Bord der *Dorsetshire* stattgefunden hatte, und meinte, die klagende Melodie von »Ich hatt' einen Kameraden« zu hören, während der in eine Flagge gehüllte Leichnam über Bord ging. Die Schweigeminute war vorüber, und wir sahen zu, wie der tauumwickelte Kranz über Bord geworfen wurde und schnell versank. Still gingen wir auseinander, jeder mit seinen Gedanken beschäftigt. Nur wenige an Bord hatte die Feier nicht ergriffen.

Auf der Rückreise herrschte keineswegs Siegesstimmung. Die Entdeckung der *Bismarck* war eher ein ambivalentes Erlebnis. Unsere Leute versammelten sich in Grüppchen und feierten, aber nicht ausgelassen. Aus zwei Gründen waren wir fast traurig: Wir hatten ein Seemannsgrab entdeckt, und unsere Mannschaft löste sich auf. Alle, die schon seit Ende April auf der *Star Hercules* fuhren, erst unsere anstrengende Mittelmeerreise und dann die Jagd nach der *Bismarck* mitgemacht hatten, spürten plötzlich, wie diese zusammengewachsene Gruppe auseinanderzudriften begann. Für die Besatzung der *Star Hercules* bedeutete es die Rückkehr zu den monotonen Versorgungsfahrten für die Bohrinseln in der Nordsee, für die Mannschaft aus Woods Hole wieder geregeltes Alltagsleben an der US-Küste.

Todd und seine Freunde feierten mit Begeisterung und Bier. Jetzt, da die Arbeit getan war, zeigte sich mein Sohn wieder von seiner leichtsinnigen Seite, wie ich feststellen mußte, als ich in Hecknähe spazierenging. Zuerst sah ich Todds Freunde Billy und Kirk beim »Heldenthron« stehen; beide sahen so aus, als hätten sie einen Goldfisch verschluckt. Irgend etwas war faul. Als ich näher kam, sah ich Todd draußen im Korb hängen; er hielt sich nur mit den Füßen fest und beugte sich über das Meer hinaus, während die Dünung stieg und fiel und ihn gelegentlich in Gischt hüllte. Ich brüllte, und er kam schnell an Deck zurück. Auf einmal war ich wieder der strenge Vater

und er der kleine Junge, den man bei einer Missetat erwischt hatte. Damals verstand ich nicht, welche Bedeutung solche Mutproben für ihn hatten.

Als unser Schiff sich dem Hafen näherte, verbrachte ich meine freie Zeit hauptsächlich mit dem Abfassen der Erklärung, die ich den Deutschen über unsere Entdeckung des Wracks geben wollte. Hagen hatte meinen Text übersetzt und probte mit mir die richtige Aussprache. An Bord aber waren die meisten mit ihren Gedanken schon woanders, bei ihren Freunden und Lieben zu Hause, bei einem guten Essen, beim Schlafen im eigenen Bett – genau wie die britischen Matrosen, die die *Bismarck* zur Strecke gebracht hatten und dann in einen kurzen Heimaturlaub gegangen waren, bevor sie wieder auf das erbarmungslose Schlachtfeld des Atlantiks zurückkehren mußten.

Rick Latham hatte sein Gedicht vollendet. Die letzten Zeilen scheinen mir ein guter Abschluß für die Geschichte unserer erfolgreichen Jagd nach dem Schlachtschiff *Bismarck* zu sein:

»Ihr Deutschen, hört voll Stolz nun an, was ich zur *Bismarck* sage: / Sie kämpfte und sie sank für euch in aussichtsloser Lage. / Auf ewig sei ihr Ruhestatt der tiefe Meeresgrund, / wo ungestört sie liegen soll. Der Ort werd' keinem kund.«

Das Gruppenbild auf dem Achterdeck der *Star Hercules* vereint zum Abschied noch einmal alle Mitglieder des *Bismarck*-Teams.

Bismarck

EINST UND JETZT

Während *Argos* Kameras das gespenstische Wrack der *Bismarck* langsam vom Bug bis zum Heck abtasten (großes Bild), spüren wir einen Abglanz der Kampfkraft und Eleganz, die das Schiff vor fünfzig Jahren beim Stapellauf in Hamburg auszeichneten (kleines Foto). Erstaunlich das Ausmaß der Zerstörung an Deck, aber auch die relative Unversehrtheit des Rumpfes.

Die *Bismarck* heute – von Backbord gesehen

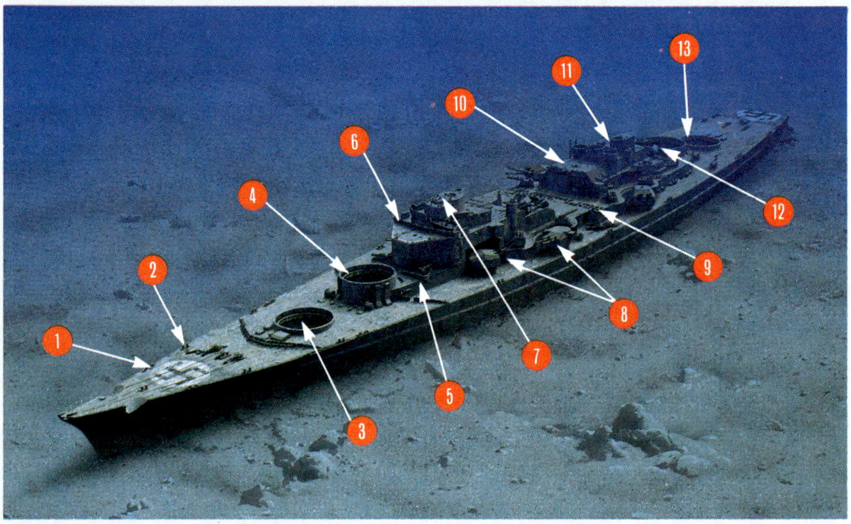

1. Hakenkreuz auf dem Vordeck
2. Steuerbord-Ankerkette, in Splitterloch gefallen
3. Barbette von Turm Anton
4. Barbette von Turm Bruno
5. Lafette der 3,7-cm-Flak an Backbord
6. Überreste der offenen Brücke
7. Dach des Artillerieleitstands
8. Doppellafetten und Geschütze (15 cm) der mittleren Artillerie
9. Gleitschiene des Flugzeugkatapults, in Granattrichter endend
10. Dach des Flugzeughangars, ehemals Stauplatz der Barkassen
11. Dach des achteren Artillerieleitstands
12. Barbette von Turm Caesar mit Kranausleger darüber
13. Barbette von Turm Dora

Die *Bismarck* heute – von oben gesehen

Diese Luke achtern hat ihre Abdeckung verloren, die am rechten Rand des Fotos oben zu erkennen ist. Die gekrümmte Linie links ist die Basis eines Ventilators, der wie oben aussah.

Der Drehkranz des Steuerbordkrans (oben rechts) in einer Aufnahme von 1989. Wie er 1940 aussah, zeigt das kleine Foto oben, das entstand, bevor der Ausleger aufgesetzt wurde.

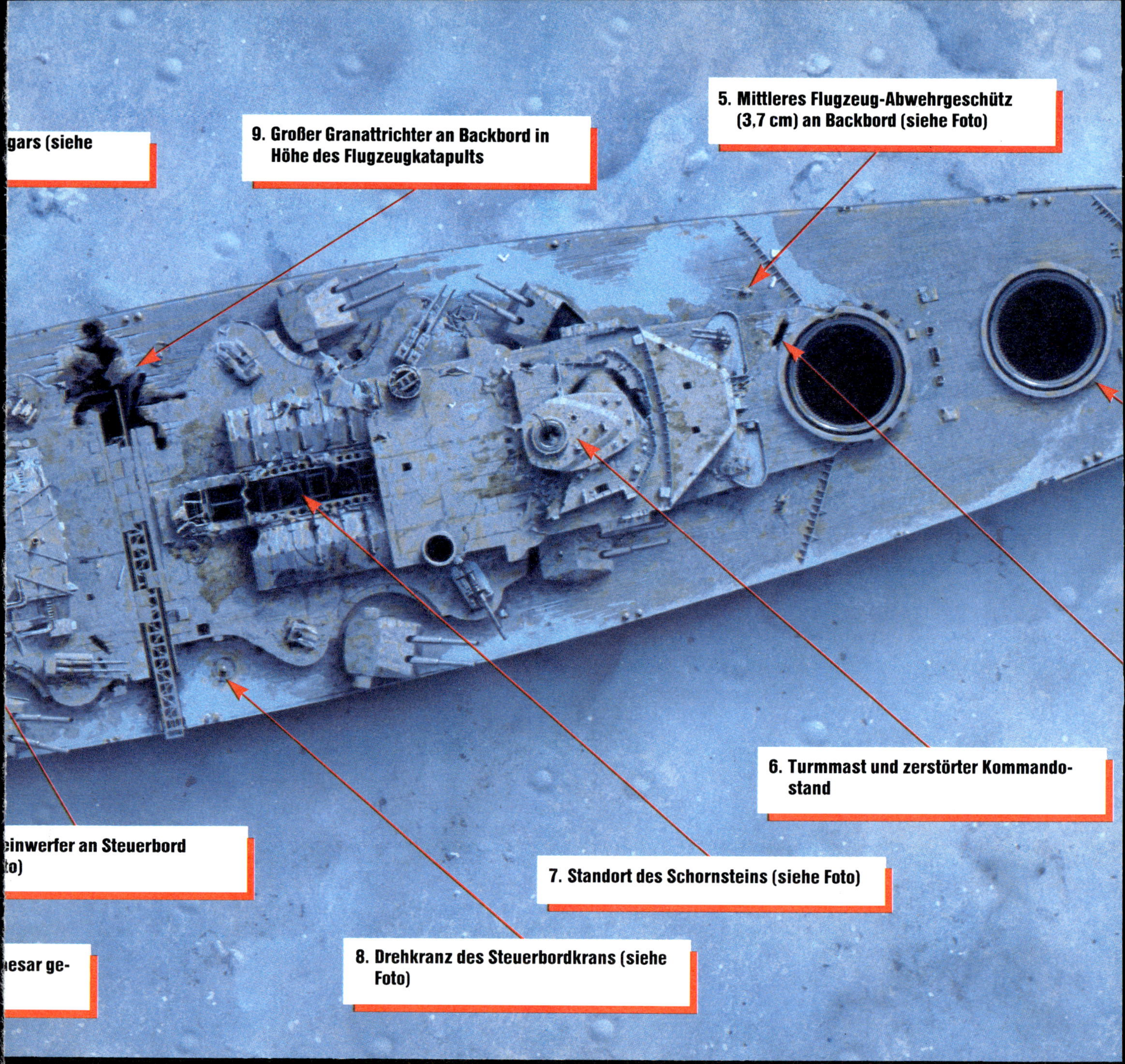

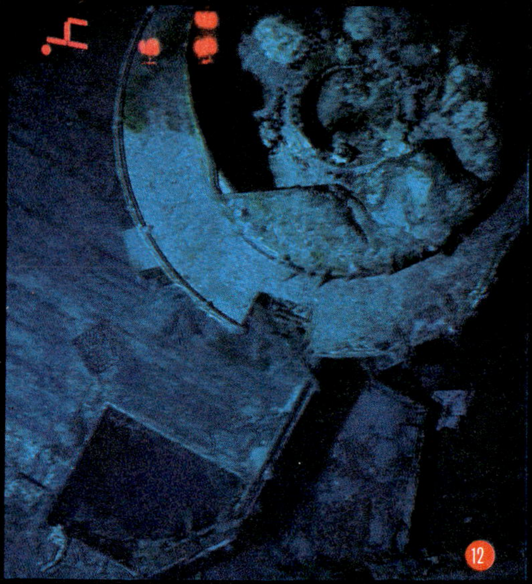

Der Turm des achteren Feuerleitstands der Flak (oben) wirkt unter Wasser (links) noch erstaunlich intakt angesichts der schweren Treffer, die hier einschlugen.

Der Suchscheinwerfer selbst wurde beim Gefecht zerstört, doch zwei viereckige Platten seiner Basis (links) passen zu den Pendants auf dem Foto oben.

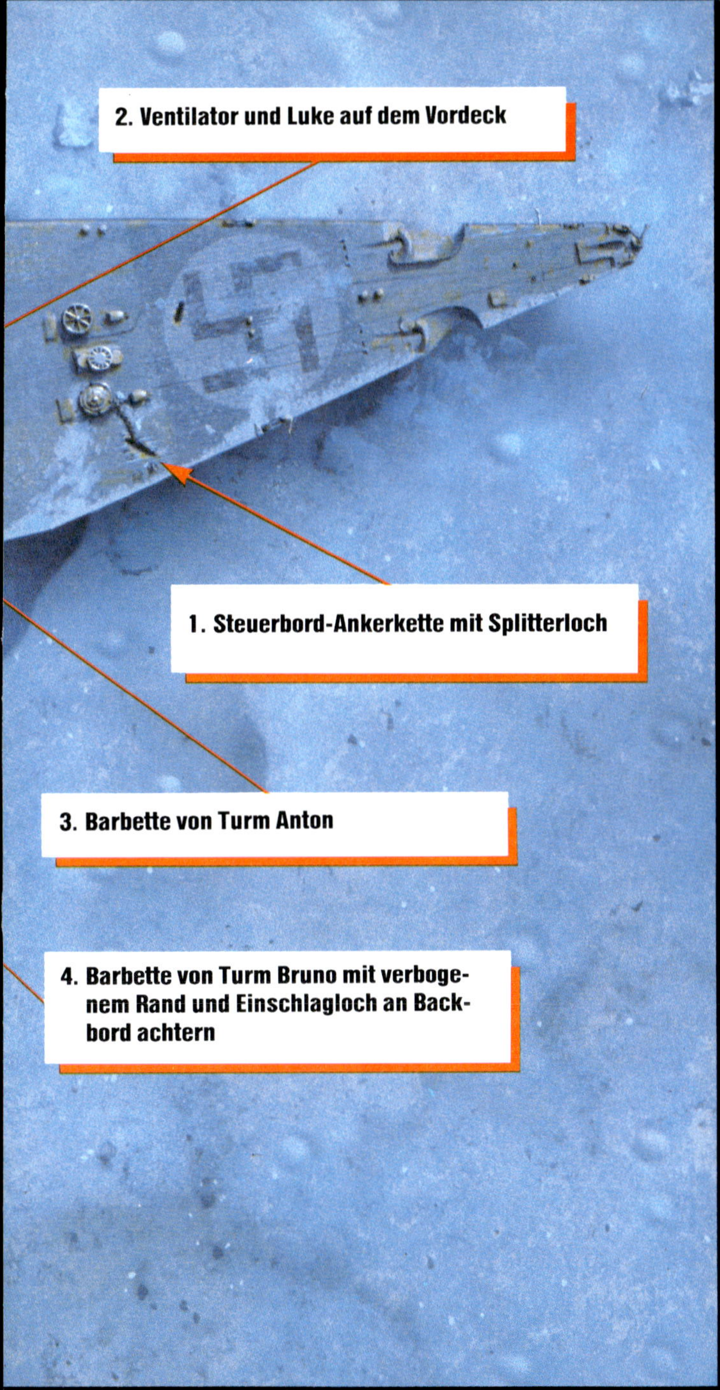

Natürlich ohne seine Persenning wie oben, aber sonst weitgehend intakt steht das Geschütz der mittleren Flak noch an seinem Platz (links).

Die runden Austritte der Rauchgasabzüge, die einst den oberen Rand des Schornsteins (oben) umgaben, sind in der Mitte des Fotos noch erkennbar.

Eine der V-förmigen Auflagen für die Barkassen auf dem Dach des Flugzeughangars (oben) sitzt verdreht an ihrem alten Platz (links).

Das Innere eines Ventilators an Steuerbord neben Turm Dora wird von *Argos* Scheinwerfern beleuchtet (links). Mit seinem Metallgehäuse muß er ausgesehen haben wie auf obigem Foto.

Der Bildausschnitt oben zeigt eine Stelle des Vordecks in der Nähe des Steuerbord-Ankerspills. Die dicke Ankerkette ist noch vorhanden, aber statt vom Spill wieder nach vorn zur Klüse zu laufen (Foto rechts), ist sie nach Steuerbord weggesackt und verschwindet in einem dunklen Loch, das wahrscheinlich von einer 16-Zoll-Granate der *Rodney* gerissen wurde.

Das Vordeck

Dieser Teil des Schlachtschiffs ist überraschend gut erhalten, bedenkt man die Treffer, die Bismarck *beim letzten Gefecht erhielt. Das gut gezielte Feuer der Briten konzentrierte sich auf die vorderen Aufbauten und die Türme Anton und Berta. Im Gegensatz zum* Titanic-*Wrack, dessen Weichholz-Decksbelag von Bohrwürmern weggefressen war, ist das Teakdeck auf der* Bismarck *noch weitgehend intakt.*

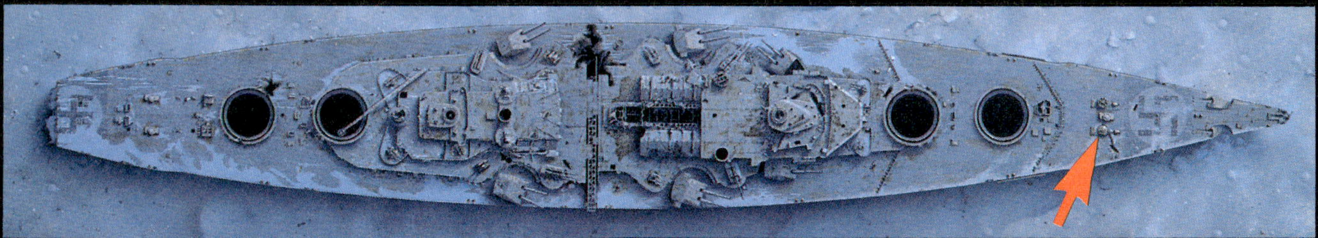

Brücke und Kommandostand

Obwohl die offene Brücke des vorderen Kommandostands in Trümmern liegt, ist der stark gepanzerte Turm selbst trotz der Granattreffer überraschend intakt geblieben. Allerdings fehlt die Drehkuppel des Entfernungsmeßgeräts für die Türme Anton und Bruno. Nur ihr Drehkranz ist noch vorhanden.

Oben: Diese Aufnahme aus der Bauphase der *Bismarck* zeigt den Bereich von Ken Marschalls nebenstehender Wiedergabe des beschädigten Kommandostands. Auf dem Foto ist der Sockel des vorderen Entfernungsmessers noch nicht montiert.

Rechts oben: Die Steuerbordseite des Kommandostands mit dem Drehkranz des Entfernungsmessers.

Rechts unten: Teil des vorderen Wellenbrechers an Steuerbord

Links: Der Steuerbord-Leitstand der Mittleren Artillerie (unten) 1941 und was von ihm übrig ist (oben).

Gegenüberliegende Seite: Diese 10,5-cm-Flak (kleines Foto links) steht unterhalb des Leitstands und ist in der Mitte des großen Fotos zu erkennen. Alle Doppellafetten der Mittleren Artillerie (kleines Foto rechts oben) sind noch an ihrem Platz, doch wurde die achterste 15-cm-Lafette an Backbord von einem Granattreffer schwer beschädigt.

Die Backbordseite

Welch fürchterliche Zerstörung der Beschuß anrichtete, veranschaulicht ein Vergleich des Wracks (rechts) mit einer Aufnahme desselben Bereichs in 1941 (unten). Der Leitstand für die Backbord-Mittelartillerie ist weggerissen, aber die meisten Geschütze stehen.

8. 4.
8. 4.

Das Katapult

Die Gleitschiene des Katapults, auf der die Arados (unten) gestartet wurden, ist auf dem Wrack gut erkennbar. Sie verläuft mittschiffs quer über Deck.

***Argos* Aufnahme vom Katapult (die meisten Decksplatten fehlen) zeigt den mit gestrichelter Linie umgrenzten Bereich auf dem Foto unten. Erkennbar ist die Leiter zu der Plattform unten links.**

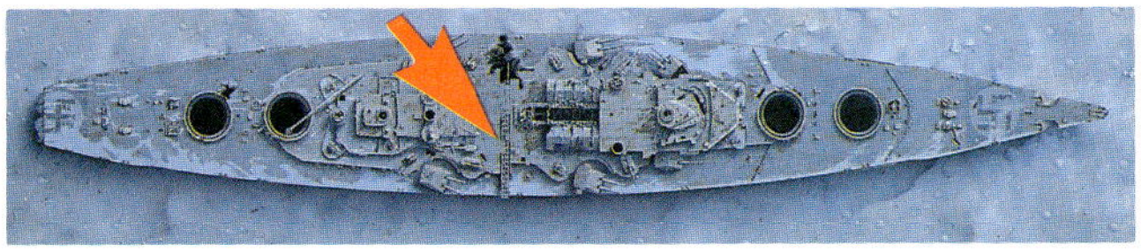

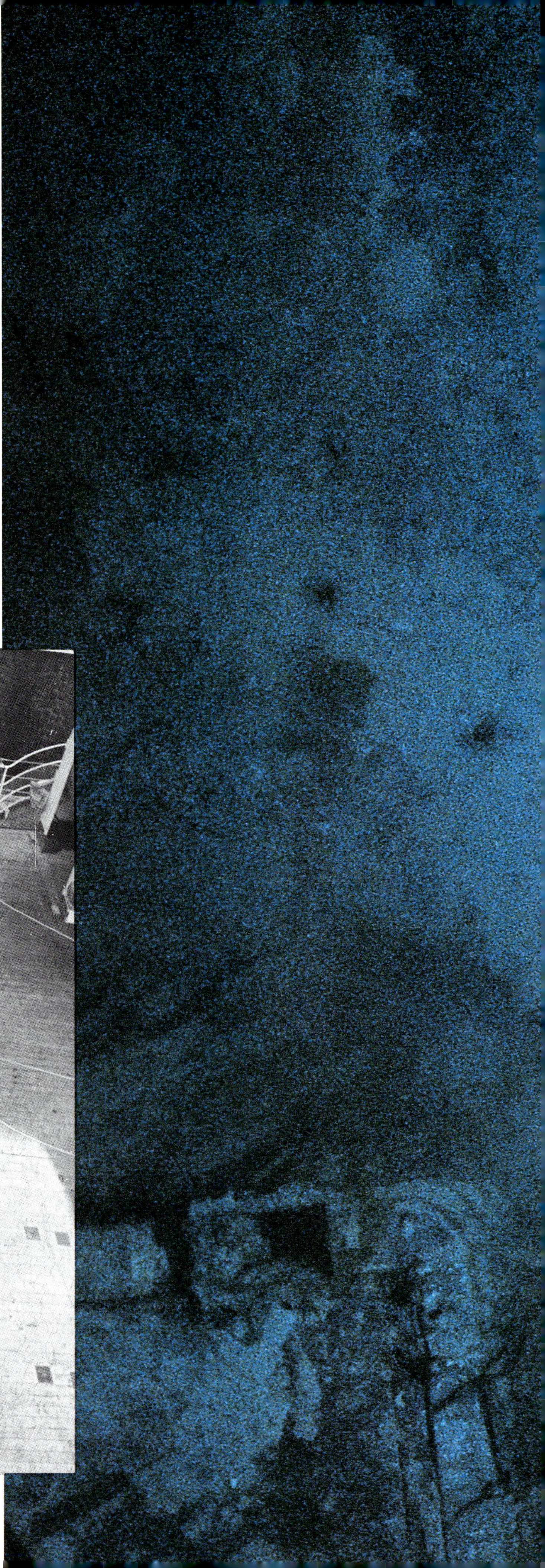

Die Steuerbordseite

Mittschiffs und achtern sieht die Steuerbordseite der Bismarck *nicht viel anders aus als beim Hitlerbesuch (oben). Hier ist der »Führer« gerade durch die Tür in seinem Rücken getreten und scheint gehen zu wollen. In Ken Marschalls Illustration beleuchtet Argo dieselbe Stelle auf dem Wrack (rechts).*

Die offene Tür von oben gesehen (links), daneben Skylights im Deck.

Unten links: Die Lafette der 3,7-cm-Flak auf dem oberen Deck ist narbenübersät, aber intakt.

Die Fla-Waffen

Die Männer an den Flugzeugabwehr-(Fla-)Waffen der Bismarck *wurden besonders gefordert. Lärm und Rauch müssen unerträglich gewesen sein. Außerdem sind Flugzeuge viel schwieriger zu treffen als Seeziele, wofür schon die Tatsache spricht, daß von* Bismarck *kein Feindflugzeug abgeschossen wurde.*

Rechts: Seeanemonen wachsen wie Friedensnelken auf den beiden Rohren einer 10,5-cm-Flak, der achtersten Doppellafette dieses Kalibers an Steuerbord (siehe Pfeil unten). Wahrscheinlich wurden die Rohre beim letzten Gefecht in dieser Stellung blockiert. Wie sie 1941 aussahen, zeigt obiges Foto.

Der Kran auf Turm Caesar

Während des Gefechts oder beim Sinken der Bismarck *wurde einer ihre Kräne von seinem Sockel gerissen und stürzte über die mehrere Meter entfernte Barbette von Turm Caesar (siehe Pfeil). Vermutlich verhedderte er sich dort, so daß er liegenblieb.*

Der Backbordkran in Gebrauch (links). Die Collage aus drei *Argo*-Aufnahmen (rechts) zeigt seinen Ausleger, über der Barbette von Turm Caesar liegend.

Bei dieser Aufnahme von Hitlers Besuch an Bord steht der »Führer« etwa an der Stelle auf dem Hakenkreuz, wo das Heck des Wracks weggebrochen ist.

Das Heck

Wir entdeckten, daß Bismarcks *Heck glatt weggebrochen ist. Ein so gravierender struktureller Schaden verrät eine Schwäche in der Konstruktion.*

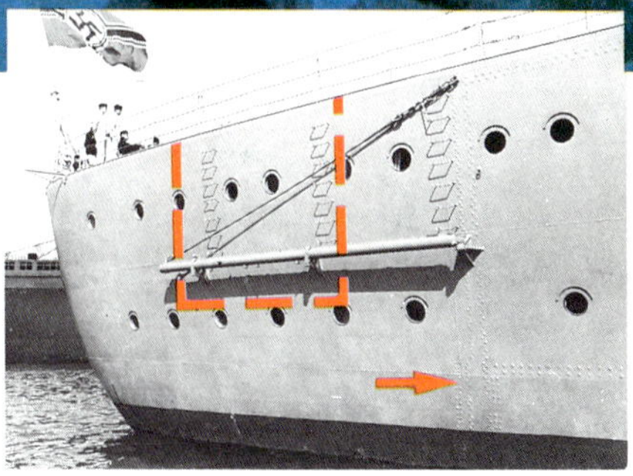

Der Teil der achteren Bordwand, den wir im Trümmerfeld fanden (oben), entspricht dem gestrichelt eingegrenzten Segment rechts.

Oben: Wrackstücke unterhalb der Bruchstelle am Heck

Das verblaßte Hakenkreuz auf dem Achterdeck (oben).

Der Pfeil auf dem Foto darüber deutet auf eine Schweißnaht in der Beplattung, an der entlang der Rumpf möglicherweise aufriß.

ELFTES KAPITEL

Schluß-folgerungen

Das Wrack der *Bismarck* hatte sich ebenso rar gemacht wie das Schlachtschiff zu seinen kurzen Lebzeiten. Obwohl es beim Untergang der *Bismarck* viele Augenzeugen und für die Wrackposition mehr als eine »zuverlässige« Schätzung gab, dauerte unsere Suche 1988 und 1989 insgesamt drei Wochen, fast so lange wie 1985 unsere Jagd nach der *Titanic*. Unser Suchgebiet war sogar etwas kleiner als das Geviert, in dem die *Titanic* gefunden wurde; auch die *Bismarck* entdeckten wir erst gegen Ende unserer Suchzeit, fast schon auf dem Heimweg. Das ist eigentlich auch ganz in Ordnung, denn sie war schließlich ein gewaltiges Schlachtschiff, stellte sich zu einem tapferen, wenn auch vergeblichen Kampf und sank in einem Stück. Die *Bismarck* zu entdecken konnte gar nicht einfach sein. In Wirklichkeit war es jedoch weit schwieriger, als ich erwartet hatte.

Als ich die Geschichte der *Bismarck* zum ersten Mal las, fielen mir zahlreiche Parallelen zur *Titanic* auf: Ein neues Schiff, angeblich nach dem modernsten Stand der Technik gebaut, sinkt auf der Jungfernfahrt unter ungeheuren Opfern an Menschenleben. An Bord halten viele das Schiff für unbesiegbar, für so gut wie unsinkbar. Jüngste Fortschritte der Wissenschaft spielen in beiden Fällen eine wichtige Rolle. Die *Titanic* war als eines der ersten Schiffe mit Funk ausgerüstet; ohne den SOS-Ruf, der die *Carpathia* an den Unglücksort holte, wären wohl alle Mitreisenden umgekommen. Die *Bismarck* hätte wahrscheinlich ein ganz anderes Schicksal erlebt, wenn nicht kurz zuvor das Radar erfunden worden wäre. Es versetzte die britischen Verfolger in die Lage, nach dem Durchbruch durch die Dänemarkstraße mit der *Bismarck* Fühlung zu halten. Diese Erfahrung scheint Admiral Lütjens völlig entmutigt und sein normalerweise gesundes Urteilsvermögen beeinträchtigt zu haben. Als er dann wirklich die Fühlung verloren hatte, traute er seinem Glück so wenig, daß er weiterhin lange Funksprüche absetzte, die den Briten halfen, ihn wiederzufinden.

Vier *Bismarck*-Veteranen beim Wiedersehen mit ihrem alten Schiff – oder dem, was davon übrig ist. Videoaufnahmen des Wracks studieren hier (von links nach rechts) Burkard Freiherr von Müllenheim-Rechberg, in dessen bayrischem Heim die Gruppe versammelt ist, Otto Höntzsch, Hans Zimmermann und Heinrich Kuhnt.

Damit hören die Parallelen zwischen den beiden Giganten jedoch schon auf. Die *Titanic* war ein Passagierschiff, das im Frieden fuhr. Ihr Kapitän war wohl zu sehr von seinem Können überzeugt. Ein umsichtigerer Seemann hätte dem Eisberg vielleicht entgehen können. Doch Kapitän und Schiff verfolgten keine bösen Absichten. Im Gegensatz dazu war die *Bismarck* ein Kriegsschiff, dafür gebaut, zu zerstören, bevor sie selbst zerstört werden konnte. Natürlich waren die überwiegend jungen Männer, die auf der *Bismarck* – und auch auf der *Hood* – umkamen, unschuldige Opfer geschichtlicher Kräfte, die sie kaum kannten und auf die sie keinen Einfluß hatten.

Irrtümer und schieres Pech spielten bei der *Titanic*-Tragödie gewiß eine Rolle; die Anzahl von Fehlern und Glückszufällen in der Geschichte der *Bismarck* ist hingegen wahrhaft erstaunlich, selbst wenn man das Chaos der Schlacht und die heiklen Nachrichtenverbindungen vor einem halben Jahrhundert berücksichtigt. Da sind zunächst die unglaublich laschen Sicherheitsvorkehrungen in den Anfangsstadien von Unternehmen Rheinübung, als die Bewegungen der *Bismarck* bei drei verschiedenen Anlässen und von drei verschiedenen gegnerischen Quellen beobachtet wurden. Hinzu kommt das Versäumnis von Konteradmiral Holland, seine Kampfgruppe aus *Hood* und *Prince of Wales* optimal einzusetzen, statt sie zum Entzücken der deutschen Entfernungsmesser gemeinsam herandampfen zu lassen. Dann der irrtümliche Angriff einer *Swordfish*-Staffel auf die *Sheffield*, der im Rückblick nur deshalb komisch wirkt, weil keine Treffer erzielt wurden. Admiral Wake-Walker schließlich ließ sich die *Bismarck* mitten auf dem Atlantik einfach durch die Lappen gehen. Admiral Lütjens setzte unbedacht seinen Funkverkehr fort, nachdem er hatte entkommen können. Am schlimmsten ist aber wohl die falsche Standortberechnung für *Bismarck* aufgrund dieser Funksprüche. Es ist kaum zu glauben, daß Tovey und seine Navigationsoffiziere ihren Fehler nicht eher merkten, zumal ihre Berechnung einen Standort ergab, der nach Toveys eigenem Gefühl gar nicht stimmen konnte. Als sie den Irrtum endlich korrigiert hatten, war ihnen die *Bismarck* praktisch entkommen. Daß sie von einem einsamen Flugboot, der *Catalina*, wieder entdeckt wurde, war ein außerordentlicher Glücksfall; das gilt noch viel stärker für den fatalen Torpedotreffer, den ein *Swordfish*-Bomber erzielte, ein archaisches Stück Luftfahrttechnik, neben dem sich das damals ultramoderne Schlachtschiff wie ein Raumfahrzeug ausnahm.

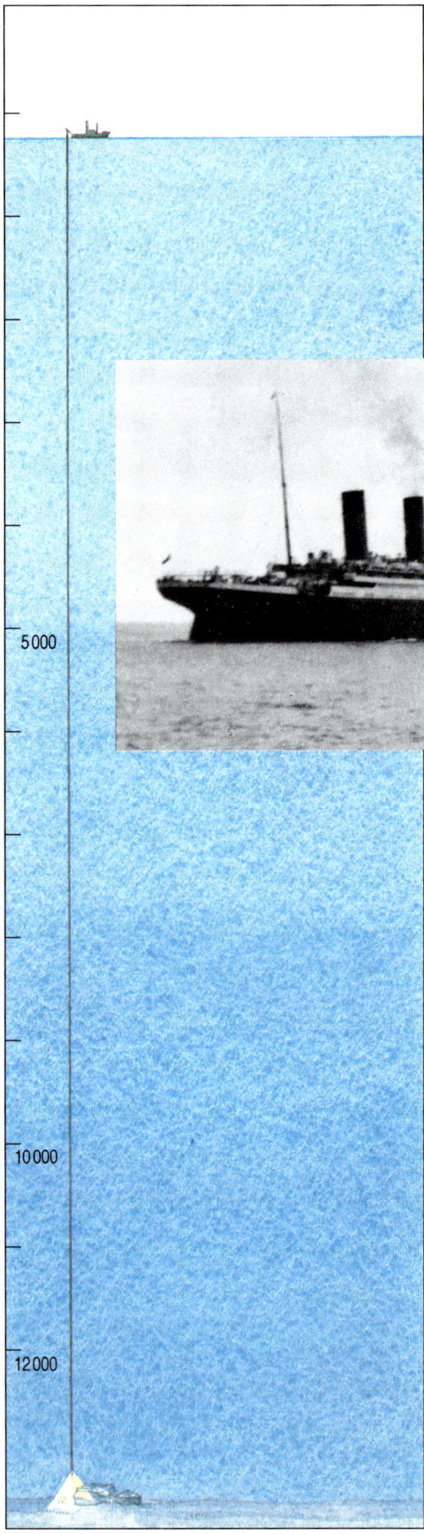

Die *Titanic*, gesunken am 14. April 1912 unter Verlust von 1500 Menschenleben, war 296 m lang und 28 m breit; ihr Wrack liegt in einer Tiefe von 12460 Fuß (3800 m).

Unter den vielen Schiffen, die auf hoher See untergegangen sind, üben die Namen *Titanic* und *Bismarck* immer noch einen besonderen Zauber aus. Ihr Ruhm wird bleiben, weil beide Symbole ihrer Zeit waren. Der Untergang der *Titanic* steht für den Verlust des Glaubens an die Allmacht der Technik. Die Versenkung der *Bismarck* leitete das Ende der Schlachtschiff-Ära ein. Schon als sie gebaut wurde, gehörte sie zu einem veralteten Schiffstyp; die Seekriegsstrategen hatten das nur noch nicht begriffen. Sie war eines der stärksten Schlachtschiffe überhaupt, aber trotzdem das falsche Schiff zur falschen Zeit. Hitler hätte besser daran getan, mehr Unterseeboote zu bauen, seiner Marine eine Luftwaffe beizugeben und die beiden schon im Bau befindlichen Flugzeugträger fertigzustellen.

Die Versenkung der *Bismarck* markierte auch einen kleinen, aber bedeutsamen Wendepunkt im Verlauf des Zweiten Weltkriegs. Sie gab England den dringend benötigten psychologischen Auftrieb – ein halbes Jahr bevor die Vereinigten Staaten endlich in den Krieg eintraten und zu einer Zeit, in der das Dritte Reich scheinbar nicht aufzuhalten war. Von nun an behaupteten sich die Engländer in der Atlantikschlacht. Obwohl der alliierte Schiffsverkehr weiterhin durch U-Boot-Angriffe schwer beeinträchtigt wurde, waren Englands lebenswichtige Seeverbindungen nie wieder ernstlich bedroht.

Die Versenkung der *Bismarck* war für Hitlers Prestige ein schwerer Schlag und änderte seine Einstellung zur Marine. Bis dahin hatte er Großadmiral Raeder ziemlich freie Hand gelassen. Jetzt verbot er dem Chef der Seekriegführung, weitere Schiffe auf Geleitzüge im Atlantik anzusetzen. Wie Raeder später in seinen Memoiren schrieb, hatte für die Deutschen nach der *Bismarck* »der Seekrieg ein völlig neues Gesicht bekommen«. Allerdings wirkte sich diese Änderung der deutschen Politik kaum auf den endgültigen Verlauf des Seekriegs aus. Viel wichtiger war insgesamt die erfolgreiche Invasion von Kreta, die gerade stattfand, als die Jagd auf die *Bismarck* in vollem Gang war; der deutsche Erfolg war zweifellos zum Teil auch der Ablenkung durch die *Bismarck* zu verdanken.

Strategisch war die *Bismarck*-Episode nicht so bedeutsam, wie sie sich damals ausnahm. In den Monaten nach dem Untergang wurde das gesamte Netz von Versorgungsschiffen und Tankern, die zur Unterstützung von *Bismarck* und *Prinz Eugen* ausgesandt worden waren, geortet und versenkt. Nie mehr war Deutschland imstande, für Überwasser-Angriffseinheiten ein wirksames Nachschub- und Versorgungssystem aufzubauen. Daß *Bismarck* und *Prinz Eugen* die letzten großen deutschen Kriegsschiffe waren, die sich auf den Atlantik hinauswagten, hat sicherlich damit ebensoviel zu tun wie mit der neuen

Kompromißlosigkeit des »Führers«. Allerdings lag nach den Untersuchungen des Marinehistorikers Dan van der Vat ein Grund auch darin, daß der deutsche Marinecode »Enigma« entziffert worden war, während die Jagd nach der *Bismarck* lief (der Marinecode war der letzte Teil des »Enigma«-Codes, der noch geknackt werden mußte). Die Entschlüsselung dieses Codes zusammen mit einer schlagkräftigeren U-Boot-Abwehr und den entsprechenden Waffen, nicht jedoch das Fehlen an Überwasser-Angriffseinheiten, erhöhten anschließend die Erfolge der britischen Marine im Geleitschutz ganz erheblich.

Zweifellos war die *Bismarck* ein ausgezeichnetes Schlachtschiff. Doch wie gut war sie wirklich? Ihr Ruf scheint zum großen Teil auf dem kurzen dramatischen Gefecht mit der *Hood* zu beruhen. Obwohl diese beiden Schiffe damals die größten im Dienst befindlichen Kriegsschiffe waren, gehörten sie nicht derselben Klasse an. Die *Hood* war ein Schlachtkreuzer, ein Relikt aus einer früheren Ära des Seekriegs, als hohe Geschwindigkeit nur durch Aufgabe gewichtiger Panzerung, besonders der Decks, und durch Einbußen an Feuerkraft zu erzielen war. Außerdem war die *Hood* viel schwächer gebaut, hatte im Gegensatz zu den Querschotts und absolut wasserdichten Abteilungen der *Bismarck* große offene Abteilungen. Man darf auch nicht vergessen, daß zwei der drei Treffer, die die *Bismarck* bei ihrer ersten Kampfhandlung davontrug, gleich zu Schäden führten, die sie in den nächsten Tagen schwer behinderten, bremsten und ihre Brennstoffreserven verringerten. Ihr Ruf der Unbesiegbarkeit wurde schon im allerersten Gefecht zunichte, obwohl sie bei dieser Gelegenheit das berühmteste britische Kriegsschiff versenkte.

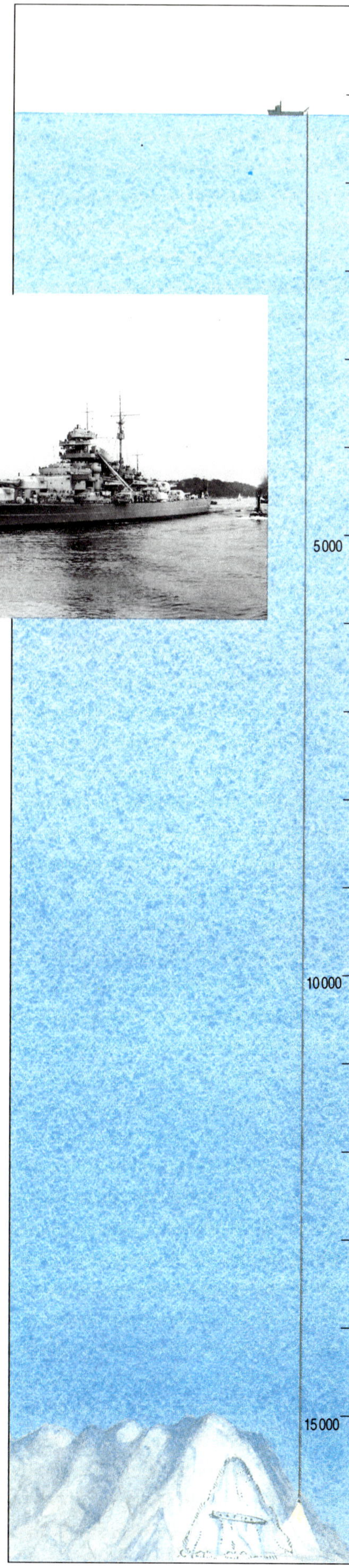

Die *Bismarck* sank am 27. Mai 1941, wobei über 2000 Menschen starben. Sie war 251 m lang und 36 m breit und liegt in einer Tiefe von 15700 Fuß (4790 m).

Die wohl ausgewogenste englischsprachige Analyse der Stärken und Schwächen der *Bismarck* findet sich in dem Werk »Axis and Neutral Battleships of World War II« von William Garzke und Robert Dulin. Die Autoren behaupten, die Mittelartillerie der *Bismarck* mit ihren gemischten Kalibern und die vier Doppeltürme der Hauptartillerie seien zu schwer ausgefallen, und diese leistungsfähigen, gut geschützten Schiffe hätten in Wirklichkeit noch viel gewaltiger ausgeführt werden können: »Dreifachtürme mit 38-cm-Kanonen und eine Doppelbatterie hätten zu höherer Feuerleistung geführt und außerdem eine stärkere Panzerung zugelassen. Obwohl diese deutschen Schiffe (*Bismarck* und *Tirpitz*) ihren britischen Konkurrenten überlegen waren, konnten sie sich mit vergleichbaren amerikanischen, französischen und sogar italienischen Schiffen in mancher Hinsicht nicht messen. Wäre es Winston Churchill damals gelungen, die *Richelieu* der französischen Marine schon 1940 auf die Seite der Alliierten zu ziehen, wäre sie für die *Bismarck* im Seekrieg eine stärkere Bedrohung gewesen als die gerade fertiggestellten *King George V* und *Prince of Wales*... Die schweren Schäden, die *Bismarck* vor ihrer Versenkung am 27. Mai 1941 verkraftete, lassen auf ein wirksames Schutzsystem schließen, weisen aber ebenso auf gute Schadensbeherrschung und eine disziplinierte Mannschaft hin.« Das gezielte Artilleriefeuer, das das Schicksal der *Hood* besiegelte, war zu gleichen Teilen den gut ausgebildeten Artilleristen wie dem Einsatz von Raumbild-Entfernungsmessern zu verdanken, mit deren Hilfe man im Gefecht die Granaten genau ins Ziel leiten konnte. Die *Bismarck* war zwar ein gefürchtetes

Kriegsschiff, jedoch nicht, wie oft behauptet worden ist, »das stärkste je gebaute Schlachtschiff«.

Der gute Zustand, in dem sich der Rumpf der *Bismarck* befindet, bestätigt allerdings, daß sie tatsächlich hervorragend gebaut war. Wir haben in den hölzernen Decksplanken nur wenige Einschußlöcher und auch in den waagrechten Flächen der übrigen Aufbauten kaum Artillerieschäden gefunden. Natürlich feuerten die britischen Kanonen beim Endkampf meist aus kurzer Entfernung und mit kleinster Erhöhung. Was wir von den Rumpfseiten, besonders vom stark gepanzerten Kommandostand, sehen konnten, macht einen ganz anderen Eindruck. Der Kommandostand sieht aus wie ein Schweizer Käse, und britische Granaten haben den Zitadellpanzer durchschlagen, der direkt über dem Seitenpanzer liegt. Doch daß die Engländer das Schiff durch Kanonenbeschuß nicht versenken konnten, spricht ebenfalls für seine solide Bauweise.

Von Backbord zeigt *Bismarck* die tiefen Wunden des letzten Gefechts. Diese Seite war dem schweren Beschuß durch *Rodney* und *King George V* voll ausgesetzt und trug die größeren Schäden davon.

Der Zustand des Wracks dürfte aber eine Kontroverse ein für allemal aus der Welt schaffen, die seit Versenkung des Schiffes immer wieder aufgeflammt ist. Als die *Star Hercules* nach unserer Entdekkung nach England heimkehrte, stellten mir die britischen Medien

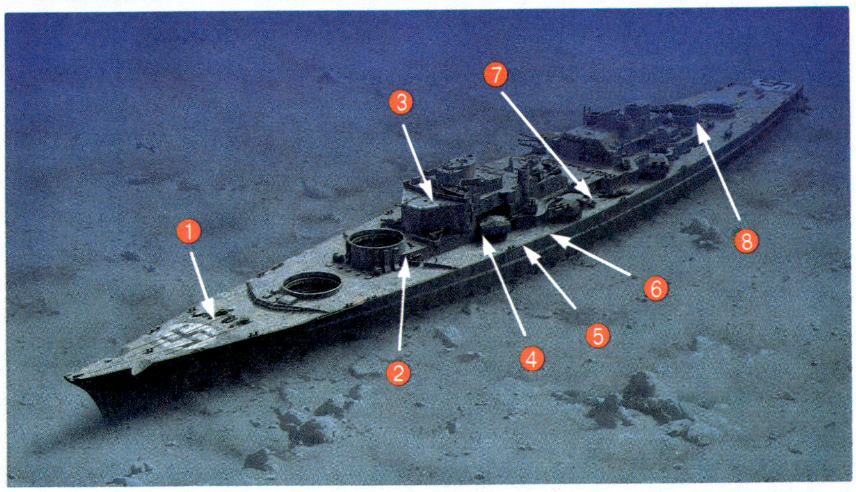

1. Splitterloch mit Ankerkette
2. Großer Granattrichter bei Turm Bruno
3. Mehrere Treffer auf der offenen Brücke
4. 23 Einschläge zählten wir an dieser Geschützlafette, deren hintere Panzerung fehlt.
5. Zwei Einschläge hier und ein Loch im oberen Splitterschutz
6. Vier Treffer, zwei im Splitterschutz und einer im Gürtelpanzer
7. Größter Granattrichter des ganzen Schiffes, wahrscheinlich verursacht durch mehrere auf kurze Distanz erzielte Treffer.
8. Einschlagloch neben Turm Dora

fast als erstes die Frage: »Haben wir sie versenkt, oder hat sie sich selbst versenkt?« Alle überlebenden Deutschen hatten fest behauptet, die Sprengladungen, die kurz nach 10.20 Uhr von Gerhard Junack und seinen Maschinisten gezündet worden seien, hätten die *Bismarck* versenkt. Die Engländer dagegen hatten immer darauf bestanden, daß die Torpedos der *Dorsetshire*, deren letztes kurz nach 10.30 Uhr abgefeuert worden war, das Schiff zur Strecke gebracht hätten.

Wir haben am Wrack keinen Hinweis auf die Implosionen gefunden, die dann stattfinden, wenn ein Schiff sinkt, bevor es ganz geflutet ist. Als Beispiele für die beiden Möglichkeiten, wie ein Schiff untergehen kann, können die beiden Hauptteile des *Titanic*-Rumpfes gelten, wie wir sie auf dem Meeresboden gefunden haben. Das Vorschiff, vom Eisberg aufgeschlitzt und in den über zweieinhalb Stunden zwischen der Kollision und dem Untergang voll Wasser gelaufen, war bis auf den Schaden, den es beim Aufprall auf den Meeresboden erlitt, praktisch unversehrt. Das Achterschiff, das nicht aufgerissen worden und auch nur zum Teil geflutet war, als das Schiff in zwei Teile zerbrach und unterging, war völlig verwüstet, ein Chaos aus verbogenem, zerfetztem Stahl. Der Grund: Der Wasserdruck außerhalb des Rumpfes war wesentlich höher als der Druck der noch im Rumpf eingeschlossenen Luft. Wäre die *Bismarck* vor der praktisch vollständigen Flutung aller ihrer wasserdichten Abteilungen gesunken, dann hätte dieser Druckunterschied ganz gewiß zu Einbuchtungen geführt. Sie hätte dann ungefähr so ausgesehen wie das Achterschiff der *Titanic*, obwohl sie wesentlich stabiler gebaut war. Statt dessen haben wir aber einen Rumpf gefunden, der vom Untergang und Aufprall verhältnismäßig wenig beschädigt wurde und intakt aussieht. Die *Bismarck* ist nicht implodiert.

Daraus schließe ich, daß die Versuche der Deutschen, das Schiff selbst zu versenken, zu seinem Untergang wesentlich beigetragen haben. Ohne diese Maßnahmen zur Selbstversenkung säße das Schiff heute nicht so stolz auf dem Meeresboden. Es kann aber kaum ein Zweifel daran bestehen, daß das einstündige erbarmungslose britische Granatfeuer und die drei Torpedos der *Dorsetshire* Wirkung erzielt haben. Früher oder später wäre die *Bismarck* untergegangen. Die Selbstversenkung hat diesen Vorgang nur beschleunigt und dafür gesorgt, daß sich der Rumpf beim Untergehen nicht zerstört hat.

Aus den Beweisen auf dem Meeresboden läßt sich die letzte Sinkfahrt der *Bismarck* mit den auf ihren Aufprall folgenden geologischen Ereignissen rekonstruieren. Wir wissen aus zahlreichen Augenzeugenberichten, daß die *Bismarck*, nachdem sie sich an der Oberfläche herumgewälzt hatte, über das Heck sank. Wahrscheinlich fielen die vier großen Türme, die ja nur von der Schwerkraft gehalten wurden, dabei einfach ab und geradewegs nach unten. Sobald der Hauptrumpf voll eingetaucht war, muß er sich wegen seines tiefen Schwerpunkts und der hydrodynamischen Form schnell wieder aufgerichtet haben, rasch auf ebenem Kiel nach unten gefallen und wahrscheinlich kurz nach dem Aufprall der Türme auf dem Meeresgrund gelandet sein.

Obwohl es keine Augenzeugen dafür gibt, daß das fehlende Stück des Hecks schon an der Oberfläche abgebrochen ist, spricht doch vieles für diese Annahme. Erstens liegt das fehlende Stück nicht beim Hauptwrack, wie eigentlich zu erwarten, wenn der Schaden beim Aufschlag eingetreten wäre (nach der Expedition entwickelte Fotos zeigen eine Rumpfplatte aus dem fehlenden Achterschiff im größten Trümmerfeld, einige hundert Meter nordwestlich vom Wrack). Zweitens wissen wir, daß das Heck, wegen des Rudertreffers nachweislich die Achillesferse der *Bismarck*, der schwächste Punkt des ganzen Schiffskörpers war. Während des Gefechts bekam das Achterschiff eine ganze Reihe von Granattreffern ab, nachdem es schon vorher vom Torpedo der *Swordfish* getroffen worden war. Drittens begann das Schiff, über den Achtersteven zu sinken. Viertens gab es keinerlei statische Verstärkungen, die das Achterschiff nach dem Kentern hätten halten können. Aus diesen Tatsachen ist eigentlich nur zu folgern, daß es zu einem Strukturversagen gekommen sein muß, ehe das Schiff sank, und daß das Heck schon über Wasser abgebrochen ist. Diese Hypothese wird von Ereignissen um den Schlachtkreuzer *Lützow* bei der Invasion Norwegens und dem späteren Schicksal der *Prinz Eugen* gestützt, die beide in der Nähe des Hecks ähnlich schwach ausgelegt waren. 1940 bekam die *Lützow* achtern einen Torpedotreffer, und das Heck brach ein, wurde jedoch nicht abgetrennt. Im Februar 1942 trug die *Prinz Eugen* vor Norwegen einen ähnlichen Treffer davon und wurde beschädigt; ihr Achterschiff brach genauso glatt ab wie das der *Bismarck*, auch ungefähr an derselben Stelle (wie bei der *Bismarck* waren auch hier die Ruder an Backbord verklemmt und die Schrauben unbeschädigt geblieben). Schiffbauer wissen heute, daß das Achterschiff der *Bismarck* die einzige bauliche Schwachstelle des Schiffes bildete; der Ermüdungsbruch an dieser Stelle ist der schwerste derartige Vorfall, den wir bisher bei einem Kriegsschiff kennen; wo er vielleicht auch anderswo vorgekommen ist, davon hat zumindest kein

Als sich die *Bismarck* beim Sinken drehte, lösten sich die vier mächtigen Zwillingstürme des Schiffes von ihren Barbetten und fielen ihm voran auf den Meeresgrund.

Überlebender berichten können. Erst nach den Schäden an *Prinz Eugen* wurde von den Deutschen in der Klasse der Schweren Kreuzer und darüber die Heckkonstruktion verstärkt.

Man kann ziemlich sicher annehmen, daß der Rumpf beim Sinken nicht schräg abwärts geglitten ist, wie es beim Achterschiff der *Titanic* geschah. Der einzige Turm, den wir entdeckten, liegt etwa 200 m vom Hauptwrack entfernt. Wahrscheinlich sind die Türme kurz vor dem Rumpf aufgeschlagen und dann vom Erdrutsch mitgerissen worden. Es kann aber auch sein, daß sich dieser eine Turm noch nicht wie die anderen schon oben vom Schiff gelöst hat – vielleicht war er durch Beschuß vorübergehend mit der Barbette verklemmt –, sondern erst beim Aufprall losgerissen wurde. Wenn sich alle vier Türme in der Umgebung des Wracks nachweisen lassen, bestätigt das die Theorie, daß das Schiff fast senkrecht gesunken ist.

Besatzungsmitglieder der *Prinz Eugen* versuchen, den Schweren Kreuzer von Hand zu steuern. Nach einem Torpedotreffer bei Trondheim im Februar 1942 war sein Heck mit dem Ruder weggebrochen.

Noch rätselhafter ist die eigentliche Aufprallstelle des Wracks. Ich plädiere nach wie vor für das Gebiet, das ich am 6. Juni in der festen Überzeugung absuchte, dort das Schiff zu finden. Es liegt etwa in drei Viertel der Höhe des Erdrutsches in der Nähe des Punktes, wo sich die Achse des Trümmerfeldes mit der Achse des Erdrutsches schneidet. In dieser Gegend sind zahlreiche große Wrackstücke liegengeblieben, darunter vielleicht auch das fehlende Teil vom Heck und möglicherweise ein weiterer Turm. Diese schweren Wrackteile können aber auch nur zufällig dort liegen. Wenn der Hauptrumpf durch den Erdrutsch nach unten befördert wurde, muß man sich fragen, warum diese schweren Stücke nicht ebenfalls mitgerutscht sind. Die Antwort liegt auf der Hand: Sie sind erst nach dem Erdrutsch auf dem Meeresboden angekommen.

Gleichgültig, wo der Rumpf gelandet ist – er schlug jedenfalls mit solcher Gewalt unten auf, daß er einen zwei Kilometer langen Erdrutsch auslöste. Dabei sind Sediment und darunterliegender Vulkanschutt großflächig aufgewühlt worden (deswegen sah es hier so aus, als habe man Gestein und Schlamm durch eine Mischmaschine gedreht). Eine Störung des Meeresbodens, bei der Sediment gelöst und hangabwärts verfrachtet wurde, mußte oberhalb wie unterhalb der Aufprallstelle eintreten. Mit anderen Worten: Der Erdrutsch kann irgendwo in der Mitte seiner zwei Kilometer Länge ausgelöst worden sein. Wenn meine Annahme über die Aufprallstelle – etwa zwei Drittel hangaufwärts – zutrifft, wurden der Hauptrumpf und wahrscheinlich auch der eine Turm, den wir entdeckten, mit dem Erdrutsch einen Kilometer weit bergab verfrachtet.

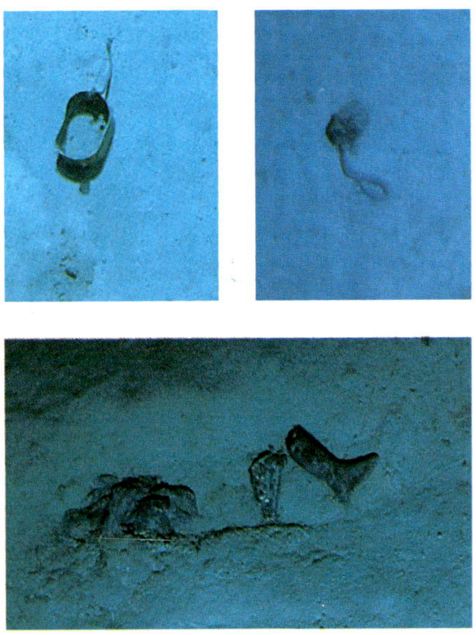

Ein blechernes Eßgeschirr (oben links), eine Gasmaske (oben rechts) und viele Seestiefel waren unter den persönlichen Dingen, die wir in der Nähe des Wracks fanden.

Die Lawine dauerte zwischen einer und drei Minuten. Nur die schwersten Schiffsteile, die so schnell wie der Rumpf oder noch schneller sanken, kamen so rechtzeitig unten an, daß sie vom Erdrutsch mitgerissen wurden. Als sich die Lawine verlangsamte, mußte ein so schwerer Gegenstand wie der Hauptrumpf schnell zum Stillstand kommen, während leichtere Stücke, etwa Türme, vielleicht noch weiterrutschten. In den nächsten Stunden sanken leichtere Trümmer, die von einer oberflächennahen Strömung etwa in Nord-Süd-Richtung als Trümmerfeld verteilt wurden. Wenn man bedenkt, daß das Segelschiff, das wir 1988 fanden, eine Trümmerschleppe in entgegengesetzter Richtung wie die *Bismarck* hinterließ, muß man in dieser Gegend viele örtliche Strömungen vermuten.

Viele Trümmer fielen schon aus dem Schiff, als es vor dem Sinken kenterte; sie sanken allerdings viel langsamer als das Hauptwrack, die Türme und die schweren Teile der Aufbauten. Bis auf das Wrack und die schwersten Trümmer setzte sich nach dem Erdrutsch alles auf dem Meeresboden ab. Das erklärt auch, warum das Trümmerfeld auf dem Erdrutsch liegt und selbst kleine Trümmerstücke nicht verschüttet wurden. Diese seltsame Verbindung von Trümmern und gestörtem Sediment war uns zunächst unerklärlich. Daß das Wrack nicht da lag, wohin uns die Trümmerspur geführt hatte, nämlich an dem von mir vorausgesagten Aufprallort, verlängerte unsere Suche und machte sie wesentlich mühevoller.

Wir hatten keine Zeit, das Trümmerfeld gründlicher zu sichten. Dennoch wurden ein paar Teile gefunden, die sich identifizieren ließen. Dazu gehörten die Rosetten über den Kesseleinlässen, Teile der Reling und ein großes Stück der achteren Bordwand mit Bullaugen und einem noch daran hängenden Leiterstück, das wir im Haupttrümmerfeld etwa 100 m nordwestlich vom Schiff fanden. Erkennbare kleine Trümmerstücke waren eher selten: eine Laterne, eine Flasche, eine Gasmaske, ein kistenähnlicher Gegenstand, vielleicht ein Safe. Wir stießen auf viele Rohrstücke und auf etwas, das wie eine Metall-

Unten links: Ein Ventilatorgehäuse ähnlich dem im kleinen Foto links liegt in der Nähe des abgetrennten Hecks.

trosse aussah. Den nachhaltigsten Eindruck aber machten auf uns die vielen Stiefel.

Von den unaufgeklärten Rätseln beschäftigten uns besonders der Verbleib der fehlenden drei Türme und die Frage, woher das kleine Trümmerdreieck stammt, das wir am Ostrand des Erdrutsches fanden. Dieses kleinere Trümmerfeld hat wahrscheinlich mit der Haupttrümmerschleppe nichts zu tun. Wodurch ist es entstanden? Ein größeres Wrackteil, das uns entging? Ein ganz anderes Wrack? Wer weiß, welch wichtige Bruchstücke aus der Geschichte der *Bismarck* noch zu entdecken sind.

Oben: Diese Trommel für einen Wasserschlauch sah an Deck so aus wie auf dem kleinen Foto.

Das Wrack wird wahrscheinlich noch in fünfzig Jahren fast genauso aussehen, wie wir es fanden. Der Rumpf zeigte einige Rostspuren, und am Seitenpanzer sahen wir »Rostzapfen« ähnlich den Rostikaliten, die wir an der *Titanic* entdeckt hatten. Das Kriegsschiff war schließlich viel stabiler gebaut als das berühmte Passagierschiff mit seinen großen, offenen Innenräumen (wie dem Bereich um die große Freitreppe, an der das Schiff dann ja auch zerbrach). Die *Bismarck* war auch nach moderneren technischen Verfahren gefertigt worden: Der Rumpf war zu über 90 % geschweißt, nicht genietet. Das

Wie das Wrack sank

1. Mit fortschreitendem Gefecht liegt das Schiff achtern immer tiefer in der See.

2. Beim Kentern reckt sich der Bug nur leicht aus dem Wasser, das Schiff dreht sich um seine Längsachse. Das Heck bricht weg. Die vier großen Türme scheren ab und fallen mit einer Menge anderer Trümmer auf den Grund.

3. Nun voll geflutet, beginnt die *Bismarck*, kieloben liegend, ihren senkrechten Sturz zum Meeresboden.

4. Nachdem alle Luft entwichen ist, rollt sich der Rumpf wieder auf ebenen Kiel und sinkt immer schneller.

5. Zehn bis zwanzig Minuten nach ihrem Verschwinden von der Oberfläche schlägt die *Bismarck* auf halber Höhe eines Unterwasserbergs auf und verursacht einen mächtigen Erdrutsch. Die vier Türme, kurz vor dem Rumpf aufgeschlagen, werden von der Lawine mitgerissen.

6. Der Rumpf und die schweren Trümmer, die in seiner Nähe einschlagen, rutschen mit der Lawine abwärts und kommen im unteren Drittel des Abhangs zur Ruhe. Während der nächsten Stunden sinken leichtere Gegenstände herab und bilden das Trümmerfeld.

Bismarcks Ruhestätte

1. Wahrscheinliche Aufschlagstelle
2. Ansammlung kleinerer Trümmer
3. Das Stiefelfeld
4. Großes Stück aus der achteren Bordwand
5. Geschützturm
6. Ventilator

Links: Eine der viereckigen Metallkisten, die an Deck standen (oben), liegt jetzt im Trümmerfeld.

Links: Grätings von den Geschützständen (oben) und der offenen Brücke liegen haufenweise neben dem Wrack.

Links: Eine der vielen Bordleitern aus Metall (siehe oben).

Links: Eine Relingstütze (rechtes unteres Viertel), wie sie in großer Menge an Deck standen (oben).

Wrack wird sich noch lange auf dem Meeresboden halten, länger als selbst der letzte aus der Besatzung lebt. Irgendwann werden die Hakenkreuze an Bug und Heck verblassen, wenn das Seewasser sein Werk getan hat.

Unsere Entdeckung der *Bismarck* wurde von vielen Überlebenden begrüßt, auch von einigen, die sich zunächst gegen unsere Expedition ausgesprochen hatten. Obwohl der wieder aufgetauchte Geist aus der Vergangenheit viele sicherlich belastet hat, waren sie von unserer Leistung offenbar fasziniert und bewegt. Als eine Gruppe Überlebender die ersten Filmaufnahmen des Wracks zu sehen bekam, brachen einige in Tränen aus. Freiherr von Müllenheim-Rechberg, der bei unserer ersten Begegnung so zurückhaltend war, hat uns immer wieder zu unserer Leistung gratuliert. Er und eine Reihe anderer Überlebender haben bereitwillig am Dokumentarfilm der National Geographic Society über unsere Expedition und auch bei den Recherchen für dieses Buch mitgeholfen.

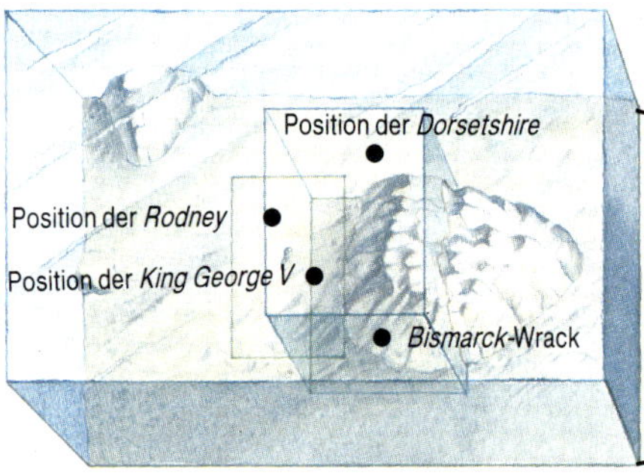

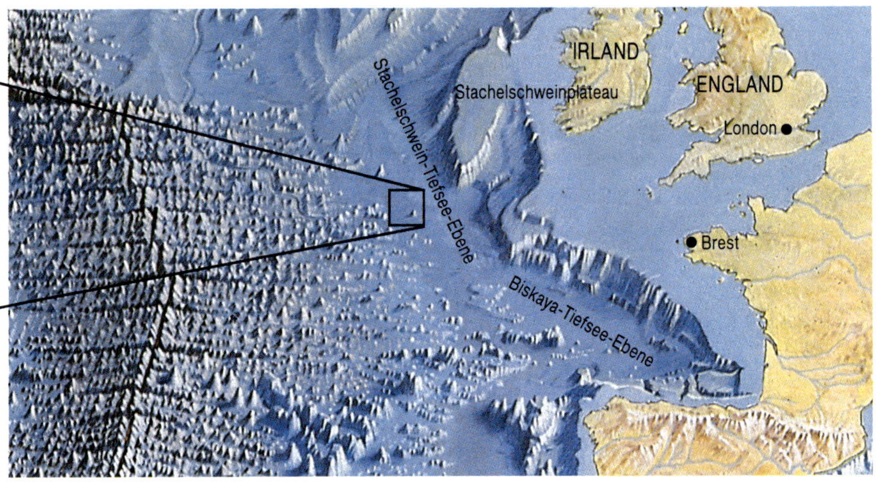

Die einander überlappenden Suchgebiete der Jahre 1988 und 1989 und die Stelle am Abhang des Tiefseeberges, wo wir die *Bismarck* schließlich fanden. Das Terrain des westeuropäischen Beckens ist hier ziemlich flach, allerdings ragen vereinzelte Berge schroff aus dem Meeresgrund empor.

Es gibt aber auch Stimmen der Kritik. Ted Briggs, einer der drei Überlebenden der *Hood*, äußerte sich so: »Sie hat sich gegen die halbe britische Marine tapfer geschlagen und ist in Ehren untergegangen. Man hätte sie dort als Seemannsgrab in Ruhe lassen sollen.« Einige Überlebende der *Bismarck* sind derselben Meinung.

Diese Reaktion einer Minderheit überrascht mich nicht; ich lehne sie auch nicht ab. Wenn man ein Stück Geschichte aufrührt, wühlt man zwangsläufig auch Gefühle auf. Je jünger die Geschichte ist, um so stärker werden diese Emotionen sein. Ich meine jedoch, daß es einen Sinn hat, die Vergangenheit sichtbar zu machen. Die Tiefsee ist ein riesiges, unerschlossenes Reservoir der Geschichte, so etwas wie ein Museum, das aber der Öffentlichkeit noch nie zugänglich war. Mit unserer Entdeckung der *Titanic* und jetzt der *Bismarck* haben wir zwei Säle in diesem Museum geöffnet, das Licht eingeschaltet und Besucher eingelassen. Aber das ist erst der Anfang. In den nächsten Jahren werden Unterwasserforscher noch weitere Schiffe entdecken und sie der Öffentlichkeit zugänglich machen. Mit den jetzt entstehenden technischen Möglichkeiten werden wir diese Exponate live und in Farbe im Fernsehen erforschen und können damit andere an den erregenden Momenten unserer Entdeckungen im Augenblick des Geschehens teilhaben lassen.

Ich werde weiter nach gesunkenen Schiffen und anderen verborgenen Schätzen der Tiefe suchen. Ich würde gern mit eigenen Augen das japanische Schlachtschiff *Yamato* sehen, das gegen Ende der Pazifikschlacht unterging. Ich möchte noch mehr antike Schiffswracks im Mittelmeer oder vielleicht eine der versunkenen Städte finden, die nach Ansicht der Archäologen vor der sizilianischen Küste liegen. Ich habe auch schon Pläne ausgearbeitet, wie ich die Schiffswracks aus dem Krieg von 1812 in den nordamerikanischen Großen Seen erforschen kann. Wer weiß, welch unvorstellbare Wunder noch in unseren Unterwassermuseen versteckt liegen?

Ich würde auch gern noch einmal mit *Jason*, wenn dessen Kabel lang genug ist, zur *Bismarck* zurückkehren. Dieser Roboter könnte viele Stellen untersuchen, an die wir 1989 nicht herangekommen sind. Er könnte Hinweise auf Beschußschäden am Rumpf finden oder in den achteren Artillerieleitstand und den Kommandostand hineinschauen und uns schöne Farbfilme vom Wrack liefern. Allerdings würde ich nur mit Zustimmung des deutschen Volkes dorthin zurückkehren und mich auch an den Wunsch der deutschen Bundesregierung halten, nicht ins Schiff einzudringen. Nach dem Völkerrecht bleibt ein Kriegsschiff Eigentum seines Ursprungslandes. Das Schiff ist ein Seemannsgrab und hat Anspruch auf gebührende Achtung.

Das Wrack der *Bismarck* ruht in 4790 m Tiefe am Abhang eines erloschenen Unterwasservulkans. Der Vulkan ragt rund 1000 m aus der Tiefsee-Ebene und beherrschte unser Suchgebiet. Der Bug des Schiffes weist nach Südwesten, auf Frankreich zu, wo es fast einen sicheren Hafen erreicht hätte. Die *Bismarck* liegt knapp zwei Seemeilen von der Sinkposition entfernt, die der Navigationsoffizier der *King George V* festgehalten hat; die genauen Koordinaten möchte ich jedoch geheimhalten. Ich habe nicht die Absicht, dieses Kriegsdenkmal in einen Ort zu verwandeln, an dem sich Schatzsucher und Souvenirjäger tummeln.

Die neu in Dienst gestellte Bismarck mit einer Möwen-Eskorte.

Die *Bismarck* lebte und starb als Kriegsschiff, als schwimmende Artillerieplattform, zur Zerstörung gebaut. Ihre Geschichte ist jedoch eher eine Geschichte von Menschen als von Maschinen. Wenn ich an ihre acht Tage im Mai 1941 denke, werde ich immer an den Mut und die Standhaftigkeit der vielen jungen Männer erinnert, die das Kriegsspiel der Großmächte ausführen mußten. Ich denke an Signalman Ted Briggs auf der Brücke der *Hood*, als sie ins Gefecht fuhr; an Lieutenant Percy Gick, der in seinem Swordfish-Doppeldecker den Granaten und Wellenkämmen auszuweichen suchte; an Ensign Tuck Smith in seinem Catalina-Flugboot, aus dem er plötzlich ein einsames Schiff im grauen Atlantik wahrnahm; an Leutnant Helmut Wohlfahrth auf U-556, der Treibstoff und Torpedos an einen Geleitzug verschwendet hatte; an den Matrosen Heinz Jucknat, der seine Freunde aus der achteren Rechenstelle durch den Verbindungsschacht hinauf in Sicherheit brachte; an Midshipman Joe Brooks auf der *Dorsetshire*, der, als er sein Leben aufs Spiel setzte, um einen deutschen Matrosen zu retten, der beide Arme verloren hatte, für seinen Einsatz auch noch bestraft wurde. Sie alle erzählen eine Geschichte von der Beliebigkeit des Lebens und der Sinnlosigkeit des Krieges.

ZWÖLFTES KAPITEL

Epilog

Falmouth, Massachusetts – 28. Juli 1989

Noch vor ein paar Tagen war ich ganz obenauf gewesen. Auf einer überfüllten Pressekonferenz am Hauptsitz der National Geographic Society in Washington hatte ich den versammelten Medien von unserer Entdeckung der *Bismarck* berichtet, ihnen das erste Videoband vom Wrack und ein paar schöne Farbaufnahmen gezeigt. Mein neuester Traum rückte der Verwirklichung nahe: die *Jason*-Stiftung für Bildung, eine gemeinnützige Einrichtung, mit der die Meereserkundung in die Schulen getragen werden sollte. Ich hatte einen Termin in der »*Tonight*«-Fernsehshow von Johnny Carson. Das Leben war herrlich.

Jetzt saß ich in wortloser Trauer bei der Trauerfeier für meinen Sohn Todd und kämpfte mit den Tränen, als Hagen Schempf den Nachruf sprach. Todd war eines Abends mit einem Schulfreund noch spät in unserem Thunderbird unterwegs gewesen. Er war zu schnell gefahren, hatte eine Kurve zu spät gesehen und war gegen einige Bäume gerast. Die beiden Jungen waren sofort tot, eine plötzliche, sinnlose Tragödie. Todd wäre in vier Wochen 21 Jahre alt geworden. Aus höchster Höhe war ich in den tiefsten Abgrund gestürzt. Während Hagen sprach, saß ich zwischen Todds Mutter Marjorie und seinem jüngeren Bruder Douglas und hielt beide umfangen.

Hagen hatte Todd nur ganze acht Wochen gekannt, es war die Zeit auf See während unserer beiden *Bismarck*-Expeditionen. Er hatte miterlebt, wie sich mein Sohn veränderte. Jetzt konnte er diesen Reifeprozeß würdigen. Ich hörte zu, als er von Todds neuem Verantwortungsgefühl, von seiner Lebensfreude und Wißbegier, seiner Bereitschaft sprach, zu seinen Überzeugungen zu stehen. Er hatte gesehen, sagte er, wie Todd »die Grenze überschritt, die den Mann vom Knaben trennt«.

Linke Seite: Todd im Juni 1989 an Bord der *Star Hercules*.

»Irgendwann überschreitet jeder Junge diese Grenze und nimmt sie erst hinterher richtig wahr. Für Todd muß dieses Ziel schwerer zu erreichen gewesen sein als für die meisten anderen. Sich mit Vorbildern, Eltern und Geschwistern zu messen ist nicht einfach. Doch er hatte diese Schatten hinter sich gelassen und gerade angefangen, seinen eigenen Schatten zu werfen. Er hatte sich an die Oberfläche durchgearbeitet, seinen Kurs selbst neu bestimmt und dabei doch alle die Eigenschaften beibehalten, die ihn uns so liebenswert gemacht haben.«

Auch die jungen Männer, die auf der *Bismarck* und der *Hood*, auf allen Schiffen der Achsenmächte und der Alliierten im Zweiten Weltkrieg, auf allen blutigen Schlachtfeldern in Europa, Afrika und im Fernen Osten fielen, hatten diese Grenze vom Kind zum Erwachsenen überschritten. Auch sie haben Eltern hinterlassen, die um sie trauerten, deren Schmerz nicht geringer, deren Verlust nicht kleiner ist als der meine. Vielleicht konnten sich einige mit der Überzeugung trösten, daß ihr Kind für eine gerechte Sache, im Kampf für sein Land gestorben ist. Aber auch das bringt keinen Toten zurück.

Die wenigen, die den Untergang der *Hood* und der *Bismarck* überlebten, hatten Glück. Fast alle von ihnen überstanden die Würdelosigkeit und Härte der Verhöre, der Gefangenschaft, der Zwangsarbeit, der langen Trennung von Freunden und Familie und kehrten danach in ihr verwüstetes Heimatland zurück, um neu anzufangen. Sie haben überlebt. Viele von ihnen leiden immer noch unter Alpträumen, doch sie alle haben ein erfülltes, produktives Leben geführt. Für sie ist der 27. Mai kein Tag wie jeder andere; manche erheben an diesem Tag ein Glas zu Ehren ihrer gefallenen Kameraden, verbringen einen Augenblick der Besinnung oder sagen Dank. Einer von ihnen hat mir gestanden: »Für mich ist dieser Tag mein zweiter Geburtstag.«

Deutscher Seemann beim Seitepfeifen.

Auch ich erhebe mein Glas auf die jungen Männer, die auf *Bismarck* gestorben sind. Ihr Schiff steht immer noch mit Heimatkurs aufrecht auf dem Meeresgrund, und viele seiner Kanonen wirken wie klar zum Gefecht. Möge das trotzige, stolze Wrack, das wir entdeckt haben, ein Denkmal für sie und für alle sein, die vor ihrer Zeit sterben mußten.

Anhang

Quellenverzeichnis (Text)

Die Zitate auf den Seiten 81, 104 und 134–135 stammen aus dem Buch *Schlachtschiff Bismarck – Ein Überlebender in seiner Zeit* von Burkard Freiherr von Müllenheim-Rechberg, erschienen im Verlag Ullstein GmbH, Frankfurt/M–Berlin, © 1980, erweitert 1987. Englischsprachige Ausgabe beim U.S. Naval Institute, Annapolis, Maryland, unter dem Titel *»Battleship Bismarck: A Survivor's Story«, © 1980.*
Die Zitate auf den Seiten 88 und 140 wurden entnommen dem Buch *Pursuit: The Sinking of the Bismarck* von Ludovic Kennedy, © Ludovic Kennedy 1974. Zitat auf Seite 126 aus *On My Way to the Club* von Ludovic Kennedy, © Ludovic Kennedy 1989. Alle drei mit Genehmigung von The Peters, Fraser & Dunlop Group Ltd., London, England.
Die Zitate auf den Seiten 150 und 185 entstammen dem unveröffentlichten Gedicht *The Bismarck Lost and Found* von Rick Latham und werden mit seiner Genehmigung hier wiedergegeben.

Danksagung

Bei der Entstehung dieses Buches wurde mir Unterstützung von vielen Seiten zuteil. Das Wrack wäre niemals entdeckt worden ohne die hochqualifizierte Mitarbeit der Bordcrews bei den Expeditionen von 1988 und 1989 und der Basisteams im Deep Submergence Laboratory und im Center for Marine Explorations beim Ozeanographischen Institut Wood Hole, Massachusetts. Die Quest Group, die U.S. Navy und die National Geographic Society stellten Fonds zur Verfügung, was die *Bismarck*-Expeditionen erst ermöglichte. Ausdrücklich möchte ich meinen Sponsoren Don Koll und Marco Vitulli dafür danken, daß sie mich weiter unterstützten, auch als wir im ersten Jahr statt eines Schlachtschiffs ein Segelschiff fanden. Außerdem danken die Autoren folgenden Einzelpersonen: Burkard Freiherr von Müllenheim-Rechberg und Ludovic Kennedy, deren Bücher *Schlachtschiff Bismarck* und *Pursuit* die authentischsten Veröffentlichungen über die Geschichte der *Bismarck* sind. Ludovic Kennedy stellte uns viel eigenes Forschungsmaterial zur Verfügung, das sich jetzt im Imperial War Museum befindet; außerdem beriet er uns bei der Textredaktion. Burkard Freiherr von Müllenheim-Rechberg überließ uns Fotografien aus seiner Sammlung und erlaubte uns freundlicherweise vorab die Lektüre der revidierten und erweiterten Neuauflage seines Buches *Schlachtschiff Bismarck,* die im Oktober 1990 in Nordamerika erscheint. Erstmals wird darin berichtet, wie Josef Statz entkam, der einzige Überlebende im vorderen Teil des Schlachtschiffs; außerdem enthält die Neuausgabe fesselnd und detailgenau die Erlebnisse des Barons als Kriegsgefangener.
Wir danken auch Adolf Eich, Alois Haberditz, Franz Halke, Otto Höntzsch, Heinz Jucknat, Heinrich Kuhnt, Burkard von Müllenheim-Rechberg und Hans Zimmermann, den acht Überlebenden der *Bismark,* die wir interviewen durften und die uns einige ihrer kostbaren Privatfotos liehen.
Ted Briggs, Joe Brooks, Percy Gick und Peter Meadway waren auf britischer Seite beteiligt und gaben uns wertvolle Auskünfte zur *Bismarck*-Story.
Tony Chiu, Tom Dettweiler, Graham Hurley, Bill Lange, Jack Maurer, Cathy Offinger, Hagen Schempf, Peter Schnall, Chris Weber ließen sich als Mitglieder der 1988er und 1989er Expeditionen von uns befragen.
William H. Garzke jr. und Robert O. Dulin jr., Ko-Autoren des Buches *Axis and Neutral Battleships in World War II,* überprüften das Manuskript auf historische und technische Genauigkeit.
Meine Assistentin Gretchen MacManamin buchte für mich die richtigen Flugtickets und Hotels und bewältigte abertausend Telefongespräche im Laufe unseres *Bismarck*-Abenteuers.
Weiterhin danken wir Tom Crook, Steve Gegg, Bill Lange, Dan Martin, Gretchen MacManamin, Hagen Schempf und Dr. Elazar Uchupi vom Ozeanographischen Institut Woods Hole; ferner Cathy Offinger von der Marquest Group; Bruce Norfleet, Peter Schnall und Chris Weber von der National Geographic Television; Professor Jack Sweetman von der U.S. Naval Academy für die Übersetzung des Buches *Schlachtschiff Bismarck.* Sie alle waren uns eine wertvolle organisatorische und technische Hilfe.
Ken Marschall schuf mit der Unterstützung von Michael Hughes die großartigen Illustrationen vom Wrack, wie wir es vorfanden.
Manfred Frenkel half als Übersetzer und Verbindungsmann beidseits des Atlantiks, ebenso Hans-William Tersteegen.
Die Belegschaft von Madison Press machte mit ihrem Können, ihrer Ausdauer und mit zahllosen Überstunden dieses Buch überhaupt erst möglich.
Ferner gilt unser Dank: Sharon Gignac für die Transkription auf Band gesprochener Interviews; John B. Hattendorf vom Naval War College in Newport, Rhode Island, für seine Auskünfte über Commander Joseph H. Wellings.
Madison Press Books danken Katherine Bright-Holmes von Hodder and Stoughton und Sabine Oppenlander für die Beschaffung vieler historischer Fotografien in diesem Buch; Lisa Manning von der National Geographic Television wies uns auf viele ergiebige Bildquellen hin; Lisa Page und Bill Allen vom National Geographic Magazine besorgten Fotos von Joseph Bailey, Bates Littlehales und George Mobley; Brigitte Barkley und Ruth Eichhorn vom deutschen Magazin GEO liehen uns zahlreiche historische Fotodokumente; Paul Kemp und Nigel Steel vom Imperial War Museum, Steven Walton vom Public Records Office in Kew und Rob Clark von William Collins and Sons halfen uns, historisches Material zur *Bismarck* aufzuspüren. Marie Tharp (1 Washington Avenue, South Nyack, NY 10960) zeichnete die Meeresgrundkarten; John Siswick übersetzte für uns aus dem Deutschen ins Englische und umgekehrt, und Jeremy Nightingale verdanken wir die Aufnahme von der *Titanic.*

Quellenverzeichnis der Illustrationen

Verlag und Autoren haben alle Anstrengungen unternommen, das hier wiedergegebene Material den richtigen Quellen zuzuordnen. Falls dennoch unabsichtlich Irrtümer unterlaufen sind, werden sie in künftigen Auflagen selbstverständlich korrigiert.
Umschlagvorderseite: Illustration von Ken Marschall
Umschlagrückseite: George Mobley, © National Geographic Society; Quest Group; aus *Sinking of the Bismarck* von Charles Turner, National Maritime Museum.
Titelei Seite 1: Franz Halke; Seite 3, großes Foto: Joseph H. Bailey, © National Geographic Society; Seite 3, kleines Foto: Ferdinand Urbahns. Widmungsseite: Bates Littlehales, © National Geographic Society
Inhaltseite: Bilderdienst Süddeutscher Verlag München

1. Kapitel
10 George Mobley
© National Geographic Society
12 Joseph H. Bailey
© National Geographic Society
13 (oben) Burkard von Müllenheim-Rechberg
(unten) Joseph H. Bailey
© National Geographic Society

2. Kapitel
14 Bibliothek für Zeitgeschichte
15 (oben) Bundesarchiv
(unten) Zimmermann/Lindemann
16 (oben links) Bettmann Archive
(unten) Joseph H. Bailey
© National Geographic Society
(rechts) Bettmann Archive
17 (oben) Joseph H. Bailey
© National Geographic Society
(unten) Hans Zimmermann – Otto Höntzsch
18 (oben links) Adolf Eich
(unten) Alois Haberditz
(rechts) Franz Halke
19 (oben) Bundesarchiv
(unten) Zimmermann/Lindemann
20 (oben links) Ferdinand Urbahns
(Mitte links) Ferdinand Urbahns
(unten links) Ferdinand Urbahns
(oben rechts) Ferdinand Urbahns
(Mitte rechts) Ferdinand Urbahns
(unten rechts) Ferdinand Urbahns
21 (links) Bundesarchiv
(oben rechts) Bundesarchiv
(Mitte rechts) Ferdinand Urbahns
(Mitte rechts) Bundesarchiv
(unten rechts) Ferdinand Urbahns
22 Ferdinand Urbahns
23 Herbert Wohlfarth, aus *Pursuit* von Ludovic Kennedy
24–26 Diagramm von Ian Lawrence
24 (oben) Bundesarchiv
(unten) Bundesarchiv
26 Falcom Design Inc.
27–29 Ian Lawrence
27 Bundesarchiv
28 Bundesarchiv
29 Bundesarchiv
30 Bundesarchiv
31 Bundesarchiv
32 Deutsche Archive
33 Ferdinand Urbahns
34 Zimmermann/Lindemann
35 Zimmermann/Lindemann
36 (oben) *St. John's Harbour* von Harold Beament, National War Museum of Canada/Bill Kent
(unten) Bettmann Archive
(Nebenbilder) Robert Hunt Library
37 (oben links) Diagram von Jack McMaster
(oben rechts) Bettmann Archive
(unten) *Sinking of the Rawalpindi* von Norman Wilkinson, Peninsular and Orient Steam Navigation Company

3. Kapitel
38 Bates Littlehales
© National Geographic Society
39 Bates Littlehales
© National Geographic Society
40 Bates Littlehales
© National Geographic Society
41 (links) Diagramm von Jack McMaster
(rechts) Bates Littlehales
© National Geographic Society
42 Bates Littlehales
© National Geographic Society
43 (oben) Bates Littlehales
© National Geographic Society
(unten) Bates Littlehales
© National Geographic Society
44 (links) Bates Littlehales
© National Geographic Society
(rechts) Bates Littlehales
© National Geographic Society
45 (links) George Mobley
© National Geographic Society
(rechts) Bates Littlehales
© National Geographic Society
46 (oben) Bates Littlehales
© National Geographic Society
(unten) Bates Littlehales
© National Geographic Society
47 (links) Woods Hole Oceanographic Institution
(rechts) Joseph H. Bailey
© National Geographic Society
48 George Mobley
© National Geographic Society
49 George Mobley
© National Geographic Society
50 Bates Littlehales
© National Geographic Society
51 (oben) Bates Littlehales
© National Geographic Society
(unten) Bates Littlehales
© National Geographic Society
52 (links) Diagramm von Jack McMaster
(rechts) Marie Tharp
53 (oben) Bates Littlehales
© National Geographic Society
(unten) Bates Littlehales
© National Geograpic Society
54 Bates Littlehales
© National Geographic Society
55 Woods Hole Oceanographic Institution
56 (links) *Albert F. Paul 1917*, The Mariner's Museum, Newport News, Virginia; (Nebenbilder) Quest Group
57 (oben) Quest Group
(links) Quest Group
(rechts) Quest Group

4. Kapitel
58 Imperial War Museum
60 Franz Halke
61 Karte: Jack MacMaster
62 Gemälde: Wes Lowe
63 Imperial War Museum
64 Imperial War Museum
65 Imperial War Museum
66 Ferdinand Urbahns

67 (oben) Imperial War Museum
(unten) Aus: *Die letzte Fahrt der Bismarck* von C.S. Forester
68 Imperial War Museum
69 Imperial War Museum
70 Imperial War Museum
71 Imperial War Museum

5. Kapitel
72 Gemälde: Wes Lowe
74 Imperial War Museum
75 (oben) Imperial War Museum
(unten) über Ted Briggs
76 Imperial War Museum
77 Imperial War Museum
78 Süddeutscher Verlag
79 U.S. Naval Institute
80 Imperial War Museum
81 Macro Systems Inc./U.S. Department of Defense
82 Gemälde: John Hamilton, Imperial War Museum
84 Aus: *Pursuit* von Ludovic Kennedy
85 Diagramm von Jack McMaster
86 Imperial War Museum
87 Karte: Jack McMaster
88 (oben) Imperial War Museum
(unten) Ted Briggs

6. Kapitel
90 *The Bismarck Escapes* von John Hamilton, Imperial War Museum
92 Imperial War Museum
93 Imperial War Museum
94 (oben) Illustrated London News
(unten) Imperial War Museum
95 (oben) Imperial War Museum
(unten) Bettmann Archive
96 Sammlung Garzke & Dulin
97 Imperial War Museum
98 (links) Imperial War Museum
(rechts) Popperfoto
99 Sammlung Garzke & Dulin
100 Imperial War Museum
101 Imperial War Museum
102 Karte und Diagramm von Jack McMaster
104 Ferdinand Urbahns
105 Diagramm von Ian Lawrence
106 Imperial War Museum
107 (oben) Gemälde von Wes Lowe
(unten) L.B. »Tuck« Smith
108 Imperial War Museum
109 *Launch Against the Bismarck* von Robert Taylor, über The Military Gallery
110 Imperial War Museum
111 Imperial War Museum
112 Gemälde von Wes Lowe

7. Kapitel
114 *Battleship Bismarck* von Robert Taylor, über The Military Gallery
116 Bundesarchiv
117 Imperial War Museum
118 Ferdinand Urbahns
119 Bettmann Archive
(unten) Bundesarchiv
120 (oben) Bundesarchiv
(unten) Adolf Eich
121 (oben) Imperial War Museum
(unten) Popperfoto
122 (oben) Bundesarchiv (unten) Burkard von Müllenheim-Rechberg
123 Gemälde von Wes Lowe
124 (oben) The Hulton Picture Library
(unten) Imperial War Museum
125 Sammlung Garzke & Dulin
126 Ludovic Kennedy
127 (oben) Jörg Wischmann/Marineschule Mürwik, über Magazin *GEO*
(unten) Imperial War Museum
128 Imperial War Museum
129 Imperial War Museum
130 Imperial War Museum
131 (links) Bundesarchiv
(oben rechts) Falcom Design Inc.
(unten links) Adolf Eich
(unten rechts) Franz Halke
(Mitte) Franz Halke
132 *Sinking of the Bismarck* von Charles Turner, National Maritime Museum
134 Hans Zimmermann
135 Karte und Diagramme von Jack McMaster
136 Imperial War Museum
137 Illustrated London News
138 Imperial War Museum
139 Imperial War Museum
140 (links) Imperial War Museum
(rechts) Popperfoto
141 (oben) Popperfoto
(unten) The Hulton Picture Library
142 National War Museum/Bill Kent
143 (oben) British Newspaper Library, Colindale
(unten) Imperial War Museum
144 (oben) Imperial War Museum
(Mitte) The Hulton Picture Library
(unten) The Hulton Picture Library
145 Popperfoto

8. Kapitel
146 Joseph H. Bailey
© National Geographic Society
148 Joseph H. Bailey
© National Geographic Society
149 Joseph H. Bailey
© National Geographic Society
150 Joseph H. Bailey
© National Geographic Society
151 Joseph H. Bailey
© National Geographic Society
152 Joseph H. Bailey
© National Geographic Society
153 Joseph H. Bailey
© National Geographic Society
154 Joseph H. Bailey
© National Geographic Society
155 (oben) Quest Group
(unten) Joseph H. Bailey
© National Geographic Society
156 Joseph H. Bailey
© National Geographic Society
157 Joseph H. Bailey
© National Geographic Society

9. Kapitel
158 Quest Group
160 Joseph H. Bailey
© National Geographic Society
161 Bates Littlehales
© National Geographic Society
162 (oben) Joseph H. Bailey
© National Geographic Society
(unten) Quest Group
163 Diagramm von Jack McMaster
164 Joseph H. Bailey
© National Geographic Society
165 (oben) Quest Group
(Nebenbilder) Bundesarchiv
(unten) Bundesarchiv
166 Joseph H. Bailey
© National Geographic Society
167 Joseph H. Bailey
© National Geographic Society
168 Joseph H. Bailey
© National Geographic Society
169 Joseph H. Bailey
© Geographic Society

10. Kapitel
170 Gemälde von Ken Marschall
171 Bates Littlehales
© National Geographic Society
172 Joseph H. Bailey
© National Geographic Society
173 (oben) Joseph H. Bailey
© National Geographic Society
(unten) Quest Group
174 Quest Group
175 (oben) Quest Group
(unten) Landesbibliothek, Stuttgart
176 (oben) Joseph H. Bailey
© National Geographic Society
(unten) Quest Group
177 (oben) Ken Marschall
(unten) Quest Group
178 Joseph H. Bailey
© National Geographic Society
179 Joseph H. Bailey
© National Geographic Society
180 Quest Group
181 Joseph H. Bailey
© National Geographic Society
182 Joseph H. Bailey
© National Geographic Society
183 Joseph H. Bailey
© National Geographic Society
184 Quest Group
185 Joseph H. Bailey
© National Geographic Society

Bismarck: Einst und jetzt
186 Ken Marschall
187 Bundesarchiv/Bettmann
188 Ken Marschall
191 Illustration: Ken Marschall
(außen links) Quest Group
(links) Bundesarchiv
(rechts) Quest Group
(außen rechts) Bundesarchiv
192 (außen links) Bundesarchiv
(links) Quest Group
(rechts) Quest Group
(außen rechts) Bundesarchiv
193 (oben links) Quest Group
(oben rechts) Bundesarchiv
(Mitte links) Quest Group
(Mitte rechts) Bundesarchiv
(1. links) Quest Group
(2. links) Bundesarchiv
(2. rechts) Quest Group
(1. rechts) Bundesarchiv
194 (oben) Quest Group
(unten) Bundesarchiv
195 (oben) Quest Group
(unten) Ken Marschall
196 Ken Marschall
197 (oben) Bundesarchiv

(Mitte) Quest Group
(unten) Quest Group
198 (oben) Quest Group
(Mitte) Bundesarchiv
(unten) Bundesarchiv
199 Ken Marschall
(Nebenbilder) Quest Group
200 (oben) Bundesarchiv
(Mitte) Ken Marschall
(unten) Bundesarchiv
201 Quest Group
202 (oben) Zimmermann/Lindemann
(Mitte) Quest Group
(unten) Quest Group
203 Ken Marschall
204 (oben) Bundesarchiv
(unten) Ken Marschall
205 Quest Group
206 (oben rechts) Ken Marschall
(Mitte) Bundesarchiv
(unten) Quest Group
207 Quest Group
208 Ken Marschall
(Nebenbilder) Zimmermann/Lindemann
209 (oben) Quest Group
(Mitte) Bundesarchiv
(unten links) Quest Group
(unten rechts) Quest Group

11. Kapitel

210 Joseph H. Bailey
© National Geographic Society
212 Diagramm von Jack McMaster
(Nebenbild) Jeremy Nightingale
213 Diagramm von Jack McMaster
(Nebenbild) Bundesarchiv
215 Bundesarchiv
216 (oben) Imperial War Museum
(Mitte links) Quest Group
(Mitte rechts) Quest Group
(unten) Quest Group
217 (links) Quest Group
(rechts) Quest Group
(Nebenbilder) Bundesarchiv
218 Diagramm von Wes Lowe
(1. links) Quest Group
(2. links) Bundesarchiv
(1. rechts) Bundesarchiv
(2. rechts) Quest Group
219 Gemälde: Ken Marschall
(1. links) Bundesarchiv
(2. links) Quest Group
(3. rechts) Bundesarchiv
(1. rechts) Quest Group
(2. rechts) Bundesarchiv
220 (links) Diagramm von Jack McMaster
(rechts) Marie Tharp
221 Hans Zimmermann

12. Kapitel

222 Joseph H. Bailey
© National Geographic Society
223 Joseph H. Bailey
© National Geographic Society

Register

E

F

G

H

I

J

K

L

M

N

O

P

Q

R

S

T

U

V

W

Y

Z

Robert D. Ballard

Das Geheimnis der Titanic

3000 Meter unter Wasser

246 Seiten, 150 farbige und 75 einf. Fotos, gebunden

Der faszinierende Report über eines der gewagtesten Abenteuer unter Wasser: die Entdeckung der »Titanic« in dreitausend Meter Tiefe. Die Expeditionen des amerikanischen Meeresgeologen Dr. Robert D. Ballard klären nach mehr als sieben Jahrzehnten die Ursache der Katastrophe in der Nacht des 14. April 1912.
Der Band enthält die spektakulären Fotos, die das Wrack des legendären Luxusliners in allen Einzelheiten zeigen.

Ullstein

Burkard Freiherr von
Müllenheim-Rechberg

Schlachtschiff Bismarck 1940/41

Ein Überlebender in seiner Zeit

432 Seiten, 32 Seiten Abbildungen, gebunden

Die Verfolgung und der Untergang des Schlachtschiffs »Bismarck« gehören zu den dramatischen Ereignissen des Zweiten Weltkriegs und der Seekriegsgeschichte überhaupt. Burkard Freiherr von Müllenheim-Rechberg, einer der wenigen Überlebenden der »Bismarck«, hat vierzig Jahre später seine Erinnerungen an jenes Drama niedergeschrieben. Die Neuausgabe wird ergänzt durch Zeugnisse weiterer Überlebender jener Seeschlacht und durch Betrachtungen des Autors über die Zeit, die diese Tragödie möglich machte.